R

39853

DOCTRINE DE LA VERTU.

ŒUVRES COMPLÈTES DE KANT,

Traduites en français

PAR JULES BARNI,

AVEC DES INTRODUCTIONS ANALYTIQUES ET CRITIQUES.

Ouvrages déjà parus :

CRITIQUE DU JUGEMENT, suivie des Observations sur les sentiments du beau et du sublime. — 1846, Paris, Ladrange, 2 vol. in-8°.

Examen de la Critique du Jugement. — 1850, Paris, Ladrange, 1 vol.

Ces trois volumes ont été couronnés par l'Académie française en 1852.

CRITIQUE DE LA RAISON PRATIQUE, précédée des Fondements de la métaphysique des mœurs. — 1848, Paris, Ladrange, 1 vol.

Examen des Fondements de la métaphysique des mœurs et de la Critique de la raison pratique. — 1851, Paris, Ladrange, 1 vol.

ÉLÉMENTS MÉTAPHYSIQUES DE LA DOCTRINE DU DROIT (première partie de la métaphysique des mœurs), suivis d'un Essai philosophique sur la paix perpétuelle et d'autres petits écrits relatifs au Droit naturel, avec une Introduction analytique et critique. — 1853, Paris, Auguste Durand, 1 vol.

ÉLÉMENTS MÉTAPHYSIQUES DE LA DOCTRINE DE LA VERTU (seconde partie de la Métaphysique des mœurs), suivis d'un Traité de Pédagogie et de divers opuscules relatifs à la morale, avec une Introduction analytique et critique. — 1 vol.

Pour paraître prochainement :

CRITIQUE DE LA RAISON PURE, avec une Introduction analytique et critique. — 2 vol.

PETITS ÉCRITS relatifs à la Critique de la raison pure, avec une Introduction. — 1 vol.

Paraîtront ensuite successivement :

CRITIQUE DE LA RELIGION, considérée au point de vue de la raison, suivie de la *Lutte des facultés* et d'autres petits écrits, avec une Introduction. — 1 vol.

ANTHROPOLOGIE, suivie de petits écrits relatifs au même sujet, avec une Introduction. — 1 vol.

ÉLÉMENTS MÉTAPHYSIQUES DE LA PHYSIQUE, suivis de divers petits écrits, avec une Introduction. — 1 vol.

KANT, SA VIE ET SA DOCTRINE. — 1 vol.

Ce dernier volume servira de résumé et de conclusion à tous les travaux précédents.

ÉLÉMENTS MÉTAPHYSIQUES

DE LA

DOCTRINE DE LA VERTU

(Seconde partie de la Métaphysique des mœurs)

SUIVIS

D'UN TRAITÉ DE PÉDAGOGIE

ET DE DIVERS OPUSCULES RELATIFS A LA MORALE

PAR EMMANUEL KANT

Traduit de l'Allemand

PAR JULES BARNI

AVEC UNE INTRODUCTION ANALYTIQUE ET CRITIQUE DU TRADUCTEUR

PARIS

AUGUSTE DURAND, LIBRAIRE

RUE DES GRÈS, 7

1855

AVANT-PROPOS.

Supposons un état de société où chacun aurait, avec le sentiment de son droit, le respect de celui des autres; où personne n'abuserait de sa force pour opprimer ses semblables; où tous useraient en tout de leur propre liberté sans jamais porter atteinte à celle d'autrui ; où il n'y aurait ni vol, ni adultère, ni homicide, ni violence d'aucune sorte; où le despotisme serait aussi inconnu que l'anarchie : un tel état de société réaliserait l'idéal du droit, et il offrirait sans doute un imposant spectacle. Mais quelque chose manquerait encore à sa perfection morale. C'est que le respect du droit n'est pas toute la morale, ou que la justice n'est pas la seule vertu : nous ne remplirions pas tous nos devoirs si nous n'y joignions la pratique des vertus individuelles ou celle de certaines vertus sociales qu'on ne saurait exiger de nous au nom du droit, mais qui n'en sont pas moins prescrites par la morale, la charité, par exemple. Il faudrait donc que sur le même sol où régnerait la liberté réglée par le droit, fleurissent aussi toutes ces vertus qui n'ont plus pour principe la stricte justice, mais le respect de soi-même ou l'amour de l'humanité: c'est seulement à cette condition que le monde moral formerait un ensemble vraiment digne des regards de Dieu. C'est de cette manière aussi que, dans la philosophie de Kant, à la *Doctrine du droit* vient s'ajouter, pour compléter la morale, la *Doctrine de la vertu*[1]. Les vertus que la dernière nous enseigne ne sont pas seulement, d'ailleurs, un ornement destiné à couronner la première, mais sans influence sur l'accomplissement des devoirs qu'elle nous prescrit. Elles ont au contraire une action qui s'étend jusque sur le domaine du droit, et qui ne lui ferait pas impunément défaut; aussi est-ce par pure fiction que je supposais tout à l'heure l'idéal du droit réalisé en dehors de toute autre vertu. Celui en effet qui se respecte lui-même ne peut manquer de respecter les autres, et celui qui aime l'humanité aura naturellement horreur de l'injustice. Celui au contraire qui abuse de sa liberté contre lui-même est bien près d'en abuser contre ses semblables : les vices personnels, comme l'intempérance ou la cupidité, vont rarement sans entraîner à leur suite l'iniquité et la violence. De même l'envie, l'ingratitude, la dureté de cœur, et tous les vices de ce genre, en éteignant en nous les sentiments les plus humains, nous poussent au mépris des droits les plus sacrés. Ajoutons que, quand même les hommes ne descendraient pas à des vices si odieux, la seule absence des vertus philanthropiques suffirait à gâter le règne du droit. Le droit en effet est de sa nature personnel, exclusif, égoïste; il a besoin d'être tempéré par la pratique de ces vertus. La justice a pour sœur la fraternité; et, quoique ces deux sœurs aient des domaines fort distincts, quoique la dernière, comme les vertus de la morale individuelle, ne relève que de la conscience et repousse toute contrainte extérieure, tandis que la première,

---

[1] Ce second ouvrage fut publié peu de temps après le premier, en 1797. Une seconde édition en parut du vivant de l'auteur, en 1803 (un an avant sa mort), mais sans autre changement que celui de quelques divisions et de quelques expressions. J'ai suivi, comme pour la *Doctrine du droit*, le texte donné par MM. Rosenkranz et Schubert, c'est-à-dire la seconde édition.

s'appuyant sur le droit, peut écrire ses prescriptions dans un code public et s'imposer par la force, on ne doit jamais les séparer dans la conduite de la vie.

Nous avons encore beaucoup de progrès à faire dans l'une et l'autre science, aussi bien dans celle du *droit*, dont nous parlons beaucoup, que dans celle de la *vertu*, dont nous ne parlons plus guère. J'espère donc que ceux qui ont en France quelque souci de la morale philosophique me sauront gré d'avoir traduit de Kant, c'est-à-dire du plus grand moraliste des temps modernes, et expliqué à leur usage, après la *Doctrine du droit*, que j'ai publiée l'an dernier, la *Doctrine de la vertu*, qui paraît aujourd'hui. L'éclatant succès qu'a obtenu dans ces deux dernières années le livre de M. Jules Simon sur *le Devoir*, montre bien que le goût des idées morales n'est pas aussi émoussé parmi nous qu'on serait souvent tenté de le croire : s'il s'oblitère dans la foule qui suit le torrent (et quel torrent!), il y a une réaction, bien naturelle, qui le ravive en beaucoup d'âmes. L'*Éthique* de Kant, comme sa théorie du droit, est un ouvrage tout scientifique, et qui ne s'adresse guère qu'aux esprits initiés à l'étude de la philosophie ; mais dans ce genre, qui a bien aussi son importance, elle est un des monuments les plus sévères et les plus solides que le génie de l'homme ait jamais élevés à la vertu. C'est à elle surtout que s'applique ce qu'a dit M. Cousin de la *Critique de la raison pratique*; car celle-ci ne fait que poser les fondements sur lesquels s'élève l'édifice même de la doctrine des mœurs.

Le public français a maintenant sous les yeux, traduit et commenté, tout le système de la morale rationnelle, telle que Kant l'a conçue. Les *Fondements de la métaphysique des mœurs*, en posant d'abord les idées de devoir et de liberté, et la *Critique de la raison pratique*, en reprenant ces fondements pour leur donner toute la profondeur et toute la largeur nécessaires, ont assuré les bases de l'édifice; puis la *Doctrine du droit* et la *Doctrine de la vertu*, construites sur ces bases, ont formé les deux ailes du monument. Ou, pour employer une autre image familière, ce système est comme un arbre robuste et large, dont le premier ouvrage représente les racines, le deuxième le tronc, et les deux derniers les deux branches principales avec leurs nombreux rameaux. Cet arbre ou cet édifice, Kant le fait sortir tout entier de la raison, de ce qu'il nomme la raison pratique, et c'est par là qu'il prétend le rendre inébranlable. Il a voulu le placer au-dessus de la région des opinions religieuses ou même des théories métaphysiques, afin qu'il n'eût rien à craindre de leur choc et qu'il restât toujours debout. En d'autres termes, il a cherché à faire de la morale une science qui n'eût rien d'hypothétique et de contestable, rien d'accidentel et de variable, rien enfin que tous les hommes ne pussent trouver dans leur raison librement et sincèrement consultée, et il faut reconnaître qu'il y a en grande partie réussi.

J'ai joint à la traduction de la *Doctrine de la vertu* celle d'un traité de *pédagogie*, qui peut être considéré comme le complément de la morale de Kant, et qui a en outre l'avantage d'être rédigé dans le langage le plus simple et le plus clair. Ce traité n'est, il est vrai, qu'un recueil d'observations destinées à servir de notes à des leçons de pédagogie [1];

---

[1] Ces observations ou ces notes, qu'il avait écrites, suivant son habitude, sur de petits papiers séparés, Kant les remit, dans les dernières années de sa vie, à un de ses jeunes collègues, Théod. Rink, qui lui avait demandé la permission de les publier, et elles formèrent le traité de *Pédagogie* publié en 1803 par ce professeur. — MM. Rosenkranz et Schubert les ont reproduites dans leur édition (neuvième partie, p. 367-438) à la suite de la *Métaphy-*

mais il contient un si grand nombre de remarques judicieuses, fines, élevées, exposées avec tant de lucidité et parfois d'une manière si piquante, qu'on le lira en France beaucoup plus volontiers que la *métaphysique des mœurs*. On y retrouvera, en plus d'une page, l'auteur des *Observations sur les sentiments du beau et du sublime*. Mais, comme j'ai dû m'y arrêter dans le travail qui va suivre, je n'ai pas besoin d'en parler ici davantage.

Viennent ensuite trois opuscules de Kant[1], qui, se rattachant à la morale, trouvaient ici naturellement leur place : 1° sous ce titre : *D'un prétendu droit de mentir par humanité*, en réponse à une théorie de Benjamin Constant, la discussion d'un point de casuistique, déjà indiqué dans la *Doctrine de la vertu*[2] ; j'ai dû m'en occuper aussi dans mon analyse critique de ce grand ouvrage ; — 2° un examen de la première partie d'un livre de Schulz, prédicateur à Gielsdorf, intitulé : *Essai d'une morale applicable à tous les hommes sans distinction de religion*[3] ; Kant y combat le fatalisme et lui oppose cette invincible démonstration de la liberté morale qu'il avait développée un an auparavant dans la *Critique de la raison pra-*

---

sique des mœurs, en les dégageant des remarques ajoutées par Rink. J'ai suivi leur exemple et leur texte.

[1] Dans l'édition de MM. Rosenkranz et Schubert, septième partie, 1re division, ces trois opuscules sont réunis, sous le titre de *Morale et Politique*, à ceux dont j'ai publié la traduction à la suite de la *Doctrine du droit*.

[2] Cette discussion fut publiée par Kant dans la *Revue mensuelle de Berlin*, la même année que la *Doctrine de la vertu*, en 1797 ; elle passa de là dans le recueil de Tieftrunk, 3e vol., p. 357-368.

[3] Cet examen parut en 1783, dans un catalogue raisonné qui se publiait à Kœnigsberg. Borowski l'inséra ensuite dans sa biographie de Kant, p. 238-250, et Nicolovius le reproduisit plus tard dans son recueil, p. 371-378.

tique ; — 3° une *Consolation adressée à une mère au sujet de la mort de son fils.* Cette lettre, qui remonte à l'année 1760[1], est vraiment une méditation philosophique, et par la noblesse des idées qu'elle exprime, par la haute moralité qu'elle respire, par le ton religieux qui y règne, elle méritait de figurer parmi les œuvres morales de Kant. On sentira, en la lisant, que chez ce grand philosophe le génie n'avait point étouffé le cœur.

Juillet 1855.

Jules BARNI.

---

[1] Publiée séparément cette même année, elle passa dans le recueil de Rink en 1800, et dans l'édition qu'en publia plus tard Nicolovius, p. 24-33.

INTRODUCTION DU TRADUCTEUR.

ANALYSE CRITIQUE DE LA DOCTRINE DE LA VERTU.

On sait ce que Kant entend sous le nom de métaphysique des mœurs : c'est la science générale des devoirs, ramenée aux principes purs de la raison pratique, et par conséquent conçue *à priori*. On sait aussi que, comme il distingue d'abord deux espèces de devoirs, les uns qui sont susceptibles d'être traduits en lois extérieures, ou les *devoirs de droit*, les autres qui échappent à toute législation de ce genre, ou les *devoirs de vertu*, il divise la métaphysique des mœurs en deux grandes parties : la doctrine du droit et la doctrine de la vertu. De là les deux ouvrages dont le premier est intitulé : *Éléments métaphysiques de la doctrine du droit*, et le second : *Éléments métaphysiques de la doctrine de la vertu*. Il s'agit de faire pour le second ce que j'ai déjà fait pour le premier, c'est-à-dire de joindre à la traduction littérale que j'en offre au lecteur une analyse critique qui en facilite l'étude et en signale les mérites et les défauts.

La distinction que je viens de rappeler a dû nécessairement se placer en tête de la doctrine du droit[1], mais il importe d'y revenir avant d'entrer dans la doctrine de la vertu, afin de bien déterminer l'objet propre de cette partie de la science des devoirs.

---

[1] Cf. mon *Analyse critique de la doctrine du droit*, p. III — IX.

Retour sur la distinction des devoirs de droit et des devoirs de vertu.

Les actions humaines peuvent être soumises à deux sortes de contrainte [1]. L'une est la contrainte extérieure. Il est bien évident que celle-ci ne saurait s'exercer que sur des actes extérieurs : tout ce qui n'a pas ce caractère lui échappe nécessairement. L'autre est cette contrainte morale que l'on exerce sur soi-même en repoussant les obstacles apportés en nous par les penchants de notre nature à l'accomplissement d'une loi, qui, à cause de cet antagonisme même, s'appelle le *devoir*, et en leur opposant cette force intérieure que nous puisons dans le sentiment de notre liberté. La première ne peut s'appliquer qu'à la liberté extérieure, qu'elle entrave ; la seconde, au contraire, a son principe dans la liberté extérieure, qu'elle manifeste. « L'homme, dit Kant[2], est d'autant plus libre qu'il est moins soumis à la contrainte physique et qu'il l'est plus à la contrainte morale, à celle qu'exerce la seule idée du devoir. Celui, par exemple, qui, doué d'une résolution assez ferme ou d'une âme assez forte pour ne pas renoncer à une partie de plaisir qu'il a projetée, quelque danger qu'on veuille lui faire craindre, abandonne son projet sans hésitation, mais non sans regret, dès qu'on lui représente qu'il le ferait manquer à ses devoirs ou négliger un père malade, celui-là, par cela même qu'il ne peut résister à la voix du devoir, fait au plus haut degré preuve de liberté. » La première espèce de contrainte est la seule que nos semblables puissent exercer sur nous au nom du *droit :* il ne s'agit ici que de régler l'exercice de notre liberté extérieure, en la forçant à rentrer dans la loi générale de l'accord de la liberté de chacun avec celle de tous ; dès que notre conduite s'accorde extérieurement avec cette loi, on ne peut rien exiger de plus. La seconde n'est autre chose que la *vertu*, car c'est ainsi que l'on nomme ce courage moral à l'aide duquel nous résistons aux penchants de notre nature sensible pour obéir à la loi du devoir. Elle peut bien avoir pour objet un acte extérieur, même un acte exigé par le droit, mais alors c'est au motif moral de l'acte qu'elle s'attache : en nous donnant ce motif même pour principe de détermination, elle nous

---

[1] DOCTRINE DE LA VERTU, *Introduction*, I. *Explication du concept d'une doctrine de la vertu*, trad. française, p. 11-17. — [2] Trad. franç., p. 15.

transporte du domaine du droit, où l'on ne peut nous demander compte des raisons qui nous déterminent, dans celui de la vertu, où le motif est tout.

Telle est justement la différence de la doctrine du droit et de la doctrine de la vertu. La doctrine du droit, en tant qu'elle reste purement juridique, n'a point à s'occuper d'autre chose que de l'exercice extérieur de la liberté; aussi bien la contrainte dont elle autorise l'usage ne saurait-elle aller plus loin. La doctrine de la vertu, au contraire, poursuit quelque chose qui échappe à toute contrainte extérieure, je veux dire le principe moral qui doit nous servir de motif ou de *but*. Il ne s'agit plus seulement pour nous d'accomplir certains actes, auxquels il est possible et légitime de nous contraindre, mais de *nous proposer* certaines *fins*, à ce titre seul que ce sont des devoirs. Aussi la doctrine de la vertu, à laquelle Kant réserve le nom d'*éthique* dans le cadre général de sa morale, peut-elle être définie le système des fins que la raison pure assigne à notre volonté.

Objet propre de la doctrine de la vertu ou de l'éthique.

Cette idée d'une fin qui est en même temps un devoir a besoin d'explication [1].

La doctrine du droit remonte des fins que nous pouvons nous proposer à la loi qui doit régler l'exercice de notre liberté dans la poursuite de ces fins. Cette loi, comme on l'a vu, est celle de l'accord de la liberté de chacun avec la liberté de tous. Mais, pourvu que nous ne fassions rien qui soit de nature à troubler cet accord, nous restons libres de donner à nos actes le but qui nous convient. La doctrine de la vertu ou l'éthique suit une autre méthode et présente un autre caractère. Partant de la loi même qui lui sert de fondement, elle détermine, d'après cette loi, certaines fins qu'elle nous oblige de nous proposer et dont elle nous fait des devoirs. Nous ne sommes plus libres ici, comme dans le cas précédent, de nous proposer la fin qui nous convient; il faut que nous nous donnions pour but celle-là même que détermine la loi morale, ou que nous conformions notre intention à cette loi. Cette obligation s'applique aussi aux devoirs de droit; sous ce rap-

De l'idée d'une fin qui est en même temps un devoir.

---

[1] *Introduction*, II. *Explication du concept d'une fin qui est aussi un devoir*, trad. franç., p. 16.

port ils ne relèvent plus seulement du droit, mais de l'éthique. A ce dernier point de vue, il ne suffit plus, par exemple, de rendre à autrui ce qui lui est dû; il faut que le mobile de notre conduite soit le *respect* même de son droit. Dès lors elle n'aura plus seulement un caractère juridique; elle aura la vertu pour principe. Mais, si les devoirs de droit rentrent par ce côté dans la sphère de la vertu, ce ne sont pourtant pas des devoirs de vertu. Kant réserve cette expression pour certains devoirs spéciaux que l'on ne saurait exiger de nous au nom du droit. En un sens, la vertu enveloppe tous les devoirs, ou, si l'on veut, il n'y en a qu'un, celui d'agir toujours dans une intention vertueuse; mais il y a aussi des devoirs particuliers qui sont proprement des devoirs de vertu, et qui se distinguent les uns des autres suivant les diverses fins qu'ils nous proposent.

Il doit nécessairement y avoir des fins qui soient en même temps des devoirs et qui par conséquent ne puissent être regardées comme des moyens relativement à d'autres fins. Autrement, toutes les fins de l'homme étant purement arbitraires, il n'y aurait plus de morale; tout se réduirait à rechercher les moyens les plus propres à satisfaire les penchants de notre nature sensible[1]. Mais quelles sont ces fins qui sont en même temps des devoirs[2]?

Quelles sont les fins qui sont en même temps des devoirs? Kant les ramène à deux : 1° La perfection de soi-même; 2° le bonheur d'autrui.

Il remarque d'abord qu'il serait contradictoire d'intervertir ici l'ordre des termes, en posant comme des fins obligatoires, d'une part, le bonheur de soi-même, et de l'autre la perfection d'autrui. En effet, chacun poursuivant son bonheur en vertu d'un inévitable penchant de sa nature, il n'y a pas lieu de parler ici de devoir et d'obligation : l'idée de l'obligation ou du devoir renferme celle d'une contrainte exercée sur soi-même en vue d'un but que l'on ne suit pas volontiers. Dira-t-on que l'indigence, par exemple, poussant les hommes à l'oubli de leurs devoirs, et l'aisance ayant une influence con-

---

[1] *Introduction*, III. *Du principe de la conception d'une fin qui est aussi un devoir*, trad. franç., p. 20. — [2] C'est le titre même du n° IV de l'*Introduction* de Kant, trad. franç., p. 21.

traire, c'est un devoir pour l'homme de travailler à repousser la première et de poursuivre la seconde. Kant en convient, mais il ajoute que ce n'est pas alors le bonheur, mais la moralité qui est le but. « Chercher l'aisance pour elle-même, dit-il[1], n'est pas directement un devoir; c'en peut bien être un indirectement, de détourner de soi la misère, comme une mauvaise conseillère; mais alors ce n'est pas mon bien-être, c'est ma moralité que j'ai le devoir et que je me propose pour but de conserver intacte. » Quant à la perfection d'autrui, comme elle dépend uniquement de lui, puisque la perfection dont il s'agit ici consiste à se gouverner soi même conformément aux lois du devoir, ce n'est pas à moi qu'elle peut être imposée.

Voyons maintenant comment ces deux fins, la perfection de soi-même et le bonheur d'autrui, sont des devoirs pour nous[2].

Quand on fait à l'homme un devoir de se proposer pour fin la perfection, il ne peut être question de celle qui n'est autre chose qu'un don de la nature, mais de celle qu'il peut se donner à lui-même par la culture de ses facultés; et par la culture de ses facultés, il faut entendre surtout celle des facultés qui sont les fondements mêmes de la moralité, c'est-à-dire l'entendement qui nous fournit nos idées, particulièrement les idées de nos devoirs, et la volonté qui nous permet de les mettre en pratique. D'une part, l'homme doit travailler à chasser de son esprit les ténèbres de l'ignorance et les fantômes de l'erreur, et à s'éclairer de telle sorte qu'il se dépouille de plus en plus de la rudesse de sa nature et se rapproche toujours davantage de la fin de l'humanité qui réside en lui. Sa raison ne le lui *conseille* pas seulement, elle le lui *ordonne*; ce n'est pas seulement son intérêt, c'est son devoir. D'autre part, il doit exercer sa volonté à obéir à la loi morale par respect pour elle et indépendamment de tout autre mobile, ce qui constitue justement la vertu ou la perfection intérieure. De la perfection soi-même.

Le bonheur d'autrui, qu'il est de notre devoir de nous proposer pour fin, dépend de nous dans une certaine mesure, et Du bonheur d'autrui.

---

[1] Trad. franç., p. 26. — [2] *Introduction*, V. *Explication de ces deux concepts*, p. 22-26.

nous devons y contribuer autant qu'il est en notre pouvoir. Chacun de nos semblables reste juge de ce qui est propre à le rendre heureux, et ce serait aller contre le but même qu'on se propose que de vouloir faire violence à quelqu'un sous ce rapport; mais nous pouvons bien aussi leur refuser, à moins qu'ils n'aient d'ailleurs le droit de les exiger de nous, les choses qu'ils jugent propres à ce but et dont nous n'avons pas la même idée.

Que l'éthique ne donne pas de lois pour les actions, mais seulement pour les maximes des actions.

Lorsque l'éthique nous fait un devoir de prendre pour fin tel ou tel objet, le bonheur d'autrui par exemple, elle a en vue les maximes d'après lesquelles nous devons nous diriger [1]. Il ne s'agit plus ici seulement d'actes extérieurs à faire sous peine de porter atteinte aux droits d'autrui, mais de principes à se proposer pour règles de conduite. La loi du droit se borne à exiger certaines actions qu'elle nous impose au nom de la volonté générale; celle de la vertu concerne les maximes que notre volonté doit s'imposer à elle-même à ce seul titre qu'elles peuvent être conçues comme universelles.

Que les devoirs de l'éthique sont d'obligation large, tandis que ceux de droit sont d'obligation stricte.

Il suit de ce qui précède que les devoirs de vertu sont d'obligation large, tandis que ceux de droit sont d'obligation stricte [2]. En effet, dire que la loi de la vertu ne nous prescrit pas, comme celle du droit, d'actes déterminés et précis, mais seulement certaines maximes générales, comme celle de nous proposer pour fin le bonheur d'autrui, c'est dire qu'elle laisse à notre libre arbitre une certaine latitude. C'est mon devoir de suivre cette maxime, mais jusqu'où dois-je aller pour remplir la fin qu'elle me prescrit? c'est ce qui reste indéterminé. Ce devoir est donc d'obligation large. Ce n'est pas à dire qu'il me soit permis de m'y soustraire : cela serait contradictoire; le degré seul n'est pas fixé, et il est d'ailleurs limité par d'autres devoirs.

Considérons sous ce point de vue les devoirs de vertu que nous avons indiqués tout à l'heure [3].

De la perfection de soi-même, comme devoir large.

C'est un devoir pour l'homme de tendre à sa propre perfection, en cultivant soit en général les facultés nécessaires à l'accomplissement des fins qu'il peut avoir à poursuivre, soit

---

[1] *Introduction*, VI, trad. franç., p. 26. — [2] *Ibid*, VII, p. 28.
[3] VII. *Exposition des devoirs de vertu comme devoirs larges*, p. 31.

sa moralité même. Comme le caractère essentiel de l'humanité est le privilége que nous avons de nous proposer à nous-mêmes certaines fins, la raison veut que nous cultivions les facultés que la nature a mises en nous pour cette œuvre, mais qu'elle y a mises à l'état brut; nous devons les cultiver, indépendamment même des avantages que nous en pouvons retirer, par cela seul qu'en agissant ainsi nous nous rendons dignes du titre que nous portons. Il y a donc là un devoir pour nous. Mais en même temps, comme il n'y a point de principe rationnel à l'aide duquel on puisse déterminer jusqu'où nous devons pousser la culture de nos facultés ce devoir est d'obligation large. D'ailleurs la différence des positions sociales et les circonstances qui peuvent survenir rendent fort arbitraire et fort incertain le choix des occupations auxquelles chacun peut être appelé à se livrer. Tout ce que l'on peut faire ici, c'est donc de poser une maxime générale, que l'on exprimera ainsi : « Cultive les facultés de ton esprit et de ton corps, de manière à les rendre propres à toutes les fins qui peuvent s'offrir à toi, ignorant quelles sont celles que tu auras à poursuivre[1]. » Pour ce qui est de la perfection morale, qui consiste non-seulement à faire son devoir, mais à le faire par amour du devoir, et à prendre la loi même pour mobile de ses actions, il semble qu'ici l'obligation doive être stricte. Mais « qui peut se flatter, dit Kant[2], de pénétrer assez avant dans les profondeurs de son propre cœur pour s'assurer pleinement de la pureté morale et de la sincérité de son intention? Combien de fois cette faiblesse qui écarte chez un homme l'audace du crime n'a-t-elle point été prise par lui pour une vertu; et combien peut-être vivent une longue vie sans faillir, qui n'ont pour eux que le bonheur d'échapper à toutes les tentations, et qui ignorent même tout ce qu'il y a de valeur morale dans une intention vraiment pure! » La loi ne saurait exiger que cet acte intérieur ait réellement lieu; elle ne peut faire autre chose que nous prescrire d'y travailler autant qu'il est en nous, et c'est pourquoi ici encore l'obligation est large.

---

[1] *Ibid.*, p. 32.— [2] *Ibid.*, p. 33.

VIII

Du bonheur autrui, comme devoir large.

Il en est de même du devoir de nous proposer pour fin le bonheur d'autrui, qu'il s'agisse de son bien-être ou de sa moralité. Nul ne peut dire qu'il consent à n'être jamais une fin pour les autres, c'est-à-dire à se passer toujours de leur assistance. Or il serait contradictoire de vouloir être une fin pour les autres et de ne pas faire à son tour des autres une fin pour soi-même. De là donc une maxime générale, qui, par cela même qu'elle revêt ce caractère, m'apparaît comme un principe obligatoire, indépendamment de toute considération intéressée. Je dois faire aux autres le sacrifice de mon bien-être, sans chercher s'ils m'en tiendront compte; c'est mon devoir. Mais jusqu'où doit aller ce sacrifice, il est impossible de le déterminer, et de fixer ici les limites du devoir. Il ne nous prescrit pas d'acte déterminé, mais une maxime qui nous laisse une certaine latitude où nous pouvons faire plus ou moins. La satisfaction morale des autres est aussi un élément de ce bonheur auquel il est de notre devoir de concourir, mais ce devoir est négatif. Nous ne saurions faire qu'ils ne ressentent pas cette peine intérieure qui suit les mauvaises actions, mais nous devons nous abstenir de tout ce qui est de nature à les induire en tentation. Il est d'ailleurs impossible d'assigner les bornes où doit se renfermer ce soin de la satisfaction morale de nos semblables. Aussi, dans ce cas comme dans le précédent, l'obligation est-elle large.

Résumé de ce qui précède : ce que c'est qu'un devoir de vertu.

Nous savons maintenant ce que c'est qu'un devoir de vertu. Pour en bien préciser l'idée, résumons avec Kant les résultats précédemment exposés[1]. Tous les devoirs renferment l'idée de contrainte; mais, tandis que certains peuvent nous être imposés par une contrainte extérieure, il en est qui ne sortent pas de la sphère de la législation intérieure. Or, comme on désigne sous le nom de vertu la puissance morale que nous exerçons sur nous-mêmes, on peut appeler cette dernière espèce de devoirs, qui ne comportent d'autre contrainte que la contrainte intérieure, des devoirs de vertu par opposition aux devoirs de droit, qui peuvent être aussi l'objet d'une législation extérieure. Ce n'est pas que la vertu ne puisse s'appliquer aux devoirs de droit; c'est faire acte de vertu que de

---

[1] IX, p. 36.

les pratiquer par respect pour le droit et non par crainte des lois extérieures; mais ce ne sont pas pour cela des devoirs de vertu. Ceux-ci ne concernent pas seulement la *forme* des maximes de nos actions, mais ils portent sur la *matière* même de ces maximes, c'est-à-dire sur certaines fins qu'ils nous prescrivent de poursuivre; et, comme ces fins sont diverses, il y a, quoique la vertu soit une en un sens, plusieurs devoirs de vertu. Ces devoirs sont toujours d'obligation large, parce qu'en nous ordonnant de poursuivre certaines fins, ils ne nous prescrivent pas d'actes déterminés, mais seulement une maxime à suivre qui nous laisse une certaine latitude. Kant formule ainsi le principe de la doctrine de la vertu : « Agis toujours suivant une maxime dont chacun puisse se proposer les fins d'après une loi générale[1]. » Il le tire de la raison pure pratique au moyen de la déduction suivante : La raison étant la faculté de concevoir des fins, toute fin qui peut être conçue suivant une loi générale est une fin pour elle, et dès lors devient un devoir.

Il est facile aussi de conclure de la distinction établie que le principe de la doctrine de la vertu est *synthétique*, tandis que celui de la doctrine du droit est *analytique*[2]. Celle-ci ne faisant qu'exprimer l'accord de la liberté avec elle-même, il n'est pas besoin, pour la concevoir, de sortir de l'idée même de la liberté : la contrainte extérieure à laquelle la liberté est ici soumise n'est autre chose que l'obstacle opposé à son propre obstacle; le principe du droit est donc analytique. Mais la doctrine de la vertu, en nous faisant de certaines fins des devoirs, ajoute à l'idée de la liberté quelque chose qui n'y est pas implicitement contenu, et par conséquent son principe est synthétique [3].

Que le principe la doctrine de vertu est synthétique, tandis que celui du droit est analytique.

---

[1] P. 38. — [2] X, p. 39.

[3] Kant ajoute ici un tableau de ce qu'il appelle le *schème des devoirs de vertu*. Le lecteur le trouvera fidèlement reproduit dans ma traduction (p. 62). En voici l'analyse : la *perfection personnelle* et le *bonheur d'autrui*, ces deux *fins*, dont l'une concerne l'individu et l'autre regarde ses semblables, constituent la *matière* des devoirs de vertu ; la *forme* réside dans la *loi*, qui doit aussi servir de mobile, d'où naît la *moralité*, et dans la *fin* dont il s'agit aussi de faire un mobile, d'où naît la *légalité*. Joignez l'idée de la loi, prise pour mobile, à celle de la fin personnelle, vous avez

prédispositions naturelles de [l'â]me relativement [aux] idées morales.

Après avoir marqué, comme on vient de le voir, la distinction qu'il établit entre les devoirs de droit et ceux de vertu, Kant entreprend de déterminer les dispositions naturelles qui rendent l'âme propre à recevoir l'influence des idées de devoir[1]. Ces dispositions existent nécessairement chez tous les hommes, et celui qui ne les posséderait pas ne pourrait être obligé de les acquérir ; mais si ce ne peut être un devoir de les posséder, c'en est un du moins de les cultiver et de les développer.

Du sentiment moral.

La première de ces dispositions est le *sentiment moral*. Elle consiste dans la capacité que nous avons d'éprouver un plaisir ou une peine résultant de la conscience de l'accord ou du désaccord de notre action avec la loi du devoir. L'expression de *sens* moral sous laquelle on la désigne souvent est impropre, car le mot sens indique en général une faculté de perception, tandis que, dans le cas présent, il s'agit d'un phénomène purement subjectif, qui ne donne aucune connaissance. Le seul nom qui lui convienne est celui de sentiment moral. Il importe de ne pas se méprendre sur l'origine de ce sentiment : loin d'être le principe de la conception de la loi, il en est l'effet. Kant ajoute qu'il est universel. « Il n'y a point d'homme, dit-il[1], dépourvu de tout sentiment moral ; car, si quelqu'un en était entièrement privé, il n'existerait pas moralement ; et si, pour appliquer à la morale le langage de la médecine, la force vitale qui est en elle n'avait plus la vertu d'exciter ce sentiment, alors l'humanité se résoudrait (comme par des lois chimiques) en pure animalité, et se confondrait sans retour avec la masse des autres êtres physiques. » Il suit de là qu'on ne peut pas dire que ce soit un devoir pour l'homme de posséder ou d'acquérir le sentiment moral : chacun le porte originairement en soi ; mais chacun aussi est obligé de le cultiver, afin de le fortifier toujours davantage. Or il suffit pour cela de travailler à le dégager de tout alliage étranger et à le ramener à sa pure origine.

De la conscience.

Ce que Kant vient de dire du sentiment moral, il le dit

---

les devoirs *intérieurs* de vertu ; joignez à celle de la fin d'autrui l'idée d'un mobile tiré de cette fin même, vous avez les devoirs *extérieurs*.

[1] XII, p. 43. — [2] P. 44.

aussi de la conscience, qu'il définit[1] : « La raison pratique représentant à l'homme son devoir dans tous les cas où s'applique la loi morale, afin de l'absoudre ou de le condamner. » Ce n'est pas là une faculté que l'on puisse acquérir : tout homme la possède naturellement par cela même qu'il est un être moral. Quand on dit de quelqu'un qu'il n'a pas de conscience, cela signifie seulement qu'il a l'habitude de ne tenir aucun compte de ses arrêts. Il n'y a donc pas lieu d'admettre un devoir qui prescrive à l'homme d'avoir de la conscience : dire qu'on est obligé d'avoir de la conscience reviendrait à dire qu'on a le devoir de reconnaître des devoirs. Si, absolument parlant, il n'y a jamais dans l'homme absence de conscience, il n'y a pas non plus de conscience erronée ; cela est un non-sens. On peut bien se tromper sur la question de savoir si une chose est ou non un devoir, mais non pas sur l'existence du jugement porté par la conscience. Or, dès que j'agis suivant ma conscience, on n'a rien de plus à me demander, au point de vue de mon innocence ou de ma culpabilité. Mais il y a une chose qui dépend de nous : c'est d'éclairer notre intelligence sur ce qui est ou non notre devoir, de donner toute notre attention à la voix de ce juge qui siége en nous, et d'employer tous les moyens pour le bien entendre. C'est cela qui s'appelle cultiver sa conscience, et c'est cela aussi, et cela seulement, qui est un devoir pour nous.

L'*amour des hommes* est encore une de ces dispositions subjectives qu'on ne peut ériger en devoirs, mais que la morale ordonne de cultiver. L'amour n'est point une chose volontaire, car c'est une chose de sentiment. On ne saurait donc en faire un devoir. Il y a d'ailleurs contradiction entre ces deux mots : amour et devoir. L'idée du devoir implique celle d'une contrainte, sinon toujours d'une contrainte extérieure, au moins d'une violence qu'on se fait à soi-même. L'amour, au contraire, est un penchant naturel auquel nous trouvons du plaisir à nous abandonner. Le devoir n'est donc pas ici d'*aimer* les hommes, mais de leur faire du bien. Ce devoir est tout à fait indépendant des sentiments qu'on peut avoir à leur égard. « Il ne perdrait rien de son importance, dit

De l'amour des hommes.

---

[1] P. 45.

Kant[1], alors même qu'on aurait fait cette triste remarque, que notre espèce, vue de près, n'est malheureusement pas faite pour inspirer beaucoup d'amour. » Mais, s'il est faux de donner l'amour des hommes pour fondement au devoir de la bienfaisance, il est juste de reconnaître que la pratique de cette bienfaisance détermine en nous l'amour des hommes, et qu'à son tour celui-ci tend à faire de celle-là un penchant et une habitude. C'est en ce sens qu'il faut entendre le précepte : « Aime ton prochain comme toi-même. »

Du respect. — Enfin Kant applique au *respect* la remarque qu'il a déjà faite au sujet du sentiment moral. Comme il s'agit encore ici d'un sentiment particulier qui est inévitablement lié à la conception de la loi du devoir, on ne peut le donner comme un devoir : ce serait faire un devoir du devoir même. Mais le respect que la loi morale ne manque pas de nous arracher pour notre propre personne, en un mot le respect de soi-même, est le principe de certains devoirs auxquels nous sommes obligés envers nous-mêmes, et il faut le cultiver à ce titre.

Des principes généraux doivent présider à l'étude de l'éthique. — Outre les dispositions subjectives que nous venons de reconnaître et dont la culture est la source même de la moralité, il faut encore avoir en vue, dans l'étude de la théorie de la vertu, certains principes qu'on a souvent méconnus au point d'y substituer les plus dangereuses maximes[2]. Le premier de ces principes est que pour chaque devoir il ne peut y avoir qu'un seul titre d'obligation. Quand on fournit plusieurs preuves en faveur d'un devoir, c'est un signe certain ou qu'on n'en a pas encore de preuve suffisante ou qu'on prend pour un seul et même devoir des devoirs différents. Selon Kant il n'en est pas ici de la morale comme des mathématiques : celles-ci admettent plusieurs preuves différentes pour une seule proposition, parce qu'il peut y avoir plusieurs manières de déterminer les propriétés d'un objet que notre esprit se trace à lui-même dans une intuition pure ; mais, comme en morale les preuves ne peuvent se faire qu'au moyen de certaines idées rationnelles qui ne donnent lieu à aucune construction de ce

---

[1] P. 47-48. — [2] XIII. *Principes généraux de la métaphysique des mœurs qui doivent être suivis dans l'étude d'une doctrine pure de la vertu*, p. 49.

genre, chaque devoir se fonde sur une idée qui lui est propre, et il ne peut y avoir qu'une seule preuve pour chacun. Soit, par exemple, le devoir de la véracité : il a son principe dans le respect que nous nous devons à nous-mêmes ou dans notre dignité d'homme. Que si l'on allègue encore contre le mensonge le préjudice qu'il peut causer aux autres hommes, ce n'est plus la raison d'être de la véracité, mais un autre devoir que l'on invoque. Ce serait d'ailleurs un expédient indigne d'un philosophe que de vouloir compenser par le nombre des raisons le poids qui manque à chacune d'elles : un amas de raisons insuffisantes ne saurait former une raison suffisante. Il faut laisser ce procédé à l'art oratoire; chez un philosophe il dénoterait une absence complète de loyauté et de bonne foi. On voit donc quelle est ici la maxime à suivre. Kant l'oppose à ce vieil apophthegme : il n'y a qu'une seule vertu et qu'un seul vice. Si chaque devoir a son principe qui lui est propre et qui constitue sa raison d'être, il n'est pas vrai de dire qu'il n'y a qu'une vertu et qu'un vice : il y a nécessairement des vertus et des vices différents. La doctrine de la vertu a justement pour but de les spécifier.

Il y a un autre apophthegme contre lequel Kant ne s'élève pas avec moins de force : c'est celui qui fait consister la vertu dans une sorte de juste milieu entre deux vices opposés : *virtus est medium vitiorum et utrinque reductum*. Ce n'est pas dans le degré suivant lequel on pratique certaines maximes, mais uniquement dans la qualité propre de ces maximes qu'il faut chercher la différence de la vertu et du vice. Si, par exemple, l'économie est une vertu et si l'avarice et la prodigalité sont des vices, ce n'est pas parce que la première est un juste milieu entre les deux autres : une vertu ne peut avoir son principe dans l'amoindrissement successif de deux vices opposés. Chacune de ces choses a sa maxime qui la fait vertu ou vice; ce n'est pas ici une question de degré, mais de nature. Autrement la sagesse, ne s'appuyant plus sur des principes fixes, deviendrait une chose incertaine et arbitraire. En effet, ce milieu à tenir entre deux vices, qui pourrait me l'indiquer?

Enfin une troisième maxime à repousser est celle qui fait dépendre la vertu de l'expérience, et une troisième règle à suivre, c'est de mesurer notre force morale sur notre devoir, et non notre devoir sur notre force morale. Il ne s'agit pas ici de savoir ce que nous sommes, mais ce que nous devons être.

De la tu en général. L'introduction que j'analyse a jusqu'ici déterminé l'objet de la doctrine de la vertu, les dispositions subjectives que suppose en nous la pratique des devoirs qu'elle nous impose, et les règles à suivre dans l'étude de ses préceptes; mais qu'est-ce en général que la vertu? Quelle idée devons-nous nous en faire? C'est là une question qui mérite qu'on s'y arrête et qu'on lui fasse une place à part. Il est temps de remplir cette tâche[1]. Qui dit vertu, dit une force morale de la volonté, mais en la définissant ainsi, nous n'en aurions pas complété l'idée : la sainteté aussi implique une force de ce genre, et pourtant il y a une grande différence entre la sainteté et la vertu[2]. La première est l'état d'une volonté qui se conforme d'elle-même à la loi de la raison, sans être détournée ou sollicitée par aucun penchant contraire, et qui en ce sens est au-dessus de la contrainte du devoir; la seconde est celui d'une volonté qui est forcée de lutter contre les penchants de la nature sensible pour obéir à la loi rationnelle ou au *devoir*; car c'est le nom que prend cette loi, lorsqu'elle s'aplique à une volonté de ce genre. La vertu est donc bien une force morale, comme la sainteté, mais c'est une force militante : « les vices, ces fruits des coupables pensées, voilà les monstres qu'elle a à combattre[3]. » Cette force ou ce courage, chacun de nous le possède, puisqu'il lui est nécessaire, et il en peut mesurer le degré d'après la grandeur même des obstacles qui lui sont opposés. « Il est, dit Kant[4], notre plus grand et même notre véritable titre de gloire. »—« Ce n'est qu'en le possédant, ajoute notre moderne stoïcien, que l'homme est libre, sain, riche, roi, et n'a rien à craindre ni du hasard ni du destin. » Mais qu'on ne se fasse pas illusion : si élevée qu'elle soit, la moralité humaine n'est toujours que de la vertu; il ne lui est pas donné de parvenir à la sainteté, mais

---

[1] XIV. P. 53. — [2] Cette différence a déjà été expliquée dans la *Critique de la raison pratique*. Voyez ma *Traduction* et mon *Examen* de cet ouvrage. — [3] Trad. franç., p. 53. — [4] *Ibid.*

seulement de travailler à s'en rapprocher de plus en plus.
C'est assez pour notre gloire. Cette gloire même est si grande
qu'elle semble parfois éclipser celle de la sainteté, « si bien,
dit Kant [1], que l'on pourrait varier ainsi les deux vers si connus
de Haller :

> L'homme avec ses défauts
> est supérieur à la foule des anges.

Mais c'est encore là une illusion : nous ne devons pas mesurer sur nous-mêmes la grandeur absolue. D'un autre côté, il ne faut pas non plus se laisser aller au découragement et s'écrier avec Brutus que la vertu n'est qu'un nom. En vain alléguera-t-on la conduite des hommes : quelque triste que soit à ce sujet l'expérience, la beauté idéale de la vertu n'en subsiste pas moins, et elle brille d'autant plus qu'elle se montre plus dégagée de tout mobile sensible et de toute considération intéressée. On peut bien parfois la trouver méritoire et la juger digne de rémunération ; mais, si l'on veut se la représenter dans toute sa perfection, il faut la considérer comme étant à elle-même sa propre récompense. Elle est sans doute aidée par certains sentiments moraux, tels que le dégoût, l'horreur. etc., qui servent de contre-poids aux mobiles purement sensibles ; mais il ne faut pas oublier que son unique source est dans cette liberté intérieure où nous avons placé plus haut le principe distinctif de la doctrine de la vertu. Aussi ne saurait-on la définir, comme on l'a fait quelquefois, une habitude d'agir conformément au devoir [2] ; car, dès que la répétition fréquente d'une action nous a fait de cette action une nécessité, l'habitude qui se manifeste alors, ne procédant plus de la liberté, n'a plus de caractère moral. Ce n'est point dans l'habitude d'agir, mais dans celle de se déterminer à agir par la seule idée de la loi qu'il faut chercher la vertu. Elle seule, en effet, dérive de la liberté intérieure. Aussi, comme dit Kant [3], est-ce toujours pour elle à recommencer : l'in-

De la liberté intérieure, comme unique principe de la vertu.

---

[1] P. 40. Il faut rapprocher du n° xiv de l'*Introduction* une partie du n° x. — [2] Voy. la *Remarque* du n° xv (*Du principe de la doctrine de la vertu*), p. 56. — [3] Voy. la *Remarque* du n° xvii, p. 59.

fluence des penchants dont la nature humaine est affectée ne lui permet pas de goûter un instant de repos et de tranquillité. Il faut qu'elle se tienne toujours éveillée, toujours sur la brèche, toujours prête à combattre. Cela n'empêche pas qu'elle ne soit progressive : que signifierait autrement l'idéal que nous concevons comme le terme dont elle doit tendre à se rapprocher toujours davantage, sans pouvoir espérer de l'atteindre jamais ?

De l'empire de soi-même.

La vertu exige deux conditions. La première est l'empire de soi-même[1], c'est-à-dire qu'il faut savoir commander à ses passions. Il importe de bien distinguer les passions des affections. Celles-ci sont des mouvements sensibles qui précèdent et offusquent ou étouffent la réflexion, mais qui ont au moins l'avantage d'être passagers. Telle est, par exemple, la colère. C'est une tempête qui éclate tout à coup, mais ne dure pas. Les passions, au contraire, sont des inclinations devenues constantes et en quelque sorte raisonnées. Telle est la haine, par opposition à la colère. Les premières peuvent très-bien se rencontrer avec une bonne volonté : celui sur qui elles agissent manque de vertu plutôt qu'il n'est réellement vicieux. Les secondes, quand elles portent sur quelque chose de contraire au devoir, sont des vices qualifiés ; car ici l'on s'est fait du mal une maxime, on l'a implanté en soi-même et on lui a laissé pousser de profondes racines. Il est donc nécessaire, si l'on veut échapper au vice et pratiquer la vertu, de savoir retenir sous sa puissance et soumettre à l'autorité de la raison toutes ses facultés et toutes ses inclinations, en un mot d'avoir l'empire de soi-même. Cette condition est un ordre positif. Mais elle-même en suppose une autre, qui est une défense, la défense de se laisser dominer par ses sentiments et ses inclinations.

De l'apathie.

« En effet, dit Kant[2], si la raison ne prend en mains les rênes du gouvernement, ces inclinations et ces sentiments deviendront bientôt les maîtres de l'homme. » La force qui consiste à les réprimer est ce qu'il appelle l'*apathie morale*. On prend souvent en mauvaise part le mot d'apathie, en entendant par là l'insensibilité ou l'indifférence ; ce n'est pas ce genre d'apathie qu'exige la vertu, mais cette *tranquillité d'âme* qui permet

---

[1] XVI, p. 57. — [2] XVII, p. 58.

les résolutions réfléchies et persévérantes. C'est elle qui constitue la santé dans la vie morale. Il faut bien se garder d'y substituer cette force fiévreuse qu'on appelle l'enthousiasme, qui ne s'exalte un moment que pour retomber bientôt, laissant la fatigue après elle. Il y a donc ici même une modération à garder, et c'est en ce sens seulement qu'il est raisonnable d'admettre celle que l'on recommande ordinairement dans la pratique de la vertu :

> *Insani sapiens nomen ferat, æquus iniqui,*
> *Ultra quam satis est, virtutem si petat ipsam.*

On ne saurait jamais être trop sage ou trop vertueux ; mais c'est tomber dans un excès fâcheux que de se livrer, même en matière de bien, à une affection qui usurpe la place de la réflexion et de la raison. La grande affaire est de si bien régler notre âme que le respect de la loi morale y soit plus puissant que tous nos autres sentiments. « D'un autre côté, ajoute Kant[1], celui-là aussi ne possède qu'une vertu fantastique, qui n'admet point de choses indifférentes à la moralité, qui jonche tous ses pas de devoirs, comme d'autant de chausse-trappes, et qui ne trouve pas indifférent que l'on se nourrisse de viande ou de poisson, de bière ou de vin, quand on se trouve bien de l'un et de l'autre. Introduire de telles minuties dans la morale, c'est en faire dégénérer l'empire en tyrannie[2]. »

Il ne nous reste plus, pour compléter ces préliminaires, qu'à indiquer les divisions de la doctrine de la vertu ou de

Division général de la doctrine de la vertu

---

[1] P. 59.

[2] Après les développements qu'on vient de lire, on comprendra sans peine quelques formules mathématiques auxquelles Kant ramène les idées morales et que j'ai dû négliger plus haut (Voyez, dans la traduction française, la page 19 et la page 39). La vertu communiquant à l'homme un mérite que ne lui donne pas la seule pratique des devoirs de droit, juridiquement observés, peut être représentée par la formule algébrique $= + a$. Le vice au contraire, qui est une transgression du devoir érigée en maxime, et qui par conséquent est un véritable démérite, $= - A$. Maintenant entre ces deux termes il y a un état marqué par l'absence de force morale et qui est plutôt un défaut de vertu (une non-vertu) qu'un vice. On le représentera exactement par 0.

l'éthique[1]. Elles ne peuvent porter que sur les devoirs de vertu que nous avons distingués des devoirs de droit, et qui sont eux-mêmes de diverses espèces. Car quant à la vertu en elle-même, elle est une en ce sens qu'elle embrasse tous les devoirs en général et qu'elle s'applique aussi bien aux devoirs de droit qu'à ceux qu'on appelle proprement des devoirs de vertu. L'éthique est la science de ces derniers. Nous avons vu à quels caractères on les reconnaît : 1° ils ne sont pas susceptibles d'une législation extérieure; 2° ils ne s'appliquent pas aux actions, mais seulement à leurs maximes; 3° ils sont d'obligation large. C'est là ce qui constitue leur *forme*. En les envisageant dans leur *matière*, on voit qu'ils se rapportent à certaines *fins*, et que ces fins sont placées ou en nous-mêmes ou dans nos semblables. D'où deux espèces de devoirs de l'homme : les uns, envers lui-même; les autres, envers ses semblables. Kant n'en reconnaît pas d'autres, quoique dans le cadre général qu'il trace ici[2] il y ajoute les devoirs envers les êtres inférieurs et les devoirs envers les êtres supérieurs à l'homme, mais comme des problèmes, qu'il résout, pour sa part, négativement. A cette première division de l'éthique, qui n'est autre que celle de nos divers devoirs de vertu, il faut en joindre une seconde qui se rapporte au plan de tout le système. Elle résulte de la nature même des devoirs de vertu, et c'est pourquoi la doctrine du droit n'a point eu à s'en occuper. Celle-ci ne posant que des devoirs stricts et étant ainsi susceptible d'une précision en quelque sorte mathématique, n'avait besoin ni de casuistique pour examiner les cas embarrassants, ni de méthodologie pour diriger les esprits et les âmes. Il n'en est pas de même de l'éthique : comme les devoirs qu'elle prescrit nous laissent une certaine latitude, il suit qu'à côté des maximes qu'elle enseigne, il faut faire place à certaines questions que soulève l'application même de ces maximes. L'examen de ces questions est ce qu'on nomme la casuistique, qui est plutôt un exercice qu'une science, et qui par conséquent ne doit se rattacher au système que sous la forme de scolies. Mais outre la casuistique, qui se joint immédiatement à l'exposition de chacun de nos devoirs de vertu, il est né-

---

[1] XVIII et XIX, p. 60-65. — [2] P. 65.

cessaire de décrire, sous le nom de *méthodologie*, les règles
qui doivent nous diriger soit dans l'étude et l'enseignement,
soit dans la pratique de ces devoirs en général. La première
de ces méthodes est la *didactique;* la seconde, *l'ascétique.*

Telles sont les divisions générales de l'éthique. L'analyse
que nous allons faire de l'œuvre de Kant les éclaircira, et
fera connaître les subdivisions qu'il y introduit.

La première branche de l'éthique comprend les devoirs de *L'homme a-t-il de* l'homme envers lui-même [2]. Mais n'y a-t-il pas une contradic- *envers lui-même.* tion dans cette idée d'un devoir envers soi-même [1] ? Puisque c'est envers moi que je suis obligé, et que par conséquent c'est moi-même qui m'oblige, ne puis-je pas toujours me délier de cette obligation, et dès lors que signifie ici le devoir? Mais qu'on y prenne garde [3] : comme il n'y a pas de devoir de vertu où en définitive je ne m'oblige moi-même, il s'ensuivrait qu'il n'y aurait plus du tout de devoir, même envers autrui. Conséquence révoltante. Il est aisé de dissiper l'apparente contradiction qu'offre au premier abord l'idée d'un devoir envers soi-même : il suffit de distinguer en moi de l'être envers qui je suis obligé ou qui m'oblige l'être sensible que je suis également. C'est comme être appartenant au monde rationnel que je suis capable d'obligation; et quand je dis que je suis obligé envers moi-même, cela signifie que je suis obligé envers *l'humanité* qui réside en ma personne. Il ne m'est donc pas loisible de me délier de cette obligation, et il faut reconnaître qu'il y a des devoirs de l'homme envers lui-même.

On les divise souvent en deux classes, dont l'une concerne *Devoirs parfaits de* le corps et l'autre l'âme. Mais c'est là, selon Kant, une mau- *envers lui-même :* vaise division. En effet, l'âme conçue comme un principe *division* distinct du corps et capable de penser indépendamment du *de ces devoirs.* corps, en un mot comme une substance spirituelle, n'est pour lui qu'une hypothèse; et quand cette hypothèse serait une vérité, il ne conçoit pas des devoirs envers un corps comme envers un sujet obligeant. Ce n'est donc pas sur cette distinction hypothétique de l'âme et du corps qu'il fondera sa

---

[1] *Doctrine élémentaire*, livre premier, trad. franç., p. 69.
[2] § 1, p. 69.— [3] § 2 et 3, p. 70 et 71. — [4] § 4, p. 71 à 75.

division des devoirs envers nous-mêmes; mais puisque, toute question de substance à part, le sujet du devoir, l'homme se considère soit comme un être animal en même temps que moral, soit simplement comme un être moral, il y a lieu de rechercher quels sont les devoirs de l'homme à ces deux points de vue différents. Et comme au point de vue de notre animalité, il faut distinguer trois espèces de penchants de la nature : le premier qui se rapporte à la conservation de nous-mêmes, le second à celle de notre espèce, et le troisième à l'entretien de nos forces et aux jouissances de la vie animale qui en sont les moyens, il y a à distinguer aussi trois devoirs auxquels sont opposés trois vices : le *suicide*, l'*impudicité*, l'*intempérance*. Les devoirs dont il s'agit ici étant purement négatifs, Kant dirige contre les vices qui leur sont opposés les articles qu'il leur consacre, et c'est sous ce titre même qu'il les expose.

Du suicide.

On peut considérer le suicide [1] comme une transgression de nos devoirs envers les autres hommes, puisque par là on se soustrait à toutes les obligations de la société, ou bien encore comme une transgression de nos devoirs envers Dieu, en ce sens que l'homme abandonne ainsi, sans en avoir été relevé, le poste que Dieu lui a confié en ce monde; mais la question ici est de savoir s'il est une violation du devoir envers soi-même. Indépendamment de toute considération de devoirs sociaux ou religieux, ne suis-je pas obligé de conserver ma vie par cela seul que je suis une personne? N'y a-t-il pas là un devoir envers soi-même, et même un devoir strict? Il semble que la question posée ainsi doive être résolue négativement, en vertu du principe *volenti non fit injuria*; il paraît absurde que l'on puisse se faire une offense à soi-même. Aussi les stoïciens pensaient-ils que, dès que l'homme reconnaît qu'il ne peut plus être utile à rien en ce monde, il lui est permis de sortir tranquillement de la vie comme on sort d'une chambre pleine de fumée. C'était là, selon eux, une prérogative de sa personnalité. Mais, selon Kant, c'est justement cette personnalité qui aurait dû leur faire repousser le suicide. Plus l'homme se sent capable de braver la mort et re-

---

[1] § 6, p. 76.

connaît quelque chose de plus précieux que la vie, plus il doit comprendre combien il est criminel de détruire en sa personne un être si élevé, si supérieur à la nature. « L'homme, poursuit notre philosophe, ne peut abdiquer sa personnalité tant qu'il y a des devoirs pour lui, et par conséquent tant qu'il vit; et il y a contradiction à lui accorder le droit de s'affranchir de toute obligation... Anéantir dans sa propre personne le sujet même de la moralité, c'est extirper du monde, autant qu'il dépend de soi, l'existence de la moralité même; c'est disposer de soi-même comme d'un pur instrument. »

Il y aussi un suicide partiel : c'est celui qui consiste à se priver de quelqu'un de ses organes dans un vil intérêt. Celui qui se mutile ainsi, celui par exemple qui se fait enlever une de ses dents pour la vendre à un autre, ou celui qui se soumet à la castration pour devenir un chanteur plus recherché, celui-là, en disposant de sa personne comme d'un instrument, commet un attentat envers la dignité humaine.

A l'exposition que je viens de résumer Kant ajoute quelques questions casuitiques. Comme il ne fait que les poser sans les résoudre, et qu'elles sont d'ailleurs fort clairement rédigées, je me bornerai à les transcrire :

« Est-ce un suicide que de se dévouer, comme Curtius, à une mort certaine pour sauver sa patrie? — Ou le martyre volontaire, qui consiste à se sacrifier au salut de l'humanité en général, doit-il être pris aussi, comme l'action précédente, pour un acte héroïque? »

Questions casuistiques.

« Est-il permis de prévenir par le suicide une injuste condamnation à mort? — Même dans le cas où le souverain le permettrait, comme fit Néron pour Sénèque? »

« Peut-on faire un crime à un grand monarque mort depuis peu, d'avoir porté sur lui un poison très-subtil, sans doute afin de n'être pas obligé, s'il venait à être fait prisonnier dans la guerre qu'il dirigeait en personne, d'accepter pour sa rançon des conditions onéreuses à son pays? Car on peut lui supposer cette intention, et il n'est pas nécessaire de ne voir là-dessous que de l'orgueil. »

« Un homme qui a été mordu par un chien enragé, sentant déjà en lui l'hydrophobie et sachant qu'il n'y a pas d'exemple que quelqu'un en soit revenu, s'est tué, afin, comme il le dit dans un écrit trouvé après sa mort, de ne pas causer, dans les transports de la rage dont il éprouve déjà les premiers accès, le malheur d'autres hommes; on demande s'il fait bien d'agir ainsi[1]. »

l'impudicité.   « De même que l'amour de la vie nous a été donné par la nature pour notre conservation personnelle, de même l'amour du sexe a été mis en nous pour la conservation de l'espèce[2]. » Telles sont, en effet, les deux fins qu'elle poursuit par le moyen de ces deux penchants. La doctrine du droit a établi que l'homme et la femme ne pouvaient légitimement se servir l'un de l'autre pour se procurer le plaisir qui naît de l'union des sexes, qu'à la condition de s'être d'abord liés l'un à l'autre, pour le reste de leur vie, par ce contrat qu'on appelle le mariage[3]. Il s'agit ici de savoir si la morale individuelle n'a pas aussi quelque défense à nous faire au sujet de nos facultés sexuelles, ou si nous pouvons, sans manquer à un devoir envers nous-mêmes, user de ces facultés pour le seul plaisir physique et sans égard au but pour lequel elles nous ont été données. Parle-t-on d'abord de cet abus des organes sexuels qui constitue un vice contre nature : il est tellement contraire au respect que l'homme se doit à lui-même, il est si honteux, il souille à tel point l'humanité qu'il n'est pas même permis de le nommer. On ne rougit pas cependant de nommer le suicide. C'est que rejeter fièrement sa vie comme un fardeau, ce n'est pas du moins s'abandonner lâchement aux inclinations animales; mais cette action exige un certain courage qui témoigne encore en faveur de l'humanité. Au contraire celui qui se livre au vice dont nous parlons ici, fait de sa personne

---

[1] Il y a encore une question : elle est relative à la vaccine. Je la supprime parce qu'elle n'a plus d'intérêt pour nous, et que la perspicacité de notre philosophe, si remarquable en d'autres occasions, se trouve ici en défaut. L'admirable découverte de Jenner commençait alors à se répandre dans le monde, mais, comme toutes les grandes innovations, elle avait à lutter contre les préjugés et la routine. On est étonné de voir Kant se ranger de ce côté.

[2] § 7, p. 79.

[3] Voyez *Doctrine du droit*, trad. franç., p. 112-116, et p. 242-243, et mon Analyse critique de cet ouvrage, p. XLII.

un vil instrument de jouissance, et devient ainsi un objet de dégoût. Quant au plaisir qui résulte de l'union des sexes, comme la fin naturelle de ce plaisir est la propagation, on ne doit pas au moins agir contre cette fin. Mais est-il permis de le rechercher, même dans le mariage, sans avoir égard au but de la nature? C'est là une question plus difficile, que Kant rejette dans la casuistique [2].

« Est-il permis à un mari d'entretenir un commerce charnel avec sa femme lorsqu'elle est enceinte, ou lorsque, par l'effet de l'âge ou de la maladie, elle est devenue stérile, etc.? Cela n'est-il pas contraire à la fin de la nature et par conséquent au devoir envers soi-même? Ou bien n'y a-t-il pas ici une loi de la raison pratique qui, dans la collision de ses principes, permet quelque chose d'illicite en soi, afin d'empêcher, par cette sorte d'indulgence, un mal plus grand encore? — Sur quoi se fonde-t-on pour taxer de rigorisme ceux qui renferment ici l'obligation dans d'étroites limites, et pour accorder une certaine latitude aux appétits animaux, au risque de manquer à la loi de la raison? »

C'est encore un vice honteux que celui qui consiste à faire un usage immodéré de la boisson ou de la nourriture [2]. Il ne suffit pas d'alléguer contre lui le mal qu'il nous cause, les douleurs corporelles ou les maladies qu'il nous attire : on ne ferait ainsi que le repousser au nom du principe du bien-être, et l'on ne poserait qu'une règle de prudence. Mais ce n'est pas seulement la prudence, c'est le devoir qui le condamne. L'homme qui s'y livre manque en effet à ce qu'il se doit, car il fait de lui-même une brute. Cet abrutissement a lieu de deux manières : par l'*ivrognerie* ou par la *gourmandise*. L'état d'ivresse séduit l'homme en lui apportant, pour un moment, avec l'oubli de ses soucis, un rêve de bonheur et des forces imaginaires; mais malheureusement elle amène à sa suite l'abattement et la faiblesse, et elle se tourne aisément en habitude. C'est cette funeste habitude qu'on appelle l'ivrognerie. La gourmandise est un vice encore plus honteux : l'ivresse, du moins, met en jeu l'imagination et

De l'intempérance

---

[1] P. 82. — [2] § 8, p. 84.

excite l'esprit; la gourmandise, au contraire, n'occupe que les fonctions animales, et les jouissances qu'elle procure n'ont rien que de brutal.

Questions casuistiques.

« Ne saurait-on[1], sinon à titre de panégyriste du vin, du moins à titre d'apologiste, en permettre un usage voisin de l'ivresse, par cette raison qu'il anime la conversation entre les convives et pousse ainsi les cœurs à s'ouvrir? — Ou peut-on lui accorder le mérite d'opérer ce qu'Horace vante dans Caton : *Virtus ejus incaluit mero?* — Mais comment fixer une mesure à celui qui est sur le point de tomber dans un état où ses yeux ne seront plus capables de rien mesurer?...

» Les banquets, tout en nous invitant formellement à l'intempérance dans les deux espèces de jouissance dont il s'agit ici, ont pourtant, outre l'agrément purement physique qu'ils procurent, quelque chose qui tend à une fin morale : ils retiennent ensemble un certain nombre d'hommes et entretiennent entre eux une longue communication. Toutefois, comme une grande réunion d'hommes (quand elle dépasse le nombre des muses, comme dit Chesterfield), ne permet guère de communiquer entre soi (sinon avec ses plus proches voisins), et que par conséquent les moyens vont ici contre la fin, il y a toujours là une excitation à l'immoralité, c'est-à-dire à l'intempérance et à l'oubli du devoir envers soi-même. Je ne parle pas des incommodités physiques qui pourraient résulter pour nous des excès de la table et dont les médecins pourraient peut-être nous guérir. Jusqu'où s'étend la faculté morale de céder à ces invitations à l'intempérance? »

Les vices que nous venons de passer en revue sont contraires aux devoirs de l'homme envers lui-même, considéré comme être physique en même temps que moral; il en est d'autres qui sont contraires aux devoirs de l'homme envers lui-même, considéré simplement comme être moral : ce sont le *mensonge*, l'*avarice* et la *fausse humilité*. Ici encore c'est sous le titre des vices que Kant traite des devoirs.

Du mensonge.

Le mensonge[2] est honteux : l'homme ne saurait manquer d'une manière plus grave à ce qu'il doit à sa nature morale,

---

[1] P. 85. — [2] § 9, p. 87.

à l'humanité qui réside en sa personne. Nous n'avons point à considérer ici le tort qu'il peut causer aux autres hommes : à ce point de vue il serait une violation de notre devoir envers autrui; il s'agit à présent de montrer qu'il est une violation de notre devoir envers nous-mêmes. Or il suffit pour cela de faire remarquer qu'il est, suivant les expressions mêmes de Kant, l'avilissement et comme l'anéantissement de la dignité humaine. « Un homme, dit-il [1], qui ne croit pas lui-même à ce qu'il dit à un autre a encore moins de valeur qu'une simple chose; car un autre peut tirer parti de l'utilité de cette chose, puisque c'est un objet réel qui lui est donné, tandis que si, tout en prétendant communiquer à un autre ses pensées, on se sert à dessein de mots signifiant le contraire de ce que l'on pense, on se propose une fin qui va directement contre la destination naturelle de la faculté de communiquer ses pensées, et par conséquent on abdique sa personnalité; aussi le menteur est-il moins un homme véritable que l'apparence trompeuse d'un homme. » De là la honte qui s'attache au mensonge. « Le déshonneur, c'est encore Kant qui parle [2], accompagne le menteur comme son ombre. » Et il n'y a pas, selon lui, d'exception à la règle qui défend le mensonge : fût-il non-seulement inoffensif, mais même utile à autrui; procédât-il d'un bon naturel, et se proposât-il une fin réellement bonne, il n'en serait pas moins une offense que l'homme ferait à sa personne et une indignité qui le rendrait méprisable à ses propres yeux.

Le mensonge ne consiste pas seulement à tromper autrui, mais à vouloir se tromper soi-même. La véracité n'est pas uniquement un devoir pour nous dans nos communications avec les autres hommes, mais vis-à-vis de nous-mêmes. On ne ment pas seulement aux autres, on se ment aussi à soi-même; il y a des mensonges *intérieurs*, aussi bien que des mensonges extérieurs : tels sont ceux par lesquels nous cherchons à nous tromper sur la nature de nos croyances ou sur la pureté de nos résolutions. Il faut que l'homme ait le courage de s'avouer à lui-même et ce qu'il croit et ce qu'il ne croit pas; il faut aussi qu'il ait celui de reconnaître les vrais

---

[1] P. 88. — [2] P. 87.

mobiles de ses actions, afin de ne pas s'attribuer un mérite qu'il n'a pas. Soyons en tout sévères avec nous-mêmes : c'est se manquer à soi-même que de chercher à se faire illusion et à se flatter. Ce défaut de sincérité est loin, d'ailleurs, d'être sans importance sur notre conduite extérieure : « Car, comme dit Kant[1], une fois le principe de la véracité ébranlé, le fléau de la dissimulation, qui semble avoir ses racines dans la nature humaine, ne tarde pas à se répandre jusque sur nos relations avec les autres hommes. »

Toute l'horreur de notre moraliste pour le mensonge se montre bien dans cette observation : « Il est digne de remarque, dit-il[2], que la Bible date le premier crime, par lequel le mal est entré dans le monde, non du *fratricide* (du meurtre de Caïn), mais du premier *mensonge*, et qu'elle désigne comme l'auteur de tout mal le menteur primitif, le père des mensonges. »

Les questions casuistiques qui couronnent cet article témoignent, comme celles qu'on a déjà vues, d'une certaine bonhommie qui n'est pas sans sel et d'une extrême rigidité de principes.

Questions casuistiques.

« Peut-on regarder comme un mensonge la fausseté que l'on commet par pure politesse (par exemple le *très-obéissant serviteur* que l'on écrit au bas d'une lettre)? Personne n'est trompé par là. — Un auteur demande à un de ses lecteurs : Que pensez-vous de mon ouvrage? On pourrait bien faire une réponse illusoire, et l'on se moquerait ainsi d'une question aussi insidieuse; mais qui a toujours la présence d'esprit nécessaire? La moindre hésitation à répondre est déjà une offense pour l'auteur; faut-il donc le complimenter de bouche? »

« Si je dis une chose fausse dans des affaires importantes, où le mien et le tien sont en jeu, dois-je répondre de toutes les conséquences qui peuvent en résulter? Par exemple un maître a ordonné à son domestique de répondre, si quelqu'un venait le demander, qu'il n'est pas à la maison. Le domestique suit cet ordre; mais il est cause par là que son maître, s'étant évadé, commet un grand crime, ce qu'aurait empêché la force armée envoyée pour l'appréhender. Sur qui retombe

---

[1] P. 90. — [2] P. 91. — *Remarque*.

ici la faute, suivant les principes de l'éthique? Sans doute aussi sur le domestique, qui a violé ici un devoir envers lui-même par un mensonge, dont sa propre conscience doit lui reprocher les conséquences. »

L'avarice[1] tue la charité dans le cœur de l'homme, et par là elle est contraire au devoir envers autrui, mais elle est contraire aussi au devoir envers soi-même, et c'est sous ce point de vue que nous devons l'envisager ici. Elle consiste à restreindre la jouissance de nos moyens d'existence jusqu'au-dessous de la mesure de nos vrais besoins, ce qui est évidemment contraire au devoir envers nous-mêmes. L'avarice est opposée à la prodigalité; mais Kant rappelle et applique ici ce qu'il a dit plus haut contre le principe d'Aristote. Il y a une vertu contraire à la fois à la prodigalité et à l'avarice, mais il ne serait pas exact d'en ramener l'appréciation à une question de degré, et de la faire consister elle-même dans une sorte de milieu entre ces deux vices opposés. Autrement elle ne serait plus qu'un vice diminué, ou un vice défaillant. Ce n'est pas une différence de degré, mais une différence de nature qui sépare en général la vertu du vice : elle a ses principes, et le vice vient de ce que l'on en suit de contraires; c'est pour cela qu'il s'appelle vice. Le principe de la prodigalité est de ne songer qu'à la jouissance actuelle; celui de l'avarice, de n'avoir en vue que la possession. Tous deux sont contraires au devoir envers soi-même, qui exige également qu'on ne dissipe pas sans raison ce qui peut servir à de bonnes fins, et qu'on ne renonce pas à en faire usage pour le seul plaisir de le posséder. La prudence peut ici se joindre à la vertu, et en ce sens le principe d'Aristote et d'Horace est admissible; mais il ne faut pas oublier que la prudence n'est pas la vertu. Il se peut qu'en nous attachant fortement à celle-ci, nous commettions des fautes contre celle-là; qui oserait alors nous accuser de vice, et nous reprocher d'avoir trop de vertu? Cela reviendrait à dire qu'un cercle peut être trop rond ou une ligne droite trop droite.

Mais dans le cas dont il s'agit ici, la vertu est-elle vraiment

De l'avarice.

Questions casuistiques.

---

[1] § 10, p. 92.

en cause, et tout ne rentre-t-il pas en définitive dans la sphère de la prudence? C'est la question que pose Kant lui-même dans la partie casuistique de son article sur l'avarice [1]: « Comme la cupidité, dit-il, ou le désir insatiable d'acquérir en vue de dépenser, et l'avarice, ou la crainte de la dépense, ne paraissent condamnables que parce qu'elles conduisent à l'indigence, la première à une indigence imprévue, la seconde à une indigence volontaire (puisqu'elle suppose la résolution de vivre misérablement), la question est de savoir si l'une comme l'autre ne méritent pas plutôt le titre d'imprudence que celui de vice, et si par conséquent elles ne sont pas tout à fait en dehors de la sphère des devoirs envers soi-même. » On sait déjà comment Kant résout cette question, puisqu'on vient de le voir ranger l'avarice parmi les vices : « Elle n'est pas seulement, dit-il, une économie mal entendue ; elle est une soumission servile de soi-même aux biens de la fortune, qui ne nous permet plus d'en rester le maître et qui est une transgression du devoir envers soi-même. Elle est opposée à la libéralité des sentiments, c'est-à-dire au principe de l'indépendance à l'égard de toute autre chose que la loi morale, et elle est ainsi une fraude dont l'homme se rend coupable envers lui-même. » Mais Kant, en terminant, ramène les difficultés qu'on peut élever à ce sujet : « Qu'est-ce qu'une loi que le législateur intérieur ne sait où appliquer? Dois-je diminuer mes dépenses de table, ou mes dépenses extérieures? dans la vieillesse ou dans la jeunesse? Ou l'économie est-elle en général une vertu? »

De la fausse humilité.

L'homme n'a pas seulement cette valeur vulgaire qu'il partage avec les autres animaux, ou même celle que lui donne la faculté qu'il possède de poursuivre de lui-même certaines fins et de se rendre ainsi un instrument utile aux autres; il a en outre une valeur absolue et au-dessus de tout prix. Cette valeur, qu'il tire de sa raison morale et qui l'élève au rang de personne, ne souffre pas qu'on le traite ou qu'il se traite lui-même comme un pur instrument : il n'est plus seulement un moyen pour des fins étrangères, il est lui-même une fin.

---

[1] P. 95.

De là la dignité qui s'attache à l'homme. Cette dignité, chacun de nous a le droit d'exiger que les autres, dont à cet égard il s'estime l'égal, la respectent en sa personne; mais il faut qu'il commence par la respecter en lui-même, en maintenant toujours ferme la conscience de sa valeur morale ou le sentiment de sa dignité. C'est là un devoir de l'homme envers lui-même. Le vice opposé à ce devoir est la fausse humilité, ou encore la servilité[1]. Ce n'est pas qu'il faille s'exagérer le sentiment de sa valeur morale au point de tomber dans l'orgueil de la vertu : ce serait là un autre vice. L'homme ne doit point oublier combien sa nature sensible le tient éloigné de cet idéal que sa raison lui fait concevoir, mais qu'il ne saurait réaliser. Quand il se compare à ce modèle sublime, il a sujet d'être humble, et cette humilité-là est sans doute une vertu. Mais il a sujet aussi d'être fier en se voyant capable de concevoir et de poursuivre un idéal si élevé, et l'humilité qui consiste à rabaisser sa propre valeur morale, dans le dessein de capter ainsi la faveur d'un autre, cette fausse humilité est un vice : c'est un avilissement de la personnalité humaine; elle est donc contraire au devoir envers soi-même.

Kant traduit en certains préceptes particuliers[2] le devoir de dignité qu'il oppose à la fausse humilité et à la servilité :

« Ne soyez point esclaves des hommes. — Ne souffrez pas que vos droits soient impunément foulés aux pieds.—Ne contractez point de dettes pour lesquelles vous n'offririez pas une entière sécurité. — Ne receviez point de bienfaits dont vous puissiez vous passer, et ne soyez ni parasites, ni flatteurs, ni (ce qui ne diffère du précédent vice que par le degré) mendiants. Soyez donc économes, afin de ne pas tomber dans la misère. — Les plaintes et les gémissements, même un simple cri arraché par une douleur corporelle, c'est déjà chose indigne de vous, à plus forte raison si vous avez conscience d'avoir mérité votre peine. Aussi un coupable ennoblit-il sa mort et en efface-t-il la honte par la fermeté avec laquelle il meurt.—L'action de se mettre à genoux ou de se prosterner jusqu'à terre, même pour représenter d'une manière sensible l'adoration des choses célestes, est contraire à la dignité

---

[1] § 11, p. 96. — [2] § 12, p. 99.

humaine. Il en est de même de la prière qu'on fait en présence de certaines images; car alors vous vous humiliez, non devant un *idéal* que vous présente votre raison, mais devant une idole, qui est votre propre ouvrage. »

Voici maintenant les questions casuistiques qui se joignent à ces préceptes [1] :

Questions casuistiques.

« Le sentiment de la sublimité de notre destination, c'est-à-dire l'élévation d'âme, qui porte si haut l'estime de soi-même, n'est-elle pas chez nous trop voisine de la présomption, qui est directement contraire à la véritable humilité, pour qu'il soit sage de nous y exciter, ne fissions nous-même que nous comparer avec les autres hommes et non avec la loi? Ou au contraire l'abnégation de soi-même n'aurait-elle pas pour effet de donner aux autres une très-médiocre opinion de notre valeur personnelle, et n'est-elle pas ainsi contraire au devoir du respect envers soi-même? Il semble dans tous les cas indigne d'un homme de s'humilier et de se courber devant un autre. »

« Les hautes marques de respect dans les paroles et dans l'attitude, même vis-à-vis d'un homme qui n'a point d'autorité dans l'État, — les révérences, les compliments, les phrases de cour, qui marquent avec une scrupuleuse exactitude la différence des rangs, mais qui n'ont rien de commun avec la politesse, laquelle est nécessaire même entre gens qui s'estiment également, — toutes ces formules pédantesques que les Allemands ont poussées plus loin que tous les autres peuples, tout cela n'est-il pas la preuve que le penchant à la servilité est très-répandu parmi les hommes? *Hæ nugæ in seria ducunt.* Celui qui se fait ver, peut-il se plaindre ensuite d'être écrasé. »

De l'homme considéré comme juge naturel de lui-même, et de son devoir en cette qualité.

Kant vient de parler de la sublimité de notre nature morale et du respect qu'elle mérite : au nom de la dignité qu'elle nous confère, il a condamné la fausse humilité, qui la rabaisse en vue de quelque avantage extérieur, tout en reconnaissant qu'il y a une bonne humilité et que cette humilité-là est un devoir. Il veut maintenant considérer l'homme comme juge naturel de lui-même, et montrer le devoir que cette

---

[1] P. 100. — [2] § 13, p. 101.

qualité lui impose. Chacun de nous sent en lui un tribunal intérieur, qui juge ses actes et les condamne ou les absout, et c'est là ce qui s'appelle la conscience. « Tout homme, dit Kant[1], a une conscience et se sent observé, menacé et en général tenu en respect par un juge intérieur, et cette puissance qui veille en lui à l'exécution des lois n'est pas quelque chose qui soit son ouvrage, mais elle est inhérente à son être. Elle le suit comme son ombre, quand il pense s'y soustraire. Il a beau s'étourdir ou s'endormir au sein des plaisirs et des distractions ; il ne saurait s'empêcher de faire parfois un retour sur lui-même, ou de se réveiller, dès qu'il entend sa voix terrible. Il peut bien tomber dans un tel degré d'abjection qu'il en vienne à ne plus s'en soucier ; mais il ne peut jamais éviter de l'entendre. » Quel est donc cet étrange phénomène d'un tribunal où je suis tout à la fois accusateur et accusé, où je me vois forcé de comparaître en tremblant et où j'exerce cependant la fonction de juge ? C'est qu'il y a en quelque sorte deux hommes en moi, et que celui qui accuse et qui juge n'est pas le même que celui qui se voit accusé et se défend. Ce dernier est l'homme *sensible* ; le premier est l'homme *intelligible*, ou mieux la raison même. Bien plus, cette raison accusatrice et juge de nos actes, nous éprouvons le besoin de la personnaliser dans un être capable de sonder les cœurs et en même temps maître du ciel et de la terre, et ainsi se forme ou se détermine en nous l'idée de Dieu. « L'idée de Dieu, dit Kant[2], est toujours impliquée, quoique d'une manière confuse, dans la conscience morale de soi-même. » Mais, ajoute-t-il, on ne saurait obliger l'homme à admettre comme réelle en dehors de lui l'existence d'un tel être ; car sa raison spéculative ne saurait rien affirmer à ce sujet, et sa raison pratique même ne lui en donne pas une preuve objective. Kant n'en reconnaît pas moins là nécessité de rattacher la morale à la religion, c'est-à-dire de nous supposer en présence d'un être saint, différent de nous, devant qui nous ayons à répondre de nos actes. Nous allons voir reparaître tout à l'heure, et nous retrouverons plus tard encore cette délicate question du rapport de la morale et de la reli-

---

[1] P. 102. — [2] P. 104.

gion ; revenons maintenant avec Kant à l'examen de ce tribunal intérieur qui siége en nous, et à l'analyse des devoirs qui en résultent. La voix de ce tribunal devance notre résolution : elle nous avertit avant que nous ne nous décidions. Nous devons donc écouter ces avertissements avec une religieuse attention, et nous ne saurions pousser trop loin le scrupule en pareille matière. Il arrive souvent aux consciences trop peu scrupuleuses de traiter de peccadilles de véritables transgressions du devoir ; elles abusent de la maxime : *minima non curat prætor*. « Dire de quelqu'un, ajoute Kant fort justement[1], qu'il a une conscience large revient à dire qu'il n'a pas de conscience. » Une fois l'acte résolu, alors, s'il est mauvais, s'élève au sein de la conscience une voix accusatrice ; mais alors aussi la voix d'un avocat se fait entendre. Or il faut prendre garde que celle-ci n'étouffe la première, et que l'affaire ne s'arrange en quelque sorte à l'amiable, tandis qu'elle doit être décidée suivant toute la rigueur des lois. Enfin la conscience prononce ; elle absout ou condamne, et son arrêt est sans appel. Lorsqu'elle absout, il en résulte une certaine satisfaction, celle d'avoir échappé au danger d'être déclaré coupable. Il ne faut pas la regarder comme une récompense : la conscience n'en décrète pas en pareil cas. C'est une satisfaction toute négative, non un bonheur positif ou un véritable sentiment de joie ; c'est le repos succédant à l'inquiétude.

Que le premier de tous les devoirs envers soi-même est celui-ci : « connais-toi toi-même. »

On vient de voir comment l'homme doit se conduire vis-à-vis du tribunal qu'il trouve en lui. En général le premier de tous ses devoirs envers lui-même, c'est de s'étudier et de faire son examen de conscience[2]. Qu'il sonde l'abîme de son cœur jusque dans ses profondeurs les plus cachées, qu'il remonte à la source de ses actions pour voir si elle est pure ou impure, qu'il cherche à faire dans sa conduite la part de ce qui revient à sa nature et de ce qui lui appartient véritablement à lui-même, en un mot qu'il apprenne à connaître son état moral. Cette connaissance de soi-même est le commencement de la sagesse. « C'est en descendant aux enfers qu'on arrive à l'apothéose[3]. » Par là aussi on échappera à deux vices également

---

[1] P. 105. — [2] § 14, p. 106. — [3] P. 107.

funestes : l'un, cette estime présomptueuse de soi-même qui va jusqu'à prendre pour de bonnes actions de simples désirs demeurés sans effet; l'autre, ce mépris fanatique du genre humain, qui, au lieu de tomber sur ceux qui font le mal, s'en prend à l'humanité même, si digne de notre respect. Nous juger impartialement nous-mêmes, et tout en reconnaissant sincèrement ce qui manque à notre valeur morale, rendre hommage à la grandeur de notre destination, voilà le devoir envers soi-même que contient ce principe fondamental : « Connais-toi toi-même. »

Il y a certains devoirs qu'on prend ordinairement pour des obligations envers d'autres êtres, mais qui ne sont au fond que des devoirs envers nous-mêmes[1]. Parce que ces devoirs sont en effet relatifs à d'autres êtres, on a cru que ce sont des devoirs envers ces êtres mêmes. Mais, selon Kant, à en juger d'après la seule raison, l'homme n'a de devoirs qu'envers l'homme, c'est-à-dire envers lui-même ou envers ses semblables. On parle souvent, il est vrai, de devoirs envers Dieu; mais comment admettre des devoirs envers un être qui est placé en dehors des limites de notre expérience, et dont la relation avec nous échappe entièrement aux prises de notre entendement? Il y a bien ici un devoir : celui de considérer tous nos devoirs comme des commandements de Dieu; mais ce devoir, le seul devoir religieux que la philosophie puisse nous prescrire, n'est pas un devoir envers Dieu : c'est un devoir envers nous-mêmes. C'est en effet remplir un devoir envers soi-même que de joindre à l'idée de la loi morale celle d'un être tel que Dieu, puisque cette dernière a une utilité morale dont on ne saurait se passer. « Dans le sens pratique, dit Kant[2], il peut être vrai de dire que la religion est un devoir de l'homme envers lui-même. » — Quant aux êtres qui sont

De la confusion qui consiste à prendre des devoirs envers soi-même pour des devoirs envers d'autres êtres.

---

[1] L'examen de ce point constitue, dans la *Doctrine de la vertu*, une section *épisodique* (§ 16-18), à laquelle Kant donne pour titre : *De l'amphibolie des concepts moraux de réflexion, qui consiste à prendre nos devoirs envers nous-mêmes ou envers les autres hommes pour des devoirs envers d'autres êtres.* Trad. franç., p. 108.

[2] P. 111.

au-dessous de nous, comme ce ne sont pas des personnes, il ne peut y avoir de devoirs envers eux ; mais il peut y avoir et il y a en effet des devoirs envers nous-mêmes qui se rapportent à eux. Tel est, par exemple, celui de ne pas détruire de gaieté de cœur les beautés de la nature. Agir ainsi, c'est manquer à un devoir envers soi-même, car c'est affaiblir ou éteindre en soi un sentiment, qui, sans être moral par lui-même, dispose et prépare à la moralité : l'amour des beautés naturelles. Tel est surtout celui de ne pas traiter les animaux d'une façon brutale et cruelle. C'est encore violer un devoir envers soi-même que de se conduire ainsi, car c'est émousser en soi le sentiment de la pitié, c'est-à-dire une disposition naturelle très-favorable à la moralité de l'homme dans ses rapports avec ses semblables. Si Kant n'admet pas que nous ayons des devoirs *envers* les animaux, il n'en condamne pas moins comme des actes odieux ces expériences douloureuses que l'on fait sur eux dans un intérêt purement spéculatif, surtout lorsqu'on peut arriver au même but par d'autres moyens, et il va même jusqu'à élever au rang de nos devoirs la reconnaissance pour les services d'un vieux cheval ou d'un vieux chien, devenu pour nous comme une personne de la maison.

Devoirs imparfaits de l'homme envers lui-même. Tous les devoirs dont il a été question jusqu'ici étaient des devoirs parfaits ou d'obligation stricte : aussi Kant les a-t-il pu exposer en général sous le titre des vices qui en sont la transgression. Mais nous avons encore d'autres devoirs envers nous-mêmes qui sont imparfaits ou d'obligation large. Les premiers étaient restrictifs ou négatifs : ils nous défendaient d'agir contre la fin de notre nature ; les seconds sont positifs : ils nous ordonnent de travailler au perfectionnement de nous-mêmes. Ceux-là n'avaient d'autre but que d'entretenir en nous la santé morale, sans laquelle nous ne serions même plus des hommes ; ceux-ci tendent à quelque chose de meilleur encore : ils veulent joindre la richesse à la santé. « Vis conformément à la nature, » telle est la formule des premiers; « rends-toi plus parfait que ne t'a fait la nature, » voilà celle des seconds [1]. On voit tout de suite comment, tandis que les

---

[1] Voy. sur ce point le § 4 : *Du principe de la division des devoirs envers soi-même*, p. 72 et 73.

premiers devoirs étaient d'obligation stricte, les seconds, par leur nature même, ne contiennent qu'une obligation large, où sont nécessairement imparfaits. L'exposition de cette dernière classe de devoirs va d'ailleurs faire ressortir ce caractère.

Le perfectionnement de soi-même, auquel tendent tous ces devoirs, peut s'entendre d'abord du développement et de l'accroissement de nos facultés naturelles.[1] Par cela même que nous avons reçu ces facultés en partage, nous nous devons de ne pas les négliger, mais au contraire de les cultiver, de manière à les rendre aussi aptes que possible aux diverses fins raisonnables que nous pouvons être appelés à poursuivre. C'est là un devoir indépendant des avantages personnels que nous pouvons obtenir ainsi : la culture de nos dispositions et de nos facultés naturelles tournât-elle en définitive contre notre bonheur, et Rousseau eût-il raison, à ce point de vue, de préférer la nature à la civilisation, cette culture n'en serait pas moins un devoir de l'homme envers lui-même. Les facultés que nous nous devons à nous-mêmes de cultiver sont, ou les facultés de l'esprit, ou celles de l'âme, ou celles du corps. Les premières sont celles qui s'exercent suivant des principes indépendants de l'expérience, et auxquelles nous devons nos sciences rationnelles, les mathématiques, par exemple, ou la logique, ou la métaphysique. Les secondes sont celles au contraire qui suivent le fil de l'expérience, comme la mémoire, l'imagination, le goût. Les dernières constituent l'instrument même sans lequel nous ne pourrions agir ni poursuivre aucune fin. Toutes ces facultés ont besoin d'être cultivées, pour acquérir toute leur perfection ; c'est donc le devoir de chacun de nous de les cultiver, afin de n'être pas un membre inutile dans le monde. Mais dans quelle proportion les cultivera-t-on et à laquelle s'attachera-t-on de préférence? c'est ce qu'il est impossible de déterminer, et ce qu'il faut laisser à chacun le soin de décider raisonnablement, suivant qu'il se sentira du goût et une aptitude spéciale pour tel ou tel genre de vie. La morale ne peut ici que poser une maxime générale, sans rien préciser quant aux actions mêmes, à leur na-

Du développement de notre perfection naturelle.

---

[1] §§ 19-20, p. 112-115.

ture et à leur degré ; aussi le devoir qu'elle nous prescrit est-il large ou imparfait.

Développement de notre perfection morale.

Mais nous n'avons encore parlé que du perfectionnement des dispositions et des facultés naturelles de l'homme, ou de ce qui est en lui le don de la nature plutôt que son œuvre personnelle ; il faut y joindre l'accroissement de sa perfection morale[1]. C'est encore un devoir de l'homme envers lui-même, c'est le premier de tous ses devoirs de travailler à purifier si bien ses intentions qu'elle n'aient plus d'autre mobile que le respect du devoir, en un mot de tendre à la perfection. Il semble qu'ici le devoir soit strict ou parfait ; et en effet comment admettre du plus ou du moins dans la pureté morale ? Mais, d'un autre côté, comme la perfection qui sortirait de cette pureté est un idéal que nous ne pouvons nous flatter d'atteindre en cette vie, et comme il doit y avoir bien des degrés différents entre ce but suprême et celui où cesse toute vertu, il suit que tout ce que la morale peut exiger de nous, c'est qu'à travers ces divers degrés nous tendions à la perfection même de la vertu, c'est-à-dire à la sainteté, ce qui sans doute a aussi son mérite. En ce sens le devoir d'être parfait n'est, comme dit Kant, qu'un devoir imparfait.

Devoirs envers les autres hommes.

Nous arrivons maintenant à la seconde branche des devoirs de vertu : aux devoirs envers les autres hommes.[2] Il faut d'abord considérer les hommes simplement comme hommes, c'est-à-dire indépendamment de leur état de civilisation, de leur profession ou de leur position, des différences d'âge ou de sexe, etc. A ce point de vue général, leurs devoirs réciproques se divisent en deux grandes classes : les uns ont pour caractère de créer une obligation chez ceux envers qui on les remplit, et ils sont *méritoires* relativement à eux ; les autres ne sont qu'une dette payée à la dignité de la nature humaine, et en ce sens ils sont *obligatoires*. Les premiers se rapportent à *l'amour*, et les seconds au *respect*. L'amour et le respect ont dans le monde moral un rôle analogue à celui de l'attraction et de la répulsion dans le monde physique : le premier tend à nous rapprocher incessamment les uns des autres ; le

---

[1] §§ 21-22, p. 115-117. — [2] P. 119.

second, à nous tenir *à distance;* et, si l'une de ces deux grandes forces morales venait à manquer, alors, pour emprunter les paroles de Haller, « tout le règne des êtres disparaîtrait comme une goutte d'eau dans le gouffre du néant. » Chacun de ces deux sentiments ou des devoirs qui y correspondent peut bien être considéré et même exister séparément : ainsi l'on peut aimer son prochain, tout en reconnaissant qu'il mérite peu de respect, ou le respecter sans se sentir disposé à l'aimer; mais la loi morale veut que nous les unissions l'un à l'autre dans un même devoir, de telle sorte que, si l'un constitue le principe dominant, l'autre s'y joigne toujours accessoirement. Ainsi, par exemple, dans la bienfaisance, le respect de la nature humaine s'alliera à la charité et lui enlèvera tout ce qu'elle pourrait avoir d'humiliant pour celui qui en est l'objet. Mais comment élever l'amour et le respect au rang des devoirs, si le respect et l'amour sont des sentiments, puisque les sentiments ne se commandent pas? Aussi ne sont-ce pas les sentiments eux-mêmes, en tant qu'effets de la nature ou de l'habitude, qui nous sont ici prescrits, mais certaines maximes de conduite à l'égard de nos semblables. Le devoir de les aimer n'est pas celui de trouver du plaisir à les voir heureux, mais celui de se faire un principe de concourir à leur bonheur. De même le respect d'autrui qu'exige le devoir n'est pas ce sentiment que l'habitude fait éprouver aux inférieurs en général pour leurs supérieurs, mais la résolution arrêtée de ne pas porter atteinte à la dignité de ses semblables, en s'élevant soi-même au-dessus d'eux. Le premier de ces devoirs peut se formuler ainsi : Fais tiennes les fins d'autrui, pourvu, bien entendu, qu'elles ne soient pas immorales; et le second : Ne fais jamais d'un autre homme un pur instrument au service de tes propres fins. On comprend par là ce qui a été dit tout à l'heure des caractères différents de ces deux espèces de devoirs. Ajoutons que la dernière est purement négative. Aussi est-elle d'obligation stricte et se rapproche-t-elle des devoirs de droit, quoiqu'elle appartienne à la doctrine de la vertu[1].

---

[1] §§ 23-25, p. 119-122.

Des devoirs d'amour.

Que nous trouvions les autres hommes dignes ou non de notre amour, notre devoir est de faire pour eux ce que nous voudrions qu'ils fissent pour nous [1]. « Je veux, dit Kant [2], que chacun soit bienveillant à mon égard ; je dois donc être bienveillant à l'égard de chacun. » Cette loi ne se fonde pas seulement sur un calcul d'intérêt bien entendu, mais sur l'idée du rapport des hommes tel que la raison nous le fait concevoir ; et c'est justement là ce qui en fait un principe obligatoire. Il est tout naturel que l'on se veuille du bien à soi-même ou que l'on s'aime : cela est même si naturel qu'il serait ridicule de vouloir l'ériger en devoir ; mais à quelle condition cela est-il légitime ? A la condition que, tout en me voulant du bien à moi-même, j'en veuille aussi à tous les autres. Autrement ma maxime étant restreinte au bien de ma personne et excluant celui des autres ne pourrait être considérée comme une loi générale. L'égoïsme est donc contraire à la loi de la raison ; celle-ci veut que ma bienveillance s'étende de moi à mes semblables et les embrasse tous, d'où le devoir de bienveillance universelle qu'exprime si admirablement la maxime : Aime ton prochain comme toi-même. Mais, dira-t-on, comment puis-je aimer mes semblables autant que moi-même ? Ne suis-je pas de tous les hommes celui qui me touche le plus, et n'est-il pas contradictoire d'exiger que j'aime les autres autant que moi ? Kant répond : je puis vouloir également du bien à tous les hommes, sans acception de ma personne ; mais je ne puis pas ne pas admettre de différence dans ma manière d'agir. Autre chose est la bienveillance qui n'est que le désir de voir les hommes heureux, et qui, n'agissant pas, peut porter sur les autres tout aussi bien que sur nous-mêmes ; autre chose la bienfaisance qui se manifeste par des actes et pour qui les autres ne peuvent venir qu'après nous.

De la bienfaisance.

Il n'est pas même évident de soi que la bienfaisance, qui ne consiste plus seulement, comme la bienveillance, à souhaiter du bien à tous les hommes, mais à se proposer pour but leur bonheur, soit un devoir. Il semble d'abord que la maxime : « Chacun pour soi, Dieu pour tous, » soit plus

---

[1] §§ 26-28, p. 122-125. — [2] P. 123.

naturelle et plus juste. Et pourtant on ne peut nier que tout homme n'ait le devoir d'être bienfaisant, c'est-à-dire d'aider et de soulager ceux qui souffrent dans la mesure de ses moyens. Il n'est pas d'ailleurs bien difficile de trouver dans la raison le principe de ce devoir[1]. N'est-il pas vrai en effet que quiconque se trouve dans le besoin souhaite nécessairement d'être secouru par les autres? N'est-il pas vrai en outre que, si l'on se faisait une maxime de ne jamais secourir les autres, il serait absurde de compter soi-même sur leur assistance en cas de besoin? N'est-il pas vrai par conséquent qu'une pareille maxime se contredirait elle-même, et qu'on ne saurait l'ériger en loi universelle? Elle est donc contraire au devoir, et celle au contraire qui veut qu'on fasse du bien à ceux qui sont dans le besoin est un devoir pour tous les hommes. N'ont-ils pas été réunis dans une même demeure pour s'aider réciproquement? Mais la pratique de la bienfaisance demande des précautions particulières. Quoiqu'elle soit un devoir méritoire pour celui qui en est l'objet, elle ne doit pas avoir ce caractère pour celui qui l'exerce. Il ne faut pas que le bienfaiteur fasse sentir l'obligation qu'il impose; il doit au contraire se montrer lui-même obligé et comme honoré par l'acceptation de ses bienfaits, et avoir plutôt l'air de payer une dette que de rendre un service. Ce qui vaut mieux encore, c'est de trouver moyen de pratiquer la bienfaisance en secret. Si celui qui veille ainsi au soulagement des maux d'autrui n'a lui-même que des moyens fort restreints, alors la vertu atteint son plus haut degré. La bienfaisance n'est pas seulement la vertu du riche, elle est aussi la richesse du pauvre.

On vient de voir combien Kant, en prêchant la bienfaisance, se préoccupe de la dignité humaine. Ce sentiment ne se montre pas d'une manière moins éclatante dans les questions casuistiques qu'il élève à ce sujet[2].

« Jusqu'à quel point faut-il consacrer ses moyens à la bienfaisance? — Ce ne doit pas être au moins jusqu'au point de finir par avoir besoin soi-même de celle des autres... »

Questions casuistiques.

« Celui qui se sert du pouvoir que lui accorde la loi du pays, pour enlever à quelqu'un, par exemple à un serf de la

---

[1] §§ 29-31, p. 126-130. — [2] P. 129.

glèbe, la liberté d'être heureux à sa manière, peut-il se considérer comme son bienfaiteur, lorsqu'il en prend un soin en quelque sorte paternel, d'après ses propres idées sur le bonheur qui lui convient ? Ou plutôt l'injustice qui consiste à priver quelqu'un de sa liberté n'est-elle pas quelque chose de si contraire au devoir de droit en général, que celui qui consent librement à se livrer à un maître en comptant sur sa bienfaisance, abdique au plus haut degré sa dignité d'homme, et que les soins les plus empressés de son maître pour lui ne peuvent plus passer pour de la bienfaisance. Ou bien le mérite de ces soins peut-il être si grand qu'il contre-balance la violation du droit de l'humanité ? — Je ne puis faire du bien aux autres (sinon aux enfants et aux fous) d'après l'idée que je me fais moi-même du bonheur, mais je dois consulter celles de tous ceux à l'égard de qui je veux me montrer bienfaisant; ce n'est pas être vraiment bienfaisant envers quelqu'un que de lui imposer un bienfait. »

« La faculté d'être bienfaisant, qui dépend des biens de la fortune, est en grande partie une conséquence des priviléges dont jouissent certains hommes grâce à l'injustice des gouvernements, laquelle introduit dans les conditions d'existence une inégalité qui rend la bienfaisance nécessaire. Dans un tel état de choses, l'assistance que le riche prête au pauvre mérite-t-elle bien en général le nom de vertu ? »

De la reconnaissance.

Si la bienfaisance est un important devoir, la reconnaissance pour les bienfaits reçus n'en est pas un moins grand [1]. Elle n'est pas seulement conseillée par l'intérêt en vue des nouveaux avantages qu'elle pourrait nous procurer : à ce titre elle cesserait d'être une vertu; mais elle est immédiatement commandée par la loi morale. Elle est même plus qu'un devoir ordinaire, elle est un devoir sacré : on ne peut le violer sans saper la bienfaisance même dans ses fondements, et on ne peut jamais le remplir de manière à s'acquitter entièrement. On ne le remplit pas d'ailleurs uniquement à l'aide d'actes extérieurs, mais il y a une certaine bienveillance de cœur qui est déjà une espèce de reconnaissance : c'est ce

---

[1] §§ 32-33, p. 130-133.

qu'on nomme la *gratitude*. Il ne faut pas croire que la reconnaissance puisse se borner aux contemporains ; elle doit s'étendre aussi à ceux qui nous ont précédés dans la carrière. On fait donc bien de défendre les anciens, qui peuvent passer pour nos maîtres, contre les accusations et les mépris dont ils sont souvent l'objet. Mais « d'un autre côté, ajoute Kant [1], c'est pure sottise que de leur supposer, à cause de leur ancienneté, une supériorité de talents et de bonne volonté sur les modernes, et de mépriser par comparaison tout ce qui est nouveau, comme si le monde était condamné à déchoir toujours davantage de sa perfection primitive. » Voilà pour l'étendue de la sphère de la reconnaissance ; quant au degré d'obligation qu'elle impose, il est évident qu'elle doit se mesurer, d'une part, sur la grandeur du bienfait reçu, et d'autre part, sur le désintéressement du bienfaiteur. Le moins est de rendre au bienfaiteur ou, à son défaut, aux autres hommes, l'équivalent des services qu'on a reçus soi-même. Il faut surtout éviter de regarder un bienfait reçu comme un fardeau dont on serait bien aise de se débarrasser parce qu'il blesse l'orgueil : ce serait manquer à cette gratitude qui est une partie intégrante de la reconnaissance ; on doit l'accepter au contraire comme une occasion de pratiquer une vertu éminemment philanthropique.

Non-seulement la bienfaisance à l'égard de ceux qui ont besoin de nous et la reconnaissance à l'égard de nos bienfaiteurs sont des vertus essentielles, mais encore en général la sympathie pour nos semblables, ou ce qu'on nomme si bien l'*humanité* [2]. « Ce n'est pas sans doute, dit Kant [3], dont je ne puis mieux faire que de citer textuellement les paroles, ce n'est pas sans doute un devoir en soi de partager la douleur ou la joie d'autrui, mais c'en est un de prendre une part active à son sort, et ainsi en définitive, c'est au moins un devoir indirect de cultiver en nous les sentiments sympathiques de notre nature et de nous en servir comme d'autant de moyens qui nous aident à prendre part au sort des autres. Ainsi c'est un devoir de ne pas éviter, mais de rechercher au contraire

De la sympathie.

---

[1] P. 131. — [2] §§ 34-35, p. 133-136. — [3] P. 134.

les lieux habités par des pauvres auxquels manque le plus strict nécessaire; de ne pas fuir les hôpitaux ou les prisons, etc., afin de se soustraire à la compassion dont on ne pourrait se défendre; car c'est là un mobile que la nature a mis en nous pour faire ce que la considération du devoir ne ferait pas par elle seule. » Ici Kant semble emprunter aux stoïciens une des opinions qui leur ont été le plus reprochées. « Les stoïciens, dit-il[1], se faisaient une sublime idée du sage quand ils lui faisaient dire : Je me souhaite un ami, non pour en être moi-même secouru dans la pauvreté, dans la maladie, dans la captivité, etc., mais pour pouvoir lui venir en aide et sauver un homme. Et pourtant ce même sage se disait à lui-même, quand il ne pouvait sauver son ami : qu'est-ce que cela me fait? c'est-à-dire qu'il rejetait la compassion. En effet, ajoute Kant, si un autre souffre et que je me laisse gagner par sa douleur, sans pourtant pouvoir la soulager, nous sommes alors deux à en souffrir, quoique la nature n'ait réellement frappé qu'une personne. Or ce ne peut être un devoir d'augmenter le mal dans le monde, et par conséquent de faire le bien par *compassion*. » Les lignes qu'on vient de lire pourraient être signées du nom de Zénon ou de Chrysippe, mais celles qui les suivent et que j'ai citées les premières montrent bien que Kant n'adopte pas sans amendement l'opinion stoïcienne. C'est ici la nature et le bon sens qui parlent, et il n'est personne qui ne soit prêt à y souscrire.

Question casuistique.

Bienfaisance, reconnaissance, sympathie, tels sont les devoirs qui composent en général la vertu philanthropique. Mais à ce sujet une question s'élève[2] : « Ne vaudrait-il pas mieux pour le bien du monde en général que toute la moralité des hommes fût réduite aux devoirs de droit, pourvu toutefois qu'ils fussent observés avec la plus grande conscience? » Voici comment Kant répond à cette question : « Il n'est pas aisé de voir quelles conséquences cela aurait sur le bonheur des hommes. Mais le monde serait au moins privé d'un grand ornement moral, s'il n'y avait plus de philanthropie. Celle-ci est en soi, indépendamment même des avantages

---

[1] P. 134. — [2] P. 135.

qu'elle procure, indispensable pour en faire un bel ensemble moral et lui donner toute sa perfection. »

Nous venons de nommer les vertus dont se compose la philanthropie ; il faut aussi dénoncer les vices qui leur sont contraires [1]. *Vices contraires aux vertus philanthropiques*

Le premier qui se présente dans cette détestable famille est l'*envie*. L'envie est cette disposition qui nous fait voir avec chagrin le bien d'autrui, alors même que nous n'en éprouvons nous-mêmes aucun dommage. Comme nous n'estimons en général notre état et nos avantages que par comparaison, et non d'une façon absolue, on comprend que les premiers mouvements de l'envie soient dans la nature de l'homme. Aussi, en un sens, semble-t-elle permise : on dira par exemple, en parlant du bonheur et de l'union qui règnent dans un ménage ou dans une famille que c'est un spectacle digne d'envie. Mais l'exagération de ce sentiment en fait un vice hideux : il devient alors cette passion chagrine qui consiste à se tourmenter soi-même du bonheur des autres, qui tend par suite, ne fût-ce qu'en espérance, à l'empoisonner ou à le détruire, et qui, en rendant ainsi l'homme à charge à lui-même et importun aux autres, est à la fois une violation du devoir envers soi-même et du devoir envers autrui. *De l'envie.*

L'ingratitude n'est pas un vice moins détestable : chacun la juge ainsi, et pourtant rien n'est si fréquent. « L'homme, dit Kant [2], a si mauvaise réputation sous ce rapport qu'il ne paraît pas invraisemblable que l'on puisse se faire un ennemi de celui dont on est le bienfaiteur. » Ce vice procède d'un sentiment qui est bon dans son principe, mais dont nous faisons un mauvais usage, c'est-à-dire de ce sentiment de fierté naturelle qui fait qu'on répugne à devenir l'obligé des autres. Ce sentiment est fort bon, en tant qu'il nous porte à nous passer de la bienfaisance d'autrui et à ne devoir qu'à nous-mêmes nos moyens d'existence ; mais lorsque, après un bienfait reçu, il dégénère en haine contre notre bienfaiteur, il devient alors un vice qui révolte l'humanité. Il détourne en effet les hommes de toute bienfaisance, ou, s'il laisse encore quelque place à *De l'ingratitude.*

---

[1] § 36, p. 136-141. — [2] P. 137.

cette vertu, qui est d'autant plus méritoire qu'elle est moins récompensée, il a pour caractère d'anéantir l'amour des hommes, et même, chose monstrueuse, d'y substituer la haine de qui nous aime.

De la joie du malheur d'autrui.

Il y a encore un vice de la même famille : c'est celui qui consiste à se réjouir du mal d'autrui, et qui est directement opposé au devoir de la sympathie. Il a aussi sa racine dans un sentiment naturel au cœur de l'homme : il est en effet dans la nature que nous sentions plus fortement notre bien-être ou notre bonne conduite, lorsque le malheur ou la folie des autres vient faire ressortir notre propre état. Mais se réjouir de ces désordres et aller jusqu'à en souhaiter le retour, c'est poursuivre la nature humaine d'une haine coupable. Deux dispositions qui sont déjà des vices par elles-mêmes engendrent cette joie maligne : l'*arrogance* qu'inspire une prospérité constante, et la *présomption* causée par une vie que l'on croit sans tache, mais qui n'a peut-être d'autre mérite que d'avoir échappé aux tentations. C'est ici le lieu de se rappeler ces belles paroles d'un ancien : « je suis homme ; rien d'humain ne m'est étranger. » La même joie est encore l'effet du désir de la vengeance, et c'est alors surtout qu'elle est douce. Alors aussi elle semble légitime : elle allègue l'amour du droit et le devoir même qui en résulte. En effet toute action qui blesse le droit d'un homme mérite un châtiment, et ce châtiment venge le crime dans la personne du coupable. Mais il ne doit jamais être un acte de l'autorité privée de l'offensé. C'est aux pouvoirs publics qu'il appartient de venger les attentats commis contre le droit, et, pour tout ce qui échappe à la juridiction de ces pouvoirs, c'est au juge suprême, c'est à Dieu seul qu'en revient la vengeance. Il ne nous est même pas permis de le prier de nous venger : « car, dit Kant [1], chacun de nous a commis lui-même assez de fautes, pour avoir à son tour grand besoin de pardon. » Notre philosophe prêche donc aussi le pardon des offenses ; mais il y ajoute un utile correctif : « Il ne faut pas, dit-il, le confondre avec cette lâche disposition à supporter les offenses, c'est-à-dire avec cet abandon des moyens rigoureux d'en prévenir le retour ; car

---

[1] P. 140.

ce serait jeter ses droits aux pieds des autres, et manquer à ce que l'homme se doit à lui-même. »

Tous les vices que nous venons de parcourir sont tellement détestables et montrent la nature humaine sous un jour si odieux que, pour mieux exprimer l'horreur qu'ils inspirent, on les appelle diaboliques, tandis qu'on nomme angéliques les vertus qui leur sont opposées [1]. Ces expressions ont cela de bon qu'elles représentent en quelque sorte le *maximum* d'après lequel nous devons estimer notre moralité ; mais elles marquent une opposition exagérée, en ce sens que l'homme n'habite ni le ciel ni la terre. « L'homme, a-t-on dit d'un autre côté, est un intermédiaire équivoque entre l'ange et la bête. » Il est malheureusement vrai qu'il tombe souvent dans des vices brutaux, mais cela ne nous autorise pas cependant à les regarder comme des dispositions inhérentes à sa nature. » Quand nous rencontrons dans une forêt des arbres rabougris, en faisons-nous une espèce particulière de végétaux ?

Des devoirs de respect.

A l'amour la vertu exige qu'on joigne le respect. Si nous avons des devoirs d'amour envers nos semblables, nous avons aussi des devoirs de respect envers eux [2]. Tout homme a droit au respect de ses semblables, et réciproquement il est obligé lui-même au respect à l'égard de chacun d'eux. Telle est en effet la dignité qui réside dans la personne humaine qu'elle lui donne une valeur inestimable et qu'elle commande le respect partout où elle a mis son empreinte. Il est donc contraire au devoir de mépriser ses semblables. Sans doute il y a des hommes qui méritent peu d'estime, mais chez ceux mêmes qui en sont le moins dignes, l'humanité, dont ils ont au moins la figure, a encore droit à un certain respect. « Aussi, dit Kant [3], faut-il rejeter ces peines infamantes qui dégradent l'humanité même et qui, par là plus douloureuses pour le patient que la perte de ses biens ou de sa vie, font en outre rougir le spectateur d'appartenir à une espèce qu'on puisse traiter de la sorte. » On doit même éviter de pousser les reproches qu'on adresse à un homme au sujet de ses vices, au point de paraître le mépriser entièrement et lui refuser toute valeur

---

[1] *Ibid. Remarque*. — [2] § 37-41, p. 141-146. — [3] P. 143.

morale; car autrement on aurait l'air de le supposer incapable de devenir meilleur, comme si l'homme pouvait jamais perdre toutes ses dispositions pour le bien. Cette mesure que le respect de l'humanité nous impose dans la censure des vices de nos semblables, il nous la prescrit aussi dans la critique de leurs erreurs. Il nous défend en effet de les flétrir sous les noms d'absurdités, d'inepties, etc.; il vaut bien mieux chercher à les expliquer. Sachons respecter l'intelligence de ceux que nous voulons redresser. « Si, comme le dit très-bien Kant [1], vous refusez toute intelligence à votre adversaire, en traitant ses jugements d'absurdes ou d'ineptes, comment voulez-vous lui faire comprendre qu'il s'est trompé? Le respect de l'humanité nous ordonne encore d'éviter tout ce qui peut être pour autrui un objet de scandale. Non-seulement nous nous devons à nous-mêmes de nous respecter, mais nous devons aussi à nos semblables de ne rien faire devant eux qui les puisse choquer. Il y a des choses qu'on ne peut se permettre sans manquer de respect aux autres en même temps qu'à soi-même. Mais, ajoute Kant [2], le respect que l'on doit aux autres hommes ne saurait aller jusqu'à un attachement scrupuleux à la coutume et à la mode. Tant pis pour qui se scandalise d'une chose qui, bonne en soi, n'est insolite que parce qu'elle s'écarte de l'opinion vulgaire. Loin d'être un devoir, la servitude en pareille matière est contraire au devoir.

Celui qui oublie les devoirs d'amour manque de vertu; mais il n'est pas vicieux pour cela. L'omission des devoirs de respect est directement un vice, car elle est une atteinte portée à la dignité de l'homme. Aussi ont-ils une expression négative : ils se bornent à défendre ce qui leur est contraire. Voyons donc quels sont les vices particuliers par lesquels l'homme manque au respect qu'il doit à ses semblables.

De l'orgueil. Au premier rang se présente l'orgueil [3]. Il ne s'agit pas ici de cette fierté qui n'est que le juste sentiment de notre dignité d'homme et qu'on caractérise ordinairement par l'épithète de noble, mais de cette disposition à nous mettre toujours au-dessus des autres et à exiger d'eux une considération que

---

[1] P. 144. *Remarque.* — [2] P. 145. — [3] § 42, p. 146.

nous ne leur accordons pas nous-mêmes. L'orgueil est la passion de l'ambitieux. Il est contraire au respect que nous devons aux hommes en général; car de quel droit prétendons-nous traiter les autres avec dédain, comme s'ils ne pouvaient nous valoir, ou comme s'ils n'étaient pas des hommes comme nous? Mais l'orgueil n'est pas seulement injuste, il est absurde : il a ordinairement un effet tout contraire à celui qu'il se propose, puisqu'il réussit d'autant moins qu'il se montre plus à découvert Kant ajoute que l'orgueil suppose toujours au fond une âme basse. En effet celui qui veut que les autres se rabaissent devant lui montre par là qu'il se juge lui-même capable de ramper à son tour.

Un autre vice du même genre est la médisance [1]. La médisance est sans doute moins coupable que la calomnie qui à la malveillance joint la fausseté, et tombe sous la vindicte de la justice publique; mais elle est contraire au respect de l'humanité en général. En effet, en se plaisant à divulguer ce qui n'est pas à l'honneur des hommes, elle affaiblit en nous le respect de l'humanité même, sur laquelle elle jette le voile du discrédit. Aussi bien finit-elle par émousser notre sens moral dont ce respect est le mobile : on ne s'accoutume pas impunément au spectacle du vice. Au lieu de prendre un malin plaisir à divulguer les fautes des autres, pour excuser les siennes ou se relever dans l'opinion, il faut les voiler au contraire par respect pour l'humanité. C'est encore manquer à ce respect que d'espionner les mœurs d'autrui : c'est là une curiosité blessante à laquelle chacun a le droit de s'opposer.

De la médisance.

Ce qui précède s'applique également à la raillerie [2], ou au penchant qu'ont certains hommes à tourner les autres en ridicule. Il y a une plaisanterie fort légitime : c'est celle qui consiste à rire entre amis et sans offenser personne de certaines particularités qui ne sont des fautes qu'en apparence, et qui n'ont souvent d'autre tort que celui d'être en dehors des usages de la mode. Mais se plaire à tourner en ridicule des fautes réelles, à plus forte raison des fautes imaginaires qu'on

De la raillerie.

---

[1] § 43, p. 147. — [2] § 44, p. 149.

présente comme réelles, pour enlever à la personne dont on se moque le respect qu'elle mérite, c'est là un vice qui dénote une méchanceté diabolique. L'humeur caustique n'est tolérable que dans un cas : c'est lorsqu'on a été soi-même l'objet des railleries d'un adversaire et qu'en lui renvoyant la balle on ne fait qu'user en quelque sorte du droit de légitime défense. « Mais dans ce cas même, ajoute Kant[1], si l'objet ne porte pas à la plaisanterie, s'il y a quelque intérêt moral en jeu, alors, quelque raillerie que l'adversaire y ait mise et quoiqu'il prête le flanc au ridicule, il est plus conforme au respect de l'humanité de ne pas répondre à l'attaque ou d'y opposer une défense sérieuse et grave. »

Devoirs de vertu des hommes entre eux au point de vue de leur état.

Après avoir examiné, comme on vient de le faire, les devoirs des hommes entre eux au point de vue de l'humanité en général ou abstraction faite de toutes les conditions où peuvent se trouver les individus et qui peuvent modifier leur état, il serait bon, pour compléter l'œuvre de l'éthique, de rechercher aussi quelles modifications ces conditions ou cet état apportent dans leurs devoirs réciproques[2]. Comment, par exemple, faut-il se conduire à l'égard des hommes, suivant qu'ils sont cultivés ou incultes, purs ou corrompus, etc.? Quelle manière d'être sied au savant et le distingue du pédant? Quelle conduite enfin doit-on tenir à l'égard des hommes suivant la différence de la position, de l'âge, du sexe, de l'état de santé, de la richesse ou de l'indigence, etc.? Kant n'entreprend pas de traiter ces questions, parce qu'elles sortent de la sphère purement métaphysique où il renferme ici la morale. Aussi bien, comme toutes les divisions empiriques, ne comportent-elles pas de classification rigoureusement par faite.

De l'amitié.

Il y a pourtant un point sur lequel il s'arrête avec complaisance, c'est *l'amitié*[3]. Il la définit : « l'union de deux personnes liées par un amour réciproque et un égal respect? » Comme cette union est l'idéal de la sympathie parmi les hommes, et que, si elle ne leur donne pas tout le bonheur de la vie, elle les rend du moins dignes d'être heureux, il suit

---

[1] P. 150. — [2] § 45, p. 151. — [3] §§ 46-47, p. 153-159.

que c'est pour nous un devoir de la cultiver. Mais peut-elle être autre chose qu'un idéal? On connaît le mot d'Aristote : « Mes amis, il n'y a point d'amis. » Il faut convenir en effet que cette égalité parfaite et ce parfait équilibre de l'amour et du respect dans l'amitié offrent bien des difficultés. Si l'une des deux personnes montre trop d'ardeur dans son amour, ne va-t-elle pas perdre d'autant dans le respect de l'autre? Aussi dit-on que les meilleurs amis mêmes ne doivent pas se traiter avec trop de familiarité. Si j'entreprends, comme c'est mon devoir, de faire remarquer à mon ami les fautes qu'il peut commettre, ne verra-t-il pas dans ces sortes d'avertissements un manque d'estime qui le blessera et en tous cas une surveillance qui lui paraîtra offensante? Enfin, si c'est un devoir de venir en aide à son ami dans l'adversité, n'est-ce pas aussi un lourd fardeau que de se sentir enchaîné à la fortune d'un autre et chargé de pourvoir à ses nécessités? D'un autre côté, les bienfaits dont l'ami malheureux est l'objet ne l'établissent-ils pas dans un rapport d'infériorité vis-à-vis de celui dont il est l'obligé sans pouvoir l'obliger à son tour, et par conséquent pourra-t-il compter encore, sinon sur un amour égal au sien, du moins sur un égal respect? Les rapports que certains services établissent entre des amis sont d'une nature tellement délicate que, chacun d'eux, tout en croyant pouvoir compter sur l'obligeance de l'autre, évite autant que possible d'y recourir; il ne peut même s'empêcher de tenir pour périlleuse toute épreuve de ce genre. Que conclure de tout cela? Que l'amitié est une chimère? Mais, quand nous ne pourrions nous flatter de la réaliser dans toute sa perfection, en serait-elle moins l'idéal que conçoit notre raison et que rêve notre cœur? D'ailleurs il faut bien distinguer de l'amitié telle que les poëtes se plaisent à la représenter, c'est-à-dire de cette amitié qui va jusqu'à se charger des fins d'autrui et agit principalement par amour, celle qui vit surtout d'estime et de sympathie. La première ne saurait en effet atteindre ici-bas toute la pureté et toute la perfection désirables; la seconde, qui a un caractère plus moral, si rare qu'elle soit, n'est pourtant pas irréalisable. Elle naît tout naturellement de ce besoin d'expansion qui est inné au cœur de l'homme, mais que la crainte des indiscrétions du monde comprime à chaque instant. Heureux qui trouve un homme d'un sens et d'un esprit droit à qui il puisse ouvrir son cœur en toute confiance ! Il ne sera plus seul avec ses pensées comme dans une prison, mais il jouira d'une liberté dont il se voit privé dans le monde, où il est forcé de se renfermer en lui-même. Un tel homme est rare sans doute, *rara avis nigroque similitima cygno*, mais ce cygne noir n'est pas introuvable sur la terre.

En un sens général l'amitié ne doit pas se renfermer seulement dans le cercle de deux personnes, mais embrasser la société entière des hommes. Elle désigne alors quelque chose de plus que la simple philanthropie : elle exclut toute idée de distinction entre les hommes, et ne voit plus en eux que des frères réunis sous un père commun, qui veut le bonheur de tous. Au plaisir d'obliger les autres l'ami des hommes joint le sentiment de l'égalité qui existe entre eux et lui, et qui l'oblige lui-même envers eux. C'est de cette manière que nous devons pratiquer la philanthropie, et c'est ainsi que les heureux, qui possèdent les moyens d'être bienfaisants, se prémuniront contre l'orgueil auquel ils s'abandonnent si volontiers.

Des vertus de société. Puisque nous sommes destinés à vivre de la vie de société, il est clair que tout ce qui sert à l'entretenir et à la perfectionner devient un devoir pour nous[1]. Telle est l'affabilité dans les manières et dans le langage, l'urbanité dans la controverse, etc. On dira que ce n'est là qu'une monnaie courante et une apparence qui ne trompe personne. Sans doute, mais l'effort même que nous sommes obligés de faire pour rapprocher autant que possible de la vérité cette apparence ne laisse pas de seconder beaucoup le sentiment de la vertu. N'est-ce rien d'ailleurs que de rendre la vertu aimable et de lui ajouter des grâces, ou cela même n'est-il pas un devoir de vertu ?

Question casuistique. Kant pose en terminant[2] et résout avec son sens moral ordinaire une question qui se présente souvent à la conscience des âmes honnêtes dans le commerce de la vie : « Est-il permis d'entretenir des relations avec des hommes vicieux ? » — « On ne saurait, dit-il, éviter de les rencontrer, car il faudrait pour cela quitter le monde, et nous ne sommes pas d'ailleurs

---

[1] § 48, p. 160. — [2] P. 161.

des juges compétents à leur égard? Mais quand le vice devient un scandale, c'est-à-dire un exemple public du mépris des strictes lois du devoir, alors, quand même les lois du pays ne le puniraient pas, on doit cesser les relations qu'on a pu avoir jusque-là avec le coupable, ou du moins les éviter autant que possible; car la continuation de ce commerce ôterait à la vertu tout honneur, et en ferait une marchandise à l'usage de quiconque serait assez riche pour corrompre ses parasites. »

Nous venons de parcourir, à la suite de Kant, les divers devoirs dont la pratique constitue la vertu; l'examen de ces différents devoirs forme dans l'éthique ce qu'il appelle la *doctrine élémentaire*. Mais, puisque la vertu, n'étant point innée en nous, mais acquise, peut et doit être enseignée, il suit qu'il y a lieu de rechercher quelle méthode en général convient à cet enseignement; et, d'un autre côté, comme l'enseignement lui-même n'est rien sans l'exercice, il faut encore rechercher par quels moyens il est bon d'essayer et d'exercer nos forces contre l'ennemi intérieur qu'il s'agit de combattre. Ces deux recherches dont la première est désignée par Kant sous le nom de *didactique*, et la seconde, sous celui d'*ascétique*, composent une seconde et dernière partie de l'éthique : la *méthodologie*[1]. {*Méthodologie de l'éthique.*}

Il y a en général deux manières d'enseigner : dans l'une, le maître discourt devant des auditeurs qui ne font que l'écouter; dans l'autre, il interroge ses élèves sur ce qu'il leur veut enseigner[2]. Cette dernière méthode à son tour est double : ou bien le maître s'adresse à la mémoire de son élève, et s'assure si elle a bien gardé le dépôt qui lui a été confié; ou bien il s'adresse directement à sa raison même, et, par une série de questions et de réponses habilement ménagées, il y fait naître les idées mêmes qu'il veut lui donner, et lui-même trouve dans les questions que son interlocuteur lui adresse à son tour sur certaines propositions obscures ou douteuses encore pour lui l'occasion d'apprendre de quelle manière il doit continuer d'interroger. C'était là, comme chacun sait, la méthode de {*Didactique.*}

---

[1] § 49, p. 165. — [2] § 50, p. 166.

Socrate, cet accoucheur d'esprits, ainsi qu'il s'appelait si bien lui-même. Kant pense qu'en général on a trop négligé dans la logique l'étude des règles à suivre pour bien chercher. Les jugements qui décident en dernière analyse sont sans doute le but de la science ; mais, pour y arriver, il y a tout un ordre de jugements préliminaires qui ne sont pas indifférents et dont il serait bon de déterminer les règles.

Pour en revenir à l'enseignement de la vertu, la méthode socratique, où le maître et le disciple, dialoguant entre eux, s'interrogent réciproquement, ne peut convenir à des esprits encore incultes, puisqu'ils ne sauraient interroger à leur tour. C'est donc le maître seul qui interrogera, mais il importe que la réponse qu'il tirera de son élève soit exprimée en termes tellement précis qu'il ne soit pas facile de la changer et qu'elle reste aisément gravée dans la mémoire. Kant nous donne lui-même un exemple de cet enseignement *catéchétique* (c'est ainsi qu'il le nomme) en traçant, comme une sorte de modèle, un fragment du catéchisme moral suivant lequel il voudrait qu'on enseignât la vertu aux enfants.

Fragment d'un catéchisme moral. Voici ce fragment [1], que je me plais à transcrire ici, parce qu'il résume, sous une forme populaire, les idées fondamentales de la morale de kantienne :

« *Le maître.* Quel est ton plus grand et même ton seul désir dans la vie?

L'élève ne répond pas.

Le maître. Que tu réussisses en tout et toujours selon tes désirs et ta volonté. — Comment nomme-t-on un pareil état?

L'élève garde le silence.

Le maître. On le nomme le bonheur. Or, si tu avais entre les mains tout le bonheur possible dans le monde, le garderais-tu tout entier pour toi, ou en ferais-tu part aussi à tes semblables?

L'élève. Je leur en ferais part; je rendrais aussi les autres heureux et contents.

Le maître. Cela prouve déjà que tu as un bon cœur; montre maintenant que tu as aussi un bon jugement. — Donnerais-tu bien au paresseux de moelleux coussins, sur lesquels il pût

---

[1] § 51, p. 170.

passer sa vie dans une douce oisiveté? A l'ivrogne, du vin en abondance et tout ce qui peut occasionner l'ivresse? Au fourbe, une figure et des manières prévenantes, pour qu'il trompât plus aisément les autres? à l'homme violent, de l'audace et un bon poignet, pour qu'il pût terrasser qui bon lui semblerait? Ce sont là autant de moyens que désire chacun d'eux, pour être heureux à sa manière.

L'élève. Non certes.

Le maître. Tu vois donc bien que, si tu tenais tout le bonheur entre tes mains et que tu fusses en outre animé de la meilleure volonté, tu ne le livrerais pas encore sans réflexion à chacun selon ses désirs, mais que tu commencerais par te demander jusqu'à quel point il en est *digne*? — Mais, pour ce qui te regarde, hésiterais-tu à te procurer d'abord tout ce que tu croirais propre à faire ton bonheur?

L'élève. Oui.

Le maître. Ne te viendrait-il pas aussi à l'esprit de te demander si tu es bien toi-même digne du bonheur?

L'élève. Sans doute.

Le maître. Eh bien, ce qui en toi tend au bonheur, c'est le *penchant ;* mais ce qui soumet ce penchant à cette condition, que tu sois d'abord digne du bonheur, c'est ta *raison*, et la faculté que tu as de restreindre et de vaincre ton penchant par ta raison, c'est la *liberté* de ta volonté. Veux-tu savoir maintenant comment tu dois t'y prendre pour participer au bonheur et en même temps pour n'en être pas indigne, c'est dans ta *raison* seule qu'il faut chercher une règle et une instruction à cet égard ; ce qui signifie que tu n'as pas besoin de tirer cette règle de conduite de l'expérience ou de l'éducation que tu reçois des autres, mais que ta propre raison t'enseigne et t'ordonne exactement ce que tu as à faire. Par exemple, si tu te trouves dans le cas de te procurer ou de procurer à tes amis un grand avantage à l'aide d'un adroit *mensonge*, sans d'ailleurs faire tort à personne, que dit ta raison à ce sujet?

L'élève. Que je ne dois pas mentir, quelque grand avantage qui en puisse résulter pour moi ou pour mon ami. Mentir est *avilissant*, et rend l'homme *indigne* d'être heureux. Il y a là une nécessité absolue que m'impose un ordre ou une défense de la raison, et devant laquelle tous mes penchants doivent se taire?

Le maître. Comment nomme-t-on cette nécessité immédiatement imposée à l'homme par la raison, d'agir conformément à la loi de la raison même?

L'élève. On la nomme *devoir*.

Le maître. Ainsi l'observation de notre devoir est la condition générale qui seule nous permet d'être dignes du bonheur; être digne du bonheur et faire son devoir, c'est tout un. — Mais, si nous avons conscience d'une volonté bonne et active, qui nous rende à nos propres yeux dignes d'être heureux (ou du moins ne nous en rende pas indignes), pouvons-nous y fonder l'espoir certain de participer à ce bonheur?

L'élève. Non! cela ne suffit pas; car il n'est pas toujours en notre pouvoir de nous procurer le bonheur, et le cours de la nature ne se règle pas de lui-même sur le mérite, mais le bonheur de la vie (notre bien-être en général) dépend de circonstances qui sont loin d'être toutes au pouvoir de l'homme. Notre bonheur n'est donc toujours qu'un désir, qui ne peut devenir une espérance, si une autre puissance n'intervient pas.

Le maître. La raison n'a-t-elle pas pour elle bien des motifs d'admettre comme réelle une puissance qui distribue le bonheur suivant le mérite et le démérite des hommes, qui commande à toute la nature et gouverne le monde avec une sagesse suprême, en un mot de croire à Dieu?

L'élève. Oui; car nous voyons dans les œuvres de la nature, que nous pouvons juger, une sagesse si vaste et si profonde, que nous ne pouvons nous l'expliquer autrement que par l'art merveilleusement grand d'un créateur, de qui nous avons aussi droit d'attendre, dans l'ordre moral, qui fait le plus bel ornement du monde, un gouvernement non moins sage; ce qui fait que, si nous ne nous rendons pas nous-mêmes *indignes du bonheur* en manquant à notre devoir, nous pouvons espérer aussi d'y participer. »

Le fragment de catéchisme qu'on vient de lire se borne à quelques idées générales, mais le catéchisme entier, tel que Kant le conçoit et le demande, devrait embrasser tous les articles de la vertu et du vice, en les rattachant directement au principe du devoir et non à celui de l'intérêt. Que si l'on veut, pour ménager des âmes encore trop faibles, faire valoir les avantages que promet la pratique de la vertu ou les inconvénients qu'entraîne celle du vice, que ce soit d'une façon purement accessoire ; mais qu'on n'oublie pas que la morale ne fonde pas sur ce genre de considérations la valeur de ses préceptes. Autrement tout est perdu : la vertu, devenue en quelque sorte une chose vénale, n'a plus aucune dignité, et l'idée du devoir s'évanouit. Cette idée n'a jamais plus de force que quand elle se montre à nous dans toute sa pureté : elle fait naître alors dans l'âme le sentiment d'une grandeur qui l'étonne elle-même, et, en la remplissant d'admiration, la rend capable de vaincre tous les obstacles. Aussi Kant conseille-t-il de montrer, sinon au début, du moins au terme de l'éducation, dans une récapitulation générale de nos devoirs, tous les maux que la pratique de chacun d'eux peut attirer sur nos têtes, afin de développer dans l'âme la conscience de la force qui l'élève au-dessus de la nature.

Il demande aussi qu'on ajoute à l'explication de nos différents devoirs certaines questions casuistiques, qui serviraient à exercer les jeunes esprits, encore trop peu mûrs pour les questions spéculatives, et qui, par l'intérêt qu'elles exciteraient en eux, leur feraient aimer ce qu'ils auraient étudié de la sorte et les attacheraient insensiblement à la vertu.

Enfin il insiste à plusieurs reprises sur le danger de mêler dans l'éducation le catéchisme moral avec le catéchisme religieux, et de donner au premier le second pour base. C'est bien plutôt l'ordre inverse qu'il faut suivre. « Autrement, dit Kant[1], les enseignements de la religion manqueront de pureté : on ne se soumettra plus au devoir que par crainte, et la moralité n'étant pas dans le cœur, sera mensongère. — Aussi, ajoute-t-il, les plus dignes et les plus grands théologiens se sont-ils fait scrupule de composer un catéchisme renfermant les statuts de la doctrine religieuse, et de s'en rendre garants, tandis qu'on devait croire que c'était là la moindre chose que l'on pût justement attendre du grand trésor de leur savoir. »

La vertu n'est pas faite seulement pour être étudiée, mais pour être pratiquée : il ne suffit donc pas ici d'exercer l'esprit ; il faut encore exercer la volonté. Ce dernier exercice, qui a

---

[1] P. 174.

aussi ses règles, est désigné par Kant sous le nom d'*ascétique*[1]. Mais il y a loin de l'ascétisme où il place la discipline de la vertu aux principes que cette expression désigne ordinairement: aussi se plaît-il à opposer cet ascétisme tout moral à ce qu'il appelle l'ascétisme monacal. L'ascétisme moral doit toujours avoir en vue ces deux dispositions de l'âme dans l'accomplissement de nos devoirs : le *courage* et la *sérénité ;* c'est là qu'est son but. Le courage est d'abord nécessaire, puisque la vertu ne va pas sans la lutte et le sacrifice. Pour s'y former, il faut suivre la maxime des stoïciens : Supporte et abstiens-toi, ἀνέχου καὶ ἀπέχου. « Accoutume-toi à *supporter* les maux accidentels de la vie, et à *l'abstenir* des jouissances superflues ; » ainsi tu acquerras le courage qu'exige la pratique de la vertu, et tu entretiendras en toi cette santé morale qui est le premier de tous les biens. Mais ce n'est pas tout encore. La santé n'est qu'un bien-être négatif, tant qu'on n'y joint pas le sentiment positif de la vie. De même, dans la vie morale, le courage ne suffit pas sans la sérénité. Il ne faut pas que l'âme, dans l'accomplissement de ses devoirs, soit morose et sombre ; car elle serait alors tentée de les éviter. On ne cherche pas de bon cœur ce qui semble si pénible. Au courage des stoïciens il faut donc s'appliquer à joindre cette sérénité d'âme que recommandait Épicure. Pour cela il n'y a qu'une chose à faire : c'est de se conduire de façon à ne charger sa conscience d'aucune faute, et si on a eu le malheur d'en commettre, de travailler à les racheter en s'amendant. Tel est, en effet, le seul moyen pour nous de rectifier nos fautes, et c'est ici que Kant s'élève contre cette sorte d'ascétisme qui consiste à torturer son corps ou à se mortifier pour expier ses péchés. C'est là, selon lui, un fanatisme qui n'a rien de commun avec la vertu, et qui, au contraire, a pour effet d'exciter une secrète haine contre ses commandements. Il ne nous appartient pas de nous punir nous-mêmes : cela serait contradictoire ; mais, s'il faut repousser comme fausses et funestes ces sombres pénitences qu'on s'inflige à soi-même, il n'en est pas de même du *repentir*, que le souvenir de nos fautes passées ne manque pas d'exciter en nous. Ce dernier a un caractère moral et un effet

---

[1] § 53, p. 175-177.

salutaire : il nous avertit de travailler à nous amender, et il nous pousse à reconquérir par ce moyen la sérénité que nous avons perdue. La sérénité, tel est donc le caractère qu'il faut donner à la discipline que l'âme exerce sur elle-même ; elle ne peut être méritoire et exemplaire qu'à cette condition.

On a vu que Kant ramène tout l'ensemble des devoirs de la vertu à deux branches : celle des devoirs envers nous-mêmes et celle des devoirs envers les autres hommes, et que, tout en reconnaissant la nécessité de donner à la morale philosophique un *caractère religieux*, il en exclut cette troisième branche que les moralistes ajoutent ordinairement aux deux précédentes sous le titre de *Devoirs envers Dieu*[1]. Ce double point a aux yeux de notre philosophe une grande importance : aussi y consacre-t-il la *conclusion* de son ouvrage et la *remarque finale* qu'il y joint[2]. Si par morale religieuse on n'entend autre chose que « l'ensemble de nos devoirs conçus comme des commandements divins, » il n'y a rien là que de très-conforme à la raison pratique. Celle-ci en effet exige que nous joignions à l'idée de la législation morale celle d'un être dont cette législation exprime la volonté suprême, et que par cette dernière idée nous augmentions l'efficacité de la première. La force singulière qu'elle en reçoit et dont elle ne saurait se passer nous fait un devoir de ne pas négliger un si important appui ; mais ce devoir, *relatif à* Dieu, n'est point un devoir *envers* Dieu : ce n'est en réalité qu'un devoir envers soi-même. En général il n'y a pas, au point de vue de la pure philosophie morale, de devoirs envers Dieu ; ainsi entendue, la morale religieuse sort des limites de la philosophie. Qu'une religion révélée, ou se donnant pour telle, nous impose certaines observances spéciales à remplir envers Dieu, ou un certain culte à lui rendre, cela se conçoit. Mais quels devoirs particuliers ou quel culte la pure philosophie, c'est-à-dire la raison réduite à elle-même, peut-elle nous prescrire *envers* un être tel que Dieu ? Des devoirs de cette espèce supposeraient la connaissance déterminée des rapports de Dieu et de l'homme. Or ces rapports

Conclusion : des rapports de morale et de la religion

---

[1] Voyez plus haut, p. xxxi et p. xxxiii. — [2] Trad. franç., p. 178-184.

nous sont absolument incompréhensibles. Pour mieux faire comprendre cette incompréhensibilité, Kant s'applique à relever les difficultés ou les contradictions que suscite la question de la fin de Dieu relativement à l'humanité. On ne peut concevoir cette fin autrement que comme une fin d'amour, c'est-à-dire comme étant le bonheur des hommes; mais la raison ne permet pas de séparer l'amour d'avec la justice, qui en est la condition restrictive. Or la justice, qui, selon Kant, du côté de l'Être suprême, est purement *pénale* et ne peut être regardée comme *rénumératrice*, puisque les hommes ne sauraient avoir de *droits* envers lui et que par conséquent la récompense ne peut être de lui à eux qu'un effet de son amour et de sa bonté, cette justice pénale nous est entièrement inaccessible. D'abord, quand nous parlons, suivant notre humain langage, d'offenses envers Dieu, n'oublions pas qu'il ne s'agit pas ici d'un de ces outrages dont nous nous rendons coupables les uns à l'égard des autres, puisque Dieu est au-dessus de toute atteinte. Ensuite n'y a-t-il pas quelque contradiction dans l'idée d'une justice pénale personnifiée en un être particulier? Comment en effet attribuer à une personne administrant la justice des sentences de condamnation telles que celles-ci: « Le crime ne peut demeurer impuni : si le coupable échappe à la punition, sa postérité payera pour lui; — il faut que la dette du péché soit acquittée, dût un innocent s'offrir en victime expiatoire ! » Ces exemples prouvent bien que la justice en soi, l'éternelle justice est quelque chose d'impersonnel (« car une personne ne pourrait prononcer ainsi à l'égard de l'un sans se montrer injuste à l'égard des autres[1] »), et que, si Dieu en est l'exécuteur suprême, il est lui-même soumis à son inflexible nécessité. D'un autre côté, à voir le nombre éternellement croissant des coupables qui étendent sans cesse le compte de leurs crimes, il semble que la création d'un monde si contraire au dessein de son auteur n'aurait jamais dû avoir lieu. De tout cela Kant conclut que les rapports de Dieu et de l'homme sont au-dessus de la portée de notre intelligence, et que par conséquent l'éthique ne doit pas s'étendre au delà du champ des devoirs de l'homme envers lui-même et envers ses sem-

---

[1] p. 183.

blables. Les considérations sur lesquelles il appuie cette conclusion soulèvent elles-mêmes bien des objections ; mais j'ai dû les réserver pour la partie critique de mon travail, à laquelle me voici justement arrivé.

CRITIQUE.

J'ai déjà dit, dans mon examen de la *Doctrine du droit* [1], ce que je pense de la distinction que Kant établit entre les devoirs de droit et les devoirs de vertu et d'après laquelle il divise toute la morale en deux grandes branches correspondant à ces deux classes de devoirs : je la crois aussi exacte que lumineuse, et aussi importante qu'exacte. Mais, comme Kant lui-même y est revenu en tête de la *Doctrine de la vertu* [2], et comme d'ailleurs elle peut susciter des objections, j'y veux revenir à mon tour pour en montrer encore une fois l'exactitude et l'importance. Il est bien entendu que je laisse de côté les détails de la démonstration et que je ne m'attache qu'aux traits principaux ; il se peut que les premiers, venant de formes propres à l'auteur, donnent prise à la critique, mais les seconds expriment une vérité incontestable et capitale.

Parmi les devoirs auxquels nous soumet la loi morale, il en est qui ont ce caractère particulier qu'ils peuvent en outre nous être imposés par une contrainte extérieure et être convertis en lois positives. Tel est, par exemple, celui qui m'oblige de restituer à quelqu'un le dépôt qu'il m'a confié. Ces devoirs sont ceux qui correspondent à certains droits dans autrui. En effet, de ce que vous avez un droit, il suit que non-seulement j'ai le devoir de le respecter, mais que je puis être légitimement contraint à l'accomplissement de ce devoir : le droit, comme dit Kant, implique la faculté de contraindre ; et, comme la société civile est tout justement instituée pour garantir les droits de chacun au moyen de la force publique, elle doit pouvoir inscrire dans sa législation toutes les obligations qui y correspondent. Toutes ces obligations qui peuvent être l'objet d'une contrainte et d'une législation extérieures, parce qu'elles sont corrélatives à certains droits dans autrui, Kant, pour cette même raison, les nomme des *devoirs de droit*.

---

[1] P. cxxxix. — [2] Voyez plus haut, p. ii-x.

Mais tous les devoirs ne présentent pas le même caractère. Il en est qui par leur nature échappent à toute contrainte extérieure, à toute législation publique. Tel est, par exemple, celui de travailler au perfectionnement de soi-même, ou celui de se proposer pour fin le bonheur d'autrui. Ces devoirs ne correspondent plus à certains droits dans autrui ; et c'est pourquoi, encore qu'ils nous soient prescrits par la loi morale, nul ne peut nous contraindre à les remplir, et aucune législation extérieure ne saurait nous les imposer : ils ne relèvent que de notre conscience. En les négligeant, nous ne portons atteinte aux droits de personne, mais nous manquons de vertu. Aussi Kant les appelle-t-il des *devoirs de vertu*, par opposition aux précédents. De ce nombre sont tous nos devoirs envers nous-mêmes, et une partie de ceux que la morale nous prescrit envers nos semblables, tous ceux par exemple qui ont pour objet, non plus la justice, mais la pure bienfaisance. Tout ce qui est juste, dans le sens strict de ce mot, est obligatoire de droit ; tout ce qui est pure bienfaisance est affaire de vertu. On comprend aussi par là cet autre caractère par lequel Kant distingue des devoirs de droit les devoirs de vertu : tandis que les premiers sont d'obligation stricte, les seconds sont d'obligation large. En effet, les prescriptions du droit n'admettent pas de plus ou de moins : ce qu'elles exigent de nous est toujours quelque chose de net et de précis, et c'est cette précision en quelque sorte mathématique qui a fait de la balance le symbole de la justice ; mais les maximes de la vertu laissent à notre libre arbitre une certaine latitude où son action peut se resserrer ou s'étendre. C'est encore la même vérité que Kant exprime sous une autre forme, en disant que la vertu, à la différence du droit, nous prescrit des maximes générales à suivre plutôt que certains actes déterminés à pratiquer. On peut bien en effet déterminer exactement ce qu'exige le droit dans chaque cas particulier : cette balance dont je viens de parler nous l'indique toujours avec une extrême précision ; mais comment fixer tous les actes où peut se traduire la vertu ? On peut peser ou mesurer le droit ; comment peser ou mesurer la vertu ? Elle n'a pas de limites, c'est pour ainsi dire l'infini.

En traçant cette distinction que, pour ma part, je regarde comme parfaitement exacte en général, Kant, qu'on y prenne garde, ne sépare point le droit de la morale, puisque sa *doctrine du droit* n'est autre chose qu'un ensemble de devoirs et par conséquent une partie de la morale même, tout aussi bien que sa *doctrine de la vertu*. Les devoirs qu'il examine sous ce dernier titre diffèrent de ceux qu'il a examinés sous le premier ; mais les uns et les autres sont également des obligations morales ; et, s'il réserve à la doctrine de la vertu le titre d'*éthique*, parce qu'elle ne s'occupe que des devoirs qui relèvent uniquement de la législation intérieure et du tribunal de la conscience, il n'oublie pas que ce respect des droits d'autrui qui n'est pas seulement extérieur et forcé, mais intérieur et libre, est lui-même une vertu. Lui reprochera-t-on d'absoudre à un point de vue ce qu'il condamne à un autre [1]? Qu'est-ce à dire? N'est-il pas vrai que l'intempérance, par exemple, quand elle ne nuit qu'à celui qui s'y livre, ne peut être considérée comme une atteinte portée aux droits d'autrui, et par conséquent, dans le langage de Kant, comme un devoir de droit? Et n'est-il pas vrai aussi que, si elle n'est pas condamnable à ce titre, elle l'est comme contraire à la vertu? Mais à ce compte, dira-t-on, l'intempérance est donc juste ! Je réponds avec Kant que, dès qu'elle ne cause de dommage à personne qu'à moi, elle n'est contraire à aucun devoir de justice ; mais que, comme la justice n'est pas notre seul devoir, elle n'est pas pour cela légitime. Veut-on prendre les mots de justice et de droit dans un sens plus général, comme exprimant tout ce qui est légitime aux yeux de la loi morale ; il est très-vrai en ce sens que je n'ai pas le droit de me livrer à l'intempérance, fût-elle même inoffensive pour autrui ; mais ce n'est plus là qu'une question de mots. Ce n'est donc qu'en chicanant sur les mots que l'on peut adresser à Kant l'objection de Leibnitz contre Puffendorf : « Il est impossible d'admettre que les actions qui ne sortent pas du for intérieur

---

[1] Voyez l'article qu'a publié récemment M. Paul Janet, dans la *Revue critique de législation et de jurisprudence* (tome VI, p. 39), sur la *Philosophie du droit dans la doctrine de Kant*. Je n'ose le louer ici, tant il est bienveillant pour moi ; mais, quoique d'accord avec l'auteur sur presque tous les points qu'il discute, je ne crois pas qu'il ait justement apprécié la valeur de la distinction établie par Kant entre le droit et la vertu.

n'appartiennent pas à la doctrine du droit naturel. » Tout dépend de ce que l'on met sous cette expression de droit naturel. Est-elle synonyme de loi morale, rien n'est plus incontestable que la remarque de Leibnitz ; mais entend-on par là simplement cette partie de la morale où les devoirs correspondent à des droits et sont à ce titre susceptibles d'une contrainte et d'une législation extérieures, Kant a raison d'en distraire tous les devoirs de la morale individuelle et une bonne partie de ceux de la morale sociale elle-même.

Mais la distinction qu'il introduit au sein de nos devoirs n'est pas juste seulement ; elle a aussi une très-grande importance. Elle trace en effet une ligne de démarcation très-nette entre le domaine de la législation publique et celui dont le gouvernement appartient à la conscience de chacun. Elle restreint le premier au droit, c'est-à-dire, selon la juste définition de Kant, au principe de l'accord de la liberté de chacun avec celle de tous, et elle abandonne tout le reste au second. Être libre, en effet, j'ai le droit d'user de ma liberté comme il me plaît, pourvu que par l'usage que j'en fais je ne porte point atteinte à celle d'autrui. Dès que cet usage ne peut plus s'accorder avec la liberté de tous les autres, j'outrepasse mon droit, et dès lors je puis être soumis à une légitime contrainte ; mais, dès que je ne fais rien qui soit de nature à troubler la liberté d'autrui, ma conduite ne regarde que moi, et je ne relève plus que de ma conscience. Je ne suis pas pour cela affranchi de toute loi : la loi morale est encore là qui me prescrit certains devoirs, mais ces devoirs, aucune puissance extérieure n'a le droit de me contraindre à les remplir, ou de me punir d'y avoir manqué. L'obligation est ici purement morale, et, puisqu'il ne s'agit plus de droit, mais de vertu, la loi civile n'a point à intervenir. En la renfermant dans ces limites, Kant défend la liberté individuelle et la conscience même contre les empiétements et la tyrannie des pouvoirs publics. On confond trop souvent ces deux juridictions, et l'on viole ainsi la liberté qu'on devrait respecter, trop heureux quand, du même coup, on n'outrage pas la conscience en lui imposant, au nom de fausses doctrines, des actes qui lui répugnent. De là ce régime inquisitorial qui, en étouffant la liberté, tue la vertu, car la vertu est une fleur qui ne peut s'épanouir que dans une libre atmosphère. Il faut donc louer Kant d'avoir si nettement distingué et séparé le champ de la législation civile et celui de la législation morale, et, tout en soumettant plus sévèrement qu'aucun autre moraliste, la liberté à la dernière, de l'avoir affranchie des entraves et du despotisme de la première. Chacune d'elles gagnerait infiniment à se renfermer dans ses vraies limites : elles seraient mieux respectées et plus fidèlement obéies. Qu'on ne craigne pas que Kant, en partant du principe de la liberté, resserre l'action de la loi civile en de trop étroites limites : la société politique étant seule capable de garantir la liberté et les droits de tous, et par conséquent étant exigée par la justice, tout ce qui est nécessaire au maintien de cette société est juste par là même, et peut être légitimement exigé de chacun de ses membres. C'est ainsi que la bienfaisance devient, dans une certaine mesure, un devoir de justice publique[1]. Mais il ne faut pas qu'au nom des intérêts de l'État on étouffe la liberté de l'individu et les droits qui en dérivent, car c'est justement pour en assurer l'exercice que l'État est institué. Voilà ce que la théorie de Kant a l'avantage de rappeler aux législateurs de la société politique, tout en évitant les excès de ce que l'on appelle aujourd'hui l'*individualisme*. Qu'on ne craigne pas non plus qu'elle matérialise trop le droit : comme je l'ai déjà dit, Kant ne le sépare pas de la morale, et il prêche le respect du droit comme une vertu ; il ne veut que distinguer le rôle du législateur civil de celui du législateur moral ou de la conscience. Il ne nie pas sans doute l'influence du second dans le domaine du premier : il sait mieux que personne combien elle y est importante et nécessaire ; mais il ne pense pas qu'on puisse décréter la vertu, comme l'égalité des impôts, et il attend plus pour elle de la liberté de la conscience que de la tyrannie de la loi.

Il y a un autre point sur lequel j'ai besoin de revenir, parce que j'en trouve ici une application nouvelle, et que cette nouvelle application confirme pleinement les observations, cri-

---

[1] Voyez sur ce point mon *Examen critique de la Doctrine du droit*, p. LXXXVIII et p. CLXXXVI.

tiques cette fois, que j'ai déjà adressées à Kant sur ce sujet[1] : je veux parler de la méthode qu'il applique à la morale. On sait que, selon lui, cette science doit être construite tout à fait *à priori*, c'est-à-dire en dehors de toute connaissance de la la nature humaine et sur le seul fondement de la raison pure. C'est pour marquer ce caractère qu'il la désigne sous le nom de *métaphysique des mœurs*. Il veut que sous ce titre elle ne comprenne que des éléments purement rationnels, et que l'on réserve pour une partie ultérieure de la science tout ce que l'étude de notre nature peut y ajouter de lumières propres à en éclairer l'application. Or je ne pense pas que telle soit la vraie méthode à suivre en matière de morale. Je la tiens d'abord pour une illusion. Sans doute il n'y a que la raison qui puisse nous fournir l'idée de l'obligation ou du devoir; mais il n'y a que la connaissance de nous-mêmes qui puisse nous apprendre en quoi consistent nos obligations ou nos devoirs. Ils sont en effet déterminés par notre nature : telle est celle-ci, tels sont nécessairement ceux-là. Si, par exemple, nous sommes doués d'une intelligence perfectible, ce n'est pas apparemment pour la laisser sans culture; notre devoir au contraire est de la cultiver autant qu'il dépend de nous. Ainsi du reste. Pour savoir quelles sont nos obligations, il faut donc considérer les attributs ou les propriétés de notre nature : elles y sont écrites en caractères lumineux. Sous peine de rester abstraite et vide, la conception de la loi morale doit donc s'appuyer sur la connaissance de la nature humaine; c'est de cette manière seulement qu'elle pourra spécifier les divers devoirs qu'elle nous impose. C'est là aussi ce que font en réalité tous les moralistes, ceux mêmes qui croient suivre la méthode la plus exclusivement rationnelle : ils sont guidés, quoiqu'ils en aient, par les idées dont ils avaient pensé pouvoir faire entièrement abstraction. Tel est le cas de notre philosophe : il se montre à chaque pas infidèle à la méthode qu'il s'était tracée, et il en corrige ainsi lui-même en partie le vice originel. Mais, pour la soutenir autant que possible, il

---

[1] Voyez mon *Examen des Fondements de la métaphysique des mœurs et de la Critique de la raison pratique*, p. 201-205, et mon *Analyse critique de la Doctrine du droit*, p. cxxxvii et suiv.

n'ose puiser largement à la source proscrite, et les résultats auxquels il aboutit trahissent souvent l'insuffisance des procédés qu'il a suivis. Mieux eût valu, tout en conservant à la morale le caractère rationnel qu'elle doit avoir et qu'elle ne perdrait pas impunément, ne pas craindre de lui donner pour fondement une large et profonde psychologie. C'est que la méthode qui convient à cette science n'est pas simple, mais complexe : elle est tout ensemble rationnelle et psychologique. La forme mathématique que Kant cherchait, mais n'a pas réussi à lui donner, peut séduire certains esprits par une apparence de simplicité et de rigueur, mais elle a le tort d'être illusoire ou dangereusement abstraite.

Voyez, par exemple, cette analyse des prédispositions naturelles de notre âme en matière de moralité, qu'il croit devoir placer en tête de son éthique [1]. Ce n'est plus ici de la métaphysique, mais de la psychologie. Kant sent bien qu'il est impossible de séparer, dans la morale, les deux éléments que la nature a indissolublement unis en nous, la raison et la sensibilité, et il se voit contraint de sortir du cercle étroit des abstractions métaphysiques et de descendre à son tour dans le champ de la vie psychologique. Où en effet a-t-il trouvé, si ce n'est dans l'obversation de la nature humaine, tout ce qu'il nous dit ici du *sentiment moral*, de la *conscience*, de *l'amour des hommes*, du *respect* de la dignité humaine? Malheureusement ses excursions dans ce champ se sentent toujours un peu de son point de départ : on dirait qu'il a peur d'être accusé de contravention à ses propres lois. Et pourtant, malgré les entraves de sa méthode, on retrouve dans ces pages, où la psychologie se fait jour à travers la métaphysique, cette profondeur d'investigation et cette finesse d'observation qu'il possédait aussi au plus haut degré. Il n'y a qu'un point où son analyse me paraisse en défaut : on ne saisit pas bien le rôle qu'il attribue à la *conscience* dans l'ensemble des dispositions morales de notre nature. Elle est pour lui autre chose que le sentiment moral, puisqu'il lui donne une place à part; mais, si elle ne se confond pas avec ce sentiment, il faut qu'elle désigne la raison pratique, et c'est en effet la définition qu'en donne ici notre phi-

---

[1] Plus haut, p. x-xii.

losophe[1]. Or on ne voit pas comment, entendue ainsi et distinguée du sens moral, elle peut figurer parmi les dispositions subjectives qui préparent ou secondent en nous l'influence des idées morales. Sauf ce point, Kant a fort bien montré quel concours apportent à l'idée rationnelle du devoir certaines dispositions de notre nature, comme le sentiment moral qui est inséparable de cette idée, comme cet amour des hommes qui est inné dans tous les cœurs, comme enfin ce sentiment de respect que la dignité de notre être ne manque pas d'exciter en nous; combien par conséquent il importe de cultiver ces auxiliaires de la moralité, ou comment cela même est pour nous un devoir.

Ce ne sera pas sortir de la question de la méthode que d'examiner les règles qu'il assigne ensuite à l'éthique[2]. La première est de n'admettre qu'un seul principe d'obligation pour chaque devoir. Ici Kant se laisse évidemment entraîner par son goût pour les principes et les démonstrations simples. Cette simplicité donne à la science une singulière précision et une extrême rigueur; mais souvent aussi elle lui retranche une partie de ses moyens. Sans doute il serait indigne d'un philosophe de vouloir dissimuler sous l'abondance des preuves la faiblesse de chacune d'elles et de chercher à tromper par là les esprits; mais, si plusieurs principes également solides concourent à établir une vérité, pourquoi s'interdirait-on de les réunir en un faisceau et d'entourer ainsi d'une plus abondante lumière la vérité qu'on veut faire pénétrer dans les âmes? Dira-t-on que cela n'est pas possible en morale, mais pourquoi? La morale, comme la nature humaine, n'est pas simple, mais complexe. Le suicide, par exemple, comme Kant l'a si bien montré, est la violation d'un devoir de l'homme envers lui-même; cela empêche-t-il qu'il ne soit aussi un abandon de nos devoirs envers nos semblables? Et dès lors, si l'on veut traiter complétement la question, suffira-t-il de le condamner au nom de la morale individuelle, mais ne faudra-t-il pas le flétrir aussi au nom de la morale sociale? En se

---

[1] Trad. franç., p. 45, ou plus haut, p. XI.
[2] Voyez plus haut, p. XII-XIV.

retranchant uniquement derrière la première, ne se prive-t-on pas de l'un des plus puissants arguments que l'on puisse invoquer contre lui? J'en dirai autant du mensonge, qui n'est pas seulement un oubli de notre propre dignité ; mais une offense au respect que nous devons à nos semblables. Ici encore la question ne peut pas être traitée d'une manière complète, si on ne l'envisage sous ces différentes faces. Loin donc de s'en tenir à un seul principe pour chaque devoir, on doit chercher toutes les raisons qui peuvent en accroître l'obligation ou la force. En fait de devoir, il ne faut pas être avare de moyens de défense : on n'en opposera jamais assez aux sophismes de la passion ou de l'intérêt personnel. Kant a raison de repousser cette maxime stoïcienne, qu'il n'y a qu'une vertu et qu'un vice : c'était une pure subtilité; mais c'est se jeter dans un autre excès que de n'admettre pour chaque devoir qu'un titre d'obligation et d'en exclure tous les autres.

J'aime mieux le principe par lequel il repousse cette autre vieille maxime qui définit la vertu un juste milieu entre deux vices opposés [1]. Il a bien raison de dire que la vertu est une chose qui diffère du vice par sa nature même, et que l'en distinguer uniquement par le degré, c'est la dépouiller de son caractère propre et la confondre elle-même avec la prudence. Cette maxime, en effet, est celle de la prudence, mais la prudence n'est pas la vertu. Autrement l'idéal serait cette sagesse habile qui consiste à fuir en tout les extrêmes, c'est-à-dire, pour parler plus juste, les partis périlleux ; à se tenir toujours dans un juste milieu, parce que c'est là qu'on trouve le plus de sûreté, *medio tutissimus ibis ;* à ne se compromettre jamais pour aucune cause, surtout pour les causes vaincues; en un mot, à faire en sorte de vivre le plus doucement et le plus longtemps possible. C'est cette sagesse que chantait et pratiquait l'épicurien Horace, et elle est toujours fort en crédit

---

[1] Kant rapporte cette maxime à Aristote, et elle remonte en effet jusqu'à lui ; mais elle est loin d'avoir dans la morale du philosophe grec le caractère absolu qu'il lui attribue ici et qu'elle a en effet reçu plus tard, particulièrement chez les Épicuriens et leur poëte Horace. Dirigée contre ceux-ci, qui ne voient entre la vertu et le vice qu'une différence de degré, la critique de Kant est fondée, et c'est en ce sens que la maxime qu'il repousse mérite son anathème.

dans le monde. Que ceux-là l'exaltent, qui s'en trouvent si bien ; mais qu'ils n'espèrent pas nous faire prendre le change. La vertu a de tout autres maximes : loin de se guider sur la prudence, elle repousse souvent ses conseils. Il y a des actes vertueux qui sont singulièrement imprudents ; faut-il donc les mettre au rang des vices ? La vertu n'exclut pas sans doute la modération et la mesure : là aussi il faut se mettre en garde contre le fanatisme, c'est-à-dire faire en sorte qu'un enthousiasme aveugle n'étouffe pas la raison ; en ce sens il est vrai de dire avec Horace que la sagesse mérite le nom de folie ou l'équité celui d'injustice, quand on pousse la vertu même au delà de certaines bornes [1]. Mais c'est qu'alors la vertu, en sortant de ses bornes, cesse d'être la vertu ; car pour la vertu elle-même, on ne saurait jamais la pousser trop loin, et, comme le dit Kant si spirituellement, reprocher à quelqu'un d'avoir trop de vertu reviendrait à dire qu'un cercle peut être trop rond ou une ligne droite trop droite [2].

C'est encore un excellent principe que celui qui nous enjoint de mesurer notre force sur notre devoir et non notre devoir sur notre force. L'homme peut toujours tout ce qu'il doit : qu'il ne cherche donc pas dans sa faiblesse un prétexte pour se soustraire à ses obligations. Il est bon de songer à la faiblesse de l'humanité, mais pour y puiser un motif d'indulgence à l'égard d'autrui, et non une dispense ou une excuse pour soi-même. Le beau serait de joindre à une extrême sévérité pour sa propre personne beaucoup d'indulgence pour les autres ; mais c'est ordinairement le contraire qui arrive.

En général l'idée que Kant se fait de la vertu [3] est à la fois si juste et si élevée qu'on ne saurait prendre ici un meilleur guide. Lui-même s'inspire évidemment de la doctrine stoïcienne : ses paroles ne sont souvent qu'un écho des enseignements du Portique [4] ; mais écoutez jusqu'au bout ce nouvel apôtre du stoïcisme, et vous verrez que l'esprit chrétien a

---

[1] Cf. plus haut, p. xvii. — [2] J'ai déjà cité ces paroles, p. xxvii.
[3] Cf. plus haut, p. xiv.
[4] Voyez celles que j'ai citées textuellement dans mon analyse, *loc. cit.*

passé par là. C'est ainsi qu'après avoir placé dans cette force morale qu'on appelle la vertu notre plus grand et même notre unique titre de gloire, il nous rappelle, comme pour tempérer notre orgueil par le sentiment de notre imperfection, qu'il y a encore quelque chose au-dessus de la vertu, à savoir la sainteté, cet idéal de la vertu même, vers lequel nous devons tendre, mais où nous ne saurions jamais nous flatter d'avoir atteint. C'est ainsi encore qu'au lieu de promettre à l'homme cette paix inaltérable dont le stoïcisme leurre son sage, il lui montre la vertu toujours forcée de combattre à la sueur de son front, mais en même temps toujours progressive [1]. Mais je ne veux pas refaire l'analyse que j'ai déjà présentée au lecteur; qu'il me suffise de lui signaler dans ce tableau de la vertu la double influence de la doctrine stoïcienne et de la philosophie chrétienne, se corrigeant ou se tempérant l'une l'autre et formant ainsi un tout harmonieux et solide. Il est facile de suivre cette double influence dans toutes les parties de l'éthique de Kant; j'aurai moi-même plus d'une fois encore l'occasion d'en indiquer la trace et d'en montrer l'heureux effet.

J'examinerai plus loin si en ramenant tous nos devoirs de vertu à deux branches principales, c'est-à-dire à nos devoirs envers nous-mêmes et à nos devoirs envers nos semblables, la morale de Kant ne laisse rien à désirer; j'arrive tout de suite à la première de ces deux branches. Elle offre d'abord une innovation qui mérite d'être relevée [2]. On divise ordinairement la morale individuelle en deux parties, dont l'une a rapport au *corps*, et l'autre à *l'âme;* mais cette division a, selon Kant, le tort de reposer sur une distinction métaphysique qui, admise par certaines écoles, est contestée par d'autres. Or il veut placer la morale au-dessus de toutes les controverses métaphysiques et particulièrement de celles auxquelles peut donner lieu la question de la nature de l'âme et de son indépendance, comme substance, par rapport au

---

[1] Cf. la *Critique de la raison pratique*, et mon *Examen* de cet ouvrage. — [2] Plus haut, p. xix.

corps; les lois morales n'obligent-elles pas également tous les hommes, quelque opinion qu'ils adoptent sur cette question transcendante? Il faut donc chercher ailleurs le principe de la division de nos devoirs envers nous-mêmes. Or, quelles que soient la nature de l'âme et du corps et leur distinction substantielle, on ne peut nier que l'homme ne présente un double aspect, selon qu'on envisage en lui l'être animal, c'est-à-dire les fonctions qui lui sont communes avec les animaux, ou l'être purement moral, c'est-à-dire les facultés qui n'appartiennent qu'à lui. C'est à ces deux points de vue que nous devons nous placer pour déterminer nos devoirs envers nous-mêmes. Peut-être trouvera-t-on que Kant s'effraye un peu trop de certains mots consacrés par la langue vulgaire; mais l'idée qu'il poursuit est excellente; et, s'il bannit ces mots, c'est pour mieux éviter toute équivoque.

Il est inutile de rappeler comment, divisant à son tour en devoirs parfaits et devoirs imparfaits [1] chacune des deux catégories de devoirs qu'il vient de distinguer, il est conduit à traiter sous le titre de devoirs parfaits de l'homme envers lui-même, en tant qu'être animal, du *suicide*, de *l'impudicité* et de *l'intempérance*. Sur la question de suicide [2], il combat la doctrine stoïcienne, mais en retournant contre elle

---

[1] Kant n'oublie-t-il pas ici qu'il s'est déjà servi de ce caractère pour distinguer les devoirs de vertu des devoirs de droit? Voici maintenant que parmi les devoirs de vertu il distingue une obligation stricte et une obligation large. On pourrait rappeler aussi que, dans la *Doctrine du droit*, il avait distingué un droit *strict* et un droit *large* ou d'*équité* (voyez mon analyse critique de cet ouvrage, p. xiv). Mais, pour ne parler ici que de la première difficulté, Kant pourrait répondre que la vertu, dans ce qu'elle a de *positif*, n'implique en effet toujours qu'une obligation large, et que les devoirs parfaits dont il s'agit ici ne sont que des *défenses*. Il faut bien en convenir d'ailleurs, et j'en pourrais donner bien d'autres exemples, les distinctions établies par Kant expriment souvent une idée juste; mais souvent aussi, à force de vouloir être précise, son analyse finit par n'être plus exacte, et sa subtilité même le fait tomber en des contradictions qui lui échappent. C'est qu'on aura beau faire, on n'arrivera jamais à donner aux sciences morales la précision à la fois et l'exactitude des sciences mathématiques.

[2] Plus haut, p. xx.

ses propres armes. Il ne veut, pour la réfuter sur ce point, d'autre principe que celui qu'elle invoquait elle-même pour justifier le suicide : la dignité de la personnalité humaine ; c'est justement au nom de cette dignité qu'il flétrit l'acte qu'elle autorisait. L'argument ainsi rétorqué est sans réplique. Il est fâcheux seulement que, par suite de la règle qu'il s'était imposée, Kant n'ait pas cru devoir ajouter à cet argument ceux qui se tirent soit de la morale religieuse, soit de la morale sociale. Il est vrai que, comme il n'admet pas de devoirs directs de l'homme envers Dieu, il ne pourrait en aucun cas invoquer les premiers. Il dirait volontiers avec Socrate [1] : « Je n'ose alléguer cette maxime enseignée dans les mystères que nous sommes ici-bas comme dans un poste : elle est trop relevée, et il n'est pas aisé de pénétrer tout ce qu'elle renferme; » et, plus conséquent que lui, il n'admettrait pas davantage cet argument soi-disant plus philosophique, que nous appartenons à Dieu comme des esclaves à leurs maîtres, et qu'un homme est aussi coupable envers Dieu en se donnant la mort, qu'un esclave l'est envers son maître en se tuant sans sa permission. Mais, même en laissant de côté cet ordre d'idées, il serait bon de ne pas s'en tenir à l'unique argument exposé ici par Kant, et de développer ceux que peut nous fournir la considération de nos devoirs envers nos semblables. Ce sont de bien fortes paroles que celles de Kant contre le suicide, mais celles-ci ne méritent-elles pas aussi d'être entendues? « Chaque fois que tu seras tenté de sortir de la vie, dis en toi-même : « Que je fasse encore une bonne action avant que de mourir. » Puis va chercher quelque indigent à secourir, quelque infortuné à consoler, quelque opprimé à défendre... Si cette considération te retient aujourd'hui, elle te retiendra encore demain, après-demain, toute ta vie. Si elle ne te retient pas, meurs : tu n'es qu'un méchant [2]. » Mais il ne faudrait pas non plus s'en tenir à ce genre de considérations et prendre trop à la lettre la dernière phrase de Rousseau; car on oublierait alors ce que Kant a si bien mis en lumière, que le suicide est d'abord un attentat contre soi-même. Il se

---

[1] Dans le *Phédon* de Platon. Je me sers de la traduction de M. V. Cousin.
[2] Rousseau, la *Nouvelle Héloïse*, 3ᵉ partie, lettre 23.

peut que, par l'effet de la misère ou de la maladie, un homme se voie hors d'état de rendre désormais aucun service à ses semblables : son devoir lui défend encore d'attenter à sa vie, quelque inutile qu'elle lui paraisse; est-ce être inutile d'ailleurs que de donner aux autres l'exemple d'un grand courage ? C'est ce devoir que Kant se rappelait à lui-même au milieu des infirmités de sa vieillesse, lorsqu'il disait à ses amis [1] : « La vie est pour moi un fardeau : je suis las de le porter; et si cette nuit l'ange de la mort m'appelait, je lèverais les mains et dirais de grand cœur : Dieu soit béni! Je ne suis pas un poltron, et j'ai encore assez de force pour en finir si je voulais; mais je regarde une pareille action comme immorale. Celui qui se détruit est une charogne qui se jette elle-même à la voirie. »

Je ne fais que rappeler en passant les articles que Kant consacre ensuite à *l'impudicité* et à *l'intempérance* [2]. Ces deux vices y sont flétris en termes si énergiques et si justes qu'on ne peut rien souhaiter de mieux. Les questions casuistiques qu'il joint à l'examen du premier sont d'une nature tellement délicate que, malgré sa maxime favorite : *sunt castis omnia casta*, peut-être vaudrait-il mieux que le moraliste les laissât dans l'ombre et s'en remît sur ce point à la conscience de chacun. Ce n'est pas d'ailleurs à notre philosophe qu'on pourrait adresser le reproche qu'a si souvent soulevé le casuistique théologique, en s'arrêtant avec complaisance sur des détails qui souillent l'imagination et blessent le sens moral. Quant aux questions casuistiques qui accompagnent l'article de l'intempérance, elles n'offrent plus le même danger, et elles montrent bien que la morale de Kant, si sévère à tant d'égards, sait aussi se dérider à propos, et que chez lui l'austérité n'exclut pas toujours l'enjouement. On aime à retrouver jusque dans ces pages d'un traité de morale scientifique les goûts et les habitudes de sa vie. On sait en effet qu'il pratiquait scrupuleusement la maxime, à laquelle il fait ici allusion, à savoir que dans un repas bien ordonné le nombre des

---

[1] Voyez, dans les *Fragments littéraires* de M. V. Cousin, l'histoire des dernières années de la vie de Kant.
[2] Plus haut, p. XXII-XIV.

convives ne doit pas être au-dessous du nombre des Grâces, ni au-dessus de celui des Muses [1]. »

Je m'arrêterai davantage sur l'article du mensonge, le premier des vices que Kant groupe sous le titre des devoirs parfaits de l'homme envers lui-même au point de vue purement moral, parce que sa théorie sur cet objet est sujette à controverse, et qu'attaquée en effet par l'un de nos plus illustres publicistes, Benjamin Constant, elle a été reprise et défendue par le philosophe de Kœnigsberg [2]. Il n'est pas sans intérêt de voir ces deux esprits si divers aux prises sur la question qui leur sert de terrain, et de chercher où se trouve ici la vérité.

En 1797, Benjamin Constant publia sous ce titre : *Des réactions politiques*, un écrit [3] où l'on remarquait les lignes suivantes : « Le principe moral, que dire la vérité est un devoir, s'il était pris d'une manière absolue et isolée, rendrait toute société impossible. Nous en avons la preuve dans les conséquences très-directes qu'a tirées de ce premier principe un philosophe allemand, qui va jusqu'à prétendre qu'envers des assassins qui vous demanderaient si votre ami qu'ils poursuivent n'est pas réfugié dans votre maison, le mensonge serait un crime. »

Quel était le philosophe allemand que voulait désigner Benjamin Constant, mais qu'il ne nommait pas ? Kant reconnaissait bien avoir dit pareille chose quelque part, mais il ne pouvait se rappeler en quel endroit. Il paraît d'ailleurs qu'un autre philosophe allemand, l'illustre professeur de l'université de Gœttingue, Jean David Michaelis avait déjà avancé la même opinion. Mais Kant apprit de quelqu'un, à qui Benjamin Constant l'avait déclaré, qu'il était bien le philosophe dont il était question dans l'écrit du publiciste français [4]. Dès lors,

---

[1] Voyez l'histoire, déjà citée, des dernières années de la vie de Kant, par M. V. Cousin. — [2] Plus haut, p. xxiv-xxvii.

[2] Voyez, à la fin de ce volume, p. 249-250, l'opuscule intitulé : *D'un prétendu droit de mentir par humanité.*

[3] Voyez, sur cet écrit, ma note de la page 251.

[4] Voyez sur tout cela, dans l'opuscule de Kant, les notes de Kramer et de Kant lui-même, plus bas, p. 251.

tout vieux qu'il était alors, il ne pouvait manquer une si belle occasion de descendre dans la lice, et de rompre une lance en faveur de ses principes contre une doctrine, à son sens dangereuse, soutenue par un jeune écrivain français, déjà célèbre.

Mais l'exemple cité par Benjamin Constant se trouve-t-il en effet dans quelqu'un des écrits de Kant? Je ne vois qu'un passage qui s'y rapporte : c'est la question casuistique posée et résolue par ce philosophe, à l'article *Mensonge*, dans sa *Doctrine de la vertu*, qui parut la même année que l'écrit de Benjamin Constant, et dont celui-ci avait peut-être eu connaissance dès son apparition. J'ai déjà cité plus haut ce passage[1]; j'y renvoie le lecteur. L'exemple assez bizarre, que Kant y suppose, n'est pas tout à fait celui dont parle Benjamin Constant; mais il est aisé d'admettre que cet écrivain, le citant de mémoire, ou peut être même ne l'ayant reçu que de seconde main, a pu ne pas le reproduire littéralement. On s'expliquerait aussi très-bien de cette manière comment, si récente que fût la publication de la *Doctrine de la vertu*, Kant, en répondant à Benjamin Constant, a pu ne pas songer au passage qu'on vient de lire, et faire l'aveu que j'ai rapporté tout à l'heure : dans ce que lui attribuait l'écrivain français, il reconnaissait bien sa pensée, mais non pas exactement son exemple. C'est là d'ailleurs tout ce qui nous importe : il suffit qu'il y retrouvât en effet sa doctrine. L'exemple cité par Benjamin Constant l'exprimait même plus fortement encore; aussi n'hésite-t-il pas à se l'approprier, et accepte-t-il volontiers la lutte sur ce terrain.

Rappelons d'abord la théorie de Kant. Selon ce philosophe, la loi morale qui interdit le mensonge est absolue, inflexible, inexorable : elle ne souffre aucune exception. En quelque circonstance que nous nous trouvions placés, et quelles que doivent être les conséquences de notre conduite, soit pour nous-mêmes, soit pour autrui, nous ne devons jamais dire le contraire de la vérité. C'est là un devoir envers la dignité de la personne humaine qui réside en chacun de nous; aucune considération étrangère ne saurait nous en affranchir. C'est en

---

[1] P. xxvi.

même temps un devoir envers l'espèce humaine en général; car, sans cette loi suprême, il n'y a plus de confiance réciproque possible, partant plus de contrat, partant aussi plus de société. Notre mensonge ne fût-il nuisible à personne, fût-il même utile à quelqu'un, toujours est-il une faute, sinon aux yeux de la jurisprudence, du moins à ceux de la morale : il est une atteinte portée aux droits sacrés de l'humanité, soit en nous-mêmes, soit chez nos semblables. Quand donc quelqu'un profère un mensonge, même en vue de sauver un ami, il se rend coupable envers elle. Il se peut qu'il le sauve par ce moyen; mais il ne l'aura sauvé qu'en violant une loi sainte. Il se peut aussi d'ailleurs, car qui oserait se flatter de prévoir toujours sûrement les conséquences de ses actes ? il se peut que son mensonge, au lieu de tourner en faveur de son ami, lui devienne funeste; et alors il sera justement responsable des suites d'une action que la loi morale lui défendait. Supposez, par exemple, que, par une fausse déclaration, vous ayez réussi à éloigner de votre maison les meurtriers qui pensaient y trouver votre ami, mais que celui-ci, s'étant échappé au premier bruit qu'il a entendu, vienne à rencontrer ses ennemis et tombe sous leurs coups, ne pourra-t-on pas vous accuser justement d'avoir causé sa mort ? Peut-être sans votre mensonge le crime n'aurait-il pas eu lieu; peut-être serait-on parvenu à arrêter les meurtriers, etc. En tous cas, n'ayant rien fait que selon le devoir, vous n'auriez rien à vous reprocher. Celui au contraire qui le viole par un mensonge, celui-là, quelque généreuse que soit son intention, doit encourir la responsabilité des conséquences qui en peuvent résulter, si imprévues qu'elles soient d'ailleurs. C'est donc ici le cas d'appliquer la maxime stoïcienne : « Fais ce que dois, advienne que pourra ! » Ton devoir te défend de mentir : n'ouvre donc jamais ta bouche au mensonge; ou refuse de parler, ou, si tu acceptes la demande qu'on t'adresse, que ta réponse soit véridique. Admet-on des exceptions à cette loi suprême, sans laquelle il n'y a plus ni dignité pour les individus, ni confiance, ni contrat, ni société possible parmi les hommes, on la rend incertaine, vacillante et bientôt inutile. Telle est la doctrine de Kant.

Selon Benjamin Constant, au contraire, le devoir de la véracité n'est nullement absolu, ou, pour devenir applicable, il a besoin d'être restreint. Oui, dire la vérité est un devoir, mais cela n'est un devoir qu'envers ceux qui ont droit à la vérité. Qu'est-ce en effet qu'un devoir? C'est ce qui, dans un être, correspond aux droits d'un autre. L'idée de devoir est inséparable de celle de droits : là où il n'y a pas de droits, il n'y a pas de devoirs. Or nul homme n'a droit à la vérité qui nuit à autrui. Il suit de là que dans ce cas la véracité cesse d'être un devoir, et que le mensonge devient légitime. Benjamin Constant ne formule pas aussi crûment cette conclusion, mais c'est bien celle à laquelle il arrive.

On peut reprocher à la doctrine de Kant une certaine exagération, et j'essayerai moi-même tout à l'heure de justifier ce reproche; mais celle de Benjamin Constant est, par ses principes comme par ses conséquences, aussi fausse que dangereuse. Aussi, dans la critique qu'il en a faite, Kant a-t-il bien raison contre lui; il pourrait même l'avoir mieux encore, s'il montrait dans la discussion moins de subtilité et plus de largeur [1]. Il n'est pas vrai d'abord que le devoir soit essentiellement une obligation correspondant à un droit dans autrui. S'il en était ainsi, l'homme n'aurait donc pas de devoirs envers lui-même, et il faudrait retrancher toute une branche de la morale. La véracité, au contraire, est en premier lieu un devoir envers nous-mêmes : celui qui ment, outre qu'il trompe autrui, manque à ce qu'il se doit et se frappe d'indignité. En outre que veut dire Benjamin Constant, quand il déclare que la vérité n'est un devoir que pour ceux qui y ont droit? J'admets bien ce principe en un sens : je ne suis

---

[1] Dans toute cette discussion Kant, comme il le déclare lui-même (voyez la note de la p. 252), ne considère le mensonge que comme *un devoir de droit*. Or, à ce point de vue, la théorie qu'il oppose à Benjamin Constant non-seulement est trop rigoureuse, mais elle pèche même par son principe. La véracité n'est en effet un devoir *de droit* envers autrui qu'autant que ceux qui nous interrogent ont *le droit* de le faire; mais elle n'en est pas moins dans tous les cas (sauf les exceptions dont je parlerai tout à l'heure) un *devoir de vertu*. Aussi Kant lui-même, dans l'ensemble de sa doctrine morale, ne fait-il figurer le mensonge en général que parmi les vices condamnés par l'*éthique*. C'est aussi à ce dernier point de vue qu'il aurait dû se placer ici pour repousser le principe de Benjamin Constant; c'est par là qu'il eût été vraiment fort contre lui. C'est par là qu'à mon tour je l'oppose à son antagoniste.

obligé de révéler la vérité qu'à ceux qui ont le droit de m'interroger. Dans tout autre cas j'ai incontestablement le droit de me taire, et c'est souvent mon devoir. Mais m'est-il pour cela permis de mentir, comme le conclut Benjamin Constant? A ce compte il faudrait tenir pour moralement légitimes, non-seulement les mensonges qui ont pour but de sauver la personne d'autrui, mais ceux aussi qui ont pour but de me sauver moi-même ou de me tirer d'un mauvais pas. On va loin, on le voit, avec une pareille doctrine. Je suppose que, le lendemain d'un coup d'État heureux, des oppresseurs, se constituant les juges de leurs victimes, appellent un homme de cœur devant leur tribunal et l'interrogent sur la part qu'il a prise à la défense du droit : il peut bien refuser de leur répondre, mais ne se déshonorerait-il pas en rachetant sa vie ou sa liberté par un mensonge? C'est que, s'il ne doit rien aux bourreaux qui l'interrogent, il se doit à lui-même de ne pas descendre jusqu'à un tel moyen.

> Tout homme de courage est homme de parole;
> A des vices si bas il ne peut consentir,
> Et fuit plus que la mort la honte de mentir [1].

Il doit aussi à l'humanité, dont il fait partie, de ne pas donner l'exemple d'une fausse parole. Sur ce point il est juste de tourner la doctrine de Kant contre celle de Benjamin Constant. Si ce dernier n'avoue pas toutes les conséquences qui résultent des principes sur lesquels il s'appuie, elles n'en sortent pas moins nécessairement. La restriction à l'aide de laquelle il veut rendre applicable la loi de la véracité n'est donc pas heureuse. Le publiciste français a pour but d'établir que, sous peine de demeurer inapplicables ou de devenir odieux, certaines maximes absolues ont elles-mêmes besoin de principes intermédiaires qui fournissent le moyen de les appliquer à la réalité; c'est à l'appui de cette idée qu'il cite l'exemple de Kant. Elle n'est pas sans vérité et sans importance, surtout dans l'ordre politique; mais là même on ne doit pas oublier que, comme le dit fort bien Kant, ce n'est pas au droit

---

[1] Corneille, *le Menteur*, acte III, sc, II.

à se régler sur la politique; mais au contraire à la politique à se régler sur le droit; et, en général, il faut bien prendre garde que le moyen d'application n'emporte la règle, car cela serait contradictoire. Or c'est là justement le cas du principe invoqué par Benjamin Constant en matière de véracité. Il s'ensuivrait en effet que la véracité et le mensonge seraient choses par elles-mêmes indifférentes; que la première ne serait un devoir qu'envers ceux qui ont le droit de nous interroger, et qu'à l'égard de tous les autres le second serait parfaitement légitime. Il suffit d'énoncer la conséquence pour montrer la fausseté du principe.

Madame de Staël a mieux trouvé que son illustre ami. Dans son beau livre de l'*Allemagne*[1], après avoir rapporté l'opinion et l'exemple que Benjamin Constant avait cités autrefois et que Kant n'avait pas désavoués, elle continue ainsi : « Kant prétend qu'il ne faut jamais se permettre, dans aucune circonstance particulière, ce qui ne saurait être admis comme loi générale; mais dans cette occasion il oublie qu'on pourrait faire une loi générale de ne sacrifier la vérité qu'à une autre vertu; car, dès que l'intérêt personnel est écarté d'une question, les sophismes ne sont plus à craindre, et la conscience prononce sur toutes avec équité. » Mais qu'on ne l'oublie pas cependant : le plus ardent dévouement n'affranchit pas de toute loi; il ne saurait conférer le droit de tout faire. Est-ce un tiède dévouement que celui de Jeanny Deans pour sa sœur, dans l'admirable roman de Walter Scott? Rien ne lui coûtera pour la sauver : ni les fatigues d'un long voyage, ni les humiliations, ni les prières; mais, quoiqu'elle n'ait qu'un mot à dire au tribunal pour détourner la sentence de mort, c'est là justement la seule chose qu'elle ne puisse faire. Tout lui est possible, hors un faux témoignage, un mensonge envers la justice, un parjure envers Dieu. Qui voudrait lui jeter la pierre, si elle eût agi autrement; mais quelle conscience droite n'est avec elle? Est-ce à dire qu'il n'y a point de cas où l'on puisse tromper innocemment? Ici, je l'avoue, la doctrine de Kant me paraît pousser les choses à l'extrême rigueur. Quel jury d'hommes de bien oserait déclarer cou-

---

[1] Troisième partie, chap. XIV.

pable celui qui, par une fausse réponse, aurait voulu détourner de la tête d'un ami le fer d'un assassin, — cette réponse eût-elle produit un effet contraire à celui qu'il en attendait? N'est-ce pas ici le cas d'invoquer une de ces *permissions* de la loi morale, auxquelles Kant lui-même a quelquefois recours? Tel serait encore le cas où, chargé d'apprendre à une mère la nouvelle de la mort de son fils, je la tromperais quelque temps en lui laissant croire qu'il vit encore, pour la préparer tout doucement à cette fatale nouvelle. N'est-ce pas là, s'il en fut jamais, un mensonge innocent? Et pourtant il ne devrait pas trouver grâce aux yeux de Kant, puisque son principe n'admet pas d'exception. Il y a même des mensonges sublimes. Qui n'est tenté de s'écrier avec Jacobi : « Je mentirais comme Desdemona mourante, quand, pour sauver son époux, elle s'accusait de s'être tuée elle-même ; je tromperais comme Oreste, quand il voulait mourir à la place de Pylade[1]! » Ces sortes de mensonges, fruit d'un dévouement supérieur, où l'amour inspire le sacrifice, quelque odieux que lui soit ailleurs le mot *mensonge*, le genre humain les a toujours admirés. C'est qu'il y a des cas où la règle ordinaire disparaît devant un principe plus élevé encore, et où il est beau de sacrifier l'une à l'autre[2]. Je sais que la pente des exceptions est glissante, mais ne la craignez pas trop ici : le sacrifice n'est pas chose si commune en ce monde. Ce qu'il faut repousser énergiquement, c'est cette casuistique malsaine qui émousse le sens moral au lieu de l'aiguiser, et qui, au lieu d'apprendre à respecter la loi, enseigne à l'éluder ; c'est ce machiavélisme honteux qui, sous le voile de la raison d'État ou du salut public, met le mensonge au service de l'ambition personnelle et de la convoitise. Or toute cette casuistique et tout ce machiavélisme, contre lesquels la doctrine de Benjamin Constant était un bien faible rempart, tombent devant ce simple prin-

---

[1] Voyez l'*Allemagne* de Madame de Staël, troisième partie, chap. XVI. En citant tout entier l'éloquent passage, au début duquel j'ai dû me borner, Madame de Staël avoue elle-même que l'aversion de Jacobi contre l'inflexible rigueur de la loi le fait aller trop loin pour s'en affranchir.

[2] Consultez aussi sur ce point la dissertation de Rousseau sur le mensonge, dans les *Rêveries du promeneur solitaire*, 4ᵉ promenade.

cipe : « Le mensonge est toujours odieux, dès qu'on en profite. » Il n'y a pas besoin de se jeter dans une théorie aussi extrême que celle de Kant. Mais, si je demande grâce pour quelques exceptions qui, loin de détruire la règle, la confirment, je n'en admire pas moins cette forte et mâle doctrine, si bien faite pour relever les âmes; et, si je lui reproche quelque exagération, je n'oublie pas que cette exagération même a sa source dans la profonde horreur que le mensonge inspira toujours à notre philosophe.

Personne n'a mieux parlé du menteur. J'ai déjà cité ces paroles de la *Doctrine de la Vertu*[1] : « La honte accompagne le menteur comme son ombre. » — Et celles-ci : « Le menteur est moins un homme véritable que l'apparence trompeuse d'un homme. » Sa figure, en effet, est couverte d'un masque impénétrable : jamais cette face immobile, jamais ces yeux ternes et fuyants n'ont trahi un sentiment vrai. S'il ouvre la bouche, c'est pour dire tout juste le contraire de ce qu'il pense. Sa maxime, qu'il se garde bien de professer, mais qu'il pratique merveilleusement, c'est que « la langue a été donnée à l'homme pour déguiser sa pensée. » Aussi a-t-il un vocabulaire à lui, où les mots signifient tout l'opposé de ce qu'ils veulent faire entendre. Vous jure-t-il une amitié sincère, attendez-vous à quelque trahison. Vous parle-t-il de sa loyauté, c'est fourberie qu'il faut traduire. Pendant qu'il médite une infamie, il vous prend à part, va lui-même au-devant des rumeurs qui commencent à se répandre, vous demande si vous avez pu y ajouter foi; et, comme vous lui répondez que vous l'estimez trop pour cela, il vous serre la main et vous remercie de le croire un honnête homme. Le lendemain, à votre réveil, vous êtes tout surpris d'apprendre que l'infamie vient d'être commise. Voilà le menteur. Il pousse si loin l'impudence qu'il ne devrait, ce semble, tromper personne, et pourtant combien de dupes ne trouve-t-il pas! Kant fait encore remarquer que, suivant la légende biblique, ce n'est point par le meurtre, mais par le mensonge que le mal s'est introduit dans le monde[2]. Cette tradition a un sens profond. Le mensonge

---

[1] Plus haut, p. xxv. — [2] Cf. plus haut, p. xxvi.

avilit, dégrade, pervertit la nature humaine, et la rend capable de tous les crimes. Comment d'ailleurs pourraient-ils sans lui se produire au grand jour? Il est leur compagnon obligé, et l'assassinat n'a pas de meilleur ami.

Outre le mensonge, Kant fait rentrer dans le même groupe de vices l'*avarice* et la *fausse humilité*. C'est avec raison qu'il condamne l'avarice [1], non-seulement au point de vue social, mais aussi comme contraire à ce que nous nous devons à nous-mêmes : elle dénote un attachement servile aux biens de la fortune, qui est tout à fait indigne d'un homme. Ce n'est pas qu'à l'exemple de la morale évangélique il prêche comme une vertu le renoncement absolu aux biens de ce monde : ce ne peut être là une vertu, puisque celui qui se dépouillerait de ses propres moyens d'existence se mettrait lui-même à la merci de ses semblables et se précipiterait volontairement dans un état contraire à la dignité humaine : où donc est ici la vertu? Elle consiste dans une certaine libéralité de sentiments, dans une certaine indépendance de l'âme qui exclut l'avarice, mais qui n'exclut pas du tout l'*économie*. Celle-ci est-elle donc aussi une vertu? Cette vertu-là ressemble si fort à la prudence, qu'il est bien difficile de l'en distinguer; mais il n'est pas impossible de la faire rentrer elle-même, au moins indirectement, parmi les devoirs de l'homme envers lui-même. C'est ainsi que Kant dira tout à l'heure, au nom du devoir de la dignité personnelle : « Soyez économes, afin de ne pas tomber dans la misère [2].

Ce qui domine en général dans la morale kantienne, c'est un sentiment profond de la dignité humaine, et partant du respect de soi-même; par là, il faut le dire, elle réagit heureusement contre l'exagération de certaines vertus chrétiennes. Ce sentiment et cette réaction se manifestent au plus haut degré dans la guerre que Kant fait ici à la fausse humilité [3]. Il est loin de proscrire tout sentiment d'humilité : selon lui, au contraire, l'homme doit avoir sans cesse présente l'idée de son imperfection morale ou de sa fragilité, afin qu'il

---

[1] Voyez plus haut, p. XXVII. — [2] Plus haut, p. XXIX.
[3] Plus haut, p. XXVIII.

ne s'enivre pas d'un fol orgueil, comme s'il avait atteint les sommets de la sagesse, mais que voyant combien il est encore éloigné de l'idéal qu'il poursuit, il fasse sans cesse de nouveaux efforts ; sur ce point, la doctrine de Kant corrige justement, à l'aide des idées chrétiennes, la morale stoïcienne [1]. Mais, s'il condamne un orgueil que la nature humaine ne justifie pas, il ne blâme pas moins cette humilité qui consiste à se rabaisser soi-même au point de méconnaître ou d'avilir tout ce qu'il y a dans cette même nature de grandeur et de force. Cette sorte d'humilité, aussi funeste que la première est salutaire, est une offense à la dignité de notre personne. Même quand elle s'adresse à Dieu, en voulant écraser en quelque sorte l'homme à ses pieds, elle est déjà contraire à la dignité humaine. Mais quand elle s'adresse aux autres hommes, elle est honteuse. Qu'on relise les préceptes où Kant traduit le devoir de dignité personnelle qu'il oppose à cette fausse humilité [2] : jamais moraliste a-t-il parlé un langage plus fier à la fois et plus profondément moral ? Je ne répéterai ici que ce mot, qu'il faudrait écrire sur le front de tous les courtisans : « Celui qui se fait ver, peut-il se plaindre ensuite d'être écrasé [3]. »

Je passe par-dessus la théorie des devoirs *imparfaits* de l'homme envers lui-même, n'ayant, après l'analyse que j'en ai donnée plus haut [4], rien autre chose à en dire sinon qu'elle couronne dignement la morale individuelle ; et quant à celle de nos devoirs envers nos semblables [5], je ne m'attacherai qu'à en bien préciser le caractère général. La doctrine morale de Kant, telle qu'elle se présente ici, est loin d'être aussi étroite et aussi exclusive qu'on l'en a souvent accusée, et que quelques-uns de ses principes le pourraient faire supposer. Non-seulement elle range la charité parmi les devoirs de

---

[1] Cf. *Examen de la critique de la raison pratique*, p. 237 et 279.

[2] Plus haut, p. xxix.

[3] Dans les *Études* qu'il vient de publier sur le XVIIIe siècle (tome Ier, p. 297), M. Bersot cite un mot de Collé, qui rappelle celui de Kant : « On n'écrase que les bêtes qui rampent. »

[4] P. xxxiv. — [5] P. xxxvi.

l'homme envers ses semblables ; mais, quoiqu'elle semble parfois se plaire à emprunter au stoïcisme ses opinions ou ses expressions les plus outrées [1], elle ne laisse pas en définitive de donner pour auxiliaire à la bienfaisance les sentiments généreux que Dieu a mis dans notre cœur pour cette fin. C'est ici en quelque sorte la nature qui reprend ses droits contre les exagérations de la morale rationnelle. Ainsi la doctrine de Kant se corrige et se complète elle-même. Sans doute l'idée du devoir efface toujours en elle celle du dévouement ; mais elle prêche l'amour des hommes en même temps que le respect de la dignité humaine ; car elle reconnaît également la nécessité de ces deux forces morales. Elle n'est donc nullement exclusive ; mais, comme il faut toujours qu'un système, même complet, penche d'un certain côté, on peut dire qu'elle incline plutôt du côté du respect que du côté de l'amour. Le respect de la dignité humaine en est en effet le principe, non pas unique, mais dominant, de même que la charité est celui de la morale chrétienne. Il ne faut pas s'en plaindre d'ailleurs ; car ici encore elle est une heureuse réaction contre l'abus de la doctrine évangélique. Celle-ci, en venant promulguer dans le monde, la loi d'amour : « Aimez-vous les uns les autres, » avait un peu trop oublié la loi de justice et les droits qui en dérivent : elle se bornait à prêcher aux puissants de la terre la charité, et aux opprimés la résignation, et par là elle consacrait en quelque sorte et encourageait, sans le vouloir, l'usurpation du droit. Elle avait aussi le défaut d'encourager, indirectement, la mendicité, cette dégradation de la personne humaine et ce fléau des sociétés. C'est ainsi qu'a pu se former et se développer, au sein même du christianisme, cet état d'iniquité et de misère qui s'est appelé le moyen âge. Il aurait donc fallu travailler aussi à développer dans tous les hommes le sentiment de leurs droits réciproques et en général le respect de leur dignité. Or c'est ce que fait admirablement la doctrine de Kant, sans exclure pour cela la charité. Nul philosophe n'a mieux senti et mieux prêché ce respect : il éclate à toutes les pages de sa morale, et communique à sa doctrine une force et une grandeur incomparables. Elle ne laisserait rien à

---

[1] Voyez plus haut, p. XLII.

désirer, si elle avait aussi bien compris la beauté du dévouement ou du sacrifice, et si elle avait fait une part plus large et plus tranchée aux sentiments capables de l'inspirer.

A part cette restriction, je ne puis qu'admirer cette théorie de nos devoirs de vertu envers les autres hommes qui n'y sépare pas l'amour du respect, mais qui, suivant leur élément principal, les partage en deux classes, celle des devoirs de respect, auxquels s'opposent l'orgueil, la médisance, la raillerie, et celle des devoirs d'amour, tels que la bienfaisance, la reconnaissance, la sympathie. Ainsi Kant enseigne à la fois le respect de la dignité humaine et toutes les vertus philanthropiques, et c'est dans l'harmonie de ces éléments qu'il fait consister la perfection du monde moral [1].

Est-ce là toute la morale, et, comme le pense notre philosophe n'avons nous de devoirs qu'envers nous-mêmes et envers nos semblables? Il faut bien entendre sa pensée à ce sujet. Et d'abord, pour ne parler que des animaux, il reconnaît que, si nous n'avons pas de devoirs *envers* eux, parce qu'il n'y a que le titre de personne qui nous puisse obliger, nous n'en avons pas moins des devoirs à leur égard. Mais ces devoirs qui leur sont *relatifs* ne sont en réalité que des devoirs envers nous-mêmes, et c'est par un défaut de réflexion que nous les regardons comme des devoirs *envers* eux [2]. J'avoue que j'attache peu d'importance à la subtile distinction que Kant fait ici; l'important est qu'il admette que la conduite de l'homme à l'égard des animaux n'est pas indifférente au point de vue moral, et qu'il y a des devoirs, sinon envers eux, du moins relativement à eux. Il est fâcheux seulement qu'il n'ait pas cru devoir donner plus de développement à ce chapitre de la morale, et qu'il n'en parle qu'incidemment.

Si maintenant nous nous transportons par la pensée à l'autre extrémité de l'échelle des êtres, nous rencontrons ici une question bien autrement grave. Avons-nous des devoirs *envers* Dieu? On a vu plus haut [3] comment Kant résout cette

---

[1] Voyez la question soulevée et résolue par Kant, p. 137 de ma traduction, ou plus haut, p. XLII.
[2] Voyez plus haut, p. XXXIII. — [3] P. LVII.

question : c'est un devoir pour nous de faire intervenir l'idée de Dieu dans celle de nos devoirs, soit envers nous-mêmes, soit envers nos semblables, c'est-à-dire de les considérer eux-mêmes comme des commandements divins; mais ce devoir n'est point un devoir *envers* Dieu, dont la nature et les rapports avec le monde et avec l'humanité nous sont trop inaccessibles pour que nous puissions avoir des obligations envers lui; c'est simplement un devoir envers nous-mêmes, qui trouvons dans l'idée de Dieu un appui pour notre moralité [1]. Mais, demanderai-je à Kant, comment peut-on me faire un devoir d'admettre cette idée en vue de l'utilité morale que j'en puis retirer? Ou elle n'a d'ailleurs aux yeux de mon esprit aucune valeur objective, et alors comment peut-elle avoir l'utilité qu'on lui attribue? Ou elle a en effet un fondement réel, et alors ce n'est pas l'affaire de ma volonté, mais de ma raison de l'admettre en ma créance. Si je l'adopte, ce n'est pas à titre d'obligation, mais comme une vérité suffisamment établie; et si j'en tire quelque bien moral, c'est que je la tiens pour vraie absolument. Cela posé, dès que nous concevons Dieu comme le principe de tout bien et la source de toute perfection, ou, suivant les paroles mêmes de Kant, comme le législateur et le juge suprême du monde moral, quelque incompréhensibles que nous soient d'ailleurs sa nature et les rapports qui nous unissent à lui [2], je ne vois pas pourquoi nous ne saurions admettre comme un devoir direct *envers* lui, sinon telle ou telle pratique extérieure, du moins une certaine piété intérieure. A part ces objections, j'accorde volontiers à Kant que la morale religieuse, au point de vue de la pure philosophie, n'a point d'autre culte à nous prescrire que celui des bonnes œuvres. Tout autre est toujours plus ou moins entaché d'anthropomorphisme et de superstition. La vraie

---

[1] Cf. p. xxxi et p. xxxiii.

[2] Pourquoi d'ailleurs ajouter aux difficultés déjà trop nombreuses et trop réelles que nous offre la conception des rapports de Dieu avec le monde des difficultés oiseuses, en mettant, par exemple, sur le compte de la justice absolue des sentences que la seule force des préjugés a pu élever au rang de vérités universelles, mais que repousse la droite raison (voyez plus haut, p. lviii)?

manière d'honorer Dieu, c'est de travailler à se rendre meilleur.

La seconde partie de l'éthique de Kant, la *méthodologie*[1], a particulièrement trait à l'enseignement de la vertu, et touche ainsi au grand problème de l'éducation, qui a été de la part de notre philosophe l'objet d'une étude spéciale, dont il me reste à parler, pour compléter cette exposition critique de la morale kantienne.

« C'est dans le problème de l'éducation que gît le grand secret du perfectionnement de l'humanité. » Ces paroles du philosophe de Kœnigsberg expriment la pensée générale du dix-huitième siècle. Dans son ardeur à poursuivre le progrès, il comprit bien, ce siècle des lumières (comme il s'est justement appelé lui-même), que l'éducation en est l'instrument le plus puissant et que l'avenir de l'espèce humaine dépend de là. Aussi entreprit-il de réformer tout le système de l'éducation, en remontant à ses premiers principes et en l'appropriant à la destination que nous assigne notre nature, affranchie de ses vieilles entraves et désormais mieux connue. Cette grande idée ne trouva nulle part un apôtre plus fervent à la fois et plus sage que le réformateur de la philosophie allemande. On raconte que, quand il reçut l'*Émile* de Rousseau, il le lut avec une telle avidité que la régularité de ses promenades en fut un instant troublée; il ne fallait rien moins que l'apparition d'un tel livre ou qu'un événement comme la Révolution française pour opérer en lui un pareil miracle. Mais, s'il admirait beaucoup ce beau livre, s'il en aimait les intentions généreuses, s'il en adoptait certains principes, il en savait très-bien aussi discerner les exagérations et les erreurs. En matière d'éducation, Kant est à beaucoup d'égards un disciple de Rousseau, mais c'est un disciple indépendant et qui excelle à corriger son maître. Les devoirs même de sa profession l'appelaient à exposer ses propres idées sur cette grave matière; car, en sa qualité de professeur de philosophie

---

[1] Plus haut, p. LI.

à l'université de Kœnigsberg, il était tenu de faire à certaines époques des leçons de *Pédagogie*. On sait combien était alors cultivée en Allemagne cette science dont le nom seul fait sourire nos beaux esprits. Kant avait pris pour manuel de son enseignement le livre d'un de ses collègues, Samuel Bock, mais il ne s'en servait que comme d'un texte à observations, et il le commentait avec toute l'originalité et toute la richesse de son propre esprit. Il avait recueilli pour cet objet un certain nombre de notes, écrites, comme les pensées de Pascal, sur des feuilles détachées. Ces notes réunies composent un véritable traité de pédagogie, qui méritait de figurer parmi ses œuvres et qui méritait aussi d'être traduit en français. Sans doute il n'y faut pas chercher un ensemble harmonieux et complet : ce n'est ici qu'un recueil d'observations cousues les unes aux autres, et non un ouvrage savamment composé; aussi ne doit-on pas s'étonner d'y rencontrer plus d'une lacune et bien des redites. Mais en revanche, au lieu d'une étude pénible, comme celle d'un traité didactique dans le goût allemand, on y trouve une lecture aussi facile qu'instructive, aussi attrayante que solide. Je voudrais en extraire en quelque sorte la substance, pour donner à mes lecteurs une juste idée des nobles inspirations et des trésors d'observations qu'ils y pourront puiser eux-mêmes.

On a vu par le mot que j'ai cité en commençant quelle importance Kant attribuait au problème de l'éducation : elle contient en germe tout le perfectionnement de l'humanité. « Il est doux de penser, ajoute-t-il [1], que la nature humaine sera toujours mieux développée par l'éducation, et que l'on arrivera ainsi à lui donner la forme qui lui convient par excellence. » Avec tout son siècle, il croit au bonheur futur de l'espèce humaine; et c'est dans les progrès de l'éducation qu'il en découvre la perspective. A cet égard, le présent lui garantit l'avenir. « On commence aujourd'hui, dit-il [2], à juger exactement et à apercevoir clairement ce qui constitue proprement une bonne éducation. » — « Les hommes, dit-il encore [3], n'avaient autrefois aucune idée de la perfection dont la nature humaine est capable; » il reconnaît d'ailleurs que cette idée

---

[1] *Traduction française* p. 190. — [2] *Ibid.* — [3] p. 192.

n'a pas encore atteint son plus haut degré de pureté. Mais, puisqu'après tant de tâtonnements et d'efforts on est entré enfin dans la bonne voie, pourquoi les générations à venir n'y marcheraient-elles point à grands pas sur les traces de leurs pères; et pourquoi, toujours plus riches d'expériences et de lumières, n'arriveraient-elles pas à une éducation qui, en développant dans une juste proportion et conformément à leur fin toutes nos dispositions naturelles, conduirait l'espèce humaine à sa destination?

Qu'on ne dise pas que c'est là un idéal chimérique. De ce qu'une idée n'a pas encore été réalisée dans l'expérience, il ne s'ensuit pas qu'elle ne soit qu'un beau rêve, et qu'il n'y ait plus à s'en occuper. Ne dût-elle même jamais être complètement réalisée, elle ne serait pas pour cela chimérique; car c'est justement là le caractère de l'idéal, et l'idéal n'en veut pas moins être poursuivi sans relâche. Qui a jamais vu, qui aura jamais le bonheur de voir une république parfaite, gouvernée d'après les seules règles de la justice; cette république n'est-elle pas cependant l'idéal des hommes en matière de gouvernement, et le but où doivent tendre tous les efforts de la politique? Dès qu'une idée est vraie absolument, on ne saurait alléguer contre elle l'expérience contraire et des obstacles invincibles. Cela ne prouve rien contre elle, mais contre nous. Or telle est l'idée d'une éducation qui développe dans l'homme toutes ses dispositions naturelles et le conduise à sa fin.

Qu'on ne s'y trompe pas d'ailleurs : lorsque Kant parle de l'entier accomplissement de la destination humaine, ce n'est pas des individus, mais de l'espèce seule qu'il s'agit. Cet entier accomplissement de notre destination est, selon lui, tout à fait impossible pour l'individu. Chaque homme est un ouvrier qui travaille à la tâche commune; elle ne peut être remplie que par tous. Aussi « ne devrait-on pas élever les enfants d'après l'état présent de l'espèce humaine, mais d'après un état meilleur, possible dans l'avenir, c'est-à-dire d'après l'idée de l'humanité et de son entière destination [1]. » Kant voit dans cette idée le principe régénérateur de l'éducation; tous

---

[1] P. 194.

ceux qui font des plans d'éducation ou qui ont des enfants à élever devraient l'avoir sans cesse devant les yeux. Mais c'est le contraire qui arrive : on ne songe qu'au présent; il s'agit bien de l'avenir!

Notre philosophe signale ici les deux principaux obstacles qui, selon lui, s'opposent au progrès de l'éducation et, par suite, à l'amélioration de l'humanité. « 1° Les parents n'ont ordinairement souci que d'une chose, c'est que leurs enfants fassent bien leur chemin dans le monde; et 2° les princes ne considèrent leurs sujets que comme des instruments pour leurs desseins [1]. » Je me garderai bien de rechercher si, depuis Kant, les princes ont changé de système; mais ce que je puis dire, c'est que le nombre des parents qu'il accuse est toujours fort considérable. S'il se plaignait que de son temps on ne songeât point assez au bien général, que dirait-il, en entendant les leçons que tant de pères donnent aujourd'hui à leurs fils?

Cependant, on l'a vu, il est loin de désespérer. Il pense que, mieux éclairés sur leurs devoirs et leurs vrais intérêts, les hommes finiront par comprendre que le bien général n'est nullement incompatible avec leur bien particulier, et qu'en se proposant le premier pour but, ils n'en travailleraient que mieux au second. Mais s'il espère l'avénement d'une meilleure éducation et d'un meilleur état de l'humanité, ce n'est pas sur le concours des princes qu'il compte pour cela. Comment espérer qu'ils consentent jamais à voir dans leurs sujets autre chose que des instruments pour leurs desseins, et dans l'éducation, qu'un moyen de mieux approprier ces instruments à ces desseins? Si donc ils donnent de l'argent pour cet objet, ils se réserveront le droit de tracer le plan qui leur convient; et, quand ils n'auraient pas pour but de façonner des hommes à leur guise, toujours est-il qu'en ôtant à l'esprit humain sa liberté, ils arrêteraient ses progrès et le condamneraient à languir. Comme exemple de ce mécanisme aveugle, institué par le despotisme des souverains, Kant cite les écoles normales de l'Autriche. « Il est impossible, dit-il [2], qu'avec une pareille contrainte on puisse arriver à quelque chose de bon. »

---

[1] P. 194. — [2] p. 198.

Il ne paraît pas plus admettre en matière d'éducation qu'en matière de religion et de philosophie l'intervention des gouvernements. C'est donc aux particuliers qu'il s'adresse; c'est d'eux qu'il attend la réforme et le salut.

Est-ce à dire qu'il soit partisan de l'éducation privée. Il se déclare au contraire en faveur de l'éducation publique. La première a le grave inconvénient d'augmenter les défauts de famille, au lieu de les corriger. La seconde non-seulement prépare mieux les enfants à se conduire un jour dans le monde de manière à se faire aimer de leurs semblables et à exercer sur eux une certaine influence; mais encore, en supprimant tout privilége, en effaçant toute distinction autre que celle du mérite, en accoutumant chacun à mesurer son droit sur celui d'autrui, elle forme le vrai caractère du citoyen. « Cette éducation, dit Kant[1], est la meilleure image de la vie civique; » elle en est aussi le meilleur apprentissage. Mais l'éducation publique vantée par Kant n'est point du tout celle de l'État; c'est celle qui, au lieu de se faire sous le toit paternel par le moyen d'un précepteur, a lieu dans l'école, mais dans une école libre et suivant de libres méthodes.

L'expérience seule peut nous apprendre à reconnaître les meilleures. « On se figure ordinairement, dit fort bien Kant[2], et ces paroles ont d'autant plus d'autorité dans sa bouche qu'il a lui-même plus accordé aux méthodes *à priori*, on se figure ordinairement qu'il n'est pas nécessaire de faire des expériences en matière d'éducation, et que l'on peut juger par la raison seule si une chose sera bonne ou non. Mais on se trompe beaucoup en cela, et l'expérience enseigne que nos tentatives ont souvent amené des effets tout opposés à ceux que l'on attendait. Notre philosophe rend ici un éclatant hommage à l'*Institut de Dessau*. Autant il témoigne d'antipathie pour les écoles normales de l'Autriche, autant il montre de sympathie pour cette école expérimentale, « la première, dit-il[3], qui ait commencé à frayer la voie, » et « la seule où les maîtres eussent la liberté de travailler d'après leurs propres méthodes et leurs propres plans, et où ils fussent unis entre eux ainsi qu'avec tous les savants de l'Allemagne. »

---

[1] P. 201. — Cf. p. 200. — [2] P. 198. — [3] *Ibid.*

Il résulte de ce qui précède que l'éducation est à la fois, comme dit Kant [1], « le problème le plus grand et le plus ardu qui nous puisse être proposé. » — « Il y a deux choses, remarque-t-il [2], qu'on peut regarder comme étant tout ensemble les plus importantes et les plus difficiles pour l'humanité : l'art de gouverner les hommes, et celui de les élever; et pourtant on dispute encore sur ces idées. » Kant voudrait fixer celle de l'éducation, et, sinon tracer un plan complet (nul homme, nulle génération même n'y saurait prétendre), du moins tourner au profit de cet art les lumières de son siècle et les progrès de l'esprit humain.

L'homme ne sort pas tout formé des mains de la nature, mais il a besoin, pour vivre et devenir ce qu'il doit être, de soins, de discipline et de culture, c'est-à-dire, en un mot, d'éducation. C'est par là qu'il s'élève de l'état animal à l'état humain proprement dit; aussi est-il entre tous les animaux le seul qui soit susceptible d'éducation [3]. On voit déjà quel est le rôle de celle-ci : son but est de faire des hommes [4]. En un certain sens, l'homme est à lui-même son propre ouvrage : il n'*est* pas, il *se fait*; d'où la nécessité de l'éducation. Voilà ce que Kant a supérieurement compris. Il ne dirait donc pas avec Rousseau : « Tout est bien sortant des mains de l'auteur des choses; tout dégénère entre les mains de l'homme. » Tout n'est pas bien au sortir des mains de Dieu, quand il s'agit de l'homme, puisqu'il lui reste tant à faire; tout ne dégénère pas entre ses mains, puisqu'il ne serait rien sans sa propre coopération. A la vérité, il gâte souvent et défigure l'œuvre que Dieu lui a confiée : au lieu de développer sa nature en la perfectionnant, il l'étouffe sous une couche artificielle, et s'écarte ainsi de sa véritable destination; en ce sens, Rousseau et les philosophes du dix-huitième siècle ont eu raison de protester contre la tyrannie des préjugés et des institutions, et de prêcher le retour à la nature. Mais il aurait fallu bien s'entendre sur ce que c'est que la nature par rapport à nous, et c'est en quoi ils se sont souvent trompés à leur tour. Kant comprend leurs plaintes et s'associe à leur œuvre, mais en se gardant de leurs erreurs. Avec eux, mais

---

[1] P. 192. — [2] P. 193. — [3] P. 187. — [4] P. 189.

au nom d'une meilleure doctrine, il repousse cette vieille théorie qui fait de l'homme un être originairement corrompu et vicié. « Il n'y a pas, dit-il [1], dans les dispositions naturelles de l'homme, de principe du mal. La seule cause du mal, c'est qu'on ne ramène pas la nature à des règles. Il n'y a dans l'homme de germe que pour le bien. » Le but de l'éducation est précisément de développer ce germe que Dieu a mis en nous, mais qu'il y a laissé informe, parce qu'il a voulu que l'homme tirât le bien de lui-même et pût ainsi acquérir une valeur personnelle. « Entre dans le monde. J'ai mis en toi toutes sortes de dispositions pour le bien. C'est à toi qu'il appartient de les développer, et ainsi ton bonheur ou ton malheur dépend de toi. C'est ainsi, dit Kant [2], que le Créateur pourrait parler à l'homme. » Plus loin [3], il revient sur la même question et la résout de façon à lever la difficulté que peut soulever cette assertion, qu'il n'y a dans l'homme de germe que pour le bien. « C'est une question, dit-il, si l'homme est par sa nature réellement bon ou mauvais. Je réponds qu'il n'est ni l'un ni l'autre, car il n'est pas naturellement un être moral; il ne le devient que quand il élève sa raison jusqu'aux idées du devoir et de la loi. On peut dire cependant qu'il a en lui originairement des penchants pour tous les vices, car il a des inclinations et des instincts qui le poussent d'un côté, tandis que sa raison le pousse d'un autre. Il ne saurait donc devenir moralement bon qu'au moyen de la vertu, c'est-à-dire d'une contrainte exercée sur lui-même, quoiqu'il puisse être innocent, tant que ses passions sommeillent. » Là est la solution du problème de la destination humaine et par conséquent de l'éducation. L'homme ne naît pas pervers, mais brut; il ne s'agit pas de le châtier et de le corriger, mais de le discipliner et de le cultiver, c'est-à-dire finalement de le moraliser.

Discipline et culture, voilà en deux mots, sans parler des soins matériels que réclame l'enfance, toute l'éducation. La discipline en est la partie négative [4], et la culture, la partie positive. La première se borne à dépouiller l'homme de sa sauvagerie naturelle [5], en l'accoutumant à se soumettre à une

---

[1] P. 194. — [2] P. 192. — [3] P. 241. — [4] P. 188. — [5] Ibid. et p. 196.

contrainte extérieure ; elle l'empêche ainsi de se laisser détourner de sa destination par ses penchants brutaux, mais elle ne l'éclaire pas sur ce qu'il doit faire. La seconde, au contraire, par le moyen de l'instruction et de toutes les connaissances nécessaires, lui permet d'acquérir l'*habileté*, la *prudence* et par-dessus tout, la *moralité*[1]. La seconde n'est guère possible sans la première ; car, comme dit Kant[2], « l'homme a naturellement un si grand penchant pour la liberté que, quand on lui en laisse prendre d'abord une longue habitude, il lui sacrifie tout : » indocile à toute espèce de joug, il sera désormais incapable de toute culture. C'est là justement ce qui fait que les sauvages sont si difficiles à civiliser. Rousseau voit dans cette résistance de leur nature à la civilisation l'effet d'un noble penchant pour la liberté ; Kant, au contraire, l'explique par une certaine rudesse qui vient de ce que chez eux l'homme ne s'est pas encore dégagé de l'animal. Il importe donc de soumettre de bonne heure les enfants à une discipline qui les prépare à recevoir une culture efficace. D'un autre côté, la discipline sans la culture ferait des machines, mais non des hommes. On peut dresser des hommes, comme on dresse des chevaux ou des chiens[3] ; mais cela n'a rien de commun avec l'éducation. Kant a donc raison de dire qu'un des plus grands problèmes de l'éducation est de concilier sous une contrainte légitime la soumission avec la faculté de se servir de la liberté[4] ? » — « Il faut, continue-t-il, que j'accoutume mon élève à souffrir que sa liberté soit soumise à une contrainte, et qu'en même temps je l'instruise à en faire lui-même un bon usage. »

Mais avant de rechercher en détail les règles de la discipline et de la culture, il est nécessaire d'avoir fait une étude spéciale des soins matériels qu'exige l'enfant ; car ils ont eux-mêmes une très-grande importance pour son avenir. Aussi Kant, comme Rousseau, fait-il rentrer cette étude dans celle de l'éducation ; elle forme la première partie de ce qu'il nomme *l'éducation physique*. Avec Rousseau, il demande que la mère nourrisse elle-même son enfant, tout en admettant

---

[1] P. 196. — [2] P. 188. — [3] P. 197. — [4] P. 200.

des exceptions pour certains cas extrêmes [1]. Il lui attribue le mérite d'avoir le premier attirer l'attention de la médecine sur la question de savoir si le premier lait ne serait pas bon aussi pour les enfants; mais sur celle de la nourriture qui convient le mieux à la nourrice, si ce sont les légumes ou la viande, il est moins affirmatif. » Il semble, dit-il [2], que tout dépende de la santé de la nourrice, et que la meilleure nourriture soit celle avec laquelle elle se porte le mieux. « Comme Rousseau, il blâme tous ces excès de précaution qui ont pour effet d'affaiblir et d'efféminer les enfants, les chauds vêtements, les boissons chaudes, etc., et il recommande les bains froids. Comme lui, il s'élève contre l'usage des *maillots*, et l'on retrouve jusque dans ses expressions le souvenir de l'*Émile* [3]. Buffon et d'autres avaient, avant Rousseau, exposé les mêmes idées; mais ce dernier trouva le secret de les répandre et de les imposer. « Oui, disait Buffon lui-même, nous avons dit tout cela; mais M. Rousseau seul le commande et se fait obéir. » Kant se prononce aussi contre l'usage des *lisières* et des *roulettes* [4], et en ceci encore il ne fait que suivre Rousseau. « Émile, avait dit celui-ci, n'aura ni bourrelets, ni paniers roulants, ni chariots, ni lisières. » Le philosophe allemand, comme le philosophe français, s'étonne qu'on veuille apprendre à marcher aux enfants, comme si l'homme ne pouvait marcher sans instruction; et il demande qu'on les laisse se traîner par terre jusqu'à ce que peu à peu ils s'habituent à marcher par eux-mêmes. On craint qu'ils ne tombent : « Tant mieux, dit Rousseau, ils en apprendront plutôt à se relever; » — « il n'y a pas de mal, dit Kant, ils n'en apprendront que mieux à garder l'équilibre et à s'arranger de façon à rendre leur chute moins dangereuse. »

En général Kant, d'accord en cela avec l'auteur de l'*Émile*, blâme dans l'éducation l'emploi des moyens artificiels, là où Dieu nous en a donné de naturels; il veut que les enfants

---

[1] P. 203. — [2] P. 205.

[3] « Ils crient du mal que vous leur faites, disait Rousseau; ainsi garottés, vous crieriez plus fort qu'eux » — « Que l'on enveloppe ainsi un homme fait, dit Kant, et l'on verra s'il ne crie pas aussi et s'il ne tombe pas aussi dans le chagrin et dans le désespoir. »

[4] P. 208.

apprennent par eux-mêmes et sans le secours d'aucun instrument le plus de choses qu'il se pourra. Il pense même qu'il ne serait pas impossible qu'ils apprissent d'eux-mêmes à écrire, et il en propose un exemple ingénieux. Plus on emploiera dans l'éducation de moyens artificiels, moins l'homme sera ensuite capable de se servir de ceux que la nature lui a donnés[1]. C'est ainsi encore qu'il veut que les enfants soient exercés à mesurer l'étendue avec la seule vue, et non avec un cordeau; à déterminer l'heure du jour en consultant la position du soleil, et non une montre; à s'orienter dans une forêt à l'aide du soleil ou des étoiles et non d'une boussole, etc. Ils apprendront de même à nager. Franklin, qui s'étonnait que chacun n'apprît pas une chose si agréable et si utile, indique pour cela un moyen fort simple, que Kant lui emprunte. En tout on doit faire en sorte que les enfants apprennent à bien connaître leurs forces et à en tirer tout l'usage possible.

Il faut aussi, en vue de ce but, les soumettre à certains exercices qui effrayent beaucoup de gens, mais qui ne sont, pour ainsi dire, qu'un jeu, quand on en a contracté l'habitude dès l'enfance[2]. Qu'on les accoutume, par exemple, à traverser des passages étroits, à gravir des hauteurs escarpées, à marcher sur un plancher vacillant. « Quand un homme, dit Kant, ne peut faire cela, il n'est pas complétement ce qu'il pourrait être. » Aussi félicite-t-il le *Philantropinon* de Dessau d'avoir donné l'exemple des essais de ce genre.

Il ne croit pas cependant qu'il soit bon de vouloir accoutumer les enfants à tout; ce serait beaucoup trop risquer. Sur ce point, tout en exigeant de l'éducation une certaine dureté, mais celle seulement qui consiste à proscrire la mollesse, il ne va pas tout à fait aussi loin que Rousseau. Ainsi il blâme ceux qui veulent que les enfants puissent dormir et se lever à toute heure, manger à volonté, supporter de grandes chaleurs, de mauvaises odeurs, tous les bruits, etc. Tout cela n'est, selon lui, ni conforme à la nature ni nécessaire; le tout est que les enfants ne contractent aucune habitude.

« Il y a, dit Rousseau, un excès de rigueur et un excès d'indulgence; » et, quoiqu'il n'ait peut-être pas toujours bien

---

[1] P. 209 et 213. — [2] P. 214.

su tenir le milieu entre les deux, il recommande de les éviter tous deux également. A cet égard encore, Kant est un excellent guide. « Bien des parents, dit-il, refusent tout à leurs enfants, afin d'exercer ainsi leur patience, et ils en exigent d'eux plus qu'ils n'en ont eux-mêmes. Cela est cruel[1]. » D'un autre côté il faut se garder de céder à tous leurs caprices : on en fait ainsi de petits despotes, insupportables aux autres et à charge à eux-mêmes. Cette dépravation commence ordinairement dès la plus tendre enfance : dès qu'un enfant crie, on cherche à l'apaiser par tous les moyens, et on lui apprend ainsi qu'il n'a qu'à crier pour obtenir tout ce qu'il veut. On s'imagine qu'on poura aisément réparer le mal aussitôt qu'on le voudra ; mais l'enfant, accoutumé à tout voir céder à ses cris, entre dans des transports de rage, quand une fois il rencontre une résistance inusitée ; et, pour parvenir à briser sa volonté, comme on dit alors, on est forcé de recourir aux plus dures punitions. Mieux eût valu ne pas commencer par le gâter. Ne cédez donc jamais aux cris des enfants : c'est là une règle à laquelle Kant, comme Rousseau, attache la plus grande importance ; aussi y revient-il à chaque instant[2]. Mais il reconnaît qu'il est bon parfois de céder à leurs prières, lorsqu'on n'a pas quelque forte raison pour agir autrement : ils en deviennent plus doux. Seulement quand une fois vous avez jugé à propos de leur refuser quelque chose, leurs prières, pas plus que leurs cris, ne doivent vous faire revenir sur votre décision. « Tout refus doit être irrévocable ; c'est un moyen infaillible de n'avoir pas besoin de refuser souvent[3]. » Rousseau avait dit cela beaucoup mieux : « Que tous vos refus soient irrévocables ; qu'aucune importunité ne vous ébranle ; que le *non* prononcé soit un mur d'airain, contre lequel l'enfant n'aura pas épuisé cinq ou six fois ses forces, qu'il ne tentera plus de le renverser[4]. »

---

[1] P. 211. Cf. p. 226. — [2] P. 207, 208, 211, 226, 227. — [3] P. 227. Cf. p. 211.

[4] Dans ces notes recueillies par Kant en vue des leçons qu'il avait à faire sur l'éducation, je retrouve la trace de l'*Émile* à chaque page. Je ne puis relever ici tous les emprunts ; qu'il me suffise d'avoir montré, par quelques exemples, quelle influence ce livre avait exercée sur le philosophe allemand. On a déjà pu voir d'ailleurs, et l'on verra bien mieux encore dans la suite avec quelle indépendance Kant se fait le disciple de

C'est encore le propre d'une mauvaise éducation que d'accabler les enfants de caresses continuelles et de s'en faire pour ainsi dire un jouet : on les rend ainsi effrontés et insolents [1]. En revanche, on a tort de vouloir leur faire honte de certaines choses dont ils ne peuvent comprendre l'inconvenance : on les rend par là timides et dissimulés [2]. Certaines gens se scandaliseront peut-être de ces paroles de Rousseau, rappelées par Kant : « Vous ne parviendrez jamais à faire des sages, si vous ne faites d'abord des polissons; » mais qui n'approuverait le commentaire qu'en fait ici le philosophe allemand [3]? « L'enfant, dit-il, ne doit pas être importun en société, mais il ne doit pas non plus s'y montrer insinuant. Il doit, avec ceux qui l'attirent à eux, se montrer familier, sans importunité; franc, sans impertinence. Le moyen de le conduire à ce but, c'est de ne pas lui donner des idées de bienséance qui ne feraient que le rendre timide et sauvage, ou qui lui suggéreraient l'envie de se faire valoir. Rien n'est plus ridicule chez un enfant qu'une prudence de vieillard ou qu'une sotte présomption. Dans ce dernier cas, c'est notre devoir de faire sentir à l'enfant ses défauts, mais en ayant soin de ne pas trop lui faire sentir notre supériorité et notre domination, afin qu'il se forme par lui-même, comme un homme qui doit vivre en société; car si le monde est assez grand pour lui, il doit l'être aussi pour les autres. Toby, dans *Tristram Shandy*, dit à une mouche qui l'avait longtemps importuné et qu'il laisse échapper par la fenêtre : « Va, méchant animal, le monde est assez grand pour moi et pour toi! » Chacun pourrait prendre ces paroles pour devise. Nous ne devons pas nous être à charge les uns aux autres; le monde est assez grand pour tous. »

Après les soins que réclame l'enfant, après les exercices qui ont pour but de développer et de perfectionner ses forces et ses facultés physiques [4], vient la culture de ses facultés in-

---

Rousseau en matière d'éducation, et avec quelle justesse d'esprit il rectifie au besoin les idées de son modèle.

[1] P. 212. — [2] R. 212 et 226. — [3] P. 216.

[4] Outre ceux qui ont été indiqués, voyez ce que Kant dit de certains jeux qui ont le même effet, p. 214-216.

tellectuelles et morales. Cette culture achève l'œuvre commencée par la discipline qui s'est mêlée nécessairement aux premiers pas de l'enfant dans la carrière de la vie, mais qui n'est que le point de départ et non la fin de l'éducation. Telle est la nature de l'homme que les soins mêmes qu'exige son corps pendant son enfance et les exercices physiques auxquels on le soumet sont déjà pour lui un commencement d'éducation, et qu'ils appellent la discipline qui prépare son caractère ; voilà le principe que Kant avait devant les yeux dans les observations qui ont précédé. Mais cette discipline ne serait pas celle qui convient à des hommes, si l'on n'y joignait la culture de l'esprit et de l'âme. Il faut donc chercher maintenant quelle méthode ou quelles règles on doit suivre dans cette nouvelle partie de l'éducation.

On a imaginé un système d'après lequel les enfants apprendraient en jouant toutes les choses qu'ils ont besoin de savoir. C'est la théorie du *travail attrayant*, appliquée à l'enfance. Kant réfute fort bien ce système déjà combattu par Lichtenberg [1]. Il rappelle comment le travail est la loi de l'homme en ce monde, quelle salutaire influence il exerce sur lui, et combien par conséquent il importe d'apprendre aux enfants à travailler. Cela est d'autant plus important que, si l'homme est voué au travail, il est aussi enclin à la paresse, et qu'il n'y a pas de penchant qui, tourné en habitude, ait sur lui plus d'empire. « C'est donc rendre à l'enfant un très-mauvais service que de l'accoutumer à tout regarder comme un jeu. Il faut sans doute qu'il ait ses moments de récréation, mais il faut aussi qu'il ait ses moments de travail. S'il n'aperçoit pas d'abord l'utilité de cette contrainte, il la reconnaîtra plus tard [2] » Que le travail, mêlé de repos ou de récréations, soit donc la loi de l'éducation, comme il est celle de la vie humaine. C'est pourquoi aussi Kant veut que l'on déclare une guerre acharnée à cette autre ennemie du travail, la distraction. « Les plus beaux talents, dit-il [3], se perdent chez un homme sujet à la distraction. » C'est qu'elle dégénère aisément en habitude ; aussi ne doit-elle jamais être tolérée.

Une autre règle importante à suivre dans la culture des

---

[1] P. 218. — [2] P. 219. — [3] P. 221.

facultés de l'esprit humain est de n'en cultiver aucune isolément pour elle-même et à l'exclusion des autres, mais de cultiver chacune en vue des autres, et les inférieures en vue des supérieures, par exemple la mémoire en vue du jugement, l'esprit et l'imagination en vue de l'intelligence [1]. Malheureusement c'est le contrepied de cette règle si simple qui semble ordinairement servir de principe à l'éducation de la jeunesse, et ce défaut n'est nulle part plus développé que chez nous. De là vient qu'on trouve parmi nous tant de beaux esprits et si peu d'hommes. L'esprit court les rues, dit-on; je veux bien le croire, mais, hélas! que n'en peut-on dire autant du caractère? Nos rues ne seraient pas témoins de tant de lâchetés. Dans l'éducation, telle que Kant la conçoit, le grand point est de former des caractères. C'est le but qu'il veut qu'on se propose dès le début de l'éducation et jusque dans la culture des facultés physiques; c'est encore celui qu'il assigne à la culture des facultés de l'esprit. De là la sévérité avec laquelle il condamne l'exercice de la mémoire pour elle-même : à quoi bon, par exemple, demande-t-il [2], faire apprendre aux enfants de longs discours par cœur? La déclamation d'ailleurs est une chose qui ne convient qu'à des hommes. De là aussi la rigueur avec laquelle il blâme les purs exercices d'imagination chez les enfants. « On oublie, fait-il remarquer [3], que les enfants ont une imagination extrêmement puissante et qu'elle n'a pas besoin d'être tendue davantage. Elle a bien plutôt besoin d'être gouvernée et soumise à des règles. » De là enfin la sentence qu'il prononce contre la lecture des romans à cet âge. : « Il faut retirer tous les romans des mains des enfants [4]. » Cette lecture a pour eux un double inconvénient : d'une part elle affaiblit leur mémoire : ils ne prennent pas la peine de retenir des choses qui ne servent qu'à les amuser; et d'autre part, elle exalte outre mesure leur imagination : « en lisant un livre de ce genre, ils se font à eux-mêmes un roman dans le roman, et, laissant ainsi errer leur esprit, se repaissent de chimères. » Je crois cependant que Kant va trop loin en proscrivant également tous les contes et tous les romans. L'important est de bien les choisir et de n'en

---

[1] P. 219. — [2] P. 220. — [3] P. 223. — [4] P. 221.

permettre jamais la lecture qu'aux heures de récréation. A cette condition non-seulement elle sera sans danger, mais elle pourra avoir aussi son utilité, en développant leurs idées et en les instruisant par l'intermédiaire même de leur faculté prédominante, l'imagination. Telle est, comme Rousseau lui-même en convient, malgré son amertume contre certaines fables de la Fontaine, telle est l'utilité de l'apologue, si bien fait pour introduire les idées morales dans l'esprit des enfants. La marche à suivre dans leur développement intellectuel ne nous est-elle pas indiquée ici par celle même de la nature dans le développement de l'humanité et des peuples? Telle sera aussi, plus tard, l'utilité de certains romans, comme, par exemple, ceux de Walter Scott. Est-ce, pour des enfants d'un certain âge, une lecture dangereuse ou oiseuse que celle d'un roman qui met sous leurs yeux la fidèle peinture d'une époque de l'histoire, le portrait vivant des personnages qui y ont figuré, de leur caractère et de leurs mœurs, la punition de leurs fautes dans leurs malheurs, etc.; et qui, en charmant l'imagination sans jamais la surexciter, instruit l'esprit et forme le jugement? Mais, si instructive et si morale qu'elle soit, cette lecture, à cause de sa nature même, ne doit jamais être admise que comme un délassement; et en thèse générale il faut reconnaître avec Kant que c'est une mauvaise lecture pour des enfants que celle des romans. Si donc on peut lui reprocher ici quelque exagération, elle part d'un bon principe. Il ne nie pas d'ailleurs l'utilité qu'on peut tirer de l'imagination pour l'instruction de l'esprit : c'est ainsi qu'il conseille de faciliter l'étude de la géographie à l'aide des cartes, et celle de l'histoire naturelle à l'aide des figures d'animaux ou de plantes [1]. Il recommande aussi la lecture des récits de voyage [2]. Quant à l'histoire, qui ne doit venir que plus tard [3], elle est un excellent moyen d'exercer l'entendement à bien juger [4]. Mais il faut pour cela qu'on n'en fasse pas une insignifiante nomenclature d'événements et de noms propres, ou bien encore une école de fatalisme (comme celle qui s'est si hardiment développée de nos jours), où l'on étouffe la moralité de ses enseignements sous l'apologie des crimes nécessaires, et

---

[1] P. 223. — [2] P. 221. — [3] P. 224. — [4] P. 220.

où l'on gâte ainsi la leçon qu'en pourrait tirer le jugement moral. Je ne puis suivre Kant dans toutes les règles qu'il indique ici pour la culture de nos facultés intellectuelles [1]; mais, puisque cette culture elle-même doit tendre et aboutir à la culture morale, je me hâte d'arriver à celle-ci.

La culture morale a directement pour but de fonder le caractère. « Le caractère consiste dans l'habitude d'agir d'après des maximes [2], » ou, ce qui en est la conséquence, « dans la fermeté de résolution avec laquelle on veut quelque chose et on le met réellement à exécution. *Vir propositi tenax* [3]. » Si donc on veut former le caractère des enfants, il importe de les accoutumer à suivre un certain plan, et à s'imposer des règles fixes [4]. Sans doute dans les choses indifférentes on peut leur laisser le choix, mais encore faut-il qu'ils continuent d'observer ce dont ils se sont une fois fait une loi. « On blâme souvent, il est vrai, dit Kant [5], qui en écrivant ces lignes semble avoir songé à lui-même, on blâme souvent les gens qui agissent toujours d'après des règles, par exemple l'homme qui a toujours une heure et un temps fixé pour chaque action; mais souvent aussi ce blâme est injuste, et cette régularité est une disposition favorable au caractère, quoiqu'elle semble une gêne. » Le caractère d'un enfant ne doit pas être d'ailleurs celui d'un homme. Voyons donc quels sont les traits principaux qu'il faut s'appliquer à former en lui, et les moyens à employer pour cela, et comment ces traits et ces moyens se modifient avec les années.

L'obéissance doit être le premier trait du caractère de l'enfant [6]. Elle ne peut avoir à l'origine d'autre principe que la contrainte : ce serait peine perdue que de vouloir parler de devoir à un enfant. Mais il faut qu'à mesure qu'il grandit, l'idée du devoir prenne peu à peu la place de la contrainte matérielle à laquelle on l'a d'abord assujetti. Autrement on ferait des caractères serviles. Toute désobéissance doit être punie [7]; mais, comme il y a deux degrés dans l'obéissance, il y en a deux aussi dans la punition. La punition *physique*, qui ré-

---

[1] P. 220-225. — [2] P. 228. — [3] P. 236. — [4] P. 228. — [5] P. 229.
[6] P. 229-231. — [7] P. 230.

side soit dans le refus de ce que l'enfant désire, soit dans l'application d'une certaine peine positive, est là seule à laquelle il soit d'abord sensible. La punition *morale*, qui consiste à froisser notre penchant à être honorés et aimés, par exemple à humilier le coupable par un accueil glacial, cette punition n'est applicable qu'à un certain âge; mais, une fois cet âge venu, il faut l'appliquer exclusivement, ou du moins ne recourir à la punition physique que quand l'autre est absolument insuffisante. Car, lorsque les punitions physiques sont trop souvent répétées, elles font des caractères intraitables. En tous cas la punition ne doit jamais être infligée avec colère : sans quoi elle manque son effet. « En général, comme dit Kant [1], il faut s'appliquer à faire sentir aux enfants que les punitions qu'on leur inflige ont pour but leur amélioration. » S'il craint l'effet des punitions physiques, il ne redoute pas moins celui des récompenses : il n'est pas bon, selon lui, d'en distribuer aux enfants : cela les rend intéressés. On répète souvent qu'il faut tout leur présenter de telle sorte qu'ils le fassent par inclination : Kant reconnaît que cela est bon dans beaucoup de cas [2]; mais il pense avec raison qu'il y a aussi beaucoup de choses qu'il faut leur prescrire comme des devoirs, et que c'est là le seul moyen de les préparer au rôle qu'ils auront plus tard à remplir en ce monde. Voilà ce qui rend si importante l'habitude de l'obéissance, non sans doute de cette obéissance passive qui ne fait que céder à la contrainte matérielle et qui est la marque des esclaves, mais de cette soumission volontaire au devoir qui est la vertu des hommes libres.

Un second trait auquel Kant veut qu'on s'attache surtout dans la formation du caractère de l'enfant, c'est la véracité. « C'est là en effet, dit-il [3], l'attribut essentiel du caractère. Un homme qui ment est sans caractère; et, s'il y a en lui quelque chose de bon, c'est qu'il le tient de son tempérament. Bien des enfants, ajoute-t-il, ont un penchant pour le mensonge, qui n'a souvent d'autre cause qu'une certaine vivacité d'imagination. C'est aux pères à prendre garde qu'ils ne s'en fassent une habitude; car les mères regardent ordinairement cela

---

[1] P. 231. — [2] P. 229. — [3] P. 231.

comme une chose de nulle ou de médiocre importance.....
C'est ici le lieu de faire usage du sentiment de la honte, car
l'enfant le comprend très-bien dans ce cas. » Kant ne veut ici
d'autre châtiment que cette punition morale [1] : un regard de
mépris, voilà, selon lui, le meilleur moyen de punir le mensonge.

En général il faut s'appliquer à inculquer de bonne heure
dans l'âme des enfants le sentiment de la dignité humaine [2].
C'est par là qu'on doit s'efforcer, dès que cela est possible,
de les détourner du mensonge. C'est par là aussi qu'on leur
inspirera l'horreur de la servilité et de la flatterie : on leur
fera aisément comprendre combien il est contraire à la dignité
de l'humanité de ramper devant les autres, ou de les accabler
de compliments pour capter leurs bonnes grâces. C'est par là
enfin qu'on les dégoûtera des vices qui ravalent l'homme au-dessous de l'animal, la gourmandise, par exemple, ou le
libertinage. « Lorsque, dit Kant [3], le goût du sexe commence
à se développer, c'est alors le moment critique, et l'idée de
la dignité humaine est seule capable de retenir le jeune homme
dans les bornes. » Il revient plus loin, dans sa conclusion [4],
sur cette matière délicate, qu'on ne saurait trop méditer dans
l'étude de l'éducation, et il expose à ce sujet quelques justes
observations et quelques sages préceptes, auxquels je ne puis
ici que renvoyer le lecteur.

Outre le sentiment de sa propre dignité et de ses devoirs
envers lui-même, on doit aussi inculquer de très-bonne heure
à l'enfant le respect des droits d'autrui [5]. Or c'est à quoi on le
prépare d'abord en cultivant en lui ce troisième trait de son
caractère, la sociabilité [6]. Pour cela il faut éviter soigneusement tout ce qui peut exciter l'envie chez les enfants. Ainsi on
les traitera tous sur le pied de l'égalité, et l'on ne témoignera
de préférence à aucun d'entre eux pour son esprit, quoique
l'on puisse bien en témoigner à quelqu'un pour son caractère. Encore se gardera-t-on dans ce cas de le proposer pour
modèle à ses camarades ; car ce n'est pas sur la conduite des
autres, mais sur la perfection morale elle-même que chacun
doit apprendre à s'estimer. « Vois comme un tel se con-

---

[1] P. 232. Cf. p. 230.—[2] P. 237.—[3] 238.—[4] P. 245.—[5] P. 237.—[6] P. 232.

duit! etc.[1], parler ainsi aux enfants n'est pas le moyen de leur inspirer de nobles sentiments... L'esprit d'émulation mal appliqué ne produit que l'envie. Le cas ou l'émulation pourrait servir à quelque chose serait celui où l'on voudrait persuader à quelqu'un qu'une chose est praticable, comme, par exemple, quand j'exige d'un enfant une certaine tâche et que je lui montre que les autres ont pu la remplir. » Pour la même raison il faut combattre chez les enfants toute fierté qui n'a d'autre motif que les avantages de la fortune. On ne souffrira donc jamais qu'un enfant en humilie un autre, parce qu'il est né de parents plus riches[2]. Il y a un excellent moyen de le punir en pareil cas et de le corriger de cette fausse fierté, c'est de l'humilier à son tour[3]. « Si, par exemple, un enfant rencontre un autre enfant pauvre et qu'il le repousse fièrement de son chemin, ou qu'il lui donne un coup, on ne doit pas lui dire : « Ne fais pas cela, cela fait mal à cet enfant; sois donc compatissant, c'est un pauvre enfant, etc.; » mais il faut le traiter à son tour avec la même fierté et lui faire vivement sentir combien sa conduite est contraire au droit de l'humanité. » Kant fait remarquer, après Rousseau, que les enfants sont tout à fait dépourvus de générosité : « C'est ce dont on peut se convaincre, par exemple, en ordonnant à un enfant de donner à un autre la moitié de sa tartine, sans lui en promettre une seconde : ou il n'obéit pas, ou, s'il le fait par hasard, ce n'est qu'à contre-cœur[4]. » Il ajoute qu'il est tout simple qu'on ne puisse guère parler aux enfants de générosité, puisqu'ils n'ont encore rien à eux. Mais, s'il est difficile de faire appel à la générosité d'un enfant, il l'est beaucoup moins de lui faire entendre le langage du devoir. C'est par là qu'il faut s'appliquer à le rendre bienfaisant. Représentez-lui que, s'il est mieux vêtu, mieux nourri, en un mot plus heureux que d'autres, il ne le doit qu'au hasard des circonstances, que les autres ont autant de droits que lui aux avantages de la fortune, et qu'ainsi en faisant du bien aux pauvres il ne fait

---

[1] P. 239. — [2] P. 240. — [3] P. 237.

[4] « Je n'ai guère vu dans les enfants, dit Rousseau, que ces deux espèces de générosité : donner ce qui ne leur est bon à rien, ou donner ce qu'ils sont sûrs qu'on va leur rendre. »

que ce qu'il doit. « Les prêtres, dit Kant [1], commettent très-souvent la faute de présenter les actes de bienfaisance comme quelque chose de *méritoire*. » Ce n'est point par ce côté qu'il faut que les enfants apprennent à estimer leurs actions. « Que leur cœur, s'écrie-t-il, soit plein, non de sentiment, mais de l'idée du devoir. » Ainsi l'idée du devoir doit être, selon lui, le principe fondamental de l'éducation ; fort bien, mais cette idée n'exclut point le concours de certains sentiments, qu'il est bon de cultiver aussi. D'un autre côté, je crois que le langage qu'il recommande est celui qui convient le mieux à des enfants ; mais que devient ici la distinction qu'il a lui-même établie entre la justice et la bienfaisance, et qu'il rappelait une page plus haut [2] ? Il y a là une difficulté qu'il n'a pas songé à éclaircir, et qui laisse planer sur cette partie de sa théorie, non-seulement une certaine obscurité, mais même une sorte de contradiction.

Pour donner aux enfants une connaissance exacte et précise des devoirs de l'homme, soit envers lui-même, soit envers ses semblables, Kant pense qu'il serait bon de mettre entre leurs mains un catéchisme, purement moral, où ces devoirs seraient exposés sous la forme la plus populaire, et qui à l'exposition de chacun d'eux joindrait certaines questions casuistiques dont l'examen serait à la fois un excellent exercice pour leur esprit et pour leur moralité. L'idée d'un catéchisme de ce genre est une des idées favorites de notre philosophe. Elle découlait en effet de sa doctrine morale, et il n'était pas homme à reculer devant cette conséquence de ses principes. Aussi se trouve-t-elle déjà développée dans les conclusions de la *Critique de la raison pratique* [3], et a-t-elle naturellement reparu dans celles de la *Doctrine de la vertu,* où, comme on l'a vu plus haut [4], joignant l'exemple au précepte, Kant trace lui-même un fragment du catéchisme moral dont il recommande l'usage. Il ne pouvait manquer de revenir sur cette idée dans ses observations sur l'éducation. Il regrette ici que l'on

---

[1] P. 239. — [2] P. 238.

[3] Voyez ma *traduction* de cet ouvrage, p. 378, et mon *Examen* de ce même ouvrage, p. 231.

[4] P. LIV.

ne donne point dans les écoles pour fondement à l'enseignement moral un catéchisme du droit. « S'il y avait un livre de ce genre, dit-il [1], on y pourrait consacrer fort utilement une heure chaque jour, afin d'apprendre aux enfants à connaître et à prendre à cœur le droit des hommes, cette prunelle de Dieu sur la terre. »

Une question délicate se présente ici : celle de savoir quel rôle doivent jouer les idées religieuses dans l'éducation de la jeunesse. Mais d'abord est-il possible de les inculquer de bonne heure aux enfants? « C'est un point, dit Kant [2], sur lequel on a beaucoup disputé. » On sait quelle est à ce sujet l'opinion de Rousseau. Il pense que les enfants ne peuvent se faire de Dieu que des idées grossières et fausses, et qu'il vaut mieux n'en point avoir du tout que d'en avoir de pareilles ; chez eux la religion ne saurait être que superstition, et la superstition, une fois enracinée dans leur esprit, est un obstacle fâcheux aux lumières de la raison. Il en conclut qu'il ne faut point leur parler de cet objet trop sublime et trop grand pour eux, avant qu'ils soient arrivés à un âge où ils soient capables de l'entendre. Kant serait de l'avis de Rousseau, s'il était possible que les enfants ne fussent jamais témoins d'aucun acte de vénération envers Dieu et n'en entendissent même jamais prononcer le nom. Alors, dit-il [3], il serait conforme à l'ordre des choses d'attirer d'abord leur attention sur les causes finales, de les instruire peu à peu des harmonies de la nature et du système du monde, et de préparer ainsi leur esprit à concevoir la notion de Dieu. « Mais, ajoute-t-il, comme cela n'est pas possible dans l'état actuel de la société, comme on ne peut faire qu'ils n'entendent pas prononcer le nom de Dieu et qu'ils ne soient pas témoins des démonstrations de la dévotion à son égard, si l'on voulait attendre pour leur apprendre quelque chose de Dieu, il en résulterait pour eux ou une grande indifférence, ou des idées fausses, comme par exemple une crainte superstitieuse de la puissance divine. » Or il estime que rien n'est plus funeste à la vraie moralité : aussi demande-t-il à plusieurs reprises [4] qu'on accoutume les enfants à faire le bien pour lui-même et

---

[1] P. 238. — [2] P. 241. — [3] P. 242. — [4] Cf. p. 197 et 241.

non dans l'espoir d'une récompense, ou à fuir le vice, parce qu'il est méprisable, et non par crainte des châtiments. C'est donc précisément pour empêcher qu'une pareille idée ne se glisse dans l'imagination des enfants que Kant veut qu'on cherche de bonne heure à leur inculquer de saines notions en matière religieuse. Sans doute ils ne sauraient comprendre toutes les idées religieuses, mais on peut cependant leur en inculquer quelques-unes [1]; seulement elles doivent être peu nombreuses, plutôt négatives que positives[2], et toujours liées aux idées morales. Ainsi qu'on évite de faire de la religion, par l'abus des formules, une affaire de mémoire et d'imitation, une pure singerie [3], et, par celui des pratiques religieuses, un calcul intéressé [4]. Pénétrez bien les enfants de cette idée, que toutes les pratiques religieuses ne sont que des préparations aux bonnes œuvres, mais non de bonnes œuvres, et qu'on ne peut plaire à l'Être suprême qu'en devenant meilleur. Voilà à quelles conditions et avec quelle réserve Kant admet l'intervention des idées religieuses dans l'éducation des enfants. Grâce à cette réserve et à ces conditions, elles auront une très-heureuse influence; car, si la religion sans la morale n'est qu'un culte superstitieux, la morale sans la religion, c'est-à-dire sans l'idée de Dieu, manque d'influence et d'efficacité. « Les reproches de la conscience, dit-il, resteront sans effet, si on ne les considère pas comme les représentants de Dieu, dont le siége sublime est bien élevé au-dessus de nous, mais qui a aussi établi en nous son tribunal. » Il définit ici la religion : « la loi qui réside en nous, en tant qu'elle reçoit son influence sur nous d'un législateur et d'un juge, ou la morale appliquée à la connaissance de Dieu. »

On le voit, la conclusion des observations de Kant sur l'éducation est celle même de sa philosophie morale : dériver la religion de la morale, et non la morale de la religion. Le but que s'était proposé ce grand philosophe était de fonder une morale qui ne fût ni théologique ni athée. Tout en la rattachant à l'idée de Dieu comme à son suprême couronnement, en faire une doctrine indépendante de tous les dogmes, et la

---

[1] P. 244. — [2] *Ibid.* et p. 245. — [3] P. 242. — [4] P. 243 et 244.

soustraire ainsi à toutes les superstitions et à toutes les controverses religieuses, voilà le problème qu'il se posa; bien plus, voilà l'œuvre qu'il accomplit. Nul philosophe au dix-huitième siècle n'a mieux travaillé à *séculariser* la morale; car nul ne lui a élevé un monument plus solide et plus imposant. Que ce soit là son éternel honneur. Notre tâche à nous, enfants de ce siècle d'émancipation, est de continuer l'œuvre commencée en nous appliquant à perfectionner toujours les idées morales et à les répandre de plus en plus.

ÉLÉMENTS MÉTAPHYSIQUES

DE

LA DOCTRINE DE LA VERTU.

PRÉFACE.

S'il y a sur quelque objet une *philosophie* (un système de connaissances fondées sur des concepts rationnels), il doit y avoir aussi pour cette philosophie un système de concepts rationnels purs, indépendants de toute condition empirique [1], c'est-à-dire une *métaphysique*. — Reste à savoir seulement si pour donner à chaque partie de la philosophie *pratique*, c'est-à-dire de la science des devoirs, et par conséquent à la *doctrine* même de la *vertu* (à l'éthique), le caractère d'une véritable science (un caractère systématique), et non pas seulement celui d'un assemblage de maximes détachées (un caractère fragmentaire), il faut s'appuyer sur certains *éléments métaphysiques*. — Cela n'est douteux pour personne quant à la doctrine pure du droit, car elle n'envisage que la *forme* [2] de la liberté dont il s'agit de limiter l'action extérieure par ses propres lois, et elle fait ainsi abstraction de toute *fin*, ou de toute matière de la volonté. La doctrine des devoirs est donc ici une pure *doctrine scientifique* [3] (*doctrina scientiæ*) (1).

---

[1] *Anschauungsbedingung*, proprement *condition d'intuition*. — [2] *Das Förmliche*. — [3] *Wissenslehre*.

(1) *Celui qui sait la philosophie pratique* n'est pas pour cela *un phi-*

Mais il semble tout à fait contraire à l'idée de cette partie de la philosophie qui s'appelle la doctrine de la vertu de remonter jusqu'aux *éléments métaphysiques*, afin de faire du concept du devoir, dégagé de tout élément empirique (de tout sentiment), un mobile pour la volonté. Car comment se faire une idée de la force extraordinaire et de la puissance herculéenne dont nous aurions besoin pour triompher de nos passions les plus vives, s'il fallait que la vertu tirât ses armes de l'arsenal de la métaphysique, cette chose de spéculation, accessible à si peu d'hommes! Aussi quiconque veut enseigner la vertu dans une assemblée, dans une chaire ou dans un ouvrage populaire, se rend-il ridicule en se parant de lambeaux de métaphysique. — Mais il n'est pas pour cela inutile, et encore moins ridicule, de chercher dans la métaphysique les premiers principes de la doctrine de la vertu, car tout vrai philosophe doit remonter aux premiers principes du concept du devoir : sans quoi il n'y aurait en général ni

---

losophe pratique. Le philosophe pratique est celui qui prend pour principe *de ses actions le but final de la raison*, et qui d'ailleurs possède le savoir nécessaire pour cela. Mais comme ce savoir a l'action pour objet, il n'a pas besoin d'être poussé jusqu'aux fils les plus déliés de la métaphysique quand il ne s'agit que des devoirs de vertu, et non pas des devoirs de droit, où le *mien* et le *tien* doivent être exactement pesés dans la balance de la justice, suivant le principe de l'égalité de l'action et de la réaction, et avoir par conséquent quelque chose d'analogue à la précision mathématique. Alors il est moins question de la connaissance de ce qu'il est de notre devoir de faire (chose qu'il est facile de savoir en remarquant les fins que tous les hommes poursuivent naturellement) que du principe intérieur de la volonté. Il faut, en effet, que la conscience de ce devoir soit en même temps le *mobile* des actions, et celui-là seul mérite le nom de *philosophe pratique* qui joint à son savoir ce principe de sagesse.

sûreté ni pureté à espérer pour la doctrine de la vertu. Un moraliste populaire peut bien se contenter d'invoquer un certain sentiment, que l'on désigne sous le nom de *sentiment moral*, à cause de l'effet que l'on en attend, lorsque, pour reconnaître si une certaine action est ou non un devoir de vertu, il se pose cette question : « Si chacun prenait en tout cas ta maxime pour loi générale, resterait-elle d'accord avec elle-même ? » Mais si le sentiment seul nous faisait un devoir de prendre ce principe pour critérium, ce devoir ne serait plus dicté par la raison ; ce ne serait plus qu'une sorte d'instinct, et par conséquent quelque chose d'aveugle.

Dans le fait il n'y a point de principe moral qui se fonde, comme on se l'imagine, sur un *sentiment;* celui dont nous venons de parler n'est autre chose en réalité qu'une vague conception de cette *métaphysique* qui réside au fond de la raison de chaque homme. C'est ce qu'aperçoit aisément le maître qui cherche à instruire son élève, suivant la méthode *socratique*[1], sur l'impératif du devoir, et sur l'application de ce concept à l'appréciation morale de ses actions.—Il n'a pas besoin pour cela d'exposer ce concept (d'en faire la technique) d'une manière toute métaphysique, et de parler toujours un langage scolastique, à moins qu'il ne veuille faire de son élève un philosophe. Mais il faut que la *pensée* remonte jusqu'aux éléments de la métaphysique, sans quoi il n'y a ni sûreté, ni pureté, ni même aucune espèce d'influence à espérer pour la doctrine de la vertu.

---

[1] *Der* SOCRATISCH *zu katechisiren versucht.*

Que si l'on s'écarte de ce principe fondamental, et que l'on parte d'un sentiment *pathologique*, ou d'un sentiment purement esthétique, ou même du *sentiment moral* (en tant qu'il est subjectivement, et non objectivement pratique); en d'autres termes, si l'on part de la matière de la volonté, de son *but*, et non de sa forme, c'est-à-dire de la *loi*, afin d'arriver ainsi à déterminer les devoirs : alors il n'y aura certainement plus *d'éléments métaphysiques* de la doctrine de la vertu, — car le sentiment est toujours *physique*, quelle que soit d'ailleurs la cause qui l'excite. — Mais alors aussi la doctrine de la vertu, qu'elle s'adresse aux écoles ou aux assemblées, etc., sera corrompue dans sa source. En effet, les mobiles dont on se sert pour arriver à une bonne fin (à l'accomplissement de tous les devoirs) ne sont pas chose indifférente. — La métaphysique a donc beau déplaire à ces soi-disant philosophes qui prononcent sur la morale à la manière des *oracles* [1] ou des *génies* [2], c'est un devoir rigoureux pour ceux qui se livrent à cette science, de remonter jusqu'à la première, même pour y chercher les éléments de la doctrine de la vertu, et de commencer par s'asseoir sur les bancs de ses écoles.

Il est vraiment étonnant qu'après tout ce qui a été dit jusqu'ici pour montrer comment le principe du devoir ne saurait sortir que de la raison pure, on puisse

---

[1] *Orakelmässig.* — [2] *Geniesmässig.*

encore songer à le ramener à la *doctrine du bonheur*. On imagine bien en définitive un certain bonheur *moral* qui ne serait pas produit par des causes empiriques ; mais c'est là une fiction contradictoire. — Il est vrai que lorsque l'homme pensant est parvenu à vaincre les penchants qui le poussaient au vice, et qu'il a conscience d'avoir fait son devoir, en dépit de tous les obstacles, il se trouve dans un état de paix intérieure et de contentement que l'on peut très-bien appeler du bonheur, et où la vertu est à elle-même sa propre récompense. — Or, dit le partisan de la doctrine du bonheur [1], ce plaisir, ce bonheur est précisément le mobile qui nous porte à la vertu. Le concept du devoir, selon lui, ne détermine pas *immédiatement* notre volonté, mais nous ne sommes poussés à faire notre devoir qu'*au moyen* du bonheur que nous avons en perspective. — Mais il est clair que, pour pouvoir attendre cette récompense de la seule conscience du devoir accompli, il faut avoir eu d'abord cette conscience ; c'est-à-dire qu'il faut se sentir obligé à faire son devoir avant de savoir que le bonheur en doit être la conséquence, et qu'ainsi l'on ne peut songer à cela tout d'abord. La doctrine dont nous parlons tourne donc dans un *cercle* avec son explication [2]. En effet, le partisan de cette doctrine ne peut espérer d'être *heureux* (ou de goûter la félicité intérieure), s'il n'a pas conscience d'avoir fait son devoir ; et il ne peut être poussé à faire

---

[1] *Der Eudämonist.*

[2] Kant dit : Avec son *étiologie*. Cette expression technique ne s'emploie chez nous que dans la langue de la médecine, où elle désigne la partie de cette science qui traite des causes des maladies.   J. B.

son devoir que par l'espérance du bonheur qu'il se procurera ainsi. — Il y a en outre une *contradiction* dans cette subtilité. En effet, d'un côté, il faut qu'il fasse d'abord son devoir, sans se demander ce qui en résultera pour son bonheur, et que par conséquent il agisse d'après un principe *moral;* mais de l'autre, il ne peut reconnaître quelque chose pour son devoir, s'il n'en espère quelque bonheur, et par conséquent le principe de sa conduite sera *pathologique*, c'est-à-dire un principe justement contraire au premier.

J'ai ailleurs (dans le Recueil mensuel de Berlin) ramené, je crois, à sa plus simple expression la différence du plaisir *pathologique* et du plaisir *moral*. Le plaisir *qui précède* nécessairement l'observation d'une loi et qui nous pousse ainsi à suivre cette loi, est pathologique, et notre conduite rentre alors dans *l'ordre naturel;* mais celui que précède nécessairement la loi, et qui ne peut être senti qu'à cette condition, appartient *à l'ordre moral*. — Si l'on méconnaît cette distinction et que l'on substitue le principe du bonheur (*l'eudémonie*) à celui de la liberté, sur lequel doit reposer la législation intérieure (*l'éleuthéronomie*), la conséquence sera la mort insensible (*l'euthanasie*) de toute morale.

La cause de cette erreur est bien simple. L'impératif catégorique, qui dicte les lois morales d'un ton absolu [1], ne peut entrer dans l'esprit de ceux qui sont exclusivement accoutumés aux explications physiologiques, quoiqu'ils se sentent irrésistiblement obligés

---

[1] *Dictatorisch.*

par lui. Mais le mécontentement de ne pouvoir *s'expliquer* ce qui est tout à fait en dehors de ce cercle, je veux dire la *liberté* de la volonté, quelque beau que soit pour nous le privilége d'être capables de concevoir une telle *idée*, ce mécontentement, joint aux orgueilleuses prétentions de la raison spéculative, qui, dans d'autres champs, sent si fortement sa puissance, pousse les hommes à former contre cette idée une sorte de *coalition* générale pour défendre l'omnipotence de la raison théorétique ; et de là vient que l'on s'acharne aujourd'hui, et que l'on s'acharnera peut-être longtemps encore, mais en définitive en pure perte, à attaquer et, autant que possible, à rendre suspect le concept moral de la liberté.

INTRODUCTION

A LA DOCTRINE DE LA VERTU.

Le mot *éthique* signifiait autrefois la *doctrine des mœurs* (*philosophia moralis*) en général, qu'on appelait aussi la *doctrine des devoirs*. Plus tard on trouva convenable de n'appliquer ce mot qu'à une partie de la philosophie morale, je veux dire à celle qui traite des devoirs qui ne tombent pas sous des lois extérieures (à celle que désigne si justement l'expression allemande *Tugendlehre*[1]) ; de sorte qu'aujourd'hui le système de la doctrine générale des devoirs se divise en *doctrine du droit* (*jurisprudentia*), laquelle est susceptible d'être traduite en lois extérieures, et *doctrine de la vertu* (*ethica*), laquelle échappe à toute législation de ce genre ; et l'on peut s'en tenir là.

I.

EXPLICATION DU CONCEPT D'UNE DOCTRINE DE LA VERTU.

Le *concept du devoir* emporte déjà par lui-même celui d'une *contrainte*[2] exercée par la loi sur le libre arbitre. Or cette contrainte peut être *extérieure* ou

---

[1] *Doctrine de la vertu.* — [2] *Nöthigung (Zwang).*

intérieure [1]. L'*impératif* moral, par son décret catégorique (le devoir absolu [2]), indique une contrainte qui ne s'applique pas à tous les êtres raisonnables en général (car il peut y en avoir de saints), mais seulement aux *hommes*, c'est-à-dire à des êtres à la fois sensibles et raisonnables, qui ne sont pas assez saints pour n'avoir pas l'envie de violer la loi morale, tout en reconnaissant son autorité, et, alors même qu'ils lui obéissent, pour la suivre *volontiers* (sans rencontrer de résistance dans leurs penchants), d'où vient justement qu'une *contrainte* est ici nécessaire (1). — Mais, comme l'homme est un être *libre* (moral), si l'on considère la détermination intérieure de la volonté (le mobile), le concept du devoir ne peut impliquer d'autre *contrainte* que celle qu'on exerce *sur soi-même* [3] (par l'idée seule de la loi). C'est ainsi seulement qu'il est possible de concilier cette *contrainte* (fût-elle même

---

[1] *Ein äusserer oder ein Selbstzwang.* — [2] *Das Sollen.*

(1) Toutefois l'homme, en se considérant objectivement au point de vue de la destination que détermine en lui la raison pure pratique (en considérant *l'humanité* dans sa propre personne), se trouve assez saint, *comme être moral*, pour ne transgresser qu'*à regret* la loi intérieure. Il n'y a pas, en effet, d'homme si dégradé qui, en la violant, ne sente en soi une résistance, et n'éprouve pour lui-même un sentiment de mépris qui le force à se faire violence. Or il est impossible d'expliquer comment, dans cette alternative où l'homme se trouve (que représente si bien la fable d'Hercule placé entre la vertu et la volupté), il se montre plus disposé à écouter son inclination que la loi; car nous ne pouvons expliquer ce qui arrive qu'en le dérivant d'une cause, suivant des lois naturelles, et à ce point de vue, nous ne saurions regarder la volonté comme libre. — C'est pourtant cette contrainte intérieure, cette lutte, et l'impossibilité où nous sommes de l'éviter, qui nous font connaître l'incompréhensible attribut de la *liberté*.

[3] *Selbstzwang.*

extérieure) avec la liberté de la volonté; mais à ce point de vue le concept du devoir rentre dans le domaine de l'éthique.

Les penchants de la nature forment donc, dans le cœur de l'homme, des *obstacles* à l'accomplissement du devoir, et lui opposent des forces puissantes qu'il se doit à certains égards juger capable de combattre et de vaincre par la raison, non pas dans l'avenir, mais à l'instant même (en même temps qu'il en a la pensée); c'est-à-dire qu'il doit se juger capable de *pouvoir* ce que la loi lui prescrit absolument comme ce qu'il *doit* faire.

Or la force et le dessein arrêté avec lesquels on résiste à un puissant mais injuste adversaire, s'appellent le *courage* [1] (*fortitudo*), et le courage, lorsqu'il s'agit de l'adversaire que le sentiment moral trouve *en nous*, devient la *vertu* [2] (*virtus, fortitudo moralis*). La partie de la doctrine générale des devoirs qui soumet à des lois, non pas la liberté extérieure, mais la liberté intérieure, est donc une *doctrine de la vertu*.

La doctrine du droit ne s'occupait que de la condition *formelle* de la liberté extérieure (qu'elle faisait consister dans l'accord de la liberté avec elle-même, en considérant ses maximes comme des lois générales), c'est-à-dire du *droit*. L'*éthique*, au contraire, nous offre en outre une *matière* (un objet du libre arbitre), un *but* de la raison pure, qu'elle présente en même temps comme une fin objectivement nécessaire, c'est-à-dire comme un devoir pour nous. — En effet,

---

[1] *Tapferkeit*. — [2] *Tugend*.

comme les penchants de la sensibilité tendent à des fins (comme matière de la volonté), qui peuvent être contraires au devoir, la raison législative ne peut résister à leur influence qu'en leur opposant à son tour un but moral, qui doit être donné *à priori* et indépendamment de toute inclination.

On appelle *fin*[1] l'objet d'une volonté (d'un être raisonnable), déterminée par l'idée même de cet objet à le réaliser. — Or je puis bien être forcé par d'autres à faire certains actes qui tendent comme moyens à une certaine fin, mais non pas à *me proposer cette fin à moi-même;* moi seul je puis *me proposer* pour fin quelque chose. — Mais si je suis, en outre, obligé de me proposer pour but quelque chose qui rentre dans les concepts de la raison pratique, et par conséquent de donner pour principe de détermination à ma volonté, outre un principe formel (tel que celui qu'implique le droit), un principe matériel, une fin qui puisse être opposée à celle qui résulte des penchants de la sensibilité, j'ai alors le concept d'une *fin qui est un devoir en soi;* et la science n'en peut revenir à celle du droit, mais à l'éthique, c'est-à-dire à cette partie de la morale dont le concept n'implique autre chose qu'une *contrainte exercée sur soi-même* au nom des lois morales.

Par la même raison on peut encore définir l'éthique le système des *fins* de la raison pure pratique. — Fin et devoir de contrainte, ces deux expressions distinguent les deux divisions de toute la doctrine des

---

[1] Zweck, *fin* ou *but*.

mœurs. Si l'éthique contient des devoirs à l'observation desquels on ne puisse être contraint (physiquement) par d'autres, c'est justement parce qu'elle est une science de *fins;* car de subir ou d'exercer ici une *contrainte* de ce genre, c'est chose contradictoire.

Mais il résulte aussi de la précédente définition de la vertu, rapprochée de l'obligation, dont le caractère propre a été également indiqué, que l'éthique est une *doctrine de la vertu* (*doctrina officiorum virtutis*). — En effet, la détermination du libre arbitre qui consiste à se proposer une *fin* est la seule qui échappe, par sa nature même, à toute contrainte extérieure et physique. On peut bien me *forcer à faire* quelque chose qui ne soit pas un but pour moi (mais seulement un moyen pour un but poursuivi par autrui); mais on ne saurait me contraindre *à m'en faire un but.* Je ne puis donc avoir un but sans me le faire moi-même; le contraire serait contradictoire : ce serait un acte de la liberté qui ne serait plus libre. — Mais il n'y a point de contradiction à se proposer à soi-même une fin qui est en même temps un devoir; car alors je me contrains moi-même, ce qui est très-conciliable avec la liberté (1). — Comment une telle fin est-elle

---

(1) L'homme est d'autant plus libre qu'il est moins soumis à la contrainte physique et qu'il l'est plus à la contrainte morale (à celle qu'exerce la seule idée du devoir). Celui, par exemple, qui est doué d'une résolution assez ferme ou d'une âme assez forte pour ne pas renoncer, quelque danger qu'on veuille lui faire craindre, à une partie de plaisir qu'il a projetée, mais qui abandonne son projet sans hésitation, je ne dis pas sans regret, dès qu'on lui représente qu'il le ferait manquer à ses devoirs ou négliger un père malade, celui-là, par cela même qu'il ne peut résister à la voix du devoir, fait au plus haut degré preuve de liberté.

possible ? voilà maintenant la question. Car la possibilité de concevoir une chose (l'absence de contradiction) ne suffit pas pour établir la possibilité de la chose même (la réalité objective de son concept).

II.

EXPLICATION DU CONCEPT D'UNE FIN, QUI EST AUSSI UN DEVOIR.

On peut concevoir de deux manières le rapport de la fin au devoir : on peut, en effet, ou bien en partant de la fin, chercher la *maxime* des actions conformes au devoir; ou bien au contraire, en partant de cette maxime, chercher la *fin* qui est en même temps un devoir. — La *doctrine du droit* suit la première méthode. Chacun reste libre de donner à ses actions le but qui lui convient; mais la maxime de ses actions est déterminée *à priori* : c'est à savoir que la liberté de l'agent puisse s'accorder, suivant une loi générale, avec celle de chacun.

L'*éthique* suit une méthode opposée. Elle ne saurait partir des fins que l'homme peut se proposer, et prononcer d'après cela sur les maximes qu'il doit suivre, c'est-à-dire sur son devoir; car ces fins ne seraient pour ces maximes que des principes empiriques, d'où ne pourrait sortir aucune idée de devoir, le concept catégorique du devoir ayant uniquement sa racine dans la raison pure; et c'est pourquoi, si les maximes étaient tirées de ces fins (qui sont toutes intéressées), à proprement parler, il ne pourrait être question de l'idée du devoir. — Ce sera donc le *concept du devoir* qui, dans l'éthique, nous conduira à des fins, et fondera sur des principes moraux les *maximes* à suivre, relativement aux fins que nous *devons* nous proposer.

Après avoir indiqué ce que c'est qu'une fin qui est un devoir en soi, et comment une telle fin est possible, il ne reste plus qu'à montrer pourquoi les devoirs de cette nature portent le nom de *devoirs de vertu*.

A tout devoir correspond *un* droit, c'est-à-dire une *faculté morale* en général[1] (*facultas moralis generatim*); mais à tous ne correspondent pas des droits dans autrui (*facultas juridica*), en vertu desquels il peut nous contraindre; il n'y a que les *devoirs de droit* qui soient dans ce cas. — De même à toute *obligation* éthique[2] correspond le concept de la vertu; mais tous les devoirs éthiques ne sont pas pour cela des devoirs de vertu. En effet, ceux-là ne sont pas des devoirs de vertu qui regardent moins un certain but (servant de matière, d'objet à la volonté) que le principe *formel*[3] des déterminations morales de la volonté (ce principe, par exemple, que l'on doit faire *par devoir* l'action conforme au devoir). On ne peut donner le nom de *devoir de vertu* qu'à une *fin, qui soit en même temps un devoir.* Aussi y a-t-il divers devoirs de ce genre (par conséquent aussi diverses vertus), tandis que, sous le premier point de vue, il n'y a qu'un devoir, mais qui s'applique à toutes les actions (l'intention vertueuse).

Il y a entre les devoirs de vertu et les devoirs de

---

[1] Je traduis ici, à l'aide de la parenthèse latine qui suit, ce que Kant désigne d'abord par l'expression allemande *Befugniss*.
[2] Sur l'emploi de cette expression comme adjectif, voyez dans ma traduction de la *Doctrine du droit* la note de la page 18.
[3] *Das Förmliche*.

droit cette différence essentielle, qu'à l'égard de ceux-ci une contrainte extérieure est moralement possible, tandis que ceux-là ne supposent d'autre contrainte que celle qu'on peut exercer librement sur soi-même.

— Pour des créatures *saintes* (qui ne pourraient pas même être tentées de manquer à leur devoir) il n'y aurait point de doctrine de la vertu, mais seulement de la morale. En effet celle-ci implique une *autonomie* de la raison pratique, tandis que la première en contient en même temps une *autocratie*, c'est-à-dire qu'elle suppose la conscience, non pas immédiatement perceptible, mais rigoureusement déduite de l'impératif catégorique, du *pouvoir* de se rendre maître des penchants contraires à la loi morale. La moralité humaine à son plus haut degré ne peut être encore que de la vertu. Supposez-la tout à fait pure (entièrement indépendante de l'influence de tout mobile étranger au devoir), vous avez alors cet idéal (dont nous devons toujours tendre à nous rapprocher) que l'on a coutume de personnifier poétiquement sous le nom de *sage*.

Mais il ne faut pas non plus définir et considérer la vertu comme une sorte d'*aptitude*[1], et (pour emprunter ce langage au mémoire couronné du prédicateur *Cochius*) comme une longue *habitude*[2] des actions moralement bonnes, acquise par l'exercice. Car, si cette habitude n'est pas l'effet de principes réfléchis, fermes et de plus en plus épurés, comme tout autre mécanisme issu d'une raison techniquement pratique, elle ne sera ni préparée pour tous les cas, ni suffisamment

---

[1] *Vermögens.* — [2] *Als Fertigkeit.*

garantie contre les changements que de nouvelles tentations peuvent produire.

REMARQUE.

A la vertu, laquelle $= +a$, est opposée, comme *logiquement contradictoire* (*contradictoric oppositum*), le manque de vertu[1] (la faiblesse morale), qui $= o$, et, comme son *contraire* (*contrarie s. realiter oppositum*) le vice, qui $= -a$. C'est une question, non seulement inutile, mais inconvenante, que de demander si les grands *crimes* n'exigent point, par hasard, plus de force d'âme que les grandes vertus. En effet, nous entendons par force d'âme la fermeté de résolution dans l'homme, considéré comme un être doué de liberté, par conséquent en tant qu'il est maître de lui-même (dans son bon sens), ou que l'état de son âme est *sain*. Mais les grands crimes sont des paroxysmes dont l'aspect fait frémir tout homme sain d'esprit. Toute la question reviendrait donc à savoir si un homme, dans un accès de délire, peut avoir plus de force physique que lorsqu'il est dans son bon sens; et c'est ce que l'on peut très-bien accorder, sans lui attribuer pour cela une plus grande force d'âme, si l'on entend par âme le principe vital de l'homme qui jouit du libre usage de ses forces. En effet, puisque les crimes ont leur principe dans la puissance des penchants qui *affaiblissent* la raison, ce qui ne prouve aucune force d'âme, la question dont il s'agit serait assez semblable à celle de savoir si, dans l'état de maladie, un homme peut montrer plus de force que dans l'état de santé; ce que l'on peut nier sans hésiter, puisque la santé consistant dans l'équilibre de toutes les forces corporelles de l'homme, la maladie est un affaiblissement dans le système de ces forces, qui seul peut servir à reconnaître la santé absolue.

---

[1] *Die negative Untugend.*

III.

DU PRINCIPE DE LA CONCEPTION D'UNE FIN QUI EST AUSSI UN DEVOIR.

On appelle *fin* un *objet* du libre arbitre, dont l'idée détermine celui-ci à le réaliser. Toute action a donc une fin, et comme personne ne peut avoir une fin, sans s'être fait un but de l'objet *même* de sa volonté, c'est un acte de la *liberté* du sujet agissant, et non point un effet de la *nature*, d'avoir une fin dans ses actions. Mais, comme cet acte, qui détermine une fin, est un principe pratique qui ne prescrit pas les moyens, mais la fin même (et dont par conséquent les prescriptions ne sont pas relatives, mais absolues), c'est un impératif catégorique de la raison pure pratique, par conséquent un impératif qui joint un *concept de devoir* à celui d'une fin en général.

Or il doit y avoir une fin de ce genre et un impératif catégorique qui y corresponde. Car, puisqu'il y a des actions libres, il doit y avoir aussi des fins auxquelles tendent ces actions comme à leur objet. Et parmi ces fins il doit aussi y en avoir quelques-unes, qui soient en même temps (c'est-à-dire d'après l'idée même que nous nous en faisons) des devoirs. — En effet, s'il n'en existait point de ce genre, toutes les fins n'auraient aux yeux de la raison pratique que la valeur de moyens relativement à d'autres fins, et un impératif *catégorique* serait impossible; ce qui ruinerait toute morale.

Il ne s'agit donc pas ici des fins que l'homme *se fait* d'après les penchants de sa nature sensible, mais des objets du libre arbitre, s'exerçant d'après ses lois, dont il se *doit faire* un but. Les premières forment une sorte de téléologie[1] technique (subjective), que l'on peut appeler proprement pragmatique, et qui contient les règles prescrites par la prudence dans le choix des fins; les seconds composent la téléologie morale (objective). Mais cette distinction est ici superflue, car la morale se distingue déjà clairement par son concept de la physique (ici de l'anthropologie), en ce que, tandis que celle-ci repose sur des principes empiriques, la téléologie morale au contraire, qui traite des devoirs, repose sur des principes fournis *à priori* par la raison pure pratique.

IV.

QUELLES SONT LES FINS QUI SONT AUSSI DES DEVOIRS.

Ce sont : *la perfection de soi-même*[2], — et le *bonheur d'autrui*[3].

On ne peut intervertir ici le rapport des termes, c'est-à-dire considérer comme des fins, qui seraient en soi des devoirs pour la même personne, *le bonheur personnel* d'une part, et de l'autre la *perfection d'autrui*.

En effet, quoique le *bonheur personnel* soit une fin que poursuivent tous les hommes (en vertu du penchant de leur nature), on ne peut sans contradiction considérer cette fin comme un devoir. Ce que chacun veut

---

[1] *Zwecklehre.* — [2] *Eigene Vollkommenheit.* — [3] *Fremde Glückseligkeit.*

déjà de soi-même inévitablement n'appartient pas au concept du *devoir*; car le devoir implique une contrainte exercée pour un but qu'on ne suit pas volontiers. Il est donc contradictoire de dire qu'on *est obligé* à travailler de toutes ses forces à son propre bonheur.

Il y a également contradiction à prendre pour fin la *perfection* d'autrui, et à se croire obligé d'y contribuer. En effet la *perfection* dans un autre homme, en tant que personne, consiste précisément en ce qu'il est *lui-même* capable de se proposer certaines fins d'après ses propres idées sur le devoir, et il est contradictoire d'exiger de moi (de m'imposer comme un devoir) que je fasse à l'égard d'un autre une chose dont seul il est capable.

V.

EXPLICATION DE CES DEUX CONCEPTS.

A.

PERFECTION DE SOI-MÊME.

Le mot *perfection* donne lieu à plus d'une équivoque. Il désigne quelquefois un concept qui est du ressort de la philosophie transcendentale, celui de la *totalité* des éléments divers, dont l'ensemble constitue une chose [1]; mais il désigne aussi un concept qui relève de la *téléologie*, et alors il signifie la convenance des propriétés d'une chose avec une *fin*. Dans le premier sens,

---

[1] *Allheit des Mannigfaltigen, was zusammengenommen ein Ding ausmacht.*

la perfection pourrait être appelée *quantitative* [1] (matérielle), et, dans le second, *qualitative* [2] (formelle). Celle-là doit nécessairement être une, car le tout d'une chose est un ; mais de celle-ci il peut y avoir plusieurs sortes dans une chose, et c'est de cette dernière que nous avons ici à nous occuper spécialement.

Quand on dit que c'est un devoir en soi de se proposer pour but la perfection qui est propre à l'homme en général (c'est-à-dire à l'humanité), on veut parler de celle qui réside dans ce qui peut être l'effet des *actions* de l'homme, et non dans ce qui est en lui un don de la nature ; car autrement elle ne serait pas un devoir. Elle ne peut donc être autre chose que la *culture* de nos facultés (ou de nos dispositions naturelles), au premier rang desquelles il faut placer l'*intelligence*, ou la faculté qui fournit les concepts, par conséquent aussi ceux qui se rapportent au devoir, et, avec lui, la *volonté*, ou la faculté de donner satisfaction à tous les devoirs en général (d'où sort la moralité intérieure [3]). 1° C'est pour l'homme un devoir de travailler à se dépouiller de la rudesse de sa nature, de l'animalité (*quoad actum*), pour se rapprocher toujours davantage de l'humanité, qui seule le rend capable de se proposer des fins ; de chasser son ignorance par l'instruction, et de corriger ses erreurs. Et cela, ce n'est pas seulement la raison techniquement pratique qui le lui *conseille* relativement

---

[1] C'est le mot même dont Kant se sert. Je ne fais que le transporter, tel quel, du texte dans ma traduction. — [2] Même remarque. — [3] *Sittliche Denkungsart*.

à d'autres fins (celles de l'art), mais la raison moralement pratique qui le lui *ordonne* absolument : elle lui fait de cette fin un devoir, qu'il doit remplir pour se rendre digne de l'humanité qui réside en lui. 2° C'est pour lui un autre devoir de pousser la culture de sa *volonté* jusqu'au plus pur sentiment de la vertu, c'est-à-dire de donner la *loi* même pour mobile à ses actions, quand il agit conformément au devoir, et d'obéir à cette loi par devoir, ce qui est, en matière de pratique morale, la perfection intérieure. Ce sentiment, qui est l'effet produit en nous par une volonté, qui se donne à elle-même sa loi, sur notre faculté d'agir conformément à cette loi, s'appelle le *sens moral* (c'est comme un *sens* spécial, *sensus moralis*); et, quoique l'on en abuse souvent, en s'imaginant qu'il précède la raison (semblable au génie de Socrate), ou qu'il peut se passer de ses jugements, il est pourtant une perfection morale, qui consiste à se faire sa propre fin de toute fin particulière qui est en même temps un devoir.

B.

BONHEUR D'AUTRUI.

La nature humaine désire et recherche inévitablement le bonheur, c'est-à-dire un contentement de son état dont la durée soit certaine ; mais ce n'est pas pour cela une fin qui soit en même temps un devoir.—Comme quelques philosophes font encore une distinction entre le bonheur moral et le bonheur physique (le premier qui consiste dans le contentement de notre personne et de notre propre valeur morale, et par conséquent dans ce que nous *faisons;* le second, dans ce dont la nature nous gratifie, par conséquent dans ce dont nous *jouissons* comme d'un don étranger); sans relever ici l'abus de l'expression (qui renferme déjà une contradiction), il faut remarquer que la première espèce de satisfaction rentre exclusivement dans le titre précédent, c'est-à-dire dans la perfection. En effet, pour se sentir heureux de la seule conscience de son honnêteté, il faut déjà posséder cette perfection, que nous avons posée précédemment comme une fin qui est en même temps un devoir.

Quand donc il est question d'un bonheur auquel ce doit être pour moi un devoir de tendre comme à ma fin, il s'agit nécessairement du bonheur des *autres* hommes, *de la fin* (légitime[1]) *desquels je fais ma propre fin.* C'est à eux-mêmes que reste le soin de juger de ce qui est propre à les rendre heureux; seulement, à moins qu'ils n'aient le droit de les exiger de moi comme leur étant dues, il m'appartient aussi de leur refuser certaines choses, qu'*ils* jugent propres à cet effet, mais auxquelles je n'attribue pas la même vertu. Mettre en regard de cette fin une prétendue *obligation* de cultiver mon *propre* bonheur (physique), et faire ainsi un devoir (une fin objective) de cette fin qui est naturelle en moi et qui est purement subjective; c'est là une objection spécieuse, que l'on dirige souvent contre la précédente division des devoirs (n° IV), et qui a besoin d'être relevée.

L'adversité, la douleur, l'indigence, poussent singu-

---

[1] *Erlaubten.*

lièrement les hommes à l'oubli de leurs devoirs; l'aisance, la force, la santé, la prospérité en général, ayant une influence contraire, peuvent aussi, à ce qu'il semble, être considérées comme des fins qui sont en même temps des devoirs; de telle sorte que ce serait un devoir pour moi, non-seulement de concourir au bonheur d'autrui, mais aussi de cultiver *mon propre* bonheur. — Mais alors même ce n'est pas le bonheur, c'est la moralité du sujet qui est le but; il n'est que le moyen *légitime*[1] d'écarter les obstacles qui s'opposent à ce but. Aussi personne autre n'a-t-il le droit d'exiger de moi le sacrifice de mes fins, quand elles ne sont pas immorales. Chercher l'aisance pour elle-même n'est pas directement un devoir; mais c'en peut bien être un indirectement, de détourner de soi la misère, comme une mauvaise conseillère. Mais alors, encore une fois, ce n'est pas mon bonheur, mais ma moralité, que je me fais un but et en même temps un devoir de conserver intacte.

VI.

L'ÉTHIQUE NE DONNE PAS DE LOIS POUR LES *actions* (COMME LE FAIT LA DOCTRINE DU DROIT), MAIS SEULEMENT POUR LES *maximes* DES ACTIONS.

Le concept du devoir est immédiatement lié à celui d'une *loi* (alors même que j'y fais en outre abstraction de toute fin, comme matière du devoir); et c'est ce qu'indique déjà le principe formel du devoir ou de l'impératif catégorique : « Agis de telle sorte que la

---

[1] *Erlaubte.*

maxime de ton action puisse être une loi universelle. » Seulement dans l'éthique je conçois cette loi comme celle de *ma* propre *volonté*, laquelle pourrait être aussi la volonté des autres, et non comme celle de la volonté en général; car dans ce cas on aurait un devoir de droit, c'est-à-dire une espèce de devoir qui ne rentre pas dans le champ de l'éthique. — Les maximes sont considérées ici comme des principes subjectifs, qui ont seulement *qualité* pour former une législation générale[1]; ce qui n'est qu'un principe négatif (celui de ne point répugner à une loi en général). — Mais alors comment peut-il y avoir encore une loi pour les maximes des actions?

Le concept d'une *fin*, qui est en même temps un devoir, appartenant proprement à l'éthique, est le seul qui puisse fonder une loi pour les maximes des actions; car la fin subjective (que chacun poursuit) est subordonnée à la fin objective (que chacun se doit proposer). L'impératif qui nous ordonne de prendre pour fin ceci ou cela (par exemple le bonheur d'autrui), porte sur la matière de la volonté (sur un objet). Or, comme il ne peut y avoir d'action libre, sans que l'agent y ait en vue un certain but (comme matière de sa volonté), quand il s'agit d'une fin qui est en même temps un devoir, les maximes des actions, considérées comme moyens pour certaines fins, ne sont soumises à d'autre condition qu'à celle de pouvoir convenir à une législation générale. La fin qui est en même temps un devoir peut nous faire une loi de suivre ces maximes;

---

[1] *Die sich zu einer allgemeinen Gesetzgebung blos* QUALIFICIREN.

mais pour les maximes mêmes, il suffit qu'elles puissent s'accorder avec une législation générale.

En effet, les maximes des actions peuvent être *arbitraires*[1], et ne sont restreintes par d'autre condition que par celle de convenir à une législation générale, servant de principe formel aux actions. Mais une *loi* ne laisse rien d'arbitraire dans les actions, et diffère par là de toute *recommandation*[2] (où l'on se borne à indiquer les moyens les plus propres à atteindre une fin).

VII.

LES DEVOIRS D'ÉTHIQUE SONT D'OBLIGATION *large*, TANDIS QUE LES DEVOIRS DE DROIT SONT D'OBLIGATION *stricte*.

Cette proposition est une conséquence de ce qui précède. En effet, si la loi ne peut ordonner qu'une maxime pour les actions et non pas les actions mêmes, c'est un signe qu'elle laisse au libre arbitre une certaine latitude (*latitudo*) dans la pratique (dans l'observance), c'est-à-dire qu'elle ne peut indiquer d'une manière déterminée comment et jusqu'où il faut agir pour remplir la fin qui est en même temps un devoir. — On ne doit pas, d'ailleurs, entendre par devoir large la permission de se soustraire aux maximes des actions, mais seulement un devoir dont la maxime est limitée par les autres (par exemple l'amour du prochain par celui des parents), ce qui dans le fait agrandit le champ de la pratique de la vertu. — Plus le devoir est large, plus aussi est imparfaite l'obligation

---

[1] *Willkührlich.* — [2] *Anpreisung.*

d'agir pour l'homme ; mais plus, dans l'observation d'un devoir large, il rapproche du devoir *strict* (du droit), sa maxime (son intention), plus sa conduite est vertueuse.

Les devoirs imparfaits ne sont donc que des *devoirs de vertu*. L'accomplissement de ces devoirs est le *mérite*[1] (*meritum*), qui $=+a$; la transgression de ces mêmes devoirs, à moins que le sujet ne se fasse un principe de s'y soustraire, n'est pas encore le *démérite*[2] (*demeritum*), qui $=-a$, mais seulement le défaut de valeur morale, qui $=o$. La force de résolution, dans le premier cas, mérite seule proprement le nom de *vertu* (*virtus*); la faiblesse, dans le second, n'est pas tant un *vice* (*vitium*) qu'un défaut de vertu[3], un manque de force morale (*defectus moralis*) (1). Toute action contraire au devoir s'appelle *transgression*[4] (*peccatum*); mais une transgression réfléchie et devenue un principe est proprement ce que l'on nomme *vice*[5] (*vitium*).

Quoique la conformité des actions au droit (qui fait un homme juste aux yeux de la loi[6]) ne soit pas quelque chose de méritoire, cependant la conformité des maximes de ces actions, considérées comme des devoirs, au droit, c'est-à-dire le *respect* du droit, est

---

[1] *Verdienst*. — [2] *Verschuldung*. — [3] *Untugend*.

(1) Kant ajoute ici sur les mots *Tugend* (vertu) et *Untugend* (qui signifie littéralement non-vertu) une parenthèse qu'il m'est impossible de traduire, parce que le mot *vertu* (*virtus*) n'a pas en français la même étymologie que le mot *Tugend* en allemand. « Comme le mot *Tugend*, dit-il, vient de *taugen* (valoir, avoir de la valeur), le mot *Untugend*, d'après l'étymologie, ne signifie autre chose que *zu nichts taugen* (n'avoir point de valeur). » J. B.

[4] *Uebertretung*. — [5] *Laster*. — [6] *Ein rechtlicher Mensch zu seyn*.

méritoire. En effet, par là l'homme *se donne pour but* le droit de l'humanité, ou même des hommes, et il étend ainsi son concept du devoir au delà des limites de ce qu'il *doit juridiquement*[1] (*officium debiti*); car les autres, en vertu de leur droit, peuvent bien exiger de moi certaines actions conformes à la loi, mais ils ne sauraient exiger que je prenne la loi elle-même pour mobile de ces actions. Il en est de même de ce précepte général de l'éthique : « Agis par devoir d'une manière conforme au devoir. » Enraciner et entretenir en soi cette intention est une chose *méritoire*, comme la précédente, puisqu'elle dépasse le devoir que la loi impose aux actions, et que la loi même y est prise pour mobile.

Par la même raison, on peut encore regarder comme des devoirs d'obligation large tous ceux auxquels on donne pour principe subjectif leur *récompense* morale[2], mais, il est vrai, afin de les rapprocher autant que possible d'une stricte obligation, en s'en faisant, au nom de la loi de la vertu, une sorte d'habitude[3]. Je veux parler de ce plaisir moral qui dépasse le simple contentement de soi-même (lequel peut être purement négatif), et que l'on vante en disant que la vertu trouve dans notre conscience sa propre récompense.

Quand ce mérite, qui consiste à seconder les autres hommes dans celles de leurs fins qui sont naturelles et

---

[1] *Schuldigkeit*. — [2] *Ein subjectives Princip ihrer ethischen* BELOHNUNG.
[3] *Empfänglichkeit derselben nach dem Tugendgesetze*. Tout ce paragraphe est assez embrouillé dans le texte, et il est impossible de le traduire très-littéralement. J. B.

sont reconnues telles par tous (à faire son bonheur de leur bonheur), est un mérite à leurs yeux, c'est alors ce que l'on pourrait appeler un *doux mérite*[1] : la conscience de ce mérite procure une jouissance morale dont les hommes sympathiques à la joie d'autrui sont portés à s'*enivrer*[2]. Mais ce *rude mérite*[3], qui consiste à procurer à d'autres, par exemple à des ingrats, leur véritable bien, même alors qu'ils ne le reconnaissent point pour tel, n'a pas ordinairement un semblable contre-coup : fût-il plus grand que dans le premier cas, il ne produit que le *contentement* de soi-même.

VIII.

EXPOSITION DES DEVOIRS DE VERTU COMME DEVOIRS LARGES.

1. *Perfection de soi-même*, considérée comme une fin, qui est aussi un devoir.

a. Perfection physique, c'est-à-dire culture de toutes les *facultés* en général, qui sont nécessaires à l'accomplissement des fins proposées par la raison. On voit tout de suite que c'est là un devoir, et par conséquent une fin en soi, et que ce travail, auquel nous devons nous livrer, indépendamment même de tous les avantages qu'il peut nous procurer, a son principe dans un impératif absolu (moral), et non dans un impératif conditionnel (pragmatique). La faculté de se proposer en général quelque fin est le caractère essentiel de l'hu-

---

[1] *Das süsse Verdienst.* — [2] *In welchem Menschen durch Mitfreude zu* Schwelgen *geneigt sind.* — [3] *Das saure Verdienst.*

manité (ce qui la distingue de l'animalité). On ne peut donc songer à la fin de l'humanité qui réside en notre personne, sans admettre en même temps que la raison veut et exige comme un devoir que nous nous rendions dignes de l'humanité par la culture en général, et que nous travaillions, en tant que cela dépend de nous-mêmes, à acquérir ou à développer le *pouvoir* de remplir toutes sortes de fins possibles. C'est en effet notre devoir de cultiver les dispositions que la nature a mises en nous, mais qu'elle y a mises à l'état brut, et c'est par là que nous nous élevons du rang de l'animal à celui de l'homme : il y a donc là un devoir absolu.

Mais ce devoir est un devoir d'éthique, c'est-à-dire un devoir d'obligation large. Il n'y a point de principe rationnel qui prescrive d'une manière déterminée *jusqu'où* l'on doit pousser la culture (le développement ou l'amélioration des facultés de notre esprit en matière de connaissance ou d'art). D'ailleurs la différence des positions où les hommes peuvent se trouver rend très-arbitraire le choix du genre d'occupation auquel ils peuvent consacrer leur talent. — Il n'y a donc pas ici de loi de la raison pour les actions, mais seulement pour les maximes des actions, et cette loi peut s'exprimer ainsi : « Cultive les facultés de ton esprit et de ton corps, de manière à les rendre propres à toutes les fins qui peuvent s'offrir à toi, ignorant quelles sont celles que tu auras à poursuivre. »

b. Culture de la moralité en nous. La plus grande perfection morale de l'homme consiste à faire son devoir, et à le faire *par devoir* (de telle sorte que la loi ne soit pas seulement la règle, mais encore le mobile des actions). — Or, au premier abord, il semble que ce soit là une obligation *sainte*, et que le principe du devoir exige de chaque action, avec la précision et la sévérité d'une loi, non-seulement la *légalité*, mais encore la *moralité*, c'est-à-dire l'intention ; mais dans le fait la loi se borne ici à prescrire de chercher uniquement la *maxime de l'action*, c'est-à-dire le principe de l'obligation, dans la loi même, non dans les mobiles sensibles (les avantages ou les inconvénients), — et par conséquent ce n'est point *l'acte* même qu'elle prescrit. — — En effet il n'est pas possible à l'homme de pénétrer assez avant dans les profondeurs de son propre cœur pour s'assurer pleinement, même dans *un seul acte*, de la pureté morale et de la sincérité de son intention, n'eût-il d'ailleurs aucun doute sur la légalité de cet acte. Combien de fois cette faiblesse qui écarte chez un homme l'audace du crime n'a-t-elle point été prise par lui pour une vertu (tandis que la vertu renferme au contraire une idée de force); et combien peut-être vivent une longue vie sans faillir, qui n'ont pour eux que le *bonheur* d'échapper à toutes les tentations, et qui ignorent même tout ce qu'il y a de valeur morale dans la pureté des intentions qui déterminent les actions!

Le devoir d'estimer la valeur de ses actions, non d'après leur légalité, mais d'après leur moralité (d'après l'intention) n'est donc aussi que d'obligation *large;* la loi n'exige pas que cet acte intérieur même ait lieu dans le cœur de l'homme; elle nous prescrit seulement cette maxime d'action, de travailler de tout notre pouvoir à faire que, dans tous les actes conformes au devoir, la pensée du devoir même nous soit un mobile suffisant.

2. *Bonheur d'autrui* considéré comme une fin qui est aussi un devoir.

a. Bien-être physique[1]. La *bienveillance* peut être illimitée, car elle ne suppose pas nécessairement un acte extérieur. Mais il est difficile d'en dire autant de la bienfaisance, surtout, quand au lieu de la pratiquer par inclination (par amour) pour d'autres, il s'agit de la pratiquer par devoir, en sacrifiant et en mortifiant notre concupiscence. — Que cette bienfaisance soit un devoir, c'est ce qui résulte de la considération suivante : comme l'amour de soi est inséparable du besoin d'être aimé aussi des autres (afin d'en obtenir du secours à l'occasion), on fait ainsi de soi-même une fin pour les autres; mais cette maxime ne peut recevoir un caractère obligatoire que de la qualité qui la rend propre à former une loi universelle, c'est-à-dire de la volonté de considérer aussi les autres comme des fins pour nous. C'est ainsi que le bonheur d'autrui peut être considéré comme une fin qui est aussi un devoir.

Mais si je dois faire aux autres le sacrifice d'une partie de mon bien-être, sans chercher s'ils m'en tiendront compte, mais parce que cela est un devoir, il est impossible de déterminer au juste jusqu'où ce sacrifice doit aller. Il importe beaucoup à cet égard de savoir ce qui est vraiment un besoin pour chacun suivant sa manière de sentir; et il faut laisser à chacun le soin de le déterminer. Le sacrifice

---

[1] *Physische Wohlfahrt.*

de son propre bonheur et de ses vrais besoins au bonheur et aux besoins d'autrui deviendrait une maxime contradictoire en soi si on l'érigeait en loi universelle. — Ce devoir n'est donc qu'un devoir *large ;* il nous laisse la latitude de faire plus ou moins, et il est impossible d'en fixer les limites. — La loi ne s'applique pas ici à des actions déterminées, mais seulement à des maximes.

b. La satisfaction morale[1] des autres (*salus moralis*) fait aussi partie du bonheur d'autrui, auquel il est de notre devoir de concourir ; mais ce devoir est purement négatif. Quoique la douleur qu'un homme ressent, lorsque sa conscience lui reproche quelque mauvaise action, ait une origine morale, elle est physique, quant à l'effet, comme l'affliction, la crainte ou tout autre état maladif. — Il n'est pas sans doute de *mon* devoir d'empêcher quelqu'un de sentir ce reproche intérieur, quand il le mérite : c'est *son* affaire ; mais je ne dois rien faire qui soit de nature à l'induire en tentation à l'égard des choses que sa conscience lui reprocherait ensuite, c'est-à-dire que je ne dois lui donner aucun *scandale*. — Mais il n'y a pas de limites déterminées où l'on puisse renfermer ce soin que nous devons prendre de la satisfaction morale de nos semblables; et c'est pourquoi il n'y a là qu'une obligation large.

---

[1] *Moralisches Wohlseyn.*

IX.

CE QUE C'EST QU'UN DEVOIR DE VERTU.

La *vertu* est la force de résolution que montre l'homme[1] dans l'accomplissement de son devoir. — Toute force n'est révélée que par les obstacles qu'elle peut surmonter. Or dans la vertu les obstacles viennent des penchants de la nature, qui entrent en lutte avec la résolution morale; et, comme c'est l'homme lui-même qui oppose ces obstacles aux maximes de sa raison, la vertu est une contrainte exercée sur soi-même; mais elle n'est pas cela seulement (car autrement on pourrait chercher à vaincre un penchant de la nature par un autre), c'est aussi une contrainte qu'on exerce sur soi d'après un principe de liberté intérieure, c'est-à-dire au moyen de la simple idée de son devoir, telle qu'elle résulte de la loi formelle du devoir.

Tous les devoirs renferment l'idée d'une *contrainte*[2] imposée par la loi; mais la contrainte qu'impliquent les devoirs d'*éthique* ne peut être que l'effet d'une législation intérieure, tandis que celle qu'impliquent les devoirs de droit, peut être en outre l'objet d'une législation extérieure. On retrouve donc dans les deux cas l'idée d'une contrainte, que cette contrainte soit exercée par soi-même ou par autrui. Or on peut appeler vertu la puissance morale que suppose la première, et acte de vertu l'action qui résulte d'une telle intention

---

[1] *Die Stärke der Maxime des Menschen*; littéralement, la force des maximes de l'homme. — [2] *Nöthigung*.

(du respect pour la loi), alors même que la loi exprime un devoir de droit. C'est en effet la *doctrine de la vertu* qui ordonne de tenir pour sacré le droit des hommes.

Ce qu'il y a de la vertu à faire n'est point pourtant par là même un *devoir de vertu* proprement dit. Cela peut ne concerner que la forme[1] des maximes, tandis que le devoir de vertu porte sur la matière de ces maximes, c'est-à-dire sur une *fin*, que l'on conçoit en même temps comme un devoir. — Mais, comme l'obligation imposée par l'éthique de se proposer des fins, qui peuvent être en assez grand nombre, n'est qu'une obligation *large*, puisqu'elle contient simplement une loi pour les *maximes* des actions, et que la fin est la matière (l'objet) de la volonté, il y a donc, suivant les différentes fins légitimes, plusieurs devoirs différents, que l'on appelle des *devoirs de vertu* (*officia honestatis*), par la raison qu'ils ne sont soumis à aucune contrainte extérieure, mais seulement à celle qu'on peut exercer librement sur soi-même, et qu'ils déterminent la fin qui est en même temps un devoir.

Considérée comme une conformité de la volonté avec chaque devoir fondée sur une ferme résolution, la vertu est une, comme tout ce qui est *formel*. Mais, relativement à la *fin* des actions, qui est en même temps un devoir, c'est-à-dire à ce que l'on *doit* se proposer pour *but* (la matière de nos actions), il peut y avoir plusieurs vertus; et, comme on appelle devoir de vertu l'obligation d'agir suivant la maxime qui prescrit telle

---

[1] *Das Formale.*

ou telle fin, il suit qu'il y a aussi plusieurs devoirs de vertu.

Voici le principe suprême de la doctrine de la vertu : « Agis suivant une maxime dont chacun puisse se proposer les *fins* suivant une loi générale. » — D'après ce principe, l'homme est une fin aussi bien pour lui-même que pour les autres, et il ne suffit pas qu'il ne lui soit pas permis de se servir de lui-même et des autres comme de simples moyens (car il pourrait alors se montrer indifférent à cet égard), mais c'est en soi un devoir pour l'homme de se faire une fin de l'homme en général.

Ce principe de la doctrine de la vertu ne comporte point de preuve, en tant qu'impératif catégorique, mais une déduction tirée de la raison pure pratique. — Ce qui, dans les relations de l'homme avec lui-même et avec les autres, *peut* être une fin *est* une fin pour la raison pure pratique ; car elle est une faculté de concevoir des fins en général, et par conséquent elle ne saurait sans contradiction rester indifférente à leur égard, c'est-à-dire n'y prendre aucun intérêt, puisqu'alors elle ne déterminerait pas les maximes des actions (lesquelles ont toujours un but), et que par conséquent il n'y aurait point de raison pratique. Mais la raison pure ne peut prescrire *à priori* aucune fin sans la présenter en même temps comme un devoir, et c'est ce devoir qu'on appelle devoir de vertu.

---

[1] *Ein Vermögen der Zwecke.*

X.

LE PRINCIPE SUPRÊME DE LA DOCTRINE DU DROIT ÉTAIT ANALYTIQUE ; CELUI DE LA DOCTRINE DE LA VERTU EST SYNTHÉTIQUE.

Il est clair, d'après le principe de contradiction, que la contrainte extérieure, en tant qu'elle est une résistance opposée à la liberté extérieure, au nom des lois générales auxquelles cette liberté doit se soumettre pour être d'accord avec elle-même (en tant qu'elle est un obstacle opposé à l'obstacle même de la liberté), il est clair, dis-je, que cette contrainte peut très-bien se concilier avec des fins en général, et je n'ai pas besoin de sortir du concept de la liberté pour la concevoir, quelle que soit d'ailleurs la fin que chacun se propose. — Le *principe* suprême *du droit* est donc une proposition analytique.

Au contraire le principe de la doctrine de la vertu dépasse le concept de la liberté extérieure, et y joint en outre, suivant des lois générales, celui d'une *fin*, dont il fait un *devoir*. Ce principe est donc synthétique. — Sa possibilité est contenue dans sa déduction (§ IX).

L'extension du concept du devoir au delà de celui de la liberté extérieure, et de la limitation apportée à cette liberté par la seule forme qui lui permette de s'accorder entièrement avec elle-même, cette extension qui à la contrainte extérieure substitue la liberté *intérieure*, c'est-à-dire la faculté de se contraindre soi-même, non pas au moyen d'autres penchants, mais au moyen de la raison pure pratique (laquelle repousse tous ces auxiliaires), cette extension consiste à poser des *fins*, dont en général le droit fait abstraction, et elle s'élève par là au-dessus du devoir de droit.—Dans l'impératif moral, lequel entraîne nécessairement la supposition de la liberté, la *loi*, le *pouvoir* de la remplir, et la *volonté* qui détermine les maximes, sont tous les éléments qui constituent le concept du devoir de droit. Mais le concept du *devoir de vertu* contient en outre, avec celui d'une contrainte intérieure, celui aussi d'une *fin*, que nous ne nous proposons pas naturellement, mais que nous devons nous proposer, et qui par conséquent est contenue dans la raison pure pratique, dont la fin suprême et absolue (laquelle est elle-même un devoir) consiste en ce que la vertu est à elle-même sa propre fin et trouve sa récompense dans le mérite qu'elle donne aux hommes. Aussi la vertu, dans son idéal, brille-t-elle d'un si vif éclat qu'elle paraît, au regard des hommes, éclipser la *sainteté* même, laquelle est au-dessus de toute tentation (1). C'est là une illusion : comme nous n'avons pas de mesure pour apprécier le degré de notre force, ainsi que la grandeur des obstacles que nous avons pu surmonter (c'est-à-dire les penchants de notre nature), nous sommes conduits à prendre les conditions *subjectives* de l'estimation d'une grandeur pour les conditions *objectives* de la grandeur en soi. Mais, si on la compare aux *fins humaines*, qui toutes ont leurs obstacles à surmonter, il est vrai de dire que le prix de la vertu, en tant qu'elle est à elle-même sa propre fin, surpasse de beaucoup

---

(1) Si bien que l'on pourrait varier ainsi les deux vers si connus de Haller :

L'homme avec ses défauts
Est supérieur à la foule des anges privés de volonté.

celui de toute l'utilité, de toutes les fins empiriques et de tous les avantages qu'elle peut avoir pour conséquence.

On peut très-bien dire que l'homme est obligé *à la vertu* (considérée comme une force morale). Car, quoique, à parler absolument, on puisse et l'on doive *supposer* dans l'homme le pouvoir (*facultas*) de surmonter, par sa liberté, tous les penchants contraires de sa nature sensible, ce pouvoir, considéré comme une *force* (*robur*), est quelque chose que l'on acquiert nécessairement, en fortifiant le *mobile* moral (la représentation de la loi) par la contemplation (*contemplatione*) de la dignité de cette loi purement rationnelle qui réside en nous, en même temps que par l'*exercice* (*exercitio*).

XI.

Le schème des devoirs de vertu peut être, conformément aux principes précédents, représenté de la manière suivante :

MATIÈRE DES DEVOIRS DE VERTU.

	1.	2.
DEVOIRS INTÉRIEURS DE VERTU.	*Fin personnelle*, qui est aussi un devoir pour moi. (ma propre *perfection*.)	*Fin d'autrui*, à laquelle c'est aussi pour moi un devoir de concourir. (le *bonheur* d'autrui.)	DEVOIRS EXTÉRIEURS DE VERTU.
	3.	4.	
	La *loi*, qui est aussi un mobile. C'est là dessus que repose la *moralité*	La *fin*, qui est aussi un mobile. C'est là-dessus que repose la *légalité*	

de toute libre détermination de la volonté.

FORME DES DEVOIRS DE VERTU.

XII.

PRÉDISPOSITIONS ESTHÉTIQUES DE L'AME RELATIVEMENT AUX IDÉES DE DEVOIR EN GÉNÉRAL [1].

Il y a des qualités morales telles que, quand on ne les possède pas, il ne peut y avoir de devoir qui oblige de les acquérir. Ce sont le *sentiment moral*, la *conscience*, l'*amour du prochain*, et le *respect de soi-même*. On n'est point obligé de posséder ces qualités, car ce sont des conditions *subjectives* qui disposent l'homme à l'idée du devoir, et non des conditions objectives, servant de fondement à la moralité. Elles sont toutes des prédispositions (*prædispositiones*) esthétiques, mais naturelles, à être affecté par des idées de devoir ; et ces prédispositions, on ne peut considérer comme un devoir de les posséder, mais chaque homme les possède, et, grâce à elles, est capable d'être obligé. — La conscience que nous en avons n'est point d'origine empirique ; elle ne peut être que la conséquence de la loi morale, ou l'effet qu'elle produit sur l'esprit.

a.

Du sentiment moral.

Ce sentiment est la capacité de recevoir du plaisir ou de la peine de la seule conscience de l'accord ou du désaccord de notre action avec la loi du devoir. — Toute détermination de la volonté va *de* la représen-

---

[1] *Aesthetische Vorbegriffe der Empfänglichkeit des Gemüths für Pflichtbegriffe überhaupt.*

tation d'une action possible, et à laquelle le sentiment du plaisir ou de la peine fait attacher un intérêt, à l'action elle-même; mais l'état *esthétique* (l'affection du sens intime) est ou un sentiment *pathologique*, ou un sentiment *moral*. — Le premier précède la représentation de la loi; le second n'en peut être que la conséquence.

Or ce ne peut être un devoir de posséder ou d'acquérir le sentiment moral, car la conscience de l'obligation suppose toujours ce sentiment : on ne saurait autrement avoir conscience de la contrainte qu'implique l'idée du devoir. Tout homme (en tant qu'être moral) le porte donc originairement en lui-même; et la seule obligation qu'il puisse avoir à cet égard, c'est de le *cultiver*, et même de le fortifier par l'admiration qu'inspire son impénétrable origine. Or c'est ce qu'on ne manquera pas de faire, en le dégageant de tout attrait pathologique, pour le considérer dans toute sa pureté, tel que l'excite au plus haut degré la seule idée de la raison.

C'est improprement que l'on désigne ce sentiment sous le nom de *sens* moral; car par le mot sens on entend ordinairement une faculté théorétique de perception, qui se rapporte à un objet, tandis que le sentiment moral (en tant que plaisir ou peine en général) est quelque chose de purement subjectif, qui ne donne aucune connaissance. — Il n'y a point d'homme dépourvu de tout sentiment moral; car, si quelqu'un en était entièrement privé, il n'existerait pas moralement; et si, pour appliquer à la morale le langage de la médecine, la force vitale qui est en elle n'avait plus la vertu d'exciter ce sentiment, alors l'humanité se résoudrait (comme par des lois chimiques) en pure animalité, et se confondrait sans retour avec la masse des autres êtres physiques. — Mais, quoique l'on se serve souvent de cette expression, nous n'avons pas plus pour le bien et le mal (moral) de *sens* particulier, que nous n'en avons pour la *vérité;* nous avons la *capacité* d'être mus dans notre libre arbitre par la raison pure pratique[1], ou par la loi qu'elle prescrit, et c'est cela que nous appelons le sentiment moral.

b.

De la conscience.

De même la conscience [2] n'est pas quelque chose que l'on puisse acquérir, et il n'y a pas devoir qui prescrive de se la procurer; mais tout homme, comme être moral, la porte originairement en lui. Dire qu'on est obligé d'avoir de la conscience reviendrait à dire qu'on a le devoir de reconnaître des devoirs. En effet la conscience est la raison pratique représentant à l'homme son devoir, dans tous les cas où s'applique la loi morale, afin de l'absoudre ou de le condamner. Elle n'a donc point de relation à un objet, mais seulement au sujet (en qui elle excite le sentiment moral par son action); par conséquent elle est un fait inévitable, non une obligation et un devoir. Quand donc on dit que tel homme *n'a pas* de conscience, on veut dire

---

[1] *Empfänglichkeit der freien Willkühr für die Bewegung derselben durch praktische reine Vernunft.* — [2] *Das Gewissen.*

qu'il ne tient aucun compte de ses arrêts. Car, s'il n'en avait réellement pas, il ne s'imputerait aucune action conforme au devoir, ou ne s'en reprocherait aucune comme y étant contraire, et par conséquent il ne saurait songer au devoir d'avoir une conscience.

Je laisse ici de côté les diverses divisions de la conscience, et me borne à remarquer, ce qui découle de ce qui précède, qu'une conscience *erronée* est un non-sens. En effet, quand il s'agit de juger objectivement si une chose est ou n'est pas un devoir, je puis bien parfois me tromper ; mais, au point de vue subjectif, quand il s'agit simplement de savoir si j'ai rapproché cette chose de ma raison pratique (qui prononce ici), pour en porter un jugement, je ne puis me tromper, puisque, sans cette comparaison, je n'aurais point porté de jugement pratique, auquel cas il n'y aurait ni erreur ni vérité. Le *manque de conscience*[1] n'est point l'absence même de la conscience, mais un penchant à ne tenir aucun compte de ses jugements. Quelqu'un juge-t-il qu'il a agi suivant sa conscience, on ne peut rien lui demander de plus, en ce qui concerne l'innocence ou la culpabilité. Il dépend de lui seulement d'éclairer son *intelligence* sur ce qui est ou n'est pas de son devoir ; mais, quand il en vient ou en est venu à l'action, la conscience parle involontairement et inévitablement. On ne pourrait donc pas même faire un devoir d'agir suivant sa conscience, car autrement il faudrait une seconde conscience, pour avoir conscience des actes de la première.

---

[1] *Gewissenlosigkeit.*

Il n'y a ici d'autre devoir que de cultiver la conscience, de donner son attention à la voix de ce juge intérieur, et d'employer tous les moyens (ce qui par conséquent n'est qu'un devoir indirect) pour la bien entendre.

c.

De l'amour des hommes.

L'*amour* est une affaire de *sentiment*, non de volonté : je ne puis aimer, parce que je le *veux*, et encore moins parce que je le *dois* (je ne puis être forcé à l'amour); un *devoir d'aimer* est donc un non-sens. Mais la *bienveillance*[1] (*amor benevolentiæ*) peut être soumise comme fait à la loi du devoir. A la vérité on donne souvent aussi (quoique très-improprement) le nom d'*amour* à la bienveillance désintéressée qu'on peut montrer à l'égard des hommes ; et même là où il ne s'agit pas seulement du bonheur d'autrui, mais du libre et entier sacrifice de toutes ses fins à celles d'un autre être (même d'un être supérieur à l'humanité), on parle d'un amour qui est en même temps un devoir pour nous. Mais tout devoir implique une *contrainte*, quoique ce puisse être une contrainte exercée sur soi-même au nom d'une loi. Or ce que l'on fait par contrainte, on ne le fait pas par amour.

C'est un devoir de *faire du bien* aux autres hommes dans la mesure de son pouvoir, qu'on les aime ou qu'on ne les aime pas, et ce devoir ne perdrait rien de son

---

[1] *Wohlwollen*.

importance, alors même qu'on aurait fait cette triste remarque, que notre espèce, vue de près, n'est malheureusement pas faite pour inspirer beaucoup d'amour. —La *misanthropie* au contraire est toujours *haïssable*, alors même que, sans aller jusqu'à l'hostilité ouverte, elle se contente de fuir les hommes [1]. Car la bienveillance reste toujours un devoir, même à l'égard du misanthrope, qu'on ne saurait aimer sans doute, mais auquel on peut toujours faire du bien.

Haïr le vice dans l'homme n'est ni un devoir ni une chose contraire au devoir; c'est simplement un sentiment d'aversion qu'il inspire, sans que la volonté y exerce ou en reçoive quelque influence. La *bienfaisance* au contraire est un devoir. Celui qui la pratique souvent et dont les bienfait sont un heureux résultat, peut finir par aimer réellement ceux auxquels il a fait du bien. Quand on dit qu'il faut *aimer* son prochain comme soi-même, cela ne signifie pas qu'il faut l'aimer d'abord et, au moyen de cet amour, lui faire ensuite du bien, mais qu'il faut lui *faire du bien*, et que cette bienfaisance déterminera en nous l'amour des hommes (ou nous fera une habitude du penchant à la bienfaisance en général).

Autrement l'amour du *plaisir* [2] (*amor complacentiæ*) serait seul directement prescrit. Or avoir pour devoir cet amour (comme un plaisir immédiatement lié à la représentation de l'existence d'un objet), c'est-à-dire être contraint à ce plaisir, c'est chose contradictoire.

---

[1] *Separatistiche misanthropie.* — [2] *Die Liebe des Wohlgefallens.*

d.

Du respect.

Le respect [1] (*reverentia*) est aussi quelque chose de purement subjectif : c'est un sentiment d'une espèce particulière ; ce n'est pas un jugement porté sur un objet qu'il serait de notre devoir de réaliser ou de seconder. Considéré comme devoir, il ne pourrait être représenté que par le *respect* que nous aurions pour lui. En faire un devoir, reviendrait donc à faire un devoir du devoir même. C'est pourquoi, quand on dit que l'*estime de soi* [2] est un devoir pour l'homme, on parle improprement ; il vaudrait mieux dire que la loi qui réside en lui arrache inévitablement son *respect* pour son propre être, et que ce sentiment (d'une espèce particulière) est le fondement de certains devoirs, c'est-à-dire de certaines actions qui s'accordent avec le devoir envers soi-même. Mais on ne peut pas dire que le respect de soi-même soit un devoir pour lui ; car on ne saurait en général concevoir un devoir, sans avoir déjà en soi-même du respect pour la loi.

XIII.

PRINCIPES GÉNÉRAUX DE LA MÉTAPHYSIQUE DES MŒURS QUI DOIVENT ÊTRE SUIVIS DANS L'ÉTUDE D'UNE DOCTRINE *pure* DE LA VERTU.

1° Il ne peut y avoir pour un devoir *qu'un seul* principe d'obligation ; et, quand on en apporte deux ou plusieurs preuves, c'est un signe certain, ou bien

---

[1] *Achtung.* — [2] *Selbstschätzung.*

qu'on n'en a pas encore de preuve suffisante, ou bien que l'on prend pour un seul et même devoir plusieurs devoirs différents.

En effet, toutes les preuves morales, en tant que preuves philosophiques, ne peuvent se faire qu'au moyen d'une connaissance rationnelle *fondée sur des concepts* [1], et non, comme celles que fournissent les mathématiques, par la construction des concepts. Ces dernières admettent plusieurs preuves pour une seule et même proposition, parce que dans l'*intuition à priori* il peut y avoir plusieurs manières de déterminer les propriétés d'un objet, qui toutes reviennent au même principe. — Si par exemple, pour établir le devoir de la véracité, on allègue comme preuve d'abord le *préjudice* que le mensonge occasionne aux autres hommes, et ensuite aussi l'*indignité* [2] dont se frappe le menteur et l'atteinte qu'il porte au respect de lui-même, la première preuve porte sur un devoir de bienveillance, non sur un devoir de véracité, et par conséquent ce que l'on établit par là, ce n'est pas le devoir qu'il s'agit de prouver, mais un autre. — Que si, en alléguant plusieurs preuves en faveur d'une seule et même proposition, on se flatte de compenser par le nombre des raisons le manque de poids de chacune d'elles en particulier, c'est là un expédient tout à fait indigne d'un philosophe, et qui dénote une absence complète de loyauté et de bonne foi ; — en effet on a beau *juxta-poser* diverses raisons insuffisantes, les unes ne donneront pas aux autres ce qui leur manque en

---

[1] *Aus Begriffen.* — [2] *Nichtswürdigkeit.*

certitude, ou même en probabilité. Il faut que ces raisons, formant *une série unique* de principes et de conséquences, *s'élèvent* jusqu'à la raison suffisante : elles ne peuvent prouver qu'à cette condition.—Et pourtant c'est là le procédé ordinaire de l'art oratoire.

2° On ne doit point chercher la différence de la vertu et du vice dans le *degré* suivant lequel on pratique certaines maximes, mais seulement dans la *qualité* spécifique de ces maximes (dans leur rapport avec la loi); en d'autres termes, ce fameux principe (d'Aristote) que la vertu consiste dans un juste *milieu* entre deux vices opposés, est faux (1). Proposera-t-on, par exemple, une bonne économie domestique comme le *milieu* à suivre entre deux vices, la prodigalité et l'avarice : si on la considère comme une vertu, on ne peut lui assigner pour origine ni l'amoindrissement successif du premier de ces deux vices (arrivant à l'épargne), ni l'augmentation des dépenses restreintes par le second, comme si, partant de points opposés,

---

(1) Les formules ordinaires et en quelque sorte classiques en morale : *medio tutissimus ibis; omne nimium vertitur in vitium; est modus in rebus, etc.; medium tenuere beati; virtus est medium vitiorum et utrinque reductum*, ces formules expriment une sagesse insipide, qui n'a point de principes déterminés ; car ce milieu à tenir entre deux extrêmes, qui peut me l'indiquer? *L'avarice* (comme vice) ne se distingue pas de l'économie (comme vertu), en ce qu'elle pousse celle-ci *trop loin*, mais elle a un tout *autre principe* (une tout autre maxime), qui est de placer la fin de l'économie domestique, non dans la *jouissance* de son bien, mais uniquement dans la simple *possession*, à l'exclusion de toute jouissance. De même le vice de la *prodigalité* ne consiste pas dans une jouissance démesurée de son bien, mais dans cette fausse maxime, qui n'admet d'autre fin que l'usage d'une chose, sans songer à sa conservation.

ces deux vices finissaient par se rencontrer au sein d'une bonne économie. Au contraire, chacun d'eux a sa propre maxime, qui est nécessairement en contradiction avec celle de l'autre.

Par la même raison, on ne peut considérer en général aucun vice comme une pratique *excessive* de certaines actions (*e. g. prodigalitas est* EXCESSUS *in consumendis opibus*), ou au contraire comme une pratique trop bornée de ces actions (*e. g. avaritia est* DEFECTUS, *etc.*). Car, comme on ne détermine point ainsi le *degré*, et que c'est de là pourtant qu'on fait dépendre la question de savoir si la conduite est ou non conforme au devoir, on ne saurait définir aucun vice par ce moyen.

3° Les devoirs d'éthique ne doivent pas être estimés d'après le pouvoir qui appartient à l'homme de satisfaire à la loi, mais au contraire cette puissance morale doit être estimée d'après la loi, qui commande catégoriquement ; ils ne dépendent point par conséquent de la connaissance empirique que nous avons des hommes, tels qu'ils sont, mais de la connaissance rationnelle qui nous les fait concevoir tels qu'ils doivent être pour être conformes à l'idée de l'humanité.

Les trois maximes que nous venons d'indiquer comme devant présider à l'exposition scientifique d'une doctrine de la vertu, sont opposées à ces vieux apophthegmes :

1. Il n'y a qu'une seule vertu et qu'un seul vice.

2. La vertu consiste à garder un juste milieu entre deux vices opposés.

3. La vertu (comme la prudence) doit être tirée de l'expérience.

XIV.

DE LA VERTU EN GÉNÉRAL.

La vertu signifie une force morale de la volonté. Mais cela n'en épuise pas l'idée ; car on pourrait trouver aussi une force de ce genre dans un être *saint* (supérieur à l'homme), en qui nul penchant contraire ne ferait obstacle à la loi de sa volonté, et qui par conséquent suivrait volontiers cette loi en tout point. La vertu est donc la force morale que montre la volonté d'un *homme* dans l'accomplissement de son *devoir*, lequel est une *contrainte* morale exercée par sa propre raison législative, en tant qu'elle se constitue elle-même en un pouvoir *qui exécute* la loi. — Elle n'est pas elle-même un devoir, ou ce n'est pas un devoir de la posséder (car autrement il faudrait admettre une obligation au devoir), mais elle commande, et elle accompagne son commandement d'une contrainte morale (possible au point de vue des lois de la liberté intérieure), qui, devant être irrésistible, suppose une force dont nous ne pouvons mesurer le degré qu'au moyen de la grandeur des obstacles que l'homme se crée à lui-même par ses penchants. Les vices, ces fruits des coupables pensées, sont les monstres qu'elle est appelée à combattre : aussi cette force morale, ou ce *courage*[1] (*fortitudo moralis*) est-il pour l'homme le plus

---

[1] *Als Tapferkeit.*

grand et même le seul véritable titre de gloire[1]. C'est proprement la *sagesse*, la sagesse pratique, car elle consiste à se donner pour but le *but final* de l'existence des hommes sur la terre. — Ce n'est qu'en la possédant que l'homme est libre, sain, riche, roi, etc., et n'a rien à craindre ni du hasard, ni du destin : il se possède lui-même, et l'homme vertueux ne peut perdre sa vertu.

On fait bien de vanter l'idéal de l'humanité considérée dans sa perfection morale, et tous les exemples du contraire que l'on oppose, en alléguant ce que les hommes sont maintenant, ce qu'ils ont été, ou ce qu'ils seront probablement dans l'avenir, ne peuvent rien ôter à la réalité pratique de cet idéal. L'*anthropologie*, qui se fonde uniquement sur des connaissances empiriques, ne saurait porter la moindre atteinte à l'*anthroponomie*[2], qui dérive d'une raison dictant des lois absolues ; et, quoique la vertu (dans son rapport aux hommes et non à la loi) puisse aussi çà et là être appelée méritoire et jugée digne d'une récompense, il faut pourtant, de même qu'elle est sa propre fin, la considérer comme étant à elle-même sa propre récompense.

Quand on considère la vertu dans toute sa perfection, on ne se la représente donc pas comme une chose que l'homme possède, mais comme une chose qui possède l'homme ; car dans le premier cas il semblerait que l'homme ait eu le choix (auquel cas il aurait encore besoin d'une autre vertu pour préférer la vertu à

---

[1] *Kriegsehre*, littéralement, gloire guerrière.
[2] C'est le mot même dont Kant se sert ; je le laisse tel qu'il est. J. B.

toute autre chose qui s'offrirait à lui). — Concevoir (comme cela est inévitable) plusieurs vertus, ce n'est pas autre chose que concevoir divers objets moraux, auxquels la volonté est portée par le principe unique de la vertu; il en est de même des vices opposés à ces vertus. L'expression qui personnifie le vice et la vertu est un procédé esthétique, mais qui renferme un sens moral. — Une esthétique des mœurs n'est pas une partie de la métaphysique des mœurs, mais elle en est une représentation[1] subjective : en effet les sentiments qui accompagnent la force nécessitante de la loi morale, en rendent l'efficacité sensible; tels sont par exemple le dégoût, l'horreur, etc., qui représentent d'une manière sensible[2] l'aversion morale, et servent de contre-poids aux mobiles *purement* sensibles.

XV.

DU PRINCIPE DE LA DISTINCTION DE LA DOCTRINE DE LA VERTU ET DE LA DOCTRINE DU DROIT.

Cette distinction, sur laquelle repose aussi en général la grande division de la *doctrine des mœurs*, se fonde sur ce que le concept de la *liberté*, qui est commun à l'une et à l'autre, rend nécessaire la division des devoirs en devoirs de liberté *extérieure* et devoirs de liberté *intérieure*, lesquels seuls appartiennent à l'éthique. — C'est pourquoi cette liberté intérieure doit servir ici de préliminaire (*discursus prœliminaris*), comme condition de tout devoir de vertu (de même

---

[1] *Darstellung*. — [2] *Versinnlichen*.

que plus haut nous avons présenté la doctrine de la conscience comme la condition de tout devoir en général).

REMARQUE.

DE LA *doctrine de la vertu*, CONSIDÉRÉE D'APRÈS LE PRINCIPE DE LA *liberté* INTÉRIEURE.

L'*habitude*[1] (*habitus*) est une facilité d'action et une perfection subjective de l'*arbitre*[2] de l'homme.—Mais toute *facilité*[3] de ce genre n'est pas une *libre* habitude (*habitus libertatis*) ; car, quand elle devient une *accoutumance*[4] (*assuetudo*), c'est-à-dire quand la répétition fréquente de l'action nous en fait une *nécessité*, l'habitude ne procède plus alors de la liberté, et par conséquent ce n'est plus une habitude morale. On ne peut donc *définir* la vertu, l'habitude de produire des actions libres conformes à la loi, mais celle « de se déterminer à agir par l'idée même de la loi ; » et alors cette habitude n'est pas une qualité de l'arbitre, mais de la *volonté*[5], laquelle est, par la règle qu'elle admet, une faculté de désirer[6] d'où découlent des lois universelles. Il n'y a que cette espèce d'habitude qui puisse être rapportée à la vertu.

Mais la liberté intérieure exige deux conditions : que l'on soit *maître* de soi[7] dans un cas donné (*animus sui compos*), et que l'on ait l'*empire* de soi-même[8] (*imperium in semetipsum*), c'est-à-dire que l'on *réprime* ses affections, et que l'on *commande* à ses passions. Dans ces deux états, le caractère[9] est noble[10] (*erecta indoles*) ; dans le cas contraire, il est lâche[11] (*indoles abjecta, serva*).

---

[1] *Fertigkeit*. — [2] *Willkühr*. — [3] *Leichtigkeit*. — [4] *Angewohnheit*.
[5] *Des Willens*. — [6] *Begehrungsvermögen*. Pour bien comprendre tout ceci, il faut se reporter aux définitions que Kant a données des mots *arbitre, volonté, faculté de désirer*, dans l'*Introduction à la métaphysique des mœurs*, qui précède la *Doctrine du droit*. V. trad. franç., p. 16. J. B.
[7] *Seiner selbst Meister*. — [8] *Ueber sich selbst Herr zu seyn*. — [9] *Gemüthsart*. — [10] *Edel*. — [11] *Unedel*.

XVI.

LA VERTU EXIGE D'ABORD L'EMPIRE DE SOI-MÊME.

Il y a une différence essentielle entre les *affections* et les *passions*. Les affections appartiennent au *sentiment*, en tant que, précédant la réflexion, il la rend difficile ou impossible. Aussi dit-on qu'elles sont *soudaines*[1] (*animus præceps*); et la raison, par l'idée de la vertu, ordonne en pareil cas de *se contenir*[2]. Pourtant cette faiblesse dans l'usage de notre entendement, jointe à la force du mouvement de l'âme[3], n'est que l'*absence de la vertu*[4]; c'est, pour ainsi dire, quelque chose de puéril et de faible, qui peut très-bien se rencontrer avec la meilleure volonté, et qui offre encore au moins cet avantage, que la tempête sera bientôt calmée. Un penchant à une affection (par exemple à la *colère*) ne va donc pas si bien avec le vice que la *passion*. Celle-ci au contraire est un *désir*[5] sensible devenu une inclination constante (par exemple la haine, par opposition à la colère). Le calme avec lequel on s'y livre laisse place à la réflexion, et permet à l'esprit de se faire des principes à ce sujet, et ainsi, quand l'inclination porte sur quelque chose de contraire à la loi, de la couver, de lui laisser prendre de profondes racines et d'admettre par là (comme de propos délibéré) le mal dans ses maximes, ce qui est alors un mal *qualifié*, c'est-à-dire un véritable *vice*.

---

[1] *Yäh oder yach.* — [2] *Sich fassen.* — [3] *Gemüthsbewegung.* — [4] *Untugend.* — [5] *Begierde.*

La vertu, en tant qu'elle est fondée sur la liberté intérieure, contient donc aussi pour nous un ordre positif, celui de retenir sous notre puissance (sous l'autorité de la raison), toutes nos facultés et toutes nos inclinations, par conséquent l'ordre d'avoir l'empire de soi-même; cet ordre s'ajoute à la défense de se laisser dominer par ses sentiments et ses inclinations (au devoir d'*apathie*); car, si la raison ne prend en mains les rênes du gouvernement, ces inclinations et ces sentiments deviennent bientôt les maîtres de l'homme.

XVII.

LA VERTU PRÉSUPPOSE NÉCESSAIREMENT L'*apathie* (CONSIDÉRÉE COMME UNE FORCE).

Ce mot est pris en mauvaise part, comme s'il signifiait l'insensibilité [1], par conséquent une indifférence subjective à l'égard des objets de la volonté; on entend par là un défaut. On peut prévenir cette équivoque, en désignant sous le nom d'*apathie morale* ce genre d'apathie [2], qu'il faut bien distinguer de l'indifférence, et qui est très-nécessaire, car les sentiments qui résultent des impressions sensibles ne perdent leur influence sur le sentiment moral, qu'autant que le respect de la loi devient plus puissant qu'eux tous. — Ce n'est qu'une force apparente et fiévreuse, que celle qui pousse jusqu'à l'affection, ou plutôt y laisse dégénérer le vif intérêt que l'on prend au *bien* lui-même. Une affection de cette espèce s'appelle *enthousiasme*;

---

[1] *Fühllosigkeit.* — [2] *Affectlosigkeit.*

et c'est ici qu'il faut appliquer cette *modération*, que l'on a coutume de recommander dans la pratique même des vertus (*insani sapiens nomen ferat, œquus iniqui,* ULTRA QUAM SATIS EST *virtutem si petat ipsam. Horat.*). Autrement il faudrait dire, ce qui est absurde, que l'on peut être *trop sage, trop vertueux*. L'affection appartient toujours à la sensibilité, quel que soit l'objet qui l'excite. La vraie force de la vertu est la *tranquillité d'âme*[1], avec la résolution réfléchie et ferme de pratiquer la loi morale. C'est là ce qui constitue l'état de *santé* dans la vie morale; l'affection au contraire, même quand elle est excitée par la représentation du *bien*, est un phénomène qui ne brille qu'un instant et laisse après lui la fatigue. — Celui-là encore ne possède qu'une vertu fantastique, qui n'admet point de choses indifférentes (*adiaphora*) à la moralité, qui jonche tous ses pas de devoirs, comme d'autant de chausses-trapes, et qui ne trouve pas insignifiant que l'on se nourrisse de viande ou de poisson, de bière ou de vin, quand on se trouve bien de l'un et de l'autre. Introduire de telles minuties[2] dans la doctrine de la vertu, c'est en faire dégénérer l'empire en tyrannie.

REMARQUE.

La vertu est toujours *progressive*[3], et pourtant c'est toujours pour elle à *recommencer*[4].—Elle est toujours progressive, car, considérée *objectivement*, elle est un idéal inaccessible, mais dont c'est un devoir de se rapprocher tou-

---

[1] *Das Gemüth in Ruhe.*
[2] Kant se sert ici du mot de *micrologie*. — [3] *Im Fortschreiten.* —
[4] *Hebt doch auch immer von Vorne an.*

jours davantage. C'est toujours pour elle à recommencer, car, au point de vue *subjectif*, l'influence des penchants dont la nature de l'homme est affectée ne permet pas à la vertu de goûter un instant de repos et de tranquillité, avec ses maximes admises une fois pour toutes, et elle fait que quand celle-ci n'est pas en progrès, elle décline infailliblement. C'est qu'en effet les maximes morales ne peuvent être, comme les maximes techniques, fondées sur l'habitude (car cela rentre dans le côté physique des déterminations de notre volonté), et que même, si la pratique de ces maximes se changeait en habitude, le sujet y perdrait la *liberté* du choix de ses maximes, ce qui est pourtant le caractère de toute action faite par devoir.

XVIII.

NOTIONS PRÉLIMINAIRES
CONCERNANT LA DIVISION DE LA DOCTRINE DE LA VERTU.

1° Pour ce qui regarde la *forme*[1], le principe de cette division doit contenir toutes les conditions qui servent à distinguer spécifiquement de la doctrine du droit une autre partie de la doctrine générale des mœurs, et ces conditions sont les trois suivantes : 1° les devoirs de vertu ne sont pas susceptibles d'une législation extérieure ; 2° si tous les devoirs doivent avoir une loi pour fondement, dans l'éthique la loi du devoir ne peut s'appliquer aux actions, mais seulement aux maximes des actions ; 3° (cela résulte de ce qui précède), le devoir d'éthique doit être considéré comme un devoir *large*, et non comme un devoir strict.

2° En ce qui concerne la *matière*[2], la doctrine de la vertu ne doit pas être traitée seulement comme une

---

[1] *Das Formale.* — [2] *Das Materiale*, c'est-à-dire le contenu de la science.

science de devoirs en général, mais aussi comme une *science de fins* [1] : l'homme est obligé en effet de se concevoir lui-même et de concevoir aussi tout autre homme comme étant une fin pour lui. C'est ce que l'on a coutume d'appeler le devoir de l'amour de soi et celui de l'amour du prochain ; mais ces expressions ne s'accordent pas entre elles, car aimer ne peut être directement un devoir, mais bien agir de telle sorte que l'on se prenne soi-même et que l'on prenne les autres pour but.

3° En ce qui touche, dans le principe du devoir, la distinction de la matière et de la forme (de la finalité et de la légitimité), il faut remarquer que toute *obligation de vertu* [2] (*obligatio ethica*), n'est pas un devoir de vertu (*officium ethicum s. virtutis*) ; en d'autres termes, que le respect de la loi en général ne constitue pas encore une fin à l'état de devoir, car une fin peut seule être un devoir de vertu. — Aussi n'y a-t-il qu'*une seule* obligation de vertu, tandis qu'il y a *plusieurs* devoirs de vertu. C'est que, s'il y a plusieurs objets, qui sont pour nous des fins, qu'il est aussi de notre devoir de nous proposer, il n'y a qu'une intention vertueuse, comme principe subjectif de la détermination de remplir son devoir, et que, si cette intention s'étend aussi aux devoirs de droit, on ne peut pourtant pas les appeler à cause de cela des devoirs de vertu. — Toute *division* de l'éthique ne peut donc porter que sur des devoirs de vertu. La science de ce mode d'obligation par lequel nous nous reconnaissons liés, indépen-

---

[1] *Zwecklehre.* — [2] *Tugendverpflichtung.*

damment de toute législation extérieure possible, est l'éthique même, considérée dans son principe formel.

REMARQUE.

Mais comment ai-je été conduit, me demandera-t-on, à diviser l'éthique en *doctrine élémentaire* et *méthodologie*, tandis que j'ai pu me passer de cette division dans la doctrine du droit?—C'est que dans celle-ci il ne s'agissait que de devoirs *stricts*, tandis que dans celle-là il s'agit de devoirs *larges*. Aussi la doctrine du droit, qui par sa nature doit être d'une précision rigoureuse, n'a pas plus besoin que les mathématiques pures d'une règle générale (d'une méthode) qui lui enseigne comment elle doit procéder dans ses jugements, mais ils sont vrais par le fait même.—L'éthique au contraire, à cause de la latitude qu'elle laisse à ses devoirs imparfaits, conduit inévitablement à des questions qui poussent le jugement à décider comment une maxime doit être appliquée dans les cas particuliers, ou quelle maxime particulière (subordonnée) elle fournit à son tour (en quoi l'on peut toujours s'enquérir du principe de l'application de cette maxime aux cas qui se présentent); et ainsi elle tombe dans une *casuistique* dont la doctrine du droit n'a point du tout à s'occuper.

La *casuistique* n'est donc ni une *science*, ni une partie d'une science; car elle serait alors dogmatique, et elle est moins une doctrine qui enseigne à *trouver* quelque chose qu'un *exercice* qui apprend à *chercher* la vérité. Elle ne *se mêle* donc à la science que d'une manière *fragmentaire* et non systématique (ce qui doit être au contraire le caractère de l'éthique); elle ne s'ajoute au système que sous la forme de scholies.

Il appartient spécialement à l'éthique, comme *méthodologie* de la raison moralement pratique, d'*exercer* la raison, plutôt encore que le jugement, dans la *théorie* des devoirs aussi bien que dans la *pratique*. La méthode relative au premier exercice (à la théorie des devoirs) se nomme *didactique*, et elle est ou *acroamatique* ou *érotématique*. La méthode érotématique est l'art d'interroger l'élève sur ce qu'il sait déjà des idées de devoir, soit qu'on ne lui demande que ce qu'on lui a déjà dit, et qu'on s'adresse simplement à sa mémoire, auquel cas la méthode est proprement *catéchétique*; soit qu'on suppose que ces connaissances sont déjà contenues naturellement dans sa raison et qu'il n'y a plus qu'à les en tirer, ce qui est la méthode *dialogique* (socratique).

A la didactique, comme méthode d'exercice théorétique, correspond, dans la pratique, l'*ascétique*, c'est-à-dire cette partie de la méthodologie où l'on n'enseigne pas seulement l'idée de la vertu, mais où l'on apprend aussi à mettre en exercice et à cultiver la *faculté de la vertu*[1], ainsi que la volonté qu'elle exige.

D'après ces principes, nous diviserons donc tout le système de l'éthique en deux parties : la *doctrine élémentaire* et la *méthodologie*. Chaque partie aura ses divisions principales, et celles de la première partie se subdiviseront elles-mêmes en divers chapitres : en premier lieu, suivant la différence des sujets envers lesquels l'homme est obligé, et en second lieu, suivant la différence des *fins* que la raison lui enjoint de se proposer, et ses dispositions à l'égard de ces fins[2].

XIX.

La division que la raison pratique donne pour fondement au système de ses concepts dans la doctrine de l'*éthique* (la division architectonique) peut s'établir sur deux espèces de principes, isolés ou réunis : l'un qui concerne *la matière* et représente à l'état de système le rapport *subjectif* des obligés à l'obligeant; l'autre qui concerne la *forme* et représente le rapport *objectif* des lois de l'éthique aux devoirs en général. — La *première* division est celle des êtres à l'égard desquels

---

[1] *Tugendvermögen.* — [2] *Empfänglichkeit für dieselbe.*

on peut concevoir une obligation de vertu ; la *seconde* serait celle des *concepts* de la raison pure pratique, qui appartiennent aux devoirs de la première, et qui par conséquent ne sont nécessaires à l'éthique qu'autant qu'on veut faire de celle-ci une *science*, et enchaîner ainsi méthodiquement toutes les propositions qui ont été trouvées dans la première.

PREMIÈRE DIVISION DE L'ÉTHIQUE,

FONDÉE SUR LA DIFFÉRENCE DES SUJETS ET DE LEURS LOIS.

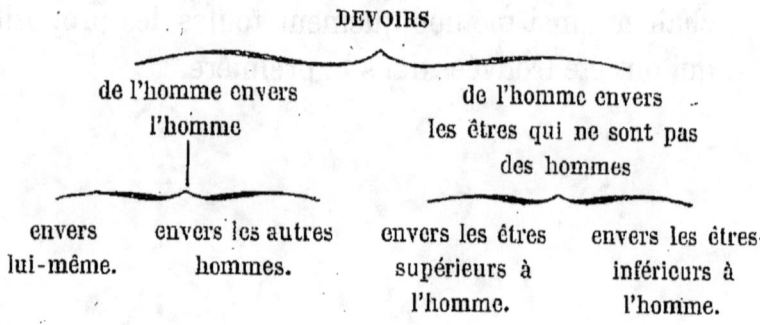

SECONDE DIVISION DE L'ÉTHIQUE,

FONDÉE SUR LES PRINCIPES DU SYSTÈME DE LA RAISON PURE PRATIQUE.

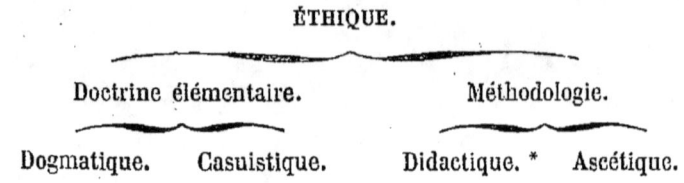

On voit que la seconde division, concernant la forme de la science, doit précéder la première, comme plan général du tout.

---

* La première édition donne *catéchétique*. Note de Schubert.

PREMIÈRE PARTIE.

DOCTRINE ÉLÉMENTAIRE.

DOCTRINE ÉLÉMENTAIRE.

LIVRE PREMIER.

DES DEVOIRS ENVERS SOI-MÊME EN GÉNÉRAL.

INTRODUCTION.

§ 1.

Le concept d'un devoir envers soi-même renferme (au premier aspect) une contradiction.

Si l'on entend le moi *obligeant* dans le même sens que le moi *obligé*, le concept du devoir envers soi-même est contradictoire. En effet le concept du devoir implique celui d'une contrainte passive (je deviens *obligé*). Mais d'un autre côté, comme il s'agit ici d'un devoir envers moi-même, je me représente comme *obligeant*, par conséquent dans une contrainte active (moi, le même sujet, je suis celui qui oblige); et la proposition qui exprime un devoir envers soi-même (je dois m'obliger *moi-même*) renfermerait une obligation d'être obligé (une obligation passive, qui serait en même temps, le rapport étant toujours pris dans le même sens, une obligation active), c'est-à-dire une contradiction. — On peut encore mettre cette contradiction en lumière, en faisant remarquer que l'obligeant (*auctor obligationis*) peut toujours délier l'obligé (*subjectum obligationis*) de l'obligation (*terminus obligationis*), et que, par conséquent, si tous deux sont un seul et même sujet, l'obligeant n'est point lié par un devoir qu'il s'impose à lui-même.

§ 2.

Il y a pourtant des devoirs de l'homme envers lui-même.

Supposez en effet qu'il n'y eût pas de devoirs de cette espèce, il n'y en aurait d'aucune espèce, pas même d'extérieurs. — Car je ne puis me reconnaître obligé envers les autres qu'autant que je m'oblige en même temps moi-même, puisque la loi par laquelle je me regarde comme obligé émane dans tous les cas de ma propre raison pratique, par laquelle je suis contraint, et que je suis ainsi par rapport à moi-même celui qui contraint (1).

§ 3.

Solution de cette apparente antinomie.

Dans la conscience d'un devoir envers lui-même, l'homme se considère, en tant que sujet de ce devoir, sous un double point de vue : d'abord comme *être*

---

(1) Aussi dit-on, lorsqu'il s'agit par exemple de sauver son honneur ou sa vie : « Je me dois cela à moi-même. » Et l'on s'exprime encore ainsi même quand il s'agit de devoirs de moindre importance, c'est-à-dire d'actes qui n'ont point pour objet le nécessaire, mais le méritoire dans l'accomplissement du devoir; je dirai, par exemple, que je me dois à moi-même de développer les dispositions qui me rendent propre à la vie de société, etc. (de me cultiver).

sensible [1], c'est-à-dire comme homme (comme être faisant partie de l'espèce animale), et ensuite comme *être rationnel* [2] (je ne dis pas seulement comme être raisonnable [3], car la raison pourrait bien être aussi, comme faculté théorétique, l'attribut d'un être corporel vivant), c'est-à-dire comme un être qu'aucun sens ne peut atteindre, et qui ne se révèle que dans des rapports pratiques, où l'incompréhensible attribut de la *liberté* se manifeste par l'influence de la raison sur la volonté à laquelle elle dicte des lois intérieures.

Or l'homme, comme *être physique* [4] raisonnable (*homo phænomenon*), peut être déterminé par sa raison, comme par une *cause*, à produire des actions dans le monde sensible, et ici le concept de l'obligation ne se montre point encore. Mais le même être, considéré dans sa *personnalité*, c'est-à-dire comme un être doué de *liberté* intérieure (*homo noumenon*) est capable d'obligation, et en particulier d'obligation envers lui-même (envers l'humanité dans sa personne). C'est ainsi que l'homme (considéré sous ce double rapport) peut, sans contradiction, reconnaître un devoir envers lui-même, puisque le concept de l'homme n'est pas pris dans un seul et même sens.

§ 4.

Du principe de la division des devoirs envers soi-même.

On ne peut établir cette division que relativement à l'objet du devoir, et non relativement au sujet qui

---

[1] *Sinnenwesen*. — [2] *Vernunftwesen*. — [3] *Vernünftiges Wesen*. — [4] *Naturwesen*.

s'oblige. Le sujet obligé aussi bien que le sujet obligeant *n'est* toujours *que l'homme*, et quoique, au point de vue théorétique, il soit permis de distinguer dans l'homme l'âme et le corps comme deux qualités différentes de la nature humaine, il n'est point permis pourtant de les considérer comme deux substances différentes obligeant l'homme, et de diviser en conséquence les devoirs de l'homme envers lui-même en devoirs envers son *corps*, et devoirs envers son *âme*. — Ni l'expérience, ni aucune conclusion de la raison ne nous apprennent suffisamment s'il y a dans l'homme une âme (c'est-à-dire si en lui réside un principe distinct du corps et capable de penser indépendamment du corps, ce que l'on appelle une substance spirituelle), ou si au contraire la vie n'est pas une propriété de la matière; et quand même la première hypothèse serait bien établie, on ne concevrait pas encore des devoirs de l'homme envers un *corps* (comme envers un sujet obligeant), quoique ce corps fût celui de l'homme.

1. Il n'y aura donc qu'une division *objective* des devoirs envers soi-même, que l'on divisera d'après leur *forme*[1] et leur *matière*[2]; les uns *restrictifs* (ou négatifs), les autres *extensifs* (positifs). Les premiers *défendent* à l'homme d'agir contre la *fin* de sa nature, et par conséquent ne concernent que la *conservation* morale *de soi-même;* les seconds *ordonnent* de se proposer pour but un certain objet de la volonté, et tendent au *perfectionnement* de soi-même. Les uns et les autres, soit comme devoirs d'omission (*sustine et abstine*), soit

---

[1] *Das Formale.* — [2] *Das Materiale.*

comme devoirs d'action (*viribus concessis utere*), se rattachent à la vertu, car ce sont également des devoirs de vertu. Les premiers se rapportent à la *santé*[1] morale (*ad esse*) de l'homme, considéré comme objet des sens extérieurs à la fois et du sens intime, et ont pour but la *conservation* de sa nature dans toute sa perfection (comme *réceptivité*). Les seconds tendent à la *richesse*[2] morale (*ad melius esse; opulentia moralis*), qui consiste dans la possession de la *faculté* de suffire à toutes les fins, en tant que cette faculté peut être acquise, et qu'elle rentre dans la *culture* de soi-même (comme perfection active). — Le premier principe des devoirs envers soi-même est exprimé par cette sentence : Vis conformément à la nature (*naturæ convenienter vive*), c'est-à-dire *conserve-toi* dans la perfection de ta nature ; le second, dans celle-ci : *Rends-toi plus parfait* que ne t'a fait la nature (*perfice te ut finem ; perfice te ut medium*).

2. Il y a aussi une division *subjective* des devoirs de l'homme envers lui-même, c'est-à-dire une division suivant laquelle le sujet du devoir (l'homme) se considère lui-même, soit comme *être animal* (physique) et en même temps moral, soit *simplement comme être moral*.

Or, en ce qui concerne l'*animalité* de l'homme, il faut reconnaître trois espèces de penchants de la nature ; à savoir : *A*, le penchant par lequel la nature tend à la conservation de soi-même ; *B*, celui par lequel elle tend à la conservation de l'espèce ; *C*, le pen-

---

[1] *Gesundheit*. — [2] *Wohlhabenheit*.

chant par lequel elle tend à la conservation de notre faculté de faire un usage convenable de nos forces et de nous procurer les jouissances de la vie animale. — Les vices qui sont ici opposés aux devoirs de l'homme envers lui-même sont : le *suicide*, l'abus de l'*appétit du sexe*, et celui des *jouissances de la table* (qui affaiblit en nous la faculté de faire un usage convenable de nos forces).

Quant à ce qui concerne les devoirs de l'homme envers lui-même, considéré comme être *purement* moral (abstraction faite de son animalité), ils consistent dans une condition *formelle*[1], dans l'accord des maximes de sa volonté avec la *dignité* de l'humanité qui réside en sa personne ; par conséquent dans la défense de se dépouiller soi-même de la *prérogative* d'être moral, c'est-à-dire de la faculté d'agir suivant des principes, c'est-à-dire encore de la liberté intérieure, et de se rendre ainsi le jouet des penchants de la nature, ou de faire de soi une chose. — Les vices opposés à ces devoirs sont le *mensonge*, l'*avarice* et la *fausse humilité* (la bassesse). Ces vices supposent des principes directement contraires (par leur forme même) au caractère de l'homme, comme être moral, c'est-à-dire à la liberté intérieure, à la dignité naturelle de l'homme ; c'est-à-dire que celui s'y livre a pour principe de n'en avoir point, et par conséquent de n'avoir point de caractère, ou de s'avilir et de se rendre un objet de mépris. — La vertu qui est opposée à tous ses vices pourrait s'appeler *honneur*[2]

---

[1] *Im Formalen.* — [2] *Ehrliebe.*

(*honestas interna*, *justum sui æstimium*), sorte de façon de penser qui est entièrement différente de l'*ambition* (*ambitio*), laquelle peut aussi être très-vile ; mais nous la retrouverons plus tard, sous ce titre même, d'une manière particulière.

PREMIÈRE DIVISION.

DES DEVOIRS PARFAITS ENVERS SOI-MÊME.

CHAPITRE PREMIER.

DES DEVOIRS DE L'HOMME ENVERS LUI-MÊME EN TANT QU'ÊTRE ANIMAL.

§ 5.

Le *premier*, sinon le plus important devoir de l'homme envoir lui-même, au point de vue de son animalité, est la *conservation de lui-même*, comme être animal.

Le contraire de ce devoir est la *destruction* volontaire, où faite de propos délibéré, de sa nature animale, et cette destruction peut être ou entière ou simplement partielle. — Dans le premier cas, elle prend le nom de *suicide* (*autochiria*, *suicidium*); dans le second, elle se subdivise en *mutilation matérielle*, comme lorsqu'on *se prive* de certaines *parties* intégrantes, de certains organes, et en *abrutissement formel*, comme quand on se prive (pour toujours ou pour un temps) de la *faculté* de faire physiquement (et par là aussi, d'une manière indirecte, moralement) usage de ses forces.

Comme dans ce chapitre il ne s'agit que de devoirs négatifs, et par conséquent d'omissions, les articles des devoirs envers soi-même doivent être ici dirigés contre les *vices* opposés à ces devoirs.

ARTICLE PREMIER.

Du suicide.

§ 6.

La *mort volontaire*[1] ne peut être appelée *suicide*[2] (*homicidium dolosum*) qu'autant qu'on peut prouver qu'elle est en général un crime commis, ou bien simplement sur notre propre personne, ou bien aussi sur la personne d'autrui par le moyen de la nôtre (comme par exemple quand une femme enceinte se donne la mort).

Le suicide est un crime (un meurtre). On peut le considérer aussi comme une transgression de notre devoir envers les autres hommes (comme de celui des époux les uns envers les autres, ou des parents envers les enfants, ou des sujets envers leurs magistrats, ou envers leurs concitoyens; ou bien encore comme une transgression de notre devoir envers Dieu, en ce sens que l'homme abandonne par là, sans en avoir été relevé, le poste qui lui a été confié en ce monde);— mais la question ici est uniquement de savoir si le sui-

---

[1] *Die willkührliche Entleibung seiner selbst.* — [2] *Selbstmord*, littéralement *meurtre de soi-même;* notre mot *suicide*, tiré du latin, traduit mal ici l'expression allemande. J. B.

cide est une violation du devoir envers soi-même, si, même en laissant de côté toutes les autres considérations, l'homme est obligé de conserver sa vie par cela seul qu'il est une personne, et s'il doit reconnaître là un devoir (et même un devoir strict) envers lui-même.

Il semble absurde que l'homme puisse se faire une offense à lui-même (*volenti non fit injuria*). Aussi le stoïcien regardait-il comme une prérogative de sa personnalité (de la personnalité du sage) de pouvoir sortir à son gré et tranquillement de la vie (comme on sort d'une chambre pleine de fumée), sans y être poussé par aucun mal présent ou à venir, mais par cette seule raison qu'il ne peut plus être utile à rien en ce monde. — Mais ce courage, cette force d'âme qui nous fait braver la mort et nous révèle quelque chose que l'homme peut estimer encore plus que la vie, aurait dû être pour lui une raison d'autant plus forte de ne pas détruire en lui un être doué d'une puissance si grande, si supérieure aux mobiles sensibles les plus puissants, et par conséquent de ne pas se priver de la vie.

L'homme ne peut abdiquer sa personnalité tant qu'il y a des devoirs pour lui, et par conséquent tant qu'il vit; et il y a contradiction à lui accorder le droit de s'affranchir de toute obligation, c'est-à-dire d'agir aussi librement que s'il n'avait besoin pour cela d'aucune espèce de droit. Anéantir dans sa propre personne le sujet de la moralité, c'est extirper du monde, autant qu'il dépend de soi, l'existence de la moralité même, laquelle est pourtant une fin en soi; par conséquent disposer de soi comme d'un pur instrument pour une fin arbitraire, c'est rabaisser l'humanité dans sa personne (*homo noumenon*), à laquelle pourtant était confiée la conservation de l'homme (*homo phænomenon*).

Se priver d'une partie intégrante, d'un organe (*se mutiler*), par exemple donner ou vendre une de ses dents pour qu'elle aille orner les gencives d'un autre, ou se soumettre à la castration pour devenir un chanteur plus recherché, etc., c'est commettre un suicide partiel. Mais il n'en est pas de même de l'amputation d'un membre gangréné, ou qui menace de le devenir et met la vie en danger. On ne peut considérer non plus comme un crime envers sa propre personne l'action de couper quelque partie du corps qui n'est point un organe, comme les cheveux par exemple, quoique cette dernière action ne soit pas tout à fait innocente quand elle a pour but un gain extérieur.

Questions casuistiques.

Est-ce un suicide que de se dévouer (comme Curtius) à une mort certaine pour sauver la patrie? — D'un autre côté, le martyre volontaire, qui consiste à se sacrifier au salut de l'humanité en général, doit-il être pris aussi, comme l'action précédente, pour un acte héroïque?

Est-il permis de prévenir par le suicide une injuste condamnation à mort prononcée par son souverain? — Même dans le cas où celui-ci le permettrait (comme fit Néron pour Sénèque)?

Peut-on faire un crime à un grand monarque, mort depuis peu, d'avoir porté sur lui un poison très-subtil, sans doute afin de n'être pas obligé, s'il venait à être fait prisonnier dans la guerre qu'il dirigeait en personne, d'accepter pour sa rançon des conditions onéreuses à son pays ? Car on peut lui supposer cette intention, et il n'est pas nécessaire de ne voir là-dessous que de l'orgueil.

Un homme qui a été mordu par un chien enragé, sentant déjà en lui l'hydrophobie et sachant qu'il n'y a pas d'exemple que quelqu'un en soit revenu, s'est tué, afin, comme il le dit dans un écrit trouvé après sa mort, de ne pas causer, dans les transports de la rage (dont il éprouve déjà les premiers accès), le malheur d'autres hommes ; on demande s'il a bien fait d'agir ainsi.

Celui qui se résout à se faire vacciner met sa vie en danger, quoiqu'il agisse ainsi *afin de la conserver*, et il se met, vis-à-vis de la loi du devoir, dans un cas beaucoup plus embarrassant que le navigateur, qui du moins ne fait pas la tempête à laquelle il s'expose, tandis que lui, il s'attire lui-même la maladie qui le met en danger de mort. La vaccination est-elle donc permise ?

ARTICLE II.

De la souillure de soi-même par la volupté.

§ 7.

De même que l'amour de la vie nous a été donné par la nature pour notre conservation *personnelle*, de même l'amour du sexe a été mis en nous pour la conservation de l'*espèce*. Chacun d'eux est une *fin de la nature* ¹, par où l'on entend cette liaison de cause à effet, où, sans attribuer pour cela de l'intelligence à la cause, on la conçoit cependant, par analogie avec une cause intelligente, comme si elle produisait son effet avec intention. Or il s'agit de savoir si l'usage des facultés qui nous ont été données pour la conservation ou pour la reproduction de l'espèce est soumis, relativement à la personne même qui les possède, à une loi du devoir restrictive, ou si nous pouvons, sans manquer à un devoir envers nous-mêmes, nous servir de nos facultés sexuelles pour le seul plaisir physique et sans égard au but pour lequel elles nous ont été données. — On démontre dans la doctrine du droit que l'homme ne peut se servir d'une *autre* personne pour se procurer ce plaisir, que sous la condition expresse d'un pacte juridique, où deux personnes contractent des obligations réciproques. Mais ici la question est de savoir si, par rapport à cette jouissance, il y a un devoir envers soi-même dont la transgression souille ² (je ne dis pas seulement ravale ³) l'humanité dans sa propre personne. Le penchant à ce plaisir s'appelle *amour de la chair* ⁴ (ou simplement volupté). Le vice qui en résulte se nomme *impudicité* ⁵, et la vertu opposée à ce vice, *chasteté* ⁶. Lorsque l'homme est poussé à la volupté, non par un objet réel, mais par une fantaisie qu'il se crée à lui-même, et qui par conséquent est contraire au but de la nature, on dit alors que la volupté est *contre nature* ⁷. Elle est même contraire à

---

¹ *Naturzweck*. — ² *Schändung*. — ³ *Abwürdigung*. — ⁴ *Fleischeslust*. — ⁵ *Unkeuschheit*. — ⁶ *Keuschheit*. — ⁷ *Unnatürlich*.

une fin de la nature, qui est encore plus importante que celle même de l'amour de la vie, car celle-ci ne regarde que la conservation de l'individu, tandis que la première regarde celle de l'espèce. —

Que cet usage contre nature (par conséquent cet abus) des organes sexuels soit une violation du devoir *envers soi-même*, et même un des plus graves manquements à la moralité, c'est ce que chacun reconnaît aussitôt qu'il y songe, et même la seule pensée d'un pareil vice répugne à tel point que l'on regarde comme immoral de l'appeler par son nom, tandis qu'on ne rougit pas de nommer le suicide, et que l'on n'hésite pas le moins du monde à le montrer aux yeux dans toute son horreur (*in specie facti*). Il semble qu'en général l'homme se sente honteux d'être capable d'une action qui rabaisse sa personne au-dessous de la brute. Bien plus, a-t-on à parler, dans une société honnête, de l'union sexuelle (et en soi purement animale) que le mariage autorise, il y faut mettre une certaine délicatesse et y jeter un voile.

Mais il n'est pas aussi aisé de trouver la preuve rationnelle[1] qui démontre que cet usage contre nature des organes sexuels, et aussi celui qui, sans être contre nature, n'a pas pour fin celle de la nature même, sont inadmissibles, comme étant une violation (et même, dans le premier cas, une violation extrêmement grave) du devoir envers soi-même.—Cette *preuve* se fonde sans doute sur ce que l'homme rejette ainsi (avec dédain) sa personnalité, en se servant de lui-

---

[1] *Vernunftbeweis.*

même comme d'un moyen pour satisfaire un appétit brutal. Mais on n'explique point par là comment le vice contre nature dont il s'agit ici est une si haute violation de l'humanité dans notre propre personne, qu'il semble surpasser, quant à la forme (l'intention), le suicide lui-même. N'est-ce pas que rejeter fièrement sa vie comme un fardeau, ce n'est pas du moins s'abandonner lâchement aux inclinations animales, et que cette action exige un certain courage, où l'homme montre encore du respect pour l'humanité dans sa propre personne, tandis que ce vice qui consiste à se livrer tout entier au penchant animal, fait de l'homme un instrument de jouissance, et par cela même une chose contre nature, c'est-à-dire un *objet de dégoût*, et lui ôte tout le respect qu'il se doit à lui-même ?

Questions casuistiques.

La fin de la nature dans la cohabitation des sexes est la propagation, c'est-à-dire la conservation de l'espèce; on ne doit donc pas au moins agir contre cette fin. Mais est-il permis de se livrer à cette cohabitation (même dans le mariage), *sans avoir égard à cette fin ?*

Par exemple pendant le temps de la grossesse, ou quand (par l'effet de l'âge ou de la maladie) la femme est devenue stérile, ou quand elle ne se sent aucun goût pour l'acte conjugal, n'est-il pas contraire au but de la nature, et par conséquent aussi au devoir envers soi-même, comme cela est vrai du plaisir contre nature, de faire usage de ses organes sexuels? Ou bien n'y a-t-il pas ici une loi de la raison moralement pratique, qui, dans la collision de ses principes de détermination, permette (par une sorte d'indulgence) quelque chose d'illicite en soi, afin d'empêcher ainsi un mal plus grand encore?—Sur quoi se fonde-t-on pour traiter de *rigorisme* [1] (sorte de pédanterie relative à la pratique des devoirs considérés dans ce qu'ils peuvent avoir de large) la limitation d'une obligation large, et pour accorder une certaine latitude aux appétits animaux, au risque de manquer à la loi de la raison?

L'appétit du sexe s'appelle aussi l'*amour* (dans le sens le plus étroit de ce mot), et il est dans le fait le plus grand plaisir qui puisse être produit par un objet des sens. — Ce n'est pas simplement un plaisir *sensible*, comme celui que nous trouvons en des objets qui nous plaisent par la seule réflexion qu'ils occasionnent en nous (la propriété d'éprouver ce plaisir est ce qu'on appelle le goût); mais c'est le plaisir de *jouir* d'une autre personne, et par conséquent c'est un plaisir qui se rattache à la *faculté de désirer*, et même au plus haut degré de cette faculté, à la passion. On ne saurait d'ailleurs le rapporter ni à l'amour de la bienfaisance ni à celui de la bienveillance, — car tous deux détournent plutôt du plaisir de la chair; c'est un plaisir d'une espèce particulière (*sui generis*). Mais l'ardeur [2] qu'il excite n'a proprement rien de commun avec l'amour moral, quoiqu'il puisse s'allier étroitement avec celui-ci, lorsque la raison pratique y intervient avec ses conditions restrictives.

---

[1] *Zum Purism.* — [2] *Das Brünstigseyn.*

ARTICLE III.

De l'abrutissement de soi-même par l'usage immodéré de la boisson ou de la nourriture.

§ 8.

Le vice qui consiste dans cette sorte d'intempérance n'est point ici jugé d'après le dommage qu'il cause à l'homme, ou d'après les douleurs corporelles et même les maladies qu'il lui attire; car ce serait alors un principe de bien-être et de commodité [1] (par conséquent de bonheur), qui nous ferait résister à ce vice, et un pareil principe ne peut jamais fonder un devoir, mais seulement une règle de prudence ; du moins ne serait-ce pas le principe d'un devoir direct.

L'intempérance animale dans la jouissance des aliments est un abus de nos moyens de jouissance qui entrave ou épuise la faculté que nous avons d'en faire un usage intellectuel. L'*ivrognerie* [2] et la *gourmandise* [3] sont les vices qui se placent sous cette rubrique. Dans l'état d'ivresse l'homme ressemble plutôt à une brute qu'à un homme ; en se gorgeant de nourriture et de boisson, il se rend incapable pour un certain temps d'actions qui exigent de l'adresse et de la réflexion dans l'emploi de ses facultés. — Il est évident que c'est violer un devoir envers soi-même que de se mettre dans un pareil état. Le premier de ces deux états d'abrutissement, qui ravalent l'homme au-dessous même de la nature animale, est ordinairement l'effet de boissons

---

[1] *Behaglichkeit.* — [2] *Versoffenheit.* — [3] *Gefrässigkeit.*

fermentées ou d'autres moyens de s'étourdir, comme l'opium et d'autres produits du règne végétal, et il le séduit en lui apportant pour un moment, avec l'oubli de ses soucis, un rêve de bonheur et même des forces imaginaires ; mais malheureusement l'ivresse amène à sa suite l'abattement et la faiblesse, et, ce qui est le pire, la nécessité d'y recourir de nouveau et toujours davantage. La gourmandise mérite plus encore d'être mise au rang des jouissances animales, car elle n'occupe que les sens, qu'elle laisse dans un état tout passif, et elle n'excite pas le moins du monde l'imagination comme il arrive dans le cas précédent, où il y a encore place pour un jeu *actif* de représentations ; elle est donc encore plus voisine de la jouissance brutale.

Questions casuistiques.

Ne saurait-on, sinon à titre de panégyriste du vin, du moins à titre d'apologiste, en permettre un usage voisin de l'ivresse, par cette raison qu'il anime la conversation entre les convives et pousse ainsi les cœurs à s'ouvrir ? — Ou peut-on lui accorder le mérite d'opérer ce qu'Horace vante dans Caton, *virtus ejus incaluit mero ?*[1] — Mais comment fixer une *mesure* à celui qui est sur le point de tomber dans un état où ses yeux ne seront plus capables de rien mesurer ? L'usage de l'opium et de l'eau-de-vie, comme moyens de jouis-

---

[1] *Narratur et prisci Catonis*
Sæpe mero caluisse virtus.
   Horace, ode 21 du livre III.

sance, est voisin de l'abrutissement; car, dans ce bien-être imaginaire qu'il leur apporte, il rend les hommes muets, taciturnes, concentrés ; il n'est donc permis qu'à titre de remède. — Le mahométisme, qui interdit absolument le vin, a été par conséquent très-malavisé, en permettant l'opium.

Les banquets, tout en nous invitant formellement à l'intempérance dans les deux espèces de jouissance dont il s'agit ici, ont pourtant, outre l'agrément purement physique qu'ils procurent, quelque chose qui tend à une fin morale, à savoir de retenir ensemble un certain nombre d'hommes et d'entretenir entre eux une longue communication. Toutefois, comme une grande réunion d'hommes (quand elle dépasse le nombre des muses, comme dit Chesterfield) ne permet guère de communiquer entre soi (sinon avec ses plus proches voisins), et que par conséquent les moyens vont ici contre la fin, il y a toujours là une excitation à l'immoralité, c'est-à-dire à l'intempérance et à l'oubli du devoir envers soi-même. Je ne parle pas des incommodités physiques qui pourraient résulter pour nous des excès de la table et dont les médecins nous guériraient peut-être. Jusqu'où s'étend la faculté morale de céder à ces invitations à l'intempérance?

CHAPITRE SECOND.

DES DEVOIRS DE L'HOMME ENVERS LUI-MÊME, EN TANT QU'ÊTRE MORAL.

Ils sont opposés aux vices du mensonge, de l'avarice et de la fausse humilité (de la bassesse).

ARTICLE PREMIER.
Du mensonge.

§ 9.

La plus grande transgression du devoir de l'homme envers lui-même, considéré simplement comme être moral (envers l'humanité qui réside en sa personne), c'est le contraire de la véracité, c'est-à-dire le *mensonge* (*aliud lingua promptum, aliud pectore inclusum gerere*). Il est de soi-même évident que toute fausseté volontaire dans l'expression de ses pensées (qui dans la doctrine du droit ne prend le nom de mensonge que quand elle porte atteinte au droit d'autrui), encourt inévitablement cette dure qualification dans l'éthique, pour qui l'absence de tout dommage ne légitime point une chose mauvaise en soi. Le déshonneur (qui consiste à devenir un objet de mépris moral) suit le mensonge, et accompagne le menteur comme son ombre. — Le mensonge peut être extérieur (*mendacium externum*), ou intérieur. Par le premier, l'homme se rend méprisable aux yeux des autres; par le second, ce qui est encore pis, il se rend méprisable à ses propres yeux, et offense la dignité de l'humanité dans sa personne. Nous n'avons à tenir compte ni du tort que le mensonge peut causer aux autres hommes, puisque ce n'est pas là ce qui fait le caractère propre de ce vice (autrement il ne serait autre chose que la violation d'un devoir envers autrui), ni de celui que le menteur peut se faire à lui-même, car, considéré comme un défaut de prudence, il serait en contradiction avec les maximes pragmatiques [1], mais non avec les maximes morales, et par conséquent il ne pourrait être considéré comme la transgression d'un devoir. — Le mensonge est l'avilissement et comme l'anéantissement de la dignité humaine. Un homme qui ne croit pas lui-même ce qu'il dit à un autre (fût-ce à une personne idéale), a encore moins de valeur que n'en a une simple chose; car quelqu'un peut tirer parti de l'utilité de cette chose, puisque c'est un objet réel qui lui est donné, tandis que, si en prétendant communiquer à un autre ses pensées, on se sert de mots qui signifient (à dessein) le contraire de ce que l'on pense, on se propose une fin qui va directement contre la destination naturelle de la faculté de communiquer ses pensées, et par conséquent on abdique sa personnalité; aussi le menteur est-il moins un homme véritable que l'apparence trompeuse d'un homme. — La *véracité* dans les déclarations s'appelle aussi *loyauté* [2]; quand il s'agit de promesse, *probité* [3], et en général *bonne foi* [4].

Le mensonge (dans le sens que l'éthique attache à

---

[1] *Pragmatischen.* — C'est l'épithète que Kant a adoptée pour qualifier en général les maximes de la prudence, ou de cette sagesse pratique qui n'est pas la moralité, mais l'intérêt bien entendu.   J. B.

[2] *Ehrlichkeit.* — [3] *Redlichkeit.* — [4] *Aufrichtigkeit.*

ce mot ¹), comme fausseté volontaire en général, n'a pas besoin d'être *nuisible* aux autres pour être déclaré condamnable ; car, à ce point de vue, il serait une violation du droit d'autrui. Il peut bien avoir uniquement pour cause la légèreté, ou un bon naturel ; on peut même s'y proposer une fin réellement bonne ; toujours le moyen qu'on emploie est-il par sa seule forme une offense faite par l'homme à sa propre personne, et une indignité qui le doit rendre méprisable à ses propres yeux.

Il est facile de prouver la réalité de beaucoup de mensonges intérieurs dont les hommes se rendent coupables ; mais il semble plus difficile d'en expliquer la possibilité, parce qu'il semble qu'il faille absolument une seconde personne qu'on ait l'intention de tromper, et que se tromper volontairement soi-même soit une chose contradictoire en soi.

L'homme, en tant qu'être moral (*homo noumenon*), ne peut se servir de lui-même, en tant qu'être physique (*homo phœnomenon*), comme d'un pur moyen (d'une machine à paroles ²), qui ne serait point assujetti à la fin intérieure de la faculté de communiquer ses pensées ; il est soumis au contraire à la condition de rester d'accord avec lui-même dans la déclaration (*declaratio*) de ses pensées, et il est obligé envers lui-même à la *véracité*. — Il se ment à lui-même, par exemple, lorsqu'il fait semblant de croire à un juge futur du monde, tandis qu'il ne trouve pas réellement en lui cette croyance, mais qu'il se persuade qu'il n'a

---

¹ *In der ethischen Bedeutung des Worts.* — ² *Sprachmaschine.*

rien à perdre, mais tout à gagner à professer cette foi en se plaçant par la pensée devant celui qui sonde les cœurs, afin d'obtenir ainsi sa faveur dans tous les cas. Il se ment encore à lui-même lorsque, sans mettre en doute l'existence de ce juge suprême, il se flatte d'obéir à sa loi par pur respect pour elle, tandis qu'il ne sent en lui d'autre mobile que la crainte du châtiment.

Le défaut de pureté [1] en matière de conscience n'est autre chose qu'un manque de *délicatesse de conscience* [2], c'est-à-dire de sincérité dans la confession que l'on fait devant son juge *intérieur*, qu'on se représente comme une autre personne. Par exemple, à traiter les choses à l'extrême rigueur, c'est déjà tomber dans un défaut de ce genre, que de prendre, par amour de soi, un désir pour le fait même, parce qu'il a pour objet une fin bonne en elle-même. Le mensonge intérieur, qui pourtant est contraire au devoir de l'homme envers lui-même, reçoit ici le nom de faiblesse; elle est semblable à celle d'un amant à qui son désir de ne trouver que des qualités dans la femme qu'il aime rend invisibles les défauts les plus saillants. — Cependant ce manque de sincérité dans les jugements que l'on porte sur soi-même mérite le blâme le plus sévère; car, dès qu'une fois le principe suprême de la véracité a été ébranlé, le fléau de la dissimulation (qui semble avoir ses racines dans la nature humaine) ne tarde pas à s'étendre jusque dans nos relations avec les autres hommes.

---

[1] *Unlauterkeit*. — [2] *Gewissenhaftigkeit*.

REMARQUE.

Il est digne de remarque que la Bible date le premier crime par lequel le mal est entré dans le monde, non du *fratricide* (du meurtre de Caïn), mais du premier *mensonge* (parce que la nature même se soulève contre ce crime), et qu'elle désigne comme l'auteur de tout mal le menteur primitif, le père des mensonges. La raison ne peut d'ailleurs donner aucune autre explication de ce penchant de l'homme à la *fourberie*[1], qui doit pourtant avoir précédé. C'est qu'on ne saurait déduire et expliquer un acte de la liberté (comme un effet physique) par la loi naturelle de l'enchaînement des effets et des causes, qui sont des phénomènes.

Questions casuistiques.

Peut-on regarder comme un mensonge la fausseté que l'on commet par pure politesse (par exemple, le *très-obéissant serviteur* que l'on écrit au bas d'une lettre)? Personne n'est trompé par là. — Un auteur demande à un de ses lecteurs : Que pensez-vous de mon ouvrage? On pourrait bien faire une réponse illusoire, et l'on se moquerait ainsi d'une question aussi insidieuse, mais qui a toujours la présence d'esprit nécessaire? La moindre hésitation à répondre est déjà une offense pour l'auteur; faut-il donc le complimenter de bouche?

Si je dis une chose fausse dans des affaires importantes, où le mien et le tien sont en jeu, dois-je répondre de toutes les conséquences qui peuvent en résulter? Par exemple, un maître a ordonné à son

---

[1] *Gleisnerei.* Kant traduit lui-même (entre parenthèses) cette expression allemande par les mots français *esprit fourbe*.

domestique de répondre, si quelqu'un venait le demander, qu'il n'est pas à la maison. Le domestique suit cet ordre ; mais il est cause par là que son maître, s'étant évadé, commet un grand crime, ce qu'aurait empêché la force armée envoyée pour l'appréhender. Sur qui retombe ici la faute, suivant les principes de l'éthique ? Sans doute aussi sur le domestique, qui a violé ici un devoir envers lui-même par un mensonge, dont sa propre conscience doit lui reprocher les conséquences.

ARTICLE II.

De l'avarice.

§ 10.

J'entends ici par ce mot, non la *cupidité*[1] (le penchant à étendre ses moyens d'existence au delà des bornes du véritable besoin), car celle-ci peut être considérée comme une simple transgression d'un devoir envers *autrui* (du devoir de la bienfaisance), mais la *parcimonie*[2], qui, lorsqu'elle est honteuse, prend le nom de *lésinerie* ou de ladrerie[3], et je ne la considère point en tant qu'elle est une négligence de notre devoir de charité envers autrui, mais en tant que, restreignant la jouissance *personnelle* des moyens d'existence jusqu'au-dessous de la mesure du véritable besoin, elle est une violation du devoir *envers soi-même*.

---

[1] *Den habsüchtigen Geiz.* — [2] *Den kargen Geiz.* — [3] *Knickerei oder Knauserei.*

La condamnation de ce vice peut servir d'exemple pour montrer clairement combien il est inexact de définir les vertus ainsi que les vices par le simple *degré*, et combien est oiseux le principe d'*Aristote*, que la vertu consiste à tenir le milieu entre deux vices.

Si en effet je considérais la *bonne économie domestique*[1] comme un juste milieu entre la prodigalité et l'avarice, et que ce milieu fût déterminé par le *degré*, on ne pourrait aller d'un vice au vice contraire (*contrarie opposito*) qu'en passant par la *vertu* ; celle-ci ne serait plus alors qu'un vice diminué ou plutôt un vice défaillant, et la conséquence serait que, dans le cas présent, le véritable devoir de vertu consisterait à ne faire aucun usage des moyens de jouir de la vie.

Ce n'est pas la *mesure* de la pratique des maximes morales, mais leur *principe* objectif qu'il faut prendre pour critérium, quand on veut distinguer un vice de la vertu. — La *maxime de la cupidité prodigue*[2] est de ne se procurer tous les moyens de bien vivre qu'*en vue de la jouissance*. — Celle de l'*avarice*[3] est au contraire d'acquérir et de conserver tous ces moyens, en se proposant uniquement pour but la *possession* et en s'interdisant la *jouissance*.

Le caractère propre de cette dernière espèce de vice est ce principe arrêté de posséder les moyens d'arriver à toutes sortes de fins, mais à la condition de renoncer à faire usage d'aucun, et de se priver de tout ce qui peut rendre la vie agréable et douce : ce qui

---

[1] *Die gute Wirthschaft.* — [2] *Der verschwenderischen Habsucht.* — [3] *Des kargen Geizes.*

est directement contraire au devoir envers soi-même, au point de vue de la fin (1). La prodigalité et l'avarice ne diffèrent donc pas simplement par le degré, mais spécifiquement, c'est-à-dire par les maximes opposées sur lesquelles elles se fondent.

---

(1) Le principe qu'on ne doit faire en aucune chose ni trop ni trop peu, ne signifie rien, car c'est une proposition tautologique. Qu'est-ce que trop faire? Réponse: plus qu'il n'est bon. Qu'est-ce que faire trop peu? Réponse: moins qu'il n'est bon. Que veut dire *je dois* (faire ou éviter quelque chose)? Réponse : il n'est *pas bon* (il est contraire au devoir) de faire *plus* ou *moins* qu'il n'est bon. Si c'est là la sagesse pour laquelle il nous faut remonter aux anciens (à Aristote entre autres), comme à des esprits qui étaient plus près de la source, nous avons été fort malavisés en consultant de tels oracles. — Il n'y a pas de milieu entre la véracité et le mensonge (comme *contradictorie opposita*), mais bien entre cette franchise qui consiste à tout dire*, et cette réserve** qui consiste à ne pas dire, en exprimant sa pensée, *toute la vérité*, quoique *tout* ce que l'on dise soit vrai (*contrarie opposita*). Or il semble tout naturel de demander à la doctrine de la vertu de nous indiquer ce milieu. Mais elle ne le peut pas, car ces deux devoirs de vertu ont une certaine latitude d'application (*latitudinem*), et ce qu'il faut faire ne peut être déterminé par le jugement que d'après les règles de la prudence (les règles pragmatiques), et non d'après celles de la moralité (les règles morales), c'est-à-dire comme un devoir *large* (*officium latum*), et non comme un devoir *étroit* (*officium strictum*). C'est pourquoi celui qui suit les principes de la vertu peut bien commettre une *faute* (*peccatum*) en faisant plus ou moins que ne le prescrit la prudence; mais on ne saurait lui reprocher comme un vice de s'attacher fermement à ces principes, et, pris à la lettre, ces vers d'Horace sont radicalement faux :

> *Insani sapiens nomen ferat, æquus iniqui,*
> Ultra quam satis est *virtutem si petat ipsam.*

Mais *sapiens* ne signifie ici qu'un homme *prudent* (*prudens*), qui ne rêve pas une perfection de vertu, idéal dont nous devons tendre à nous rapprocher, mais que nous ne pouvons nous flatter d'atteindre, car cela est au-dessus des forces humaines, et il faut bien se garder d'une présomption déraisonnable (*fantastique*). Autrement, dire qu'on peut être *trop vertueux*, c'est-à-dire trop attaché à son devoir, reviendrait presque à dire qu'on peut rendre un cercle trop rond ou trop droite une ligne droite.

* *Offenherzigkeit.* — ** *Zurückhaltung.*

Questions casuistiques.

Comme il ne s'agit ici que de devoirs envers soi-même, et que la cupidité (le désir insatiable d'acquérir) en vue de la dépense, de même que l'avarice (la crainte la dépense), ont leur fondement dans l'*amour de soi* (*solipsismus*), et ne paraissent condamnables que parce qu'elles conduisent à l'indigence, la prodigalité à une indigence inattendue, l'avarice à une indigence volontaire (puisqu'elle suppose la résolution de vivre misérablement), — la question est de savoir si l'une comme l'autre ne mériteraient pas plutôt le titre d'imprudence que celui de vice, et si par conséquent elles ne sont pas tout à fait en dehors de la sphère des devoirs envers soi-même. Mais l'avarice n'est pas seulement une économie mal entendue; elle est une soumission servile de soi-même aux biens de la fortune, qui ne nous permet plus d'en rester le maître, et qui est une transgression du devoir envers soi-même. Elle est opposée à la *libéralité* (*liberalitas moralis*) des sentiments en général [1] (je ne dis pas à la générosité [2], *liberalitas sumptuosa*, laquelle n'est que l'application de la première à un cas particulier), c'est-à-dire au principe de l'indépendance à l'égard de toute autre chose que la loi, et elle est ainsi une fraude dont l'homme se rend coupable envers lui-même. Mais qu'est-ce qu'une loi que le législateur intérieur ne sait où appliquer? Dois-je diminuer mes dépenses de table ou mes dépenses extérieures? dans

---

[1] *Der Denkungsart.* — [2] *Freigebigkeit.*

la vieillesse ou dans la jeunesse? ou l'économie est-elle en général une vertu?

ARTICLE III.

De la fausse humilité.

§ 11.

L'homme considéré dans le système de la nature (*homo phœnomenon*, *animal rationale*) est un être de médiocre importance, et il a une valeur vulgaire (*pretium vulgare*) qu'il partage avec les autres animaux que produit le sol. En outre, comme il s'élève au-dessus d'eux par l'intelligence et qu'il peut se proposer à lui-même des fins, il en tire une valeur *intrinsèque* d'utilité (*pretium usus*), qui fait qu'on préfère sous ce rapport un homme à un autre, c'est-à-dire que, dans les rapports des hommes considérés au point de vue animal ou comme choses, il a un *prix* analogue à celui d'une marchandise, mais inférieur pourtant à la valeur du moyen général d'échange, de l'argent, dont le prix est pour cette raison considéré comme éminent (*pretium eminens*).

Mais, considéré comme *personne*, c'est-à-dire comme sujet d'une raison moralement pratique, l'homme est au-dessus de tout prix; car, à ce point de vue (*homo noumenon*), il ne peut être regardé comme un moyen pour les fins d'autrui, ou même pour ses propres fins, mais comme une fin en soi, c'est-à-dire qu'il possède une *dignité* (une valeur intérieure absolue), par laquelle il force au *respect* de sa personne toutes les autres créatures raisonnables, et qui lui permet de se mesurer avec chacune d'elles et de s'estimer sur le pied de l'égalité.

L'humanité qui réside en sa personne est l'objet d'un respect qu'il peut exiger de tout autre homme, mais dont il ne doit pas non plus se dépouiller. Il peut et il doit donc s'estimer d'après une mesure qui est à la fois petite et grande, suivant qu'il se considère comme être sensible (dans sa nature animale), ou comme être intelligible (dans sa nature morale). Mais, comme il ne doit pas se considérer seulement comme une personne en général, mais encore comme un homme, c'est-à-dire comme une personne ayant des devoirs envers elle-même, que lui impose sa propre raison, son peu de valeur [1] comme *homme animal* [2] ne saurait nuire à la conscience de sa dignité comme *homme raisonnable* [3], et il ne doit pas renoncer à cette estime morale qu'il peut avoir pour lui-même en cette dernière qualité. En d'autres termes, il ne doit pas poursuivre sa fin, qui est un devoir en soi, d'une manière basse et *servile* (*animo servili*), comme s'il s'agissait de solliciter une faveur : ce serait abdiquer sa dignité ; mais il doit toujours maintenir en lui la conscience de la noblesse de ses dispositions morales, et cette *estime de soi* est un devoir de l'homme envers lui-même.

La conscience et le sentiment de notre peu de valeur morale *en comparaison de ce qu'exige la loi* est l'*humilité* morale (*humilitas moralis*). Se persuader au contraire, faute de se comparer à la loi, que l'on possède

---

[1] *Seine Geringfügigkeit.* — [2] *Als Thiermensch.* — [3] *Als Vernunftmensch.*

cette valeur à un très-haut degré, c'est ce que l'on peut appeler l'*orgueil de la vertu* [1] (*arrogantia moralis*).

— Rejeter toute prétention à quelque valeur morale que ce soit, dans l'espoir d'acquérir par là une valeur cachée, c'est une *fausse humilité* morale (*humilitas moralis spuria*) ou une *bassesse d'esprit* [2].

L'humilité qui consiste à faire peu de cas de soi-même *en se comparant avec les autres hommes* (même avec tout être fini en général, fût-ce un ange) n'est pas un devoir; bien au contraire tenter d'égaler les autres, ou même de les surpasser dans ce genre d'humilité, en se persuadant qu'on acquérera ainsi une plus grande valeur morale, c'est là une *ambition* [3] (*ambitio*) qui est directement contraire au devoir envers autrui. Mais rabaisser sa propre valeur morale, dans le dessein de se servir de ce moyen pour obtenir la faveur d'un autre (quel qu'il soit), cette action (l'hypocrisie et la flatterie [4]) est une fausse (une feinte) humilité, et, comme elle est un avilissement de la personnalité, elle est contraire au devoir envers soi-même.

---

[1] *Tugendstolz*. — [2] *Geistliche Kriecherei*.

[3] *Hochmuth*. — [4] *Heuchelei und Schmeichelei*. Il y a ici sur l'étymologie de ces mots une note qu'on ne saurait traduire en français, à moins de conserver dans la traduction les expressions allemandes sur lesquels elle porte, et c'est ce que je vais faire, en ayant soin seulement de les expliquer entre parenthèses :

« *Heucheln* (proprement *häucheln*) [en français, faire l'hypocrite] semble dérivé de *ächzenden, die Sprache unterbrechenden Hauch* (*Stoszseufzer*) [c'est-à-dire soupir entrecoupé]; et *schmeicheln* [flatter], de *schmiegen* [plier], ce qui, comme habitude, a été appelé *schmiegeln*, et enfin par le haut allemand *schmeicheln*. »

La véritable humilité doit être nécessairement le fruit d'une comparaison sincère et exacte de soi-même avec la loi morale (avec sa sainteté et sa sévérité); mais en même temps de ce que nous sommes capables d'une législation intérieure telle que l'homme (physique) se sent forcé de respecter l'homme (moral) dans sa propre personne, il suit que nous devons nous sentir *élevés*[1] et nous estimer hautement nous-mêmes, car nous avons le sentiment d'une valeur intérieure (*valor*), qui nous met au-dessus de tout prix (*pretium*), et nous confère une dignité inaliénable (*dignitas interna*), bien propre à nous inspirer du respect (*reverentia*) pour nous-mêmes.

§ 12.

Ce devoir relatif à la dignité de l'humanité en nous, et qui par conséquent est un devoir envers nous-mêmes, peut se traduire d'une manière plus ou moins claire dans les préceptes suivants :

Ne soyez point esclaves des hommes. — Ne souffrez pas que vos droits soient impunément foulés aux pieds. — Ne contractez point de dettes, pour lesquelles vous n'offriez pas une entière sécurité. — Ne recevez point de bienfaits dont vous puissiez vous passer, et ne soyez ni parasites, ni flatteurs, ni (ce qui ne diffère du vice précédent que par le degré) mendiants. Soyez donc économes, afin de ne pas tomber dans la misère. — Les plaintes et les gémissements, même un simple

---

[1] *Erhebung.*

cri arraché par une douleur corporelle, c'est déjà chose indigne de vous, à plus forte raison si vous avez conscience d'avoir mérité cette peine. Aussi un coupable ennoblit-il sa mort (en efface-t-il la honte) par la fermeté avec laquelle il meurt. — L'action de se mettre à genoux ou de se prosterner jusqu'à terre, n'eût-elle d'autre but que de représenter d'une manière sensible [1] l'adoration des choses célestes, est contraire à la dignité humaine. Il en est de même de la prière qu'on fait en présence de certaines images ; car alors vous vous humiliez non devant un *idéal*, que vous présente votre raison, mais devant une idole qui est votre propre ouvrage.

Questions casuistiques.

Le sentiment de la sublimité de notre destination, c'est-à-dire *l'élévation d'âme* [2] (*elatio animi*), qui porte si haut l'estime de soi-même, n'est-elle pas en nous trop voisine de la *présomption* [3] (*arrogantia*), qui est directement contraire à la véritable *humilité* (*humilitas moralis*), pour qu'il soit sage de nous y exciter, ne fissions-nous même que nous comparer avec les autres hommes et non avec la loi? Ou au contraire l'abnégation de soi-même n'aurait-elle pas pour effet de donner aux autres une très-médiocre opinion de notre valeur personnelle, et n'est-elle pas ainsi contraire au devoir (de respect) envers soi-même? Il semble dans tous les cas indigne d'un homme de s'humilier et de se courber devant un autre.

---

[1] *Sich dadurch zu versinnlichen.* — [2] *Gemüthserhebung.* — [3] *Eigendünkel.*

Les hautes marques de respect dans les paroles et les manières, même à l'égard d'un homme qui n'a point d'autorité dans l'État, — les révérences, les compliments, les phrases de cour, qui indiquent avec une scrupuleuse exactitude la différence des rangs, mais qui n'ont rien de commun avec la politesse (laquelle est nécessaire même entre gens qui s'estiment également), le Toi, le Lui, le Vous, le Très-noble, le Trèshaut, le Très-puissant[1] (*ohe, jam satis est!*) — sorte de pédanterie que les Allemands ont poussée plus loin que tous les autres peuples, excepté peut-être les castes indiennes, — tout cela n'est-il pas la preuve que le penchant à la servilité est très-répandu parmi les hommes? (*Hæ nugæ in seria ducunt.*) Celui qui se fait ver, peut-il ensuite se plaindre d'être écrasé?

CHAPITRE TROISIÈME.

PREMIÈRE SECTION.

DU DEVOIR DE L'HOMME ENVERS LUI-MÊME, CONSIDÉRÉ COMME JUGE NATUREL DE LUI-MÊME.

§ 13.

Tout concept de devoir implique celui d'une contrainte objective exercée par la loi (comme par un impératif moral qui restreint notre liberté), et il appartient

---

[1] *Das Du, Er, Ihr und Sie, oder Ew. Wohledlen, Hochedlen, Hochedelgeboren, Wolhgeboren.*

à l'entendement pratique qui fournit la règle; mais *l'imputabilité* intérieure[1] d'un acte, comme *cas* soumis à la loi (*in meritum aut demeritum*) appartient au *jugement* (*judicium*), lequel, comme principe subjectif de l'imputabilité de l'action, décide au nom de la loi[2] si cette action a eu lieu ou non comme acte imputable[3] (comme action soumise à une loi), après quoi vient la décision de la *raison* (la sentence), qui joint à l'action son juste effet (la condamnation ou l'absolution). Et c'est ce qui se passe *en justice* (*coram judicio*), ou devant ce qu'on appelle le *tribunal* (*forum*) qui est comme une personne morale chargée de procurer à la loi son effet. — Ce *tribunal intérieur* que l'homme sent en lui (« devant lequel ses pensées s'accusent ou se justifient mutuellement ») est *la conscience*[4].

Tout homme a une conscience et se sent observé, menacé et en général tenu en respect (sorte d'estime mêlée de crainte) par un juge intérieur, et cette puissance qui veille en lui à l'exécution des lois n'est pas quelque chose qui soit *son ouvrage* (volontaire), mais elle est inhérente à son être. Elle le suit comme son ombre quand il pense s'y soustraire. Il a beau s'étourdir ou s'endormir au sein des plaisirs et des distractions; il ne saurait s'empêcher de faire parfois un retour sur lui-même, ou de se réveiller, dès qu'il entend sa voix terrible. Il peut bien tomber dans un tel degré d'abjection qu'il en vienne à ne plus s'en soucier; mais il ne peut jamais éviter de *l'entendre*.

Cette disposition originaire, à la fois intellectuelle et

---

[1] *Innere Zurechnung.*—[2] *Rechtskräftig.*—[3] *Als That.*—[4] *Das Gewissen.*

morale (puisqu'elle a rapport au devoir), qu'on appelle la *conscience*, a cela de particulier que, quoique l'homme y ait affaire avec lui-même, il se voit forcé par sa raison d'agir comme sur l'injonction d'*une autre personne*. Car il en est ici comme d'une *cause judiciaire* (*causa*). Concevoir celui qui est *accusé* par sa conscience comme ne faisant qu'*une seule et même personne* avec le juge, c'est une absurde façon de se représenter un tribunal; car alors l'accusateur serait toujours sûr de perdre.—C'est pourquoi, dans tous les devoirs, la conscience de l'homme devra concevoir un *autre* juge de ses actions qu'elle-même, si elle ne veut pas tomber en contradiction avec elle-même. Or cet autre juge peut être une personne réelle, ou seulement une personne idéale, que la raison se donne à elle-même. (1).

---

(1) La double personnalité que l'homme, qui s'accuse et se juge dans sa conscience, doit concevoir en lui-même; ce double moi, qui d'un côté se voit forcé de comparaître en tremblant devant la barre d'un tribunal, dont la garde lui est confiée à lui-même, et qui, de l'autre, y exerce, en vertu d'une autorité naturelle, la fonction de juge : c'est là une chose qui a besoin d'être expliquée, afin que l'on ne puisse reprocher à la raison de tomber en contradiction avec elle-même.—Moi, accusateur et accusé tout à la fois, je suis bien le même *homme* (*numero idem*); mais, comme sujet de la législation morale, de celle qui dérive du concept de la liberté, et où l'homme est soumis à une loi qu'il se donne à lui-même (*homo noumenon*), je dois me considérer comme étant un autre être que l'homme sensible et doué de raison (*specie diversus*), mais seulement au point de vue pratique;—car sur la relation causale de l'intelligible avec le sensible, la théorie ne nous apprend rien;—et cette distinction spécifique est celle des facultés (supérieures et inférieures) qui caractérisent l'homme. C'est le premier homme qui est l'accusateur, et le second qui est juridiquement chargé de la défense de l'accusé (qui est son avocat). Une fois la cause entendue, le juge intérieur, comme une personne *investie de la puissance*, prononce la sentence sur le bonheur ou

Cette personne idéale (ce juge légitime de la conscience) doit pouvoir sonder les cœurs ; car il s'agit d'un tribunal établi dans l'*intérieur* de l'homme. — En même temps elle doit être le *principe de toute obligation*[2], c'est-à-dire qu'elle doit être une personne, ou conçue comme une personne dont tous nos devoirs en général puissent être considérés comme des ordres ; car la conscience est le juge intérieur de tous les actes libres. — Or, comme un tel être moral doit avoir en même temps toute puissance (dans le ciel et sur la terre), puisqu'il ne pourrait autrement (ce qui est pourtant une attribution nécessaire à sa qualité de juge) assurer à ses lois l'effet qui leur convient, cet être moral et tout puissant ne peut être que *Dieu*. Il faut donc concevoir la conscience comme le principe subjectif d'un compte à rendre à Dieu de ses actions ; cette dernière idée est toujours impliquée (quoique d'une manière obscure) dans cette conscience morale de soi-même.

Cela ne veut pas dire d'ailleurs que cette idée, à laquelle sa conscience le conduit inévitablement, autorise l'homme, et à plus forte raison *l'oblige à admettre comme réel* en dehors de lui un tel être suprême ; car elle ne lui est pas donnée *objectivement* par la raison théorétique, mais seulement d'une manière *subjective* par la raison pratique qui s'oblige elle-même à agir

---

le malheur qui doit être la conséquence morale de l'action ; mais sous ce rapport nous ne pouvons, au moyen de notre raison, suivre plus loin la puissance de ce juge interne (considéré comme maître du monde), et nous ne pouvons que respecter son *jubeo* ou son *veto* absolu.

[1] *Muss ein Herzenskündiger seyn.* — [2] *Allverpflichtend.*

conformément à cette idée ; et au moyen de cette idée, *suivant une simple analogie*[1] avec un législateur de tous les êtres raisonnables du monde, l'homme en vient à considérer une pure direction, la délicatesse de conscience (qu'on appelle aussi *religion*) comme quelque chose dont il doit répondre devant un être saint différent de lui, mais qui lui est intérieurement présent (dans la raison qui lui dicte les lois morales), et à se soumettre à la volonté de cet être comme à la règle de l'honnête. L'idée de la religion en général n'est là pour l'homme « qu'un principe qui lui fait considérer tous ses devoirs comme des commandements divins. »

I. Dans une affaire de conscience (*causa conscientiam tangens*), l'homme conçoit une conscience *qui l'avertit* (*præmonens*) avant qu'il ne se résolve ; et, quand il s'agit d'une idée de devoir (de quelque chose de moral en soi), dans les cas dont la conscience est l'unique juge (*casibus conscientiæ*) on ne peut traiter l'extrême *scrupule*[2] (*scrupulositas*) de minutie (de micrologie), et regarder une véritable transgression comme une bagatelle (*peccatillum*), que l'on renverrait (suivant le principe : *minima non curat prætor*) à la décision arbitraire d'un casuiste. Dire de quelqu'un qu'il a une conscience *large* revient donc à dire qu'il *n'a pas de conscience*. —

II. Quand l'acte est résolu, un *accusateur* s'élève aussitôt dans le sein de la conscience, mais en même temps aussi un *défenseur* (un avocat) ; et l'affaire ne

---

[1] *Nur nach der Analogie mit*..... — [2] *Bedenklichkeit*.

peut être arrangée à l'amiable (*per amicabilem compositionem*), mais elle doit être décidée suivant la rigueur du droit.

III. La sentence que la conscience prononce en dernier ressort sur l'homme et par laquelle elle l'*absout* ou le *condamne,* est l'arrêt qui termine l'affaire. Il faut remarquer que dans le premier cas la sentence ne décrète jamais une *récompense* (*præmium*), en ce sens qu'elle ne nous met point en possession de quelque chose que nous n'avions pas auparavant; seulement elle nous fait sentir la *satisfaction*[1] d'avoir échappé au danger d'être trouvé coupable. C'est pourquoi le bonheur que nous donne le témoignage consolant de notre conscience n'est pas un bonheur *positif* (un sentiment de joie), mais seulement un bonheur *négatif* (c'est le repos qui succède à l'inquiétude); et l'on ne peut attribuer cette espèce de bonheur qu'à la vertu, comme à un combat livré à l'influence que le mauvais principe exerce dans l'homme.

DEUXIÈME SECTION.

DE LA PREMIÈRE LOI DE TOUS LES DEVOIRS ENVERS SOI-MÊME.

§ 14.

Cette loi est : *connais-toi toi-même* (étudie-toi, sonde-toi), non quant à ta perfection physique (à ta capacité ou à ton incapacité relativement à toutes sortes de fins arbitraires ou même ordonnées), mais

---

[1] *Frohseyn.*

quant à ta perfection morale, relativement à ton devoir ;—sonde ton cœur,—afin de savoir s'il est bon ou mauvais, si la source de tes actions est pure ou impure, et de pouvoir y faire la part, soit de ce qui appartient originairement à la substance de l'homme, soit de ce qui dérivant de lui (étant acquis ou contracté) peut lui être attribué et constitue ainsi *l'état* moral.

Cet examen de soi-même, qui cherche à sonder l'abîme du cœur jusque dans ses profondeurs les plus cachées, et la connaissance de soi-même qui en résulte, voilà le commencement de toute sagesse humaine. En effet la sagesse, qui consiste dans l'accord de la volonté d'un être avec son but final, exige de l'homme qu'il commence par se débarrasser des obstacles intérieurs (que lui oppose la mauvaise volonté qu'il porte en lui), et qu'ensuite il travaille à développer en lui les dispositions primitives d'une bonne volonté, lesquelles ne peuvent jamais être entièrement étouffées. Il n'y a, dans la connaissance de soi-même, que la descente aux enfers qui puisse conduire à l'apothéose.

§ 15.

Cette connaissance morale de soi-même bannira d'abord le mépris *fanatique* [1] de soi-même, comme homme, ou de tout le genre humain en général ; car ce mépris est contradictoire. Il peut bien arriver qu'en vertu des excellentes dispositions que nous avons pour le bien et qui nous rendent respectables, nous trou-

---

[1] *Schwärmerische Verachtung.*

vions dignes de mépris ceux qui agissent contrairement à ces dispositions, mais ce mépris ne peut tomber que sur tel ou tel homme en particulier, et non sur l'humanité en général. — D'un autre côté, cette connaissance de soi-même ne permettra pas non plus cette estime *présomptueuse* [1] de soi-même, qui va jusqu'à prendre pour des preuves d'un bon cœur de simples désirs, qui peuvent avoir une certaine vivacité, mais qui sont et restent sans effet. La *prière* n'est aussi qu'un désir intérieur, se déclarant devant celui qui sonde les cœurs. L'impartialité dans les jugements que nous avons à porter sur nous-mêmes, en rapprochant notre conduite de la loi, et la sincérité dans l'aveu de notre valeur morale ou de ce qui nous manque sous ce rapport, sont des devoirs envers soi-même, qui dérivent immédiatement de ce premier précepte : connais-toi toi-même.

SECTION ÉPISODIQUE.

DE L'*amphibolie* DES *concepts* MORAUX *de réflexion*, QUI CONSISTE A PRENDRE NOS DEVOIRS ENVERS NOUS-MÊMES OU ENVERS LES AUTRES HOMMES POUR DES DEVOIRS ENVERS D'AUTRES ÊTRES [2].

§ 16.

A en juger d'après la seule raison, l'homme n'a de devoirs qu'envers l'homme (envers lui-même ou envers les autres hommes). En effet, son devoir envers quelque sujet est la contrainte morale imposée par la volonté de ce sujet. Le sujet qui impose cette contrainte

---

[1] *Eigenliebige Selbstschätzung.*

[2] La première édition portait simplement : « Prendre nos devoirs envers nous-mêmes pour des devoirs envers autrui. » Note de Schubert.

(qui oblige), doit donc être *d'abord* une personne. *Ensuite* il faut que cette personne nous soit donnée comme un objet d'expérience; car nous devons concourir à la fin de sa volonté, et cela n'est possible que dans la relation réciproque de deux êtres existants, puisqu'un être de raison [1] ne saurait être *cause* de quelque effet arrivant suivant des fins. Or toute notre expérience ne nous fait connaître d'autre être capable d'obligation (active ou passive) que l'homme. L'homme ne peut donc avoir de devoirs envers d'autre être que l'homme même. Que s'il s'en représente d'une autre espèce, ce ne peut être que par une *amphibolie des concepts de réflexion* : ses prétendus devoirs envers d'autres êtres ne sont que des devoirs envers lui-même. Ce qui le conduit à cette erreur, c'est qu'il prend ses devoirs *relativement* à d'autres êtres pour des devoirs *envers* ces êtres.

Ces prétendus devoirs peuvent se rapporter ou à des êtres *impersonnels*, ou à des êtres personnels, mais absolument *invisibles* (inaccessibles aux sens extérieurs). — Les premiers (*qui sont au dessous de l'homme* [2]) peuvent être ou la nature inorganique, ou la nature organique, mais dépourvue de sensibilité, ou celle qui est en même temps douée de sensation et de volonté (les minéraux, les plantes, les animaux); les seconds (*qui sont au-dessus de l'homme* [3]) peuvent être conçus comme des esprits purs (les anges, Dieu). — Or il s'agit de savoir si entre ces deux espèces d'êtres et l'homme il peut y avoir un rapport de devoir, et quel rapport.

---

[1] *Ein blosses Gedankending.*
[2] *Aussermenschlichen.* — [3] *Uebermenschlichen.*

§ 17.

Relativement aux *beautés* de la nature inanimée, le penchant à la destruction (*spiritus destructionis*) est contraire au devoir envers soi-même, car il affaiblit ou éteint dans l'homme un sentiment qui, à la vérité, n'est point moral par lui-même, mais qui suppose une disposition de la sensibilité très-favorable à la moralité, ou qui, tout au moins, nous y prépare : je veux parler du plaisir d'aimer une chose même indépendamment de toute considération d'utilité, et de trouver une satisfaction désintéressée dans les belles cristallisations, ou dans les beautés indéfinissables du règne végétal.

Relativement à cette partie de la création qui est animée, mais privée de raison, la violence et la cruauté avec lesquelles on traite les animaux sont très-contraires au devoir de l'homme envers lui-même ; car on émousse ainsi en soi la compassion qu'excitent leurs souffrances, et par conséquent on affaiblit et on éteint peu à peu une disposition naturelle, très-favorable à la moralité de l'homme, dans ses rapports avec ses semblables. Nous avons le droit de les tuer par des moyens expéditifs (sans les torturer), et de les soumettre à un travail qui n'excède point leurs forces (puisque nous sommes nous-mêmes soumis à cette nécessité) ; mais ces expériences douloureuses que l'on fait sur eux, dans un intérêt purement spéculatif, et alors qu'on pourrait arriver au même but par d'autres moyens, sont choses odieuses. — La reconnaissance même pour les longs services d'un vieux cheval ou d'un vieux chien (comme si c'était une personne de la maison), rentre *indirectement* dans les devoirs de l'homme, si on les considère *relativement* à ces animaux ; mais, considéré *directement*, ce devoir n'est toujours qu'un devoir de l'homme *envers* lui-même.

§ 18.

Relativement à un être qui est placé tout à fait en dehors des limites de notre expérience, mais dont la possibilité s'accorde pourtant avec nos idées, c'est-à-dire relativement à Dieu, nous avons aussi un devoir, que l'on désigne sous le nom de *devoir religieux*, c'est à savoir de « considérer tous nos devoirs comme (*instar*) des commandements de Dieu. » Mais ce n'est point là avoir conscience d'un devoir *envers Dieu*. Car, comme cette idée émane entièrement de notre propre raison, et que nous la *produisons* nous-mêmes, soit au point de vue théorétique pour expliquer la finalité dans l'univers, soit pour nous en servir comme d'un mobile dans notre conduite, nous n'avons point ainsi devant nous un être donné, *envers* lequel nous ayons quelque obligation ; il faudrait pour cela que la réalité en fût d'abord prouvée (ou manifestée) par l'expérience. Seulement c'est un devoir de l'homme envers lui-même d'appliquer à la loi morale cette idée qui se présente irrésistiblement à la raison, et qui est pour nous de la plus grande utilité morale. Dans ce sens (*pratique*), il peut être vrai de dire que c'est un devoir de l'homme envers lui-même d'avoir de la religion.

DEUXIÈME DIVISION

DES DEVOIRS ENVERS SOI-MÊME.
DES DEVOIRS IMPARFAITS DE L'HOMME ENVERS LUI-MÊME
(RELATIVEMENT A SA FIN).

PREMIÈRE SECTION.

DU DEVOIR ENVERS SOI-MÊME, QUI CONSISTE DANS LE DÉVELOPPEMENT ET DANS L'ACCROISSEMENT DE SA *perfection naturelle*, C'EST-A-DIRE SOUS LE RAPPORT PRAGMATIQUE.

§ 19.

La culture (*cultura*) de ses facultés naturelles (des facultés de l'esprit, de l'âme et du corps), comme moyens pour toutes sortes de fins possibles, est un devoir de l'homme envers lui-même. — L'homme se doit à lui-même (en sa qualité d'être raisonnable) de ne pas négliger et laisser en quelque sorte se rouiller les dispositions naturelles et les facultés, dont sa raison peut avoir à faire usage dans la suite ; et, à supposer même qu'il puisse se contenter du degré de puissance qu'il trouve en lui pour satisfaire ses besoins naturels, sa raison doit d'abord l'éclairer, à l'aide de ses principes, au sujet de cette disposition à se *contenter*[1] d'un médiocre développement de ses facultés, puisque, étant un être capable de se proposer des fins, ou de prendre pour but certains objets, il est redevable de l'usage de ses facultés, non-seulement à l'instinct de la nature,

---

[1] *Dieses Zufriedenseyn.*

mais encore à la liberté avec laquelle il détermine cette mesure. Il n'est donc pas question des *avantages* que la culture de nos facultés peut nous procurer (relativement à toutes sortes de fins); car, à ce point de vue (suivant les principes de Rousseau), ce serait peut-être à la grossièreté des besoins naturels qu'il faudrait donner la préférence; mais c'est une loi de la raison moralement pratique et un *devoir* de l'homme envers lui-même, de cultiver ses facultés (et parmi elles l'une plus que les autres, suivant la nature particulière de ses fins), et de se rendre, sous le rapport pragmatique, propre à la fin de son existence.

Les *facultés de l'esprit* sont celles dont l'exercice n'est possible qu'au moyen de la raison. Elles sont créatrices, en ce sens que leur usage ne vient pas de l'expérience, mais dérive *à priori* de certains principes. Telles sont celles auxquelles nous devons les mathématiques, la logique et la métaphysique de la nature. Ces deux dernières se rattachent aussi à la philosophie, je veux dire à la philosophie théorétique; et, quoique celle-ci ne signifie pas alors, comme son nom l'indique, l'étude de la sagesse, mais seulement la science, elle peut à son tour aider cette étude dans la poursuite de son but.

Les *facultés de l'âme* sont celles qui sont aux ordres de l'entendement et des règles dont il se sert pour réaliser les desseins qu'il lui plaît de poursuivre; elles suivent par conséquent le fil de l'expérience. Telles sont la mémoire, l'imagination, et d'autres facultés du même genre, sur lesquelles se fondent l'érudition, le goût (l'embellissement intérieur ou extérieur), etc., et qui fournissent des instruments pour des fins diverses.

Enfin la culture des *facultés corporelles* (ce que l'on appelle proprement la gymnastique) est le soin de ce qui constitue dans l'homme l'*instrument*[1] (la matière), sans lequel il ne saurait atteindre aucune de ses fins; par conséquent veiller sur la vie et sur la durée de l'animal dans l'homme est un devoir de l'homme envers lui-même.

§ 20.

Laquelle de ces perfections naturelles l'homme doit-il préférer, et dans quelle proportion, relativement aux autres, doit-il se la proposer pour fin, s'il veut remplir son devoir envers lui-même? C'est ce qu'il faut laisser à chacun le soin de décider raisonnablement, suivant qu'il se sent du goût pour tel ou tel genre de vie et les facultés nécessaires pour y réussir, et qu'il fixe son choix en conséquence (soit, par exemple, sur le travail des mains, ou sur le commerce, ou sur la science). Car, pour ne rien dire du besoin de se conserver soi-même, qui ne peut par lui-même fonder aucun devoir, c'est un devoir de l'homme envers lui-même d'être un membre utile dans le monde, puisque cela fait partie de la valeur de l'humanité qui réside en sa propre personne, et à laquelle il ne doit pas déroger.

Mais les devoirs de l'homme envers lui-même, quant à sa perfection *physique*, ne sont que des devoirs *larges*

---

[1] *Zeug.*

et imparfaits, puisque, s'ils fournissent une loi pour les maximes des actions, ils ne déterminent rien relativement aux actions mêmes, à leur mode et à leur degré, mais qu'ils laissent une certaine latitude au libre arbitre.

DEUXIÈME SECTION.

DU DEVOIR ENVERS SOI-MÊME RELATIVEMENT À L'ACCROISSEMENT DE SA *perfection morale*, C'EST-À-DIRE SOUS LE RAPPORT PUREMENT MORAL.

§ 21.

Il consiste *d'abord*, au point de vue subjectif, dans la *pureté (puritas moralis)* de nos intentions en matière de devoir : c'est-à-dire qu'il faut que la loi soit notre seule mobile, que nous n'y mêlions aucune considération empruntée à la sensibilité, et que nos actions ne soient pas seulement conformes au devoir, mais que nous les fassions *par devoir*. — « Soyez saints » est ici le commandement à suivre. *Ensuite*, au point de vue objectif, relativement à toute la fin morale, qui a pour objet *la* perfection, c'est-à-dire tout le devoir et l'accomplissement absolu de la fin morale à l'égard de soi-même, le devoir peut se formuler ainsi : « Soyez parfaits. » Tendre vers ce but n'est jamais pour l'homme que marcher d'*une* perfection à une autre ; mais « il y a bien quelque vertu, quelque mérite à y tendre. »

§ 22.

Ce devoir envers soi-même est *strict* et parfait quant à la qualité, quoiqu'il soit large et imparfait quant au degré, et cela à cause de la *fragilité* (*fragilitas*) de la nature humaine.

Cette perfection en effet, que notre devoir est de *poursuivre*, mais non *d'atteindre* (dans cette vie), et dont par conséquent l'accomplissement ne peut être autre chose qu'un progrès continu, est, *par rapport* à l'objet (à l'idée que l'on doit se proposer de réaliser), un devoir envers soi-même strict et parfait; mais, par rapport au sujet, elle est un devoir large et imparfait.

Les profondeurs du cœur humain sont insondables. Qui se connaît assez pour dire, quand il se sent poussé à faire son devoir, si c'est uniquement la considération de la loi qui le détermine, ou s'il n'est pas influencé par d'autres mobiles sensibles, l'espoir de quelque avantage ou la crainte de quelque dommage, qui, dans une autre occasion, pourraient tout aussi bien le pousser au vice?—Pour ce qui regarde la perfection, comme fin morale, il n'y a sans doute dans l'idée (objectivement) qu'*une seule* vertu (je parle de cette force morale qu'exigent les maximes [1]), mais dans le fait (subjectivement) il y a une foule de vertus d'espèce différente, au-dessous desquelles il serait impossible de ne pas trouver, si l'on en voulait faire la recherche, quelque défaut de vertu [2] (quoique, à cause de la nature même de ces vertus, on n'ait pas coutume de lui donner le nom de vice). Mais une somme de vertus, dont la connaissance de nous-mêmes ne peut jamais nous

---

[1] *Als sittliche Stärke der Maximen.* — [2] *Irgend eine Untugend.*

montrer suffisamment la perfection ou le défaut, ne peut fonder que le devoir imparfait d'être parfait.

Tous les devoirs envers soi-même, relativement à la fin de l'humanité dans notre propre personne, ne sont donc que des devoirs imparfaits.

DOCTRINE ÉLÉMENTAIRE DE L'ÉTHIQUE.

LIVRE SECOND.
DES DEVOIRS DE VERTU ENVERS LES AUTRES HOMMES.

CHAPITRE PREMIER.
DES DEVOIRS ENVERS LES AUTRES HOMMES, CONSIDÉRÉS SIMPLEMENT COMME HOMMES.

PREMIÈRE SECTION.
DU DEVOIR D'AMOUR ENVERS LES AUTRES HOMMES.

DIVISION.

§ 23.

La division la plus générale de nos devoirs envers autrui est celle qui les partage en devoirs ayant pour caractère d'obliger ceux envers qui on les remplit, et devoirs dont la pratique n'a pas pour conséquence de créer une obligation dans autrui. — La première espèce de devoirs est (relativement à autrui) *méritoire* [1] ; la seconde est *obligatoire* [2]. — L'*amour* et le *respect* sont les sentiments qui accompagnent la pratique de ces

---

[1] *Verdienstliche.* — [2] *Schuldige.*

devoirs. Ils peuvent être considérés et exister chacun séparément. (Ainsi on peut *aimer* son prochain, quand même celui-ci mériterait peu de *respect;* de même on doit respecter tout homme, quand même on le jugerait à peine digne d'amour.) Mais en principe, suivant la loi, ils sont toujours unis en un devoir, de telle sorte seulement que c'est tantôt celui-ci et tantôt celui-là qui constitue le principe auquel l'autre se joint accessoirement. — Ainsi nous nous reconnaissons obligés d'être bienfaisants à l'égard d'un pauvre; mais, comme le bien que je lui fais dépend de ma générosité, et qu'il y a là quelque chose d'humiliant pour lui, c'est un devoir d'épargner cette humiliation à celui à qui l'on donne, en présentant le bienfait soit comme une simple dette, soit comme un faible service d'amitié, et d'éviter ainsi de porter atteinte au respect qu'il a pour lui-même.

§ 24.

Quand il s'agit des lois du devoir (non des lois physiques), et que nous les considérons dans les rapports extérieurs des hommes entre eux, nous nous plaçons par la pensée dans un monde moral (intelligible), où, suivant une loi analogue à celle du monde physique, l'assemblage des êtres raisonnables (sur la terre) se fait par *attraction* et *répulsion*. Grâce au principe de l'*amour mutuel* [1], ils sont portés à se *rapprocher* continuellement, et grâce à celui du *respect*, qu'ils se doivent réciproquement, à se tenir *à*

---

[1] *Wechselliebe.*

distance les uns des autres ; et, si l'une de ces deux grandes forces morales venait à manquer, alors (si je puis me servir ici des paroles de *Haller* en les appliquant à mon objet) « le néant (de l'immoralité) engloutirait dans son gouffre tout le règne des êtres (moraux), comme une goutte d'eau. »

§ 25.

Mais l'*amour* ne doit pas être considéré ici comme un *sentiment* (au point de vue esthétique), c'est-à-dire comme un plaisir que nous trouvons dans la perfection des autres hommes, comme amour du plaisir [1] de les voir heureux [2], car on ne peut être obligé par autrui à avoir des sentiments ; il y faut voir une maxime de *bienveillance* (un principe pratique), ayant pour effet la bienfaisance.

Il en est de même du *respect* que nous devons témoigner aux autres ; il ne s'agit pas en effet ici simplement de ce *sentiment* qui résulte de la comparaison de notre propre *valeur* avec celle d'autrui (comme celui qu'éprouve, par pure habitude, un enfant pour ses parents, un élève pour son maître, un inférieur en général pour son supérieur), mais d'une *maxime* qui consiste à restreindre notre estime de nous-mêmes au moyen de la dignité de l'humanité dans une autre personne, et par conséquent on doit entendre ici le respect dans le sens pratique (*observantia aliis præstanda*).

En outre le devoir du libre respect envers autrui,

---

[1] *Liebe des Wohlgefallens.* — [2] J'ajoute ces mots pour plus de clarté.

n'étant proprement qu'un devoir négatif (celui de ne pas s'élever au-dessus des autres), et étant ainsi analogue au devoir de droit, qui défend de porter atteinte au bien d'autrui, peut être regardé comme un devoir *strict*, quoique, comme devoir de vertu, il se lie au devoir d'amour, et que celui-ci doive être considéré comme un devoir *large*.

Le devoir d'aimer son prochain peut donc encore se formuler ainsi : le devoir de faire siennes les *fins* d'autrui (pourvu qu'elles ne soient pas immorales); et le devoir de respecter son prochain est contenu dans la maxime qui me défend de rabaisser aucun autre homme au rang de pur moyen pour mes propres fins, et d'exiger d'un autre qu'il s'abdique lui-même jusqu'à se faire mon esclave.

En pratiquant envers quelqu'un le premier de ces devoirs, je l'oblige, je mérite de lui ; en pratiquant le second, je m'oblige simplement moi-même, et me borne à ne rien ôter à la valeur qu'un autre a le droit de placer en lui-même, en tant qu'homme.

DU DEVOIR D'AMOUR EN PARTICULIER.

§ 26.

L'amour de l'humanité (la philanthropie), étant considéré ici comme une maxime pratique, et non par conséquent comme l'amour du plaisir de voir les autres heureux, doit consister dans une bienveillance active, et par conséquent regarde les maximes des actions. — Celui qui prend plaisir au bonheur (*salus*) des hommes, en les considérant simplement comme tels, qui est *heureux* quand les autres le sont, est dans le sens général du mot un *philanthrope*. Celui qui n'est content que quand tout va mal pour les autres, est un *misanthrope*[1] (dans le sens pratique). Celui qui est indifférent à tout ce qui peut arriver à autrui, pourvu que tout aille bien pour lui-même, est un *égoïste* (*solipsista*). — Mais celui qui fuit les hommes parce qu'il ne peut trouver aucun *plaisir* dans leur société, quoiqu'il leur *veuille du bien* à tous, celui-là est un *anthropophobe*[2] (un misanthrope dans le sens esthétique), et son éloignement pour les hommes mérite le nom d'anthropophobie.

§ 27.

La maxime de la bienveillance (la philanthropie pratique) est le devoir de chacun de nous à l'égard des autres, que nous les trouvions ou non dignes d'amour; l'éthique nous l'impose au nom de cette loi de la perfection : Aime ton prochain comme toi-même. — En effet, tout rapport moralement pratique entre les hommes est un rapport conçu par la raison pure, c'est-à-dire un rapport d'actions libres se réglant sur des maximes qui ont le caractère d'une législation universelle, et qui, par conséquent, ne peuvent dériver de l'amour de soi (*ex solipsismo prodeuntes*). Je veux que chacun me témoigne de la bienveillance (*benevolentiam*); je dois donc être bienveillant à l'égard de chacun. Mais, comme sans *moi* tous les *autres* ne sont

---

[1] *Menschenfeind*. — [2] *Menschenscheu*.

pas *tous* les hommes, et que, par conséquent, la maxime n'aurait pas le caractère universel d'une loi, sans laquelle pourtant il ne saurait y avoir d'obligation, la loi du devoir de la bienveillance me comprendra moi-même comme objet de cette bienveillance prescrite par la raison pratique. Cela ne veut pas dire que je sois obligé par là de m'aimer moi-même (car cela arrive inévitablement sans cela, et par conséquent il n'y a aucune obligation à cet égard); seulement la raison législative, qui, dans l'idée qu'elle se fait de l'humanité en général, renferme toute l'espèce (moi-même par conséquent), me comprend aussi, en tant qu'elle dicte des lois universelles, dans le devoir de la bienveillance réciproque, qui se fonde sur le principe de l'égalité existant entre tous les autres et moi. Elle me *permet* donc de me vouloir du bien à moi-même, mais à la condition d'en vouloir à tous les autres; car c'est à cette seule condition que ma maxime (de la bienveillance) pourra revêtir la forme d'une loi universelle, ce qui est le caractère de toute loi du devoir.

§ 28.

La bienveillance, considérée dans la philanthropie générale, est la plus grande quant à l'*étendue*, mais la plus petite quant au *degré;* et, lorsque je dis que je prends part au bien de tel ou tel homme uniquement en vertu de la philanthropie générale, l'intérêt que je prends ici est le plus petit qui puisse être. Tout ce que je puis dire, c'est que je ne suis pas indifférent à son égard.

Mais l'un me touche de plus près que l'autre, et celui qui me touche de plus près en fait de bienveillance, c'est moi-même. Or comment cela s'accorde-t-il avec la formule : Aime ton *prochain* (ton semblable) comme toi-même ? Si l'un me touche de plus près que l'autre (dans le devoir de la bienveillance), je suis donc obligé à une plus grande bienveillance envers l'un qu'envers l'autre; et, comme je suis continuellement plus près de moi-même (même au point de vue du devoir) que tout autre, je ne puis dire, à ce qu'il semble, sans me contredire, que je dois aimer chaque homme comme moi-même; car la mesure de l'amour de soi ne laisserait aucune différence dans le degré. — On voit tout de suite qu'il ne s'agit pas ici seulement de cette bienveillance qui se borne au *désir* de voir les autres heureux et qui n'est proprement que la satisfaction que nous cause le bonheur d'autrui, sans même que nous ayons besoin d'y contribuer (chacun pour soi, Dieu pour tous), mais de cette bienveillance active et pratique, qui consiste à se proposer pour *but* le bonheur d'autrui (ce qu'on appelle la bienfaisance). En effet, dans le désir, je puis vouloir *également* du bien à tous; mais dans l'action, sans violer l'universalité de la maxime, le degré peut être fort différent, suivant la différence des personnes aimées (dont l'une me touche de plus près que l'autre).

DIVISION DES DEVOIRS D'AMOUR.

CE SONT : A, LES DEVOIRS DE BIENFAISANCE; B, CEUX DE RECONNAISSANCE; C, CEUX DE SYMPATHIE.

A.

DU DEVOIR DE BIENFAISANCE.

§ 29.

Se faire du bien à soi-même autant qu'il est nécessaire pour trouver du plaisir à vivre (soigner son corps, pourvu que ce soin n'aille pas jusqu'à la mollesse), est un devoir envers soi-même. — Le contraire de ce devoir est de se priver, par *avarice* (sordidement) ou par une *discipline* exagérée de ses penchants naturels (par fanatisme), de la jouissance des plaisirs de la vie ; dans l'un et l'autre cas, l'homme viole son devoir envers lui-même.

Mais comment peut-on exiger comme un devoir de tous ceux qui ont les moyens nécessaires pour cela, outre cette *bienveillance*[1] qui consiste à souhaiter du bien aux autres hommes (et qui ne nous coûte rien), la pratique même de la bienveillance, c'est-à-dire la *bienfaisance*[2] à l'égard de ceux qui sont dans le besoin ? — La bienveillance est le plaisir que nous trouvons dans le bonheur (dans le bien-être) d'autrui ; la bienfaisance est la maxime qui consiste à se proposer pour but ce bonheur, et le devoir de la bienfaisance est l'obligation que la raison impose au sujet, de prendre cette maxime pour loi générale.

---

[1] *Wohlwollen*. — [2] *Wohlthun*.

Il n'est pas évident de soi-même qu'une telle loi en général réside dans la raison ; la maxime : « Chacun pour soi, Dieu (la fortune) pour tous, » semble être plus naturelle.

§ 30.

C'est le devoir de tout homme d'être bienfaisant, c'est-à-dire d'aider, suivant ses moyens, ceux qui sont dans la misère à en sortir, sans rien espérer en retour.

En effet tout homme qui se trouve dans le besoin souhaite d'être secouru par les autres. Mais, s'il adoptait pour maxime de ne point secourir les autres à son tour lorsqu'ils seront dans le besoin, ou s'il faisait de la bienfaisance une loi générale facultative [1], alors chacun lui refuserait, ou du moins serait autorisé à lui refuser également son assistance dans le besoin. Cette maxime de l'intérêt personnel se contredit donc elle-même lorsqu'on l'érige en loi universelle, c'est-à-dire qu'elle est contraire au devoir. Par conséquent la maxime de l'intérêt commun qui veut qu'on fasse du bien à ceux qui sont dans le besoin est un devoir général pour les hommes ; car, par cela même qu'ils sont des hommes, ils doivent être considérés comme des êtres raisonnables sujets à des besoins et réunis par la nature dans une même demeure pour s'aider réciproquement.

---

[1] *Zum allgemeinen Erlaubnissgesetz.*

§ 31.

La bienfaisance, lorsque l'on est *riche* (que l'on trouve dans son superflu, ou dans ce qui n'est pas nécessaire à ses propres besoins, les *moyens* de faire le bonheur d'autrui), ne doit presque jamais être considérée par le bienfaiteur même comme un devoir méritoire, quoique par là il oblige les autres. La satisfaction qu'il se procure ainsi, et qui ne lui coûte aucun sacrifice, est une manière de s'enivrer de sentiments moraux. — Aussi doit-il éviter soigneusement d'avoir l'air de penser qu'il oblige les autres; car autrement son bienfait n'en serait plus véritablement un, puisqu'il semblerait vouloir imposer une obligation à celui auquel il l'accorderait (ce qui ne manquerait pas d'humilier celui-ci à ses propres yeux). Il doit au contraire se montrer lui-même comme obligé ou comme honoré par l'acceptation de ses bienfaits, et par conséquent remplir ce devoir comme une dette contractée[1], si (ce qui vaut mieux encore) il ne trouve le moyen de pratiquer la bienfaisance tout à fait en secret. — Cette vertu est plus grande, lorsque les moyens d'être bienfaisant sont restreints, et que le bienfaiteur est assez fort pour se charger lui-même en silence des maux qu'il épargne aux autres : c'est alors qu'il mérite d'être considéré comme très-*riche* moralement.

---

[1] *Als seine Schuldigkeit.*

Questions casuistiques.

Jusqu'à quel point faut-il consacrer ses moyens à la bienfaisance? Ce ne doit pas être au moins jusqu'au point de finir par avoir besoin soi-même de la bienfaisance des autres. — Quel est le prix d'un bienfait qui vient d'une main mourante (que lègue par testament un homme qui est sur le point de sortir de ce monde)? — Celui qui se sert du pouvoir que lui accorde la loi du pays pour enlever à quelqu'un (à un serf de la glèbe) la *liberté* d'être heureux à sa manière, peut-il se considérer comme son bienfaiteur, lorsqu'il en prend un soin en quelque sorte paternel, d'après *ses* propres idées sur le bonheur qui lui convient? Ou plutôt l'injustice qui consiste à priver quelqu'un de sa liberté n'est-elle pas quelque chose de si contraire au devoir de droit en général que celui qui consent librement à se livrer à un maître, en comptant sur sa bienfaisance, abdique au plus haut degré sa dignité d'homme, et que les soins les plus empressés de son maître pour lui ne peuvent passer pour de la bienfaisance? Ou bien le mérite de ces soins peut-il être si grand qu'il contrebalance la violation du droit de l'humanité? — Je ne dois point faire du bien aux autres (sinon aux enfants et aux fous), d'après l'idée que *je me* fais moi-même du bonheur, mais au contraire consulter celles de *tous ceux* à l'égard desquels je veux me montrer bienfaisant; ce n'est pas être réellement bienfaisant à l'égard de quelqu'un, que de lui imposer un bienfait.

La faculté d'être bienfaisant, qui dépend des biens de la fortune, est en grande partie une conséquence des priviléges dont jouissent certains hommes, grâce à l'injustice des gouvernements, laquelle introduit dans les conditions d'existence une inégalité qui rend la bienfaisance nécessaire. Dans un tel état de choses, l'assistance que le riche prête au pauvre mérite-t-elle bien en général le nom de bienfaisance, dont on se vante volontiers comme d'une vertu ?

B.

DU DEVOIR DE RECONNAISSANCE.

La *reconnaissance* consiste à *honorer* une personne pour un bienfait qu'on en a reçu. Le sentiment qui est lié à ce jugement est un sentiment de respect pour le bienfaiteur (pour celui qui oblige), tandis que le sentiment de celui-ci pour son obligé rentre dans celui de l'amour.—Même une simple *bienveillance* de cœur, ne se manifestant par aucun effet extérieur, mérite dans l'obligé le nom de devoir de vertu ; car il faut faire ici une distinction entre la reconnaissance *active*[1] et la reconnaissance purement *affective*[2].

§ 32.

La *reconnaissance* est un devoir, c'est-à-dire qu'elle n'est pas seulement une *maxime de prudence*, ayant pour but d'exciter chez les autres une plus grande bienveillance par le témoignage de l'obligation qu'on leur doit pour les bienfaits qu'on en a reçus (*gratiarum actio est ad plus dandum invitatio*) ; car alors nous n'use-

---

[1] *Thätige.* — [2] *Affectionnelle.*

rions de la reconnaissance que comme d'un moyen pour d'autres fins personnelles; mais elle est une nécessité immédiatement imposée par la loi morale.

En outre, la reconnaissance doit être spécialement considérée comme un devoir *saint*[1], c'est-à-dire comme un devoir dont la violation (en offrant un exemple scandaleux) peut détruire dans son principe même le mobile moral qui nous invite à la bienfaisance. En effet, on appelle saint tout objet moral à l'égard duquel aucun acte ne saurait acquitter entièrement l'obligation contractée (où l'obligé reste toujours obligé). Tout autre devoir est un devoir *ordinaire*[2].—Il n'y a aucun moyen de s'*acquitter* d'un bienfait reçu, parce que celui qui le reçoit ne peut refuser à celui qui l'accorde le mérite et l'avantage d'avoir été le premier à témoigner sa bienveillance.—Mais aussi, même sans aucun acte extérieur (de bienfaisance), la simple bienveillance de cœur à l'égard d'un bienfaiteur est déjà une espèce de reconnaissance. On appelle *gratitude*[3] un sentiment de ce genre.

Quant à ce qui est de l'*extension* de la reconnaissance, cette vertu ne s'applique pas seulement aux contemporains, mais aussi aux ancêtres, même à ceux qu'on ne peut signaler avec certitude. C'est aussi la raison pour laquelle on regarde comme une chose convenable de défendre, autant que possible, les anciens qui peuvent passer pour nos maîtres, contre les attaques, les accusations et les mépris dont ils sont souvent l'objet. En revanche, c'est pure sottise que de

---

[1] *Heilige.* — [2] *Gemeine.* — [3] *Erkenntlichkeit.*

leur supposer, à cause de leur ancienneté, une supériorité de talents et de bonne volonté sur les modernes, et de mépriser par comparaison tout ce qui est nouveau, comme si le monde était condamné par les lois de la nature à déchoir sans cesse davantage de sa perfection primitive.

§ 33.

Pour ce qui est de l'*intensité* [1] de cette vertu, c'est-à-dire du degré d'obligation qu'elle impose, on doit l'estimer d'après l'utilité que l'obligé a retirée du bienfait et d'après le désintéressement du bienfaiteur. Le moindre degré est de rendre au bienfaiteur des services *équivalents*, s'il est dans le cas de les recevoir (pendant sa vie), ou, à son défaut, aux autres hommes. C'est encore de ne regarder jamais un bienfait reçu comme un fardeau dont on serait bien aise de se débarrasser (sous prétexte que l'obligé est dans une position d'infériorité à l'égard de son bienfaiteur, et que cela blesse son orgueil). Il faut l'accepter au contraire comme un bienfait moral, c'est-à-dire comme nous offrant l'occasion de pratiquer cette vertu qui à la *profondeur* [2] d'une intention bienveillante joint la *tendresse* de la bienveillance même (l'attention donnée, en vue du devoir, aux moindres obligations), et de cultiver ainsi la philanthropie.

---

[1] *Intension.* — [2] *Innigkeit.*

C.

LA SYMPATHIE EST EN GÉNÉRAL UN DEVOIR.

§ 34.

La sympathie pour la joie ou la peine d'autrui [1] (*sympathia moralis*) est à la vérité le sentiment sensible d'un plaisir ou d'une peine (pouvant justement être appelé esthétique) qui s'attache à l'état de satisfaction ou d'affliction d'autrui, et dont la nature nous a déjà rendus susceptibles. Mais c'est encore un devoir particulier, quoique simplement conditionnel, de se servir de cette sympathie comme d'un moyen en faveur de la bienveillance active que prescrit la raison, et c'est ce devoir que l'on désigne sous le nom d'*humanité* (*humanitas*) : on ne considère pas seulement ici l'homme comme un être raisonnable, mais aussi comme un animal doué de raison. Or l'humanité peut être placée dans le *pouvoir* et la *volonté* de se *communiquer* les uns aux autres ses *sentiments* (*humanitas practica*), ou dans la *capacité* que nous avons d'éprouver en commun le sentiment du plaisir ou de la peine, que nous donne la nature même (*humanitas œsthetica*). La première est *libre* (*communio sentiendi libera*), et elle se fonde sur la raison pratique ; la seconde est *nécessaire* (*communio sentiendi necessaria*), et elle *se communique* (comme la chaleur ou les maladies contagieuses), c'est-à-dire qu'elle se répand naturellement parmi les hommes

---

[1] *Mitfreude und Mitleid.*

qui vivent les uns à côté des autres. La première seule est obligatoire.

Les stoïciens se faisaient une sublime idée du *sage*, quand ils lui faisaient dire : Je me souhaite un ami, non pour en être *moi-même* secouru dans la pauvreté, dans la maladie, dans la captivité, etc., mais pour pouvoir *lui* venir en aide et sauver un homme. Et pourtant ce même sage se disait à lui-même, quand il ne pouvait sauver son ami : Qu'est-ce que cela me fait? C'est-à-dire qu'il rejetait la compassion.[1]

En effet, si un autre souffre et que je me laisse (au moyen de l'imagination) gagner par sa douleur, que pourtant je ne puis soulager, nous sommes alors deux à en souffrir, quoique (dans la nature) le mal n'atteigne véritablement qu'une personne. Or ce ne peut être un devoir d'augmenter le mal dans le monde, et par conséquent de faire le bien *par compassion*[2]. L'espèce de bienfait offensant qu'on appelle la *pitié*[3], et qui exprime une bienveillance pour des êtres indignes, est encore une chose dont les hommes devraient s'abstenir les uns à l'égard des autres; car qui peut se flatter d'être lui-même digne du bonheur?

§ 35.

Mais, quoique ce ne soit pas un devoir en soi de partager la douleur ou la joie d'autrui, c'en est un de prendre une part active[4] à son sort, et ainsi en définitive c'est au moins un devoir indirect de cultiver en

---

[1] *Mitleidenschaft.* — [2] *Aus Mitleid.* — [3] *Barmherzigkeit.*
[4] *Thätige Theilnehmung.*

nous les sentiments sympathiques (esthétiques) de notre nature, et de nous en servir comme d'autant de moyens qui nous aident à prendre part au sort des autres, en vertu des principes moraux et du sentiment qui y correspond.—Ainsi c'est un devoir de ne pas éviter, mais de rechercher au contraire les lieux où se trouvent des pauvres, auxquels manque le plus strict nécessaire ; de ne pas fuir les hôpitaux, ou les prisons, etc., afin de se soustraire à la compassion dont on ne pourrait se défendre ; car c'est là un mobile que la nature a mis en nous pour faire ce que la considération du devoir ne ferait pas par elle seule.

Questions casuistiques.

Ne vaudrait-il pas mieux pour le bien du monde en général que toute la moralité des hommes fût réduite aux devoirs de droit,—pourvu toutefois qu'ils fussent observés avec la plus grande conscience,— et que la bienveillance fût reléguée parmi les choses indifférentes[1] ? Il n'est pas si aisé de voir quelles conséquences cela aurait sur le bonheur des hommes. Mais le monde serait au moins privé d'un grand ornement moral, s'il n'y avait plus de philanthropie ; celle-ci est en soi, indépendamment même des avantages (du bonheur) qu'elle procure, indispensable pour en faire un bel ensemble moral et lui donner toute sa perfection.

La reconnaissance n'est pas proprement l'amour de l'obligé à l'égard du bienfaiteur, mais le *respect*[2]. En

---

[1] *Unter die Adiaphora.* — [2] *Achtung.*

effet, l'amour général du prochain peut et doit avoir pour fondement l'égalité des devoirs; mais la reconnaissance place l'obligé un degré au-dessous de son bienfaiteur. Ne serait-ce pas l'orgueil de ne souffrir personne au-dessus de soi, ou le déplaisir de ne pouvoir traiter tout le monde sur le pied de la plus parfaite égalité, qui rendrait l'ingratitude si fréquente?

DES VICES DE LA MISANTHROPIE,

CONTRAIRES (*contrarie oppositis*)

AUX VERTUS DE LA PHILANTHROPIE.

§ 36.

Ces vices forment la détestable famille de l'*envie*, de l'*ingratitude* et de la *joie du malheur d'autrui*[1].—Mais la haine n'est point ici ouverte et violente : elle est secrète et voilée; ce qui à l'oubli du devoir envers son prochain ajoute encore la bassesse, et constitue en même temps une violation du devoir envers soi-même.

a. L'*envie* (*livor*), si l'on entend par là le penchant à voir avec chagrin le bien qui arrive aux autres, alors même qu'on n'en éprouve soi-même aucun préjudice, penchant qui, quand il se traduit en action (quand il nous pousse à diminuer ce bien), est l'*envie qualifiée*[2], mais qui autrement n'est que de la *jalousie*[3] (*invidentia*), c'est là un sentiment qui n'est qu'indirectement mauvais. C'est le déplaisir que nous éprouvons à voir notre propre bien mis dans l'ombre par le bien

---

[1] *Schadenfreude.* — [2] *Qualificirter Neid.* — [3] *Missgunst.*

d'autrui, parce que nous ne savons pas estimer notre bien d'après sa valeur intrinsèque, mais seulement d'après la comparaison que nous en faisons avec celui d'autrui, et que c'est ainsi seulement que nous pouvons nous en rendre sensible l'estimation. — C'est pourquoi l'on dit aussi en parlant de l'union et du bonheur d'un ménage ou d'une famille, etc., que c'est chose *digne* d'envie, comme s'il était permis dans certains cas de porter envie à quelqu'un. Les premiers mouvements de l'envie sont donc dans la nature de l'homme, et c'est seulement l'exagération de ce sentiment qui en fait un vice hideux. Cette passion chagrine, qui consiste à se tourmenter soi-même, et qui tend (du moins en espérance) à la ruine du bonheur des autres, est contraire au devoir de l'homme envers soi-même aussi bien qu'à son devoir envers ses semblables.

b. L'*ingratitude* à l'égard d'un bienfaiteur, qui, lorsqu'elle va jusqu'à la haine, est de l'*ingratitude qualifiée*, mais autrement n'est qu'un *manque de reconnaissance* [1], ce vice est, il est vrai, au jugement de chacun, extrêmement détestable ; mais l'homme a si mauvaise réputation sous ce rapport, qu'il ne paraît pas invraisemblable que l'on puisse se faire un ennemi de celui dont on est le bienfaiteur. — L'origine [2] de ce vice est dans une fausse interprétation de ce devoir envers soi-même, qui consiste à se passer de la bienfaisance des autres et à ne point la provoquer, afin de ne pas contracter d'obligation envers eux, et à aimer mieux souffrir seul les incommodités de la vie, que

---

[1] *Unerkenntlichkeit*. — [2] *Der Grund der Möglichkeit*.

d'en faire porter le poids aux autres et de devenir ainsi leur obligé : on craint de tomber par là au rang inférieur du protégé vis-à-vis de son protecteur, ce qui est contraire au vrai respect de soi-même (à la fierté que doit inspirer la dignité de l'humanité dans sa propre personne). Aussi nous montrons-nous volontiers reconnaissants envers ceux qui ont dû *inévitablement* nous prévenir par leurs bienfaits (envers nos ancêtres ou nos parents), tandis que nous sommes avares de reconnaissance à l'égard de nos contemporains, et que même, pour effacer ce rapport d'inégalité, nous leur témoignons tout le contraire. — Mais nous tombons alors dans un vice qui révolte l'humanité, non-seulement à cause du *préjudice* qu'un pareil exemple doit en général porter aux hommes en les détournant désormais de toute bienfaisance (car ils peuvent encore, guidés par un sentiment purement moral, attacher à leur bienfaisance une valeur intrinsèque d'autant plus grande qu'ils en sont moins récompensés), mais parce que l'amour des hommes est ici comme anéanti et que le défaut d'amour dégénère en haine de qui nous aime.

c. La *joie du malheur d'autrui*, qui est précisément l'opposé de la sympathie, n'est pas non plus étrangère à la nature humaine ; mais, lorsqu'elle va jusqu'à aider à faire le mal, elle fait de la misanthropie un vice *qualifié* [1] et la montre dans toute sa laideur. Il est sans doute dans la nature, ou conforme aux lois de l'imagination, que, par l'effet du contraste, nous sentions plus fortement notre bien-être ou même notre bonne

---

[1] *Qualificirte Schadenfreude.*

conduite, lorsque le malheur des autres ou leur conduite scandaleuse, leur folie, vient faire ressortir notre propre état. Mais se réjouir directement de l'existence de ces *énormités* qui troublent l'ordre universel [1], et par conséquent aller jusqu'à souhaiter des événements de ce genre, c'est le fait d'une secrète haine des hommes et tout l'opposé de l'amour du prochain, que notre devoir nous oblige de cultiver. — L'*arrogance* [2] qu'inspire une prospérité constante et la *présomption* [3] que fait naître la bonne conduite (quand elle n'est en définitive autre chose que le bonheur d'avoir toujours échappé jusque-là à la séduction des vices publics), ces deux sentiments, dont l'homme vaniteux se fait un mérite, produisent cette joie maligne, directement contraire au devoir qui se fonde sur le principe de la sympathie et qu'exprime si bien dans Térence la maxime de l'honnête Chrémès : « Je suis homme ; rien d'humain ne m'est étranger. »

De cette joie maligne, la plus douce est le *désir de la vengeance* ; celui-ci semble d'ailleurs se fonder sur un droit essentiel et même obéir à une obligation à l'amour du droit en se proposant pour but le mal d'autrui, indépendamment de tout avantage personnel.

Toute action qui blesse le droit d'un homme mérite un châtiment ; et ce châtiment *venge* le crime dans la personne du coupable (il ne répare pas seulement le préjudice causé). Or ce châtiment n'est pas un acte de l'autorité privée de l'offensé, mais d'un tribunal distinct de lui, qui assure leur effet aux lois d'un pou-

---

[1] *Das allgemeine Weltbeste.* — [2] *Uebermuth.* — [3] *Eigendünkel.*

voir souverain [1], auquel tous sont soumis ; et, si (comme l'exige l'éthique) nous considérons les hommes dans un état juridique, mais se réglant *d'après les seules lois de la raison* (et non d'après des lois civiles), nul n'a le droit d'infliger des châtiments et de venger les offenses, si ce n'est le suprême législateur moral (Dieu), qui seul peut dire : « La vengeance m'appartient ; je vengerai. » C'est donc un devoir de vertu, non-seulement de ne pas répondre par la haine à l'inimitié des autres, dans un pur esprit de vengeance, mais même de ne pas prier le juge du monde de nous venger ; car chacun de nous a de son côté commis assez de fautes pour avoir lui-même grand besoin de pardon ; et surtout le châtiment ne doit jamais être, en quoi que ce soit, dicté par la haine. — Le *pardon* [2] (*placabilitas*) est donc un devoir de l'homme ; mais il ne faut pas le confondre avec cette lâche disposition à supporter les offenses [3] (*ignava injuriarum patientia*), c'est-à-dire avec cet abandon des moyens rigoureux (*rigorosa*) d'en prévenir le retour ; car ce serait jeter ses droits aux pieds des autres, et manquer à ce que l'homme se doit à lui-même.

REMARQUE.

Tous les vices, qui rendraient la nature humaine odieuse si on les considérait (en tant que vices qualifiés), comme des principes, ne sont pas *humains* [4] au point de vue objectif, mais ils le sont au point de vue subjectif, c'est-à-dire au point de vue de notre nature, telle que nous la montre

---

[1] *Eines Oberen Ueber alle.* — [2] *Versöhnlichkeit.* — [3] *Schlaffe Duldsamkeit der Beleidigungen.* — [4] *Sind inhuman.*

l'expérience. Si donc, pour exprimer toute l'horreur qu'ils inspirent, on peut appeler certains d'entre eux des vices *diaboliques*, de même que l'on pourrait nommer leurs contraires des vertus *angéliques*, ces deux expressions ne désignent que des idées d'un maximum que nous concevons comme une mesure propre à nous guider dans l'appréciation du degré de notre moralité, en nous montrant notre place dans le *ciel* ou dans l'*enfer*, au lieu de faire de l'homme une sorte d'être intermédiaire qui n'habite ni l'un ni l'autre de ces lieux. Il n'est pas ici nécessaire de décider si *Haller* n'a pas mieux rencontré en faisant de l'homme « un intermédiaire équivoque entre l'ange et la bête. » Mais le fait de partager en deux [1] un assemblage de choses hétérogènes ne conduit à aucune idée déterminée, et rien, dans l'ordre des êtres dont la différence spécifique nous est inconnue, ne peut nous conduire à une idée de ce genre. La première opposition (des vertus angéliques et des vices diaboliques) est une exagération. La seconde, quoiqu'il soit malheureusement trop vrai que les hommes tombent dans des vices *brutaux*, ne nous autorise pourtant pas à leur attribuer sur ce point des dispositions *inhérentes à leur espèce*, pas plus que la forme rabougrie de certains arbres dans une forêt n'est pour nous une raison d'en faire une *espèce* particulière de végétaux.

DEUXIÈME SECTION.

DES DEVOIRS DE VERTU ENVERS LES AUTRES HOMMES, CONCERNANT LE *respect* QUI LEUR EST DU.

§ 37.

Modérer ses prétentions en général, c'est-à-dire restreindre volontairement son amour de soi-même, en tenant compte aussi de l'amour de soi chez les autres, c'est ce qu'on appelle la *modestie*. L'absence de cette

---

[1] *Das Halbiren.*

modération, ou le défaut de modestie est, dans la prétention d'être *aimé* des autres, l'*amour-propre*[1] (*philautia*), et dans celle d'en être *estimé*, la *présomption*[2] (*arrogantia*). Le *respect* que je porte à autrui ou qu'il peut exiger de moi (*observantia aliis præstanda*) consiste à reconnaître la dignité des autres hommes, c'est-à-dire une valeur qui n'a pas de prix, pas d'équivalent contre lequel on puisse échanger l'objet de l'estimation (*æstimii*). — Le *mépris* au contraire consiste à regarder une chose comme n'ayant pas de valeur.

§ 38.

Tout homme a le droit de prétendre au respect de ses semblables, et *réciproquement* il est obligé lui-même au respect à l'égard de chacun d'eux.

L'humanité est par elle-même une dignité : l'homme ne peut être traité par l'homme (soit par un autre, soit par lui-même) comme un simple moyen, mais il doit toujours être traité comme étant aussi une fin ; c'est précisément en cela que consiste sa dignité (la personnalité), et c'est par là qu'il s'élève au-dessus de tous les autres êtres du monde qui ne sont pas des hommes et peuvent lui servir d'instruments, c'est-à-dire au-dessus de toutes les choses. Tout de même donc qu'il ne peut s'aliéner lui-même pour aucun prix (ce qui serait contraire au devoir du respect de soi-même), de même il ne peut agir contrairement au respect que les autres se doivent aussi nécessairement comme

---

[1] *Eigenliebe*. — [2] *Eigendünkel*.

hommes, c'est-à-dire qu'il est obligé de reconnaître pratiquement la dignité de l'humanité dans tout autre homme, et que par conséquent c'est pour lui un devoir de montrer du respect à chacun de ses semblables.

§ 39.

Mépriser (*contemnere*) les autres, c'est-à-dire leur refuser le respect que l'on doit à l'homme en général, est dans tous les cas contraire au devoir; car ce sont des hommes. Leur accorder intérieurement *peu d'estime*[1] (*despicatui habere*) en les comparant avec d'autres, est parfois, il est vrai, chose inévitable; mais le témoignage extérieur de ce défaut d'estime est une offense. — Ce qui est *dangereux* n'est point un objet de mépris, et ce n'est pas en ce sens que l'homme vicieux est méprisable : que si je me sens assez fort contre ses attaques pour dire que je le méprise, cela signifie tout simplement que je n'ai aucun danger à craindre de sa part, alors même que je ne songerais point à me défendre contre lui, parce qu'il se montre lui-même dans toute sa bassesse. Mais il n'en reste pas moins que je ne puis refuser tout respect à l'homme vicieux lui-même, comme homme; car, en cette qualité du moins, il n'en peut être privé, quoiqu'il s'en rende indigne par sa conduite. Aussi faut-il rejeter ces peines infamantes qui dégradent l'humanité même (comme d'écarteler un criminel, de le livrer aux chiens, de lui couper le nez et les oreilles), et qui non-seulement, à cause de

---

[1] *Geringschätzen.*

cette dégradation, sont plus douloureuses pour le patient (qui prétend encore au respect des autres, comme chacun doit le faire) que la perte de ses biens ou de sa vie, mais encore font rougir le spectateur d'appartenir à une espèce qu'on puisse traiter de la sorte.

REMARQUE.

Là est le fondement du devoir de respecter les hommes même dans l'usage logique de leur raison. Ainsi on ne flétrira pas leurs erreurs sous le nom d'absurdités, de jugements ineptes, etc., mais on supposera plutôt qu'il doit y avoir dans leurs opinions quelque chose de vrai, et on l'y cherchera; en même temps aussi on s'appliquera à découvrir l'apparence qui les trompe (le principe subjectif des raisons déterminantes de leurs jugements, qu'ils prennent par mégarde pour quelque chose d'objectif), et, en expliquant ainsi la possibilité de leurs erreurs, on saura garder encore un certain respect pour leur intelligence. Si au contraire on refuse toute intelligence à son adversaire, en traitant ses jugements d'absurdes ou d'ineptes, comment veut-on lui faire comprendre qu'il s'est trompé? — Il en est de même des reproches à l'endroit du vice : il ne faut pas les pousser jusqu'à mépriser absolument l'homme vicieux et à lui refuser toute valeur morale ; car, dans cette hypothèse, il ne saurait donc plus jamais devenir meilleur, ce qui ne s'accorde point avec l'idée de l'*homme*, lequel, à ce titre (comme être moral), ne peut jamais perdre toutes ses dispositions pour le bien.

§ 40.

Le respect de la loi, lequel considéré subjectivement s'appelle sentiment moral, se confond avec la conscience du devoir. C'est pour cela que le témoignage du respect que l'homme se doit, en tant qu'être moral (estimant son devoir), est lui-même un devoir que les autres ont envers lui, et un droit auquel il ne peut renoncer. — De là *l'amour de l'honneur*[1], qui, se manifestant dans la conduite extérieure, devient l'*honnêteté*[2] (*honestas externa*), et dont le mépris s'appelle *scandale*. En effet, l'exemple de ce mépris peut produire des imitateurs, et il est souverainement contraire au devoir de *donner* un pareil exemple. Mais *prendre* scandale d'une chose qui n'est insolite que parce qu'elle s'écarte de l'opinion vulgaire (*paradoxon*), mais qui en soi est bonne, c'est une erreur (qui consiste à tenir pour illégitime tout ce qui n'est pas usité), c'est une faute dangereuse et funeste pour la vertu. — En effet, le respect qu'on doit aux autres hommes qui nous donnent un exemple ne peut pas aller jusqu'à une aveugle imitation (car on élèverait ainsi l'usage [*mos*] à la dignité de loi); et ce genre de tyrannie de la coutume populaire serait contraire au devoir de l'homme envers lui-même.

§ 41.

L'omission des simples devoirs d'amour est un *manque de vertu*[3] (*peccatum*). Mais celle du devoir concernant le *respect* dû à chaque homme en général, est un *vice* (*vitium*). En effet, par la première on n'offense personne; mais par la seconde on porte atteinte à une légitime prétention de l'homme. — La première transgression est l'opposé de la vertu (*contrarie oppositum virtutis*); mais ce qui, loin d'ajouter quelque chose

---

[1] *Ehrliebe*. — [2] *Ehrbarkeit*. — [3] *Untugend*.

à la moralité, lui enlève même la valeur que sans cela le sujet pourrait revendiquer, est un *vice*.

C'est pourquoi les devoirs envers le prochain concernant le respect qui lui est dû ont une expression négative, c'est-à-dire qu'on ne désigne ces devoirs de vertu que sous une forme indirecte (par la défense du contraire).

DES VICES QUI PORTENT ATTEINTE AU DEVOIR DU RESPECT ENVERS LES AUTRES HOMMES.

CES VICES SONT : A, L'ORGUEIL ; B, LA MÉDISANCE ; C, LA RAILLERIE.

A.

L'ORGUEIL.

§ 42.

L'*orgueil*[1] (*superbia*, ou, comme ce mot l'exprime, le penchant à s'élever toujours *au-dessus* des autres) est une espèce d'*ambition*[2] (*ambitio*), par laquelle nous demandons aux autres hommes de faire peu de cas d'eux-mêmes en comparaison de nous ; et par conséquent c'est un vice contraire au respect auquel tout homme a le droit de prétendre.

Il diffère de la *fierté*[3] (*animus elatus*), qui est une sorte d'*amour de l'honneur*[4], où le soin de ne rien céder de sa dignité d'homme dans la comparaison avec les autres (aussi a-t-on coutume de la caractériser par l'épithète de *noble*) ; car il exige des autres un respect que pourtant il leur refuse. — Mais cette

---

[1] *Hochmuth*. — [2] *Ehrbegierde*. — [3] *Stolz*. — [4] *Ehrliebe*.

fierté elle-même devient une faute et une offense, lorsqu'elle ne fait aussi qu'exiger des autres qu'ils s'occupent de notre importance.

L'orgueil, qui est comme la passion de l'ambitieux voulant voir marcher derrière lui des gens qu'il se croit permis de traiter avec dédain, est *injuste* et contraire au respect dû aux hommes en général. C'est une *folie*[1], c'est-à-dire une frivole dépense de moyens pour une chose qui sous un certain rapport ne mérite pas d'être regardée comme une fin. C'est même une *sottise*[2], c'est-à-dire une absurdité choquante, consistant à se servir de moyens qui doivent produire chez les autres justement tout le contraire de ce qu'on se propose; car plus l'orgueilleux se montre empressé d'obtenir le respect des autres, et plus chacun le lui refuse. Tout cela est évident de soi. Mais on n'a pas assez remarqué que l'orgueilleux a toujours au fond une âme *basse*. Car il n'exigerait pas que les autres fissent peu de cas d'eux-mêmes, en se mesurant à lui, s'il ne se jugeait capable, dans le cas où la fortune lui serait contraire, de ramper à son tour et de renoncer à tout respect de la part d'autrui.

B.

LA MÉDISANCE.

§ 43.

Les propos malveillants ou la médisance[3] (*obtrectatio*), par où je n'entends pas la *calomnie*[4] (*contumelia*)

---

[1] *Thorheit.* — [2] *Narrheit.*
[3] *Die üble Nachrede oder das Afterreden.* — [4] *Verläumdung.*

ou ces *faux* rapports qu'on peut déférer aux tribunaux, mais seulement ce penchant immédiat à divulguer, sans aucun but particulier, ce qui est préjudiciable à la considération d'autrui, c'est là quelque chose de contraire au respect dû à l'humanité en général, puisque tout scandale donné affaiblit ce respect, qui est pourtant le mobile du bien moral, et nous rend, autant que possible, incrédules à ce sujet.

Propager de propos délibéré (*propalatio*) une chose qui attaque l'honneur d'autrui, mais qui n'est pas justiciable des tribunaux, quand même cette chose serait vraie d'ailleurs, c'est affaiblir le respect dû à l'humanité en général, de façon à jeter à la fin sur notre espèce même l'ombre du discrédit, et à faire de la misanthropie (de la haine des hommes) ou du mépris la façon de penser dominante, ou à émousser le sens moral par le spectacle fréquent du vice, auquel on finit par s'accoutumer. Au lieu donc de prendre un malin plaisir à dévoiler les fautes d'autrui, afin de s'assurer ainsi la réputation d'un homme de bien, ou du moins d'un homme qui n'est pas pire que les autres, c'est un devoir de vertu de jeter sur les fautes d'autrui le voile de la philanthropie, non-seulement en atténuant nos jugements, mais même en ne les exprimant pas; car l'exemple du respect que nous accordons aux autres peut les exciter à s'efforcer d'en devenir dignes. — C'est pourquoi l'espionnage des mœurs d'autrui (*allotrio-episcopia*) est par lui-même une curiosité blessante, à laquelle chacun a le droit de s'opposer, comme à une violation du respect qui lui est dû.

C.

LA RAILLERIE [1].

§ 44.

La *manie de blâmer à tort et à travers* [2] et le penchant à tourner les autres en ridicule, ou l'*humeur moqueuse* [3], qui consiste à se faire des fautes d'autrui un objet immédiat de divertissement, sont de la *méchanceté*, et il faut bien les distinguer de la *plaisanterie* [4], ou de cette familiarité, qui consiste à rire entre amis (mais non d'une manière *offensante* [5]) de certaines particularités qui ne sont des fautes qu'en apparence, mais qui dans le fait dénotent une supériorité d'esprit, ou qui n'ont parfois d'autre tort que celui d'être en dehors des règles de la mode. Mais le penchant à tourner en ridicule des fautes réelles, ou des fautes imaginaires qu'on présente comme réelles, afin d'enlever à une personne le respect qu'elle mérite, ce qu'on nomme enfin l'*esprit caustique* [6] (*spiritus causticus*), annonce un plaisir qui a en soi quelque chose de diabolique, et c'est par conséquent une très-grave violation du devoir de respect envers les autres hommes.

Il faut encore distinguer de ce vice cette manière plaisante, mais railleuse, de renvoyer avec mépris à un adversaire des attaques offensantes (*retorsio jocosa*), qui fait que le moqueur (ou en général un adversaire méchant, mais faible) est moqué à son tour, et

---

[1] *Die Verhöhnung.* — [2] *Die leichtfertige Tadelsucht.* — [3] *Spottsucht.* — [4] *Scherz.* — [5] *Welches dann kein Hohnlachen ist.* — [6] *Die bittere Spottsucht.*

qui est une légitime défense du respect qu'on a le droit d'en attendre. Mais, si l'objet ne prête pas proprement à la plaisanterie, si c'est quelque chose à quoi la raison attache nécessairement un intérêt moral, alors, quelque raillerie que l'adversaire y ait mise de son côté, et quoiqu'il prête lui-même le flanc au ridicule, il est plus conforme à la dignité de l'objet et au respect de l'humanité, ou bien de ne point répondre à l'attaque, ou bien de lui opposer une défense sérieuse et grave.

REMARQUE.

On remarquera que, sous le titre précédent, on a moins vanté les vertus que blâmé les vices opposés ; la raison en est dans l'idée du respect, tel que nous sommes obligés de le témoigner aux autres hommes, et qui n'est qu'un devoir *négatif*. — Je ne suis pas obligé de *vénérer* [1] les autres (considérés simplement comme hommes), c'est-à-dire de leur témoigner un respect *positif*. Tout le respect auquel je suis naturellement obligé est celui de la loi en général (*revereri legem*); suivre cette loi, même relativement aux autres hommes, je ne dis pas vénérer les autres hommes en général (*reverentia adversus hominem*), ou leur prêter en cela quelque chose, c'est là un devoir universel et absolu envers les autres, que l'on peut exiger de chacun, comme le respect qui leur est dû originairement (*observantia debita*).

Les différentes espèces de respect qu'il faut témoigner aux autres suivant la différence de leurs qualités ou de leurs rapports accidentels, c'est-à-dire de l'âge, du sexe, de la naissance, de la force ou de la faiblesse, ou même de l'état et de la dignité, choses qui, en grande partie, reposent sur des institutions arbitraires; tout cela ne peut être complétement exposé et classé dans des éléments *méta-*

---

[1] *Zu verehren.*

physiques de la doctrine de la vertu, puisqu'il ne s'agit ici que des principes purement rationnels de cette science.

CHAPITRE SECOND.
DES DEVOIRS DE VERTU DES HOMMES ENTRE EUX, AU POINT DE VUE DE LEUR *état*.

§ 45.

Ces devoirs de vertu ne peuvent, à la vérité, dans l'éthique pure, donner lieu à un chapitre spécial qui les réduise en système; car ils ne contiennent pas de principes d'obligation des hommes entre eux comme tels, et par conséquent ils ne sauraient former proprement une *partie* des éléments *métaphysiques* de la doctrine de la vertu : ce ne sont que les règles de l'*application* du principe (formel) de la vertu aux cas que présente l'expérience (au matériel), modifiées suivant la différence des sujets; et c'est pourquoi, comme toutes les divisions empiriques, ils ne permettent point de classification rigoureusement parfaite. Cependant, de même que l'on veut un passage qui conduise de la métaphysique de la nature à la physique au moyen de règles particulières, on demande avec raison à la métaphysique des mœurs de fournir un passage analogue : à savoir de *schématiser* en quelque sorte les principes purs du devoir, en les appliquant aux cas de l'expérience, et de les tenir tout prêts pour l'usage moralement pratique qu'on en doit faire. — Quelle conduite faut-il donc tenir à l'égard des hommes, quand par exemple ils sont dans un état de pureté morale, ou dans un état de dépravation? Quand ils sont cultivés ou incultes? Quelle manière d'être convient au savant ou à l'ignorant? Quelle fait du savant un homme sociable (poli) dans l'emploi de sa science, ou un pédant de profession? Quelle sied au praticien ou à celui qui cultive davantage l'esprit et le goût? Comment enfin doit-on se conduire suivant la différence de la position, de l'âge, du sexe, de l'état de santé, de la richesse ou de l'indigence, etc.? Ce ne sont pas là pour l'éthique des *espèces* différentes d'*obligation* (car il n'y en a qu'*une*, à savoir celle de la vertu en général), mais seulement des modes d'*application* ($\pi o \rho i \sigma \mu \alpha \tau \alpha$[1]); et par conséquent on n'en saurait faire des sections de l'éthique et des membres de la *division* d'un système (lequel doit dériver *à priori* d'un concept rationnel), mais seulement les y ajouter sous forme d'appendice. — Mais cette application même suppose une exposition complète du système.

---

[1] Des *corollaires*. Dans le texte, le mot grec que je rétablis est habillé à l'allemande : *Porismen*.

CONCLUSION DE LA DOCTRINE ÉLÉMENTAIRE.

DE L'UNION INTIME DE L'AMOUR ET DU RESPECT DANS L'*amitié*.

§ 46.

L'*amitié* (considérée dans sa perfection) est l'union de deux personnes liées par un amour réciproque et un égal respect. — On voit aisément qu'elle est l'idéal de la sympathie et de la bienveillance entre des hommes unis par une volonté moralement bonne, et que, si elle ne produit pas tout le bonheur de la vie, les deux sentiments qui la composent rendent l'homme digne d'être heureux ; d'où il suit que c'est pour nous un devoir de cultiver l'amitié. — Mais, si c'est un devoir imposé par la raison, sinon un devoir commun, du moins un devoir méritoire[1], de tendre à l'amitié comme au maximum des bons sentiments des hommes les uns à l'égard des autres, il est aisé de voir que l'amitié parfaite est une pure idée qu'il est impossible de réaliser absolument, quoiqu'elle soit pratiquement nécessaire. En effet, comment, dans l'union de deux personnes, s'assurer que chacun des deux éléments qui constituent le devoir de l'amitié (par exemple celui de la bienveillance réciproque) est *égal* de part et d'autre ? Ou, ce qu'il est encore plus important de savoir, comment découvrir quel est dans la même personne le rapport des deux sentiments constitutifs de l'amitié (la bienveillance et le respect), et si, lorsque l'une

---

[1] *Ehrenvolle Pflicht.*

des deux personnes montre trop d'ardeur dans son *amour*, elle ne perd point par là même dans le *respect* de l'autre? Comment donc espérer que des deux côtés l'amour et le respect s'équilibreront parfaitement, ce qui pourtant est nécessaire à l'amitié? — On peut en effet regarder l'amour comme une sorte d'attraction, et le respect comme une sorte de répulsion, de telle sorte que le principe du premier veut que l'on se rapproche, tandis que celui du second exige qu'on se tienne l'un vis-à-vis de l'autre à une distance convenable. Cette réserve dans l'intimité, que l'on exprime par cette règle : que les meilleurs amis eux-mêmes ne doivent pas se traiter trop *familièrement*, est une maxime qui ne s'applique pas simplement au supérieur par rapport à son inférieur, mais réciproquement aussi à l'inférieur par rapport à son supérieur. En effet le supérieur sent, avant qu'on s'en aperçoive, son orgueil offensé ; et, s'il veut bien que l'inférieur suspende un instant les effets du respect qu'il lui doit, il ne veut pas qu'il l'oublie : car, dès qu'il est une fois altéré, le respect intérieur est perdu sans retour, encore que, dans les signes extérieurs (le cérémonial) il reprenne son ancienne allure.

L'amitié, dans sa pureté ou dans sa perfection, conçue comme réalisable (par exemple l'amitié d'Oreste et de Pylade, de Thésée et de Pirithoüs), est le grand cheval de bataille des romanciers. Aristote disait au contraire : Mes chers amis, il n'y a point d'amis! Les observations suivantes feront encore mieux ressortir les difficultés que présente l'amitié.

A considérer les choses moralement, c'est sans

doute un devoir de faire remarquer à un ami les fautes qu'il peut commettre; car c'est agir pour son bien, et par conséquent c'est un devoir d'amour. Mais l'ami ainsi averti ne voit là qu'un manque d'estime auquel il ne s'attendait pas : il croit avoir déjà baissé dans votre esprit, ou du moins, se voyant ainsi observé et secrètement critiqué, il craint toujours de perdre votre estime. D'ailleurs le seul fait d'être observé et censuré lui paraîtra déjà une chose offensante par elle-même.

Combien dans l'adversité ne souhaite-t-on pas un ami, surtout un ami effectif et trouvant abondamment dans ses propres ressources les moyens de vous secourir? Mais aussi c'est un bien lourd fardeau, que de se sentir enchaîné à la fortune d'un autre, et chargé de pourvoir à ses nécessités.—L'amitié ne peut donc pas être une union fondée sur des avantages réciproques, mais il faut que cette union soit purement morale. L'assistance sur laquelle chacun croit pouvoir compter de la part de l'autre en cas de besoin, ne doit pas être considérée par lui comme le but et la raison déterminante de l'amitié, — car il perdrait ainsi l'estime de son ami, — mais seulement comme la marque extérieure de cette bienveillance intérieure que chacun suppose dans le cœur de l'autre, sans pourtant vouloir la mettre à l'épreuve, chose toujours dangereuse. Chacun des deux amis a la générosité de vouloir épargner à l'autre ce fardeau, en le portant seul, et il a même soin de le lui cacher entièrement, mais il se flatte toujours de pouvoir compter sûrement, en cas de besoin, sur l'assistance de son ami. Que si l'un reçoit de l'autre un *bienfait*, peut-être a-t-il encore sujet d'espérer une parfaite égalité d'amour, mais il ne saurait plus compter sur l'égalité du respect ; car, étant obligé par quelqu'un qu'il ne peut obliger à son tour, il se voit manifestement inférieur d'un degré. — Ce sentiment si doux d'une possession réciproque qui va presque jusqu'à fondre deux personnes en une seule, l'amitié en un mot est d'ailleurs quelque chose de si *tendre* (*teneritas amicitiæ*) que, si on ne la fait reposer que sur des sentiments, et que l'on ne soumette point cette communication et cet abandon réciproques à des principes, ou à des règles fixes, qui empêchent la trop grande familiarité et donnent pour limites à l'amour réciproque les exigences du respect, elle se verra à chaque instant menacée de quelque *interruption*, comme celles qui ont lieu souvent parmi les hommes sans éducation, bien qu'elles n'aillent pas toujours jusqu'à la *rupture* (entre gens du peuple on se bat et l'on se raccommode [1]). Ces sortes de personnes ne peuvent pas se quitter, mais elles ne peuvent pas non plus s'entendre, car elles ont besoin de se chercher querelle pour goûter dans la réconciliation la douceur de leur union. — Dans tous les cas l'amour dans l'amitié ne saurait être une *passion* [2], car la passion est aveugle dans son choix et elle s'évapore avec le temps.

§ 47.

L'*amitié morale* (qu'il faut bien distinguer de l'amitié esthétique) est l'entière confiance que deux personnes se montrent l'une à l'autre, en se communi-

---

[1] *Pöbel schlägt sich und Pöbel verträgt sich.* — [2] *Affect.*

quant réciproquement leurs plus secrètes pensées et leurs plus secrets sentiments, autant que cela se peut concilier avec le respect qu'elles ont l'une pour l'autre.

L'homme est un être destiné à la vie de société, quoiqu'en revanche il soit peu sociable : en cultivant la vie de société, il sent vivement le besoin de s'*ouvrir* aux autres, même sans songer à en retirer aucun avantage; mais, d'un autre côté, il est retenu et averti par la crainte de l'abus qu'on peut faire de cette révélation de ses pensées, et il se voit forcé par là de *renfermer* en lui-même une bonne partie de ses jugements, surtout ceux qu'il porte sur les autres hommes. Il entretiendrait bien volontiers quelqu'un de ce qu'il pense sur les personnes qu'il fréquente, sur le gouvernement, sur la religion, etc. ; mais il n'ose le faire, de peur que les autres, gardant prudemment pour eux leur façon de penser, ne tournent ses paroles contre lui. Il consentirait bien aussi à révéler à un autre ses défauts ou ses fautes ; mais peut-être cet autre lui cachera-t-il les siens, et alors il doit craindre de baisser dans son estime, en lui ouvrant tout son cœur.

Que s'il trouve un homme d'un sens et d'un esprit droits, dans le sein duquel il puisse épancher son cœur en toute confiance et sans avoir rien à craindre, et qui en outre soit d'accord avec lui dans la manière de juger les choses, il peut donner cours à ses pensées ; il n'est plus entièrement seul avec elles, comme dans une prison, mais il jouit d'une liberté dont il se voit privé dans le monde, où il est forcé de se renfermer en lui-même. Chaque homme a ses secrets, et il ne peut les confier aveuglément aux autres, soit à cause de l'indélicatesse de la plupart des hommes, qui ne manqueraient pas d'en faire un usage préjudiciable pour lui, soit à cause de ce défaut d'intelligence qui fait que bien des gens ne savent pas juger et discerner ce qui peut ou non se répéter, soit enfin à cause de l'indiscrétion. Or il est extrêmement rare de rencontrer toutes les qualités opposées à ces défauts, réunies dans une même personne (*rara avis in terris, nigroque simillima cygno*); surtout lorsqu'une étroite amitié exige de cet ami intelligent et discret, qu'il se regarde comme obligé de garder vis-à-vis d'un autre ami, qui passe aussi pour très-discret, le secret qui lui a été confié, à moins que celui qui le lui a confié ne lui en donne expressément la permission.

Pourtant l'amitié purement morale n'est pas un idéal, et ce cygne noir se montre bien réellement de temps à autre dans toute sa perfection. Mais pour cette autre amitié (pragmatique) qui se charge, par amour, des frais d'autrui, elle ne peut avoir ni la pureté ni la perfection désirée, celle qu'exige toute maxime exactement déterminée, et elle n'est que l'idéal d'un vœu, qui dans l'idée de la raison ne connaît point de limites, mais qui dans l'expérience est toujours très-borné.

L'*ami des hommes*[1] en général (c'est-à-dire l'ami de toute l'espèce) est celui qui prend part esthétiquement au bien de tous les hommes (qui partage leur joie), et qui ne le troublera jamais sans un profond regret. Mais l'expression d'*ami* des hommes signifie quelque chose

---

[1] *Menschenfreund*.

de plus strict encore que celle de *philanthrope*. Car elle exprime aussi la pensée et la juste considération de l'*égalité* entre les hommes, c'est-à-dire l'idée, que tout en obligeant les autres par des bienfaits, nous sommes nous-mêmes obligés par l'égalité qui existe entre nous ; nous nous représentons ainsi tous les hommes comme des frères réunis sous un père commun qui veut le bonheur de tous. — C'est qu'en effet le rapport du protecteur ou du bienfaiteur au protégé ou à l'obligé est bien un rapport d'amour réciproque, mais non pas d'amitié, puisque le respect qui est dû n'est point égal des deux côtés. Le devoir de vouloir du bien aux hommes comme un ami (l'affabilité nécessaire), et la juste considération de ce devoir servent à prémunir les hommes contre l'orgueil, auquel s'abandonnent ordinairement les heureux, qui possèdent les moyens d'être bienfaisants.

APPENDICE.

DES VERTUS DE SOCIÉTÉ.

(*virtutes homileticæ.*)

§ 48.

C'est un devoir, aussi bien envers soi-même qu'envers les autres, de pousser le commerce de la vie jusqu'à son plus haut degré de perfection morale (*officium, commercii sociabilitas*); de ne pas s'*isoler* (*separatistum agere*); de ne pas oublier, tout en plaçant en soi-même le point central et fixe de ses principes, de considérer ce cercle que l'on trace autour de soi comme étant lui-même inscrit dans un cercle qui embrasse tout, c'est-à-dire dans le cercle du sentiment cosmopolitique; de ne pas seulement se proposer pour but le bonheur du monde, mais de cultiver les moyens qui y conduisent indirectement : l'urbanité dans les relations sociales, la douceur, l'amour et le respect réciproques (l'affabilité et la bienséance) (*humanitas æsthetica, et decorum*), et d'ajouter ainsi les grâces à la vertu, car cela même est un devoir de vertu.

Ce ne sont là, il est vrai, que des *œuvres extérieures*[1] ou accessoires[2] (*parerga*) offrant une belle apparence de vertu, qui d'ailleurs ne trompe personne, parce que chacun sait quel cas il en doit faire.

---

[1] *Aussenwerke*, proprement des ouvrages avancés. — [2] *Beiwerke*.

Ce n'est qu'une sorte de petite monnaie ; mais l'effort même que nous sommes obligés de faire pour rapprocher, autant que possible, de la vérité cette apparence ne laisse pas de seconder beaucoup le sentiment de la vertu. Un *abord facile* [1], un *langage prévenant* [2], la *politesse* [3], l'*hospitalité* [4], cette *douceur* dans la controverse [5] qui écarte toute dispute, toutes ces formes de la sociabilité sont des obligations extérieures qui obligent aussi les autres, et qui favorisent le sentiment de la vertu, en la rendant au moins *aimable*.

Ici s'élève la question de savoir si l'on peut entretenir des relations avec des hommes vicieux? On ne saurait éviter de les rencontrer, car il faudrait pour cela quitter le monde, et nous ne sommes pas nous-mêmes des juges compétents à leur égard. — Mais quand le vice devient un scandale, c'est-à-dire un exemple public du mépris des strictes lois du devoir, et qu'il entraîne ainsi l'opprobre, alors, quand même les lois du pays ne le puniraient pas, on doit cesser les relations qu'on a pu avoir jusque-là avec le coupable, ou du moins les éviter autant que possible ; car la continuation de ce commerce ôterait à la vertu tout honneur, et en ferait une marchandise à l'usage de quiconque serait assez riche pour corrompre ses parasites par les délices de la bonne chair.

---

[1] *Zugänglichkeit.* — [2] *Gesprächigkeit.* — [3] *Höflichkeit.* — [4] *Gastfreiheit.* — [5] *Gelindigkeit im Widersprechen.*

DEUXIÈME PARTIE.

MÉTHODOLOGIE.

MÉTHODOLOGIE.

PREMIÈRE SECTION.

DIDACTIQUE.

§ 49.

L'idée même de la vertu implique qu'elle doit être acquise (qu'elle n'est point innée), et il n'y a pas besoin, pour s'en assurer, d'invoquer la connaissance anthropologique qui résulte de l'expérience. Car la puissance morale de l'homme ne serait pas de la vertu, s'il n'était appelé à montrer sa *force* de résolution dans sa lutte contre des penchants contraires si puissants. La vertu est le produit de la raison pure pratique, en tant que celle-ci, qui a conscience de sa supériorité, triomphe, au moyen de la liberté, de la puissance des penchants contraires.

De ce que la vertu n'est pas innée, il suit qu'elle peut et doit être *enseignée;* l'enseignement de la vertu[1] est donc une *doctrine*[2]. Mais, comme la doctrine qui enseigne comment on doit se conduire pour se conformer à l'idée de la vertu, ne donne pas seule la force nécessaire pour mettre les règles en pratique, les stoïciens pensaient que la vertu ne s'*apprend* pas au moyen d'un simple enseignement du devoir et de cer-

---

[1] *Tugendlehre.* — [2] *Eine Doctrin.*

taines exhortations (παραινετικῶς[1]), mais qu'il la faut cultiver et *exercer* en s'appliquant à combattre l'ennemi intérieur qui est nous (ἀσκητικῶς[2]); car on ne *peut* pas tout ce que l'on *veut*, quand on n'a pas d'abord essayé et exercé ses forces. En pareil cas, en effet, il faut prendre tout de suite et complétement sa *résolution* : autrement la conscience[3] (*animus*), en capitulant avec le vice pour s'en dégager peu à peu, ne serait pas tout à fait pure ou même serait vicieuse, et par conséquent ne produirait aucune vertu (la vertu reposant sur un seul principe).

§ 50.

La méthode de la doctrine[4] (car toute doctrine scientifique doit être *méthodique*, autrement elle serait *désordonnée*[5]) ne saurait être *fragmentaire*, mais elle doit être *systématique*, pour que la doctrine de la vertu ait le caractère d'une *science*. — Or elle peut être, ou bien *acroamatique*, lorsque ceux à qui l'on s'adresse sont simplement auditeurs, ou *érotématique*, lorsque le maître interroge ses élèves sur ce qu'il veut leur enseigner; et cette dernière méthode à son tour est *dialogique* ou *catéchétique*, suivant qu'il s'adresse à leur *raison* ou simplement à leur *mémoire*. Si, en effet, on veut tirer quelque chose de la raison d'un autre, on ne

---

[1] Il y a dans le texte : *paränetisch*, mais je n'ose suivre l'exemple de Kant, en donnant une forme française au mot qu'il germanise ainsi.

[2] Le texte porte : *ascetisch*. Le mot ascétique au moins est français, mais l'adverbe qu'on pourrait tirer de ce mot ne l'est pas.

[3] *Gesinnung*. — [4] *Die doctrinale Methode*. — [5] *Tumultuarisch*.

le pourra qu'au moyen du dialogue, c'est-à-dire de questions et de réponses que le maître et l'élève se feront *réciproquement*. Par ses questions le maître conduira l'esprit de son élève de façon à développer en lui, au moyen des cas qu'il lui propose, l'aptitude à certaines idées (il sera l'accoucheur de ses pensées); et l'élève, s'apercevant qu'il est capable de penser par lui-même, fournira à son *maître*, par les questions qu'il lui adressera à son tour (sur certaines propositions obscures ou douteuses encore pour lui), l'occasion d'*apprendre*, suivant le *docendo discimus*, comment il doit interroger.

C'est en effet une chose à exiger de la logique, bien qu'on ne l'ait pas encore suffisamment prise en considération, que l'indication des règles à suivre pour *chercher* convenablement [1], c'est-à-dire de règles ne s'appliquant pas seulement aux jugements *déterminants*, mais encore aux jugements *préliminaires* (*judicia prævia*), qui conduisent aux pensées. Ce genre de règles peut même servir à diriger le mathématicien dans ses recherches; aussi bien les met-il souvent en pratique.

§ 51.

Le premier et le plus indispensable instrument *doctrinal* pour enseigner la vertu à un élève encore inculte, c'est un *catéchisme* moral. Ce catéchisme doit précéder le catéchisme religieux, et il ne faut pas le mêler comme une chose incidente [2] à l'enseignement

---

[1] *Zweckmässig suchen.* — [2] *Als Einschiebsel.*

de la religion, mais l'enseigner séparément comme un tout indépendant ; car ce n'est qu'au moyen de principes purement moraux qu'on peut passer de la doctrine de la vertu à la religion, puisque autrement les enseignements de celle-ci manqueraient de pureté. — Aussi les plus dignes et les plus grands théologiens se sont-ils fait scrupule de composer un catéchisme renfermant les statuts de la doctrine religieuse[1] et en même temps de s'en rendre garants, tandis qu'on devait croire que c'était là la moindre chose que l'on pût justement attendre du grand trésor de leur savoir.

Au contraire un catéchisme purement *moral*, contenant l'esquisse des devoirs de vertu, ne donne lieu à aucun scrupule ni à aucune difficulté de ce genre; car (quant au fond) il peut être tiré de la raison commune à tous les hommes, et (quant à la forme) il doit se conformer aux règles didactiques du premier enseignement. Le principe formel de ce genre d'instruction ne permet pas d'appliquer à cette fin la méthode socratique ou *dialogique* [2], parce que l'élève ne sait pas encore comment il doit interroger ; c'est donc le maître seul qui interrogera. Mais la réponse qu'il tire méthodiquement de la raison de son élève, doit être exprimée en des termes précis, qu'il ne soit pas facile de changer, et qui puissent être aisément confiés à sa mémoire : c'est par là que la méthode *catéchétique* se distingue, soit de la méthode *acroamatique* (où le maître parle seul), soit de la méthode

---

[1] *Für die statutarische Religionslehre.*
[2] *Die socratisch-dialogische Lehrart.*

dialogique (où le maître et l'élève se font réciproquement des demandes et des réponses).

§ 51.

Le moyen (technique) *expérimental* que le maître doit appliquer à la culture de la vertu, c'est de donner lui-même le *bon exemple* (1) aux autres (d'avoir une conduite exemplaire); car l'imitation est pour l'homme encore inculte le premier mobile qui détermine sa volonté à admettre les maximes qu'il s'approprie dans la suite. — L'habitude consiste à établir en soi un penchant persévérant, non pas au moyen de quelque maxime, mais en lui donnant souvent satisfaction : c'est un mécanisme de la sensibilité et non un principe de l'intelligence; aussi en pareil cas est-il beaucoup plus difficile de *désapprendre* ensuite que d'*apprendre* d'abord. — Mais pour ce qui est de la force de l'*exemple* (soit du bien, soit du mal) qui s'offre au penchant à l'imitation, ce que les autres nous donnent ne saurait fonder aucune maxime de vertu. La vertu, en effet, consiste uniquement dans l'autonomie subjective de la raison pratique de chaque homme, et par

---

(1) Le mot allemand *Beispiel*, que l'on emploie ordinairement comme synonyme d'*Exempel*, n'a pas le même sens. Prendre un *Exempel*, et indiquer un *Beispiel* pour l'intelligence d'une expression sont deux idées fort différentes. L'*Exempel* est un cas particulier d'une règle *pratique*, en tant que cette règle représente une action comme praticable ou impraticable. Au contraire un *Beispiel* n'est que le particulier (*concretum*) représenté comme contenu dans le général conçu par l'esprit (*abstractum*), et l'exhibition purement théorétique d'un certain concept. (Note de Kant.)

conséquent ce n'est pas la conduite des autres hommes, mais la loi qui doit nous servir de mobile. Le maître ne dira donc pas à un élève vicieux : prends exemple sur ce bon petit garçon (si rangé, si studieux) ! car cela ne servirait qu'à lui faire détester son camarade, relativement auquel il se trouverait ainsi placé dans un jour défavorable. Le bon exemple (la conduite exemplaire) ne doit pas servir de modèle, mais seulement de preuve pour montrer que ce qui est conforme au devoir est praticable ; ce n'est pas en comparant un homme avec un autre (considéré tel qu'il est), mais avec l'idée de ce qu'il doit être (de l'humanité), c'est-à-dire avec la loi, que le maître trouvera une règle d'éducation qui ne trompe jamais.

REMARQUE.

FRAGMENT D'UN CATÉCHISME MORAL.

Le maître demande à la raison de son élève ce qu'il veut lui enseigner, et si par hasard celui-ci ne sait pas répondre aux questions qui lui sont faites, il lui suggère la réponse (en dirigeant sa raison).

Le maître. Quel est ton plus grand et même ton seul désir dans la vie ?

L'élève (garde le silence).

Le maître. Que tu réussisses en *tout* et *toujours* selon tes désirs et ta volonté. — Comment nomme-t-on un pareil état ?

L'élève (garde le silence).

Le maître. On le nomme le *bonheur* (c'est-à-dire une prospérité constante, une vie de satisfaction, un parfait contentement de son état). Or, si tu avais entre les mains tout le bonheur (possible dans le monde), le garderais-tu tout entier pour toi, ou en ferais-tu part aussi à tes semblables ?

L'élève. Je leur en ferais part ; je rendrais aussi les autres heureux et contents.

Le maître. Cela prouve déjà que tu as un assez bon *cœur;* montre maintenant que tu as aussi un bon *jugement.* — Donnerais-tu bien au paresseux de moelleux coussins, sur lesquels il pût passer sa vie dans une douce oisiveté? à l'ivrogne, du vin en abondance et tout ce qui peut occasionner l'ivresse? au fourbe, une figure et des manières prévenantes, pour qu'il trompât plus aisément les autres? à l'homme violent, de l'audace et un bon poignet, pour qu'il pût terrasser qui bon lui semblerait? Car ce sont là autant de moyens que désire chacun d'eux pour être heureux à sa manière.

L'élève. Non, certes.

Le maître. Tu vois donc bien que, si tu tenais tout le bonheur entre tes mains, et que tu fusses en outre animé de la meilleure volonté, tu ne le livrerais pas encore sans réflexion à chacun selon ses désirs, mais que tu commencerais par te demander jusqu'à quel point il en est *digne.* — Mais, pour ce qui te regarde, hésiterais-tu à te procurer d'abord tout ce que tu croirais propre à faire ton bonheur?

L'élève. Oui.

Le maître. Ne te viendrait-il pas aussi à l'esprit de te demander si tu es bien toi-même digne du bonheur?

L'élève. Sans doute.

Le maître. Eh bien, ce qui en toi tend au bonheur, c'est le *penchant;* mais ce qui soumet ce penchant à cette condition, que tu sois d'abord digne du bonheur, c'est ta *raison;* et la faculté que tu as de restreindre et de vaincre ton penchant par ta raison, c'est la liberté de ta volonté. Veux-tu savoir maintenant comment tu dois t'y prendre pour participer au bonheur et en même temps n'en être pas indigne, c'est dans ta *raison* seule qu'il faut chercher une règle et une instruction à cet égard; ce qui signifie que tu n'as pas besoin de tirer cette règle de conduite de l'expérience ou de l'éducation que tu reçois des autres, mais que ta propre raison t'enseigne et t'ordonne exactement ce que tu as à faire. Par exemple, si tu te trouves dans le cas de te procurer ou de procurer à un de tes amis un grand avantage à l'aide d'un adroit *mensonge,* sans d'ailleurs faire tort à personne, que dit ta raison à ce sujet?

L'élève. Que je ne dois pas mentir, quelque grand avantage qui en puisse résulter pour moi ou pour mon ami. Mentir est *avilissant* et rend l'homme *indigne* d'être heureux. Il y a là une nécessité absolue que m'impose un ordre (ou une défense) de la raison, et devant laquelle tous mes penchants doivent se taire.

Le maître. Comment nomme-t-on cette nécessité immédiatement imposée à l'homme par la raison, d'agir conformément à la loi de la raison même ?

L'élève. On la nomme *devoir*.

Le maître. Ainsi, l'observation de notre devoir est la condition générale qui seule nous permet d'être dignes du bonheur ; être digne du bonheur et faire son devoir, c'est tout un. Mais, si nous avons conscience d'une volonté bonne et active, qui nous rend à nos propres yeux dignes d'être heureux (ou du moins ne nous en rend pas indignes), pouvons-nous y fonder l'espoir certain de participer à ce bonheur ?

L'élève. Non ! cela ne suffit pas ; car il n'est pas toujours en notre pouvoir de nous procurer le bonheur, et le cours de la nature ne se règle pas de lui-même sur le mérite, mais le bonheur de la vie (notre bien-être en général) dépend de circonstances qui sont loin d'être toutes au pouvoir de l'homme. Notre bonheur n'est donc toujours qu'un désir, qui ne peut devenir une espérance si une autre puissance n'intervient pas.

Le maître. La raison n'a-t-elle pas pour elle bien des motifs d'admettre comme réelle une puissance qui distribue le bonheur suivant le mérite et le démérite des hommes, qui commande à toute la nature et gouverne le monde avec une sagesse suprême, en un mot, de croire en Dieu ?

L'élève. Oui ; car nous voyons dans les œuvres de la nature, que nous pouvons juger, une sagesse si vaste et si profonde, que nous ne pouvons nous l'expliquer autrement que par l'art merveilleusement grand d'un créateur, de qui nous avons aussi raison d'attendre, dans l'ordre moral, qui fait le plus bel ornement du monde, un gouvernement non moins sage ; ce qui fait que, si nous ne nous rendons pas nous-mêmes *indignes du bonheur*, en manquant à notre devoir, nous pouvons espérer aussi d'y *participer*.

Dans cette espèce de catéchisme[1], qui doit embrasser tous les articles de la vertu et du vice, il faut bien se garder d'oublier que l'ordre exprimé par le devoir ne se fonde pas sur les avantages ou les inconvénients qui peuvent résulter de son observation ou de sa violation pour l'homme qu'il oblige, ou même pour les autres, mais uniquement sur le pur principe moral, et qu'on ne doit faire mention de ces avantages ou de ces inconvénients que d'une manière accessoire, comme de choses qui n'ont en soi rien de nécessaire, mais qui peuvent servir de véhicules ou d'ingrédients à l'usage de ceux qui ont le palais naturellement faible. C'est ce qu'il y a de *honteux* dans le vice, et non ce qu'il peut y avoir de *préjudiciable*[2] (pour l'agent lui-même) qu'il faut mettre partout en relief. En effet, si l'on n'élève pas pardessus tout la dignité de la vertu dans les actions, l'idée du devoir disparaît elle-même et se résout en prescriptions purement pragmatiques; car alors l'homme perd la conscience de sa propre noblesse, et elle devient comme une marchandise qu'il vendra au prix que lui en offrent ses trompeuses inclinations.

Mais, si l'on peut expliquer tout cela d'une manière savante et rigoureuse par la propre raison de l'homme, en tenant compte des différences d'âge, de sexe et d'état, il reste encore quelque chose qui doit former comme la conclusion : c'est de savoir ce qui détermine l'âme intérieurement, et place l'homme dans une telle position qu'il ne peut plus se considérer lui-même sans ressentir la plus grande admiration pour les dispositions primitives qui résident en lui, et sans en recevoir une impression qui ne s'efface jamais. —En effet, si, pour clore son éducation, on énumère encore une fois sommairement (on récapitule) ses devoirs dans leur ordre, et si, à propos de chacun d'eux, on lui fait remarquer que tous les maux, toutes les afflictions et toutes les douleurs de la vie, même le danger de la mort, peuvent fondre sur lui, par cela même qu'il demeurera fidèle à son

---

[1] *Catechese.*

[2] *Die* Schændlichkeit, *nicht die* Schædlichkeit. Il y a ici une sorte de jeu de mots qu'il est impossible de rendre en français.

devoir, mais ne sauraient lui enlever la conscience d'être au-dessus de tous ces maux et d'en être le maître; aussitôt se présente à lui cette question : qu'est-ce en moi que cette puissance qui ose se mesurer avec toutes les forces de la nature, soit en moi-même, soit au dehors, et qui est capable de les vaincre, lorsqu'elles luttent contre mes principes moraux? Lorsque cette question, dont la solution dépasse tout à fait la portée de la raison spéculative, et qui pourtant se pose d'elle-même, lorsque cette question s'élève dans le cœur, l'incompréhensibilité même qu'on trouve ici dans la connaissance de soi-même doit donner à l'âme une élévation qui l'excite d'autant plus à remplir saintement son devoir, qu'elle est plus sollicitée à y manquer.

Dans cet enseignement moral catéchétique, il serait très-utile, pour la culture morale qu'on a en vue, de poser, à propos de l'analyse de chaque espèce de devoirs, quelques questions casuistiques, et de mettre ainsi à l'essai l'intelligence des enfants réunis, en demandant à chacun comment il pense résoudre la question proposée. En effet, outre que c'est là une espèce de culture de la *raison* parfaitement appropriée à la capacité des esprits qui ne sont pas encore formés (car la raison montre beaucoup plus de facilité dans la solution des questions qui concernent le devoir que dans celle des questions spéculatives), et qu'il n'y a pas en général de meilleur moyen d'exercer l'esprit de la jeunesse; il est dans la nature de l'homme d'*aimer* ce qu'il a étudié d'une manière scientifique (ce dont la science ne lui est pas étrangère), et ainsi, par des exercices de ce genre, l'élève sera insensiblement conduit à prendre de l'*intérêt* à la moralité.

Mais il est extrêmement important, dans l'éducation, de ne point mêler (amalgamer) le catéchisme moral avec le catéchisme religieux, et plus encore de ne le point faire succéder à ce dernier ; il faut toujours commencer par le premier, en ayant soin de lui donner toute la clarté et toute l'étendue désirables. Autrement, la religion ne sera plus que pure hypocrisie : on ne se soumettra au devoir que par crainte, et la moralité, n'étant pas dans le cœur, sera *mensongère*.

DEUXIÈME SECTION.

ASCÉTIQUE.

§ 53.

Les règles de la pratique de la vertu (*exercitiorum virtutis*) se rapportent à ces deux dispositions de l'âme : le *courage* et la *sérénité* (*animus strenuus et hilaris*) dans l'accomplissement de ses devoirs. Car la vertu a des obstacles à combattre, qu'elle ne peut vaincre qu'en rassemblant ses forces, et en même temps il lui faut sacrifier bien des joies de la vie, dont la perte peut bien parfois rendre l'âme morose et sombre. Or ce que l'on ne fait pas avec plaisir, mais seulement comme une corvée[1], n'a aucune valeur intérieure pour celui qui remplit son devoir dans cet esprit, et ne saurait être aimé : loin de là il évite autant que possible l'occasion de pratiquer ce devoir.

La culture de la vertu, c'est-à-dire l'*ascétique* morale a pour principe, en tant qu'il s'agit d'un exercice ferme et courageux de la vertu, cette sentence des *stoïciens* : accoutume-toi à *supporter* les maux accidentels de la vie, et à *t'abstenir* des jouissances superflues (*sustine et abstine*). C'est une espèce de *diététique* qui consiste à se conserver sain moralement. Mais la *santé* n'est qu'un bien-être négatif; elle ne peut être sentie elle-même. Il faut que quelque chose s'y ajoute, qui procure le sentiment de la jouissance de la vie, et qui pourtant soit purement moral. Or c'est le cœur tou-

---

[1] *Als Frohndienst.*

jours serein dont parle le vertueux *Épicure*. En effet, qui pourrait avoir plus de raisons de posséder une âme sereine et qui regardera mieux comme un devoir de se placer dans cet état de sérénité et de s'en faire une habitude, que celui qui n'a conscience d'aucune transgression volontaire de la loi morale et qui est certain de ne tomber dans aucune faute de ce genre (*hic murus aheneus esto*, etc., *Horat.*)? L'ascétisme monacal au contraire, qui, par suite d'une crainte superstitieuse ou d'une hypocrite horreur de soi-même, a pour effet de se mortifier et de torturer son corps, n'a rien de commun avec la vertu, mais c'est une sorte d'expiation fanatique, qui consiste à s'infliger à soi-même certains châtiments, et, au lieu de *se repentir* moralement (c'est-à-dire en prenant la résolution de s'amender), à croire qu'on *rachète*[1] ainsi ses fautes. Or un châtiment qu'on choisit soi-même et qu'on s'inflige à soi-même est quelque chose de contradictoire (car le châtiment ne peut jamais être infligé que par un autre) ; et, loin de produire cette sincérité d'âme qui accompagne la vertu, il ne peut avoir lieu sans exciter une secrète haine contre les commandements de la vertu. — La gymnastique morale consiste donc uniquement dans cette lutte contre les penchants de notre nature, qui a pour but de nous en rendre les maîtres dans les cas menaçants pour la moralité qui peuvent se présenter, et par conséquent elle nous donne du courage et cette sérénité que l'on ne manque pas de trouver dans la conscience d'avoir recouvré sa liberté. Se *repentir* de

---

[1] *Büssen.*

quelque chose (ce qui est inévitable, quand on se rappelle certaines fautes passées, qu'il est même de notre devoir de ne jamais oublier), et s'infliger une *pénitence* (par exemple le jeûne), non pas dans un intérêt diététique, mais dans une intention pieuse, sont deux actes fort différents, quoiqu'on leur ait attribué à tous deux un caractère moral; le dernier, qui a quelque chose de triste, de sombre et de sinistre, rend la vertu même odieuse et éloigne ses partisans. La discipline que l'homme exerce sur lui-même ne peut donc être méritoire et exemplaire que grâce à la sérénité qui l'accompagne.

CONCLUSION.

LA RELIGION,
COMME SCIENCE DES DEVOIRS ENVERS DIEU, EST PLACÉE AU DELA DES LIMITES DE LA PURE PHILOSOPHIE MORALE.

Protagoras d'Abdère commençait un livre par ces mots : « *Y a-t-il des dieux ou n'y en a-t-il point ? c'est ce que je ne saurais dire* (1). » Il fut pour ce fait chassé de la cité et de son territoire par les Athéniens, et ses livres furent brûlés sur la place publique (*Quinctiliani Inst. Orat. lib. 3, cap.* I). — Or les juges d'Athènes firent en cela, comme *hommes*, une chose très-*injuste*[1]; mais, comme *magistrats*[2] et comme juges, ils agirent d'une manière *juridique*[3] et conséquente; car, comment aurait-on pu prêter serment, s'il n'avait été décrété publiquement et légalement *par le pouvoir souverain* (*de par le Sénat*) qu'il y a des dieux ? (2)

---

(1) « De diis, neque ut sint, neque ut non sint, habeo dicere. »

[1] *Unrecht.* — [2] *Als Staatsbeamte.* — [3] *Rechtlich.*

(2) Plus tard, il est vrai, un grand sage, dans sa législation morale, a entièrement interdit le serment comme absurde et touchant presque au blasphème; mais, dans l'ordre politique, on continue toujours de croire qu'il est absolument impossible de ne pas mettre ce moyen mécanique au service de l'administration de la justice publique, et l'on a imaginé de commodes interprétations pour échapper à cette défense. — Comme ce serait une absurdité de jurer d'abord qu'il y a un Dieu (puisqu'il faut l'avoir déjà supposé, pour pouvoir jurer en général), reste la question de savoir si un serment est possible et valable, lorsque l'on ne jure qu'*au cas* qu'il y ait un Dieu (sans rien décider à cet égard, à l'exemple de Protagoras). — Dans le fait tous les serments qui sont faits honnêtement et avec réflexion peuvent bien n'avoir pas d'autre sens. — Car que quel-

Mais cette croyance une fois accordée, si l'on admet que la *doctrine religieuse* est une partie intégrante de la *doctrine* générale *des devoirs*, la question est alors de déterminer les limites de la *science* à laquelle elle appartient, et de savoir si elle doit être considérée comme une partie de l'éthique (car il ne peut être ici question du droit des hommes entre eux), ou comme étant tout à fait en dehors des limites d'une morale purement philosophique.

La *forme* [1] de toute religion, si l'on définit la religion « l'ensemble de tous les devoirs conçus *comme* (*instar*) des commandements divins » appartient à la morale philosophique ; car on n'y considère que le rapport de la raison à l'*idée* qu'elle se fait à elle-même de Dieu, et l'on n'y transforme pas encore un devoir religieux en un devoir *envers* (*erga*) Dieu, en tant qu'être existant en dehors de notre idée, puisque l'on y fait abstraction de son existence. — Que nous devions soumettre tous les devoirs de l'homme à cette condition *formelle* (c'est-à-dire les rapporter à une volonté divine, donnée *à priori*), on n'en peut donner qu'une raison subjectivement logique. C'est à savoir que nous ne saurions nous rendre bien sensible [2] l'obligation (la contrainte morale), sans nous représenter un *autre*

---

qu'un s'offre à jurer simplement qu'il y a un Dieu, il ne semble pas courir en cela un grand risque, qu'il y croie ou non. S'il y a un Dieu (dira le trompeur), j'ai rencontré juste ; que s'il n'y en a point, je ne serai point démenti, et je ne cours aucun danger en faisant un tel serment. — Mais, *s'il y a un Dieu*, ne court-il pas le danger d'être surpris à mentir volontairement, et cela dans l'intention même de tromper Dieu ?

[1] *Das Formale*. — [2] *Anschaulich*.

être et sa volonté (dont la raison n'est que l'interprète dans la législation universelle qu'elle nous prescrit), c'est-à-dire Dieu. — — Mais ce devoir *relatif* à Dieu (proprement à l'idée que nous nous faisons d'un tel être) est un devoir de l'homme envers lui-même ; c'est-à-dire qu'il n'est point l'obligation objective de rendre certains offices à un autre être, mais seulement l'obligation subjective de fortifier le mobile moral dans notre propre raison législative.

Pour ce qui est de la *matière*[1] de la religion, ou de l'ensemble des devoirs *envers* (*erga*) Dieu ou du culte à lui rendre (*ad præstandum*), elle ne saurait contenir que des devoirs particuliers, qui ne dériveraient pas de la seule raison, cette source de toute législation universelle, et qui par conséquent ne nous seraient pas connus *à priori*, mais empiriquement, c'est-à-dire appartiendraient uniquement à la religion révélée, comme commandements de Dieu. Par conséquent aussi cette religion supposerait l'existence de cet être et non pas seulement son idée au point de vue pratique, et elle ne devrait pas la supposer arbitrairement, mais la présenter comme donnée immédiatement, ou médiatement, dans l'expérience. Mais une semblable religion, si bien fondée qu'elle pût être d'ailleurs, ne pourrait plus être considérée comme une partie de la *morale purement philosophique*.

La *religion*, comme doctrine des devoirs *envers* Dieu, réside donc en dehors de toutes les limites de l'éthique purement philosophique, et c'est là ce qui explique

---

[1] *Das Materiale*.

pourquoi l'auteur de cet ouvrage n'a point, comme cela se pratiquait ordinairement, fait entrer dans son éthique la religion ainsi entendue.

Il peut être question, il est vrai, d'une « religion considérée *dans les limites* de la raison, » mais qui ne dérive pas *de* la seule raison et se fonde aussi sur des témoignages historiques et une doctrine révélée, tout en se trouvant *d'accord* avec la raison pure pratique (celle-ci ne la contredisant point). Mais alors il ne s'agit pas d'une doctrine religieuse *pure*; il s'agit d'une doctrine religieuse *appliquée* à une histoire donnée, et qui par conséquent ne saurait trouver sa place dans une éthique, en tant que pure philosophie pratique.

REMARQUE FINALE.

Toutes les relations morales des êtres raisonnables, contenant un principe d'harmonie entre la volonté de l'un et celle des autres, peuvent se ramener à l'*amour* et au *respect*; et, en tant que ce principe est pratique, le motif de la volonté se rapporte, pour l'amour, à la *fin* d'autrui, et, pour le respect, à son *droit*. Si parmi ces êtres il en est un qui n'ait que des droits et pas de devoirs envers les autres (Dieu), et que ceux-ci, par conséquent, n'aient envers lui que des devoirs et pas de droits, le principe de leurs rapports moraux est *transcendant*, tandis que le rapport réciproque des hommes, dont la volonté se limite réciproquement, a un principe *immanent*.

On ne peut concevoir la fin de Dieu relativement à l'humanité (à sa création et à sa conservation) autrement que comme une fin d'*amour*, c'est-à-dire comme étant le *bonheur* de l'homme. Mais le principe de la volonté divine, au point de vue du *respect* (de la vénération) qui lui est dû et qui limite les effets de l'amour, c'est-à-dire le principe du droit divin, ne peut être autre que celui de la *justice*. On pourrait dire aussi (en parlant d'une manière humaine) que Dieu a créé des êtres raisonnables comme par besoin d'avoir en dehors de lui quelque chose qu'il pût aimer ou même dont il pût être aimé. Mais la *justice* de Dieu, considéré comme *punisseur*, lui donne sur nous, au jugement de notre propre raison, un droit qui n'est pas seulement aussi grand que le principe précédent, mais qui lui est même supérieur (car c'est un principe restrictif).—En effet la *récompense* (*præmium, remuneratio gratuita*), du côté de l'Être suprême, ne peut être considérée comme émanant de sa justice à l'égard d'êtres qui n'ont que des devoirs et n'ont pas de droits vis-à-vis de lui, mais seulement de l'amour et de la bonté (*benignitas*) :—à plus forte raison ne peut-il y avoir de droit à une *rémunération*[1] (*merces*) de la part d'un tel Être, et une *justice rémunératrice* (*justitia brabeutica*) est, dans le rapport de Dieu aux hommes, une contradiction.

Il y a pourtant, dans l'idée de la justice exercée par un Être dont les fins sont placées au-dessus de toute atteinte, quelque chose qui ne s'accorde pas bien avec le rapport de l'homme à Dieu : c'est à savoir celle d'une *lésion* qui pourrait être faite au Maître infini et inaccessible du monde; car il ne s'agit plus là de ces violations du droit que les hommes commettent entre eux et sur lesquelles Dieu prononce comme un juge chargé de punir, mais d'une atteinte portée à Dieu lui-même et à son droit, c'est-à-dire de quelque chose dont le concept est *transcendant*, ou placé au-dessus de l'idée de toute justice pénale, telle que nous en pouvons trouver quelque exemple (telle qu'elle existe parmi les hommes), et dont les principes transcendants ne peuvent s'accorder avec ceux que nous appliquons dans les divers cas de la vie, et par conséquent sont tout à fait vides pour notre raison pratique.

L'idée d'une justice pénale divine est ici personnifiée. Or ce n'est point un être particulier qui exerce cette justice (car alors il y aurait contradiction entre cet être et les principes du droit); mais c'est la *Justice* en substance, pour ainsi dire (qu'on appelle aussi l'*éternelle* Justice), laquelle, comme le *Fatum* (le *Destin*) des anciens poëtes philosophes,

---

[1] *Anspruch auf Lohn.*

est encore au-dessus de Jupiter. C'est cette Justice même qui prononce, conformément au droit, avec une nécessité inflexible et pour nous inaccessible. — En voici quelques exemples :

La peine (suivant l'expression d'Horace) ne perd pas de vue le coupable qui marche fièrement devant elle; elle le suit toujours, mais en boitant, jusqu'à ce qu'elle l'atteigne. — Le sang injustement versé crie vengeance. — Le crime ne peut demeurer impuni : si le coupable échappe à la punition, sa postérité payera pour lui; ou, s'il ne reçoit pas son châtiment dans cette vie, il le recevra dans une autre (après la mort) (1); et l'on n'admet cette autre vie, on n'y croit volontiers, que pour donner satisfaction aux droits de l'éternelle justice. — Je ne veux pas, disait un jour un prince fort sage, ouvrir au *meurtre* la porte de mes États, en faisant grâce au duelliste assassin pour lequel vous me suppliez. — Il faut que la dette du péché soit acquittée, dût un innocent s'offrir en victime expiatoire (quoiqu'on ne puisse donner le nom de punition à la souffrance qui retombe sur lui, puisqu'il n'a point péché lui-même). Tous ces exemples montrent que ce n'est point à une *personne* administrant la justice que l'on attribue ces sentences de condamnation (car elle ne pourrait prononcer ainsi sans se montrer injuste à l'égard des autres), mais que c'est la seule justice, comme principe transcendant, conçu dans un sujet supra-sensible, qui détermine le droit de cet Être, lequel est, il est vrai, d'accord avec la *forme* de ce principe, mais con-

---

(1) Il n'est pas même nécessaire de faire intervenir ici l'hypothèse d'une vie future pour se représenter dans toute son intégrité l'exécution de cette peine qui menace le coupable. En effet l'homme, considéré dans sa moralité, est jugé comme un objet supra-sensible en présence d'un juge supra-sensible, et non d'après des conditions de temps; il n'est question ici que de son existence. Sa vie terrestre, qu'elle soit courte ou longue, ou même éternelle, n'est que son existence phénoménale *, et le concept de la justice n'a pas besoin d'une détermination plus précise. Aussi bien ne commence-t-on point proprement par admettre la croyance en une vie future, où la justice pénale puisse s'accomplir, mais conclut-on bien plutôt cette vie future de la nécessité de la punition.

* *Das Daseyn desselben in der Erscheinung.*

traire à sa matière, à la *fin*, qui est toujours le *bonheur* des hommes.—En effet, à voir le nombre éternellement immense des coupables qui étendent sans cesse le compte de leurs crimes, la justice pénale placerait le *but* de la création, non dans l'*amour* du Créateur (comme il faut le concevoir), mais dans la stricte observation du *droit* (elle ferait du droit même le *but* qui constitue la *gloire* de Dieu). Or, comme le droit (ou la justice) n'est que la condition restrictive de l'amour (ou de la bonté), cela semble en contradiction avec les principes de la raison pratique, d'après lesquels n'aurait pas dû avoir lieu la création d'un monde amenant un résultat si opposé au dessein de son auteur, qui ne peut avoir pour principe que l'amour.

On voit par là que dans l'Éthique, comme philosophie pure, fondée sur la législation intérieure, les rapports moraux de l'*homme* avec l'*homme* sont les seuls qui soient compréhensibles pour nous ; mais que, pour ce qui regarde le rapport de Dieu et de l'homme, il est tout à fait en dehors des limites de notre nature et nous est absolument incompréhensible. Par où se trouve confirmé ce qui avait été avancé plus haut, à savoir que l'Éthique ne peut s'étendre au delà des bornes des devoirs de l'homme envers lui-même et envers les autres hommes.

TRAITÉ

DE

PÉDAGOGIE.

OBSERVATIONS TIRÉES D'UN COURS FAIT PLUSIEURS FOIS A L'UNIVERSITÉ SUR CE SUJET.

INTRODUCTION.

L'homme est la seule créature qui soit susceptible d'éducation. Par éducation l'on entend les soins (le traitement, l'entretien) que réclame son enfance [1], la discipline [2] qui le fait homme, enfin l'instruction avec la culture [3]. Sous ce triple rapport, il est enfant [4], — élève [5] — et écolier [6].

Aussitôt que les animaux commencent à sentir leurs forces, ils les emploient régulièrement, c'est-à-dire d'une manière qui ne leur soit point nuisible à eux-mêmes. Il est curieux en effet de voir comment, par exemple, les jeunes hirondelles, à peine sorties de leur œuf et encore aveugles, savent s'arranger de manière à faire tomber leurs excréments hors de leur nid. Les animaux n'ont donc pas besoin d'être soignés, enveloppés, réchauffés et conduits, ou protégés. La plupart demandent, il est vrai, de la pâture, mais non des soins. Par soins, il faut entendre les précautions que prennent les parents pour empêcher leurs enfants de faire de leurs forces un usage nuisible. Si, par exemple, un animal, en venant au monde, criait comme font les enfants, il deviendrait infailliblement la proie des loups et des autres bêtes sauvages qui seraient attirées par ses cris.

La discipline [7] nous fait passer de l'état d'animal à celui d'homme. Un animal est par son instinct même tout ce qu'il peut être; une raison étrangère a pris d'avance pour lui tous les soins indispensables. Mais l'homme a besoin de sa propre raison. Il n'a pas d'instinct, et il faut qu'il se fasse à lui-même son plan de conduite. Mais, comme il n'en est pas immédiatement capable, et qu'il arrive dans le monde à l'état sauvage, il a besoin du secours des autres.

---

[1] *Wartung (Verpflegung, Unterhaltung).* — [2] *Disciplin (Zucht).* — [3] *Unterweisung nebst der Bildung.* — [4] *Saügling.* — [5] *Zögling.* — [6] *Lehrling.*
[7] *Disciplin oder Zucht.*

L'espèce humaine est obligée de tirer peu à peu d'elle-même par ses propres efforts toutes les qualités naturelles qui appartiennent à l'humanité. Une génération fait l'éducation de l'autre. On en peut chercher le premier commencement dans un état sauvage ou dans un état parfait de civilisation ; mais, dans ce second cas, il faut encore admettre que l'homme est retombé ensuite à l'état sauvage et dans la barbarie.

La discipline empêche l'homme de se laisser détourner de sa destination, de l'humanité, par ses penchants brutaux. Il faut, par exemple, qu'elle le modère, afin qu'il ne se jette pas dans le danger comme un farouche ou un étourdi. Mais la discipline est purement négative, car elle se borne à dépouiller l'homme de sa sauvagerie ; l'instruction au contraire est la partie positive de l'éducation.

La sauvagerie est l'indépendance à l'égard de toutes les lois. La discipline soumet l'homme aux lois de l'humanité, et commence à lui faire sentir la contrainte des lois. Mais cela doit avoir lieu de bonne heure. Ainsi, par exemple, on envoie d'abord les enfants à l'école, non pour qu'ils y apprennent quelque chose, mais pour qu'ils s'y accoutument à rester tranquillement assis et à observer ponctuellement ce qu'on leur ordonne, afin que dans la suite ils sachent tirer à l'instant bon parti de toutes les idées qui leur viendront.

Mais l'homme a naturellement un si grand penchant pour la liberté, que quand on lui en laisse prendre d'abord une longue habitude, il lui sacrifie tout. C'est précisément pour cela qu'il faut de très-bonne heure, comme je l'ai déjà dit, avoir recours à la discipline, car autrement il serait très-difficile de changer ensuite son caractère. Il suivra alors tous ses caprices. On ne voit pas que les sauvages s'accoutument jamais à la manière de vivre des Européens, si longtemps qu'ils restent à leur service. Ce n'est pas chez eux, comme *Rousseau* et d'autres le pensent, l'effet d'un noble penchant pour la liberté, mais une certaine rudesse, qui vient de ce qu'ici l'homme ne s'est pas encore en quelque sorte dégagé de l'animal. Nous devons donc nous accoutumer de bonne heure à nous soumettre aux préceptes de la raison. Quand on a laissé l'homme faire toutes ses volontés pendant sa jeunesse et qu'on ne lui a jamais résisté en rien, il conserve une certaine sauvagerie pendant toute la durée de sa vie. Il ne lui sert de rien d'être ménagé pendant sa jeunesse par une tendresse maternelle exagérée, car plus tard il n'en rencontrera que plus d'obstacles de toutes parts, et il recevra partout des échecs lorsqu'il s'engagera dans les affaires du monde.

C'est une faute où l'on tombe ordinairement dans l'éducation des grands, que de ne jamais leur opposer de véritable résistance dans leur jeunesse, sous prétexte qu'ils sont destinés à commander. Chez l'homme, le penchant pour la liberté fait qu'il est nécessaire de polir sa rudesse; chez l'animal, au contraire, l'instinct dispense de cette nécessité.

L'homme a besoin de soins et de culture. La culture comprend la discipline et l'instruction. Aucun animal, que nous sachions, n'a besoin de la dernière. Car aucun n'apprend quelque chose de ceux qui sont plus âgés, excepté les oiseaux qui apprennent leur chant. Les oiseaux, en effet, sont instruits en cela par leurs parents, et c'est une chose touchante de voir, comme dans une école, les parents chanter de toutes leurs forces avant leurs petits et ceux-ci s'efforcer de tirer les mêmes sons de leurs jeunes gosiers. Si l'on veut se convaincre que les oiseaux ne chantent pas par instinct, mais apprennent réellement à chanter, il y a un moyen décisif : c'est d'enlever à des serins la moitié de leurs œufs et d'y substituer des œufs de moineau, ou encore de mêler avec leurs petits des moineaux tout jeunes. Qu'on les mette dans une cage d'où ils ne puissent entendre les moineaux du dehors; ils apprendront le chant des serins et l'on aura ainsi des moineaux chantants. Il est dans le fait très-étonnant que chaque espèce d'oiseaux conserve à travers toutes les générations un certain chant principal; la tradition du chant est bien la plus fidèle qui soit au monde.

L'homme ne peut devenir homme que par l'éducation. Il n'est que ce qu'elle le fait. Il est à remarquer qu'il ne peut recevoir cette éducation que d'autres hommes, qui l'aient également reçue. Aussi le manque de discipline et d'instruction chez quelques hommes en fait-il de très-mauvais maîtres pour leurs élèves. Si un être d'une nature supérieure se chargeait de notre éducation, on verrait alors ce qu'on peut faire de nous. Mais, comme l'éducation, d'une part, apprend quelque chose aux hommes, et, d'autre part, ne fait que développer en eux certaines qualités, il est impossible de savoir jusqu'où vont nos dispositions naturelles. Si du moins on faisait une expérience avec l'assistance des grands et en réunissant les forces de plusieurs, cela nous éclairerait déjà sur la question de savoir jusqu'où l'homme peut aller dans cette voie. Mais c'est une chose aussi digne de remarque pour un esprit spéculatif que triste pour un ami de l'humanité, de voir la plupart des grands ne jamais songer qu'à eux et ne prendre aucune part aux importantes expériences que l'on peut pratiquer sur l'éducation, afin de faire faire à la nature un pas de plus vers la perfection.

Il n'y a personne qui, ayant été négligé dans sa jeunesse, ne soit capable d'apercevoir dans l'âge mûr en quoi il a été négligé, soit dans la discipline, soit dans la culture (car on peut nommer ainsi l'instruction). Celui qui n'est point cultivé est brut[1]; celui qui n'est pas discipliné est sauvage[2]. Le manque de discipline est un pire mal que le défaut de culture, car celui-ci peut encore se réparer plus tard, tandis qu'on ne peut plus chasser la sauvagerie et corriger un défaut de discipline. Peut-être l'éducation deviendra-t-elle toujours meilleure, et chacune des générations qui se succéderont fera-t-elle un pas de plus vers le perfectionnement de l'humanité; car c'est dans le problème de l'éducation que gît le grand secret de la perfection de la nature humaine. On peut marcher désormais dans cette voie. Car on commence aujourd'hui à juger exactement et à apercevoir clairement ce qui constitue proprement une bonne éducation. Il est doux de penser que la nature humaine sera toujours mieux développée par l'éducation et que l'on peut arriver à lui donner la forme qui lui convient par excellence. Cela nous découvre la perspective du bonheur futur de l'espèce humaine. —

L'esquisse d'une théorie de l'éducation est un noble idéal, et qui ne nuirait en rien, quand même nous ne serions pas en état de le réaliser. Il ne faut pas regarder une idée comme chimérique et la donner pour un beau rêve, parce que des obstacles en arrêtent la réalisation.

Un idéal[3] n'est autre chose que la conception d'une perfection qui ne s'est pas encore rencontrée dans l'expérience.

---

[1] *Roh.* — [2] *Wild.* — [3] *Eine Idee.*

Telle est, par exemple, l'idée d'une république parfaite, gouvernée d'après les règles de la justice. Est-elle pour cela impossible? Seulement il faut d'abord que notre idée ne soit pas fausse, et ensuite qu'il ne soit pas absolument impossible de vaincre tous les obstacles qui peuvent s'opposer à son exécution. Si, par exemple, tout le monde mentait, la franchise serait-elle pour cela une pure chimère? L'idée d'une éducation qui développe dans l'homme toutes ses dispositions naturelles est vraie absolument.

Avec l'éducation actuelle les hommes n'atteignent pas du tout le but de leur existence, car quelle diversité n'y a-t-il pas dans leur manière de vivre! Il ne peut y avoir d'uniformité parmi eux qu'autant qu'ils agissent d'après les mêmes principes et que ces principes deviennent pour eux comme une seconde nature. Nous pouvons du moins travailler au plan d'une éducation conforme au but qu'on doit se proposer[1], et laisser à la postérité des instructions qu'elle pourra réaliser peu à peu. Voyez, par exemple, les oreilles d'ours : quand on les tire du pied même de la plante, elles ont toutes la même couleur; quand au contraire on en sème la graine, on obtient des couleurs toutes différentes et les plus variées. La nature a donc mis en elles certains germes, et il suffit, pour les y développer, de semer et de planter convenablement ces fleurs. Il en est de même chez l'homme!

Il y a beaucoup de germes dans l'humanité, et c'est à nous à développer proportionnellement nos dispositions naturelles, à donner à l'humanité tout son déploiement et à faire en sorte que nous remplissions notre destination. Les animaux remplissent la leur spontanément et sans la connaître. L'homme au contraire est obligé de chercher à atteindre la sienne, mais il ne peut le faire qu'autant qu'il en a une idée. L'accomplissement de cette destination est même entièrement impossible pour l'individu[2]. Si l'on admet un premier couple réellement cultivé, il faut encore savoir comment il a formé ses élèves. Les premiers parents donnent à leurs enfants un premier exemple; ceux-ci l'imitent, et ainsi se développent quelques dispositions naturelles. Mais toutes ne peuvent être

---

[1] *Einer zweckmässigern Erziehung.* — [2] *Bei dem Individuum.*

cultivées de cette manière, car la plupart du temps les exemples ne s'offrent aux enfants que par occasion. Les hommes n'avaient autrefois aucune idée de la perfection dont la nature humaine est capable; nous-mêmes nous ne la possédons pas encore dans toute sa pureté. Aussi bien est-il certain que tous les efforts individuels qui ont pour but la culture de nos élèves ne pourront jamais faire que ceux-ci viennent à remplir leur destination. Ce ne sont pas les individus, mais l'espèce seule qui peut arriver à ce but.

L'éducation est un art dont la pratique a besoin d'être perfectionnée par plusieurs générations. Chaque génération, munie des connaissances des précédentes, est toujours plus en mesure d'arriver à une éducation qui développe dans une juste proportion et conformément à leur but toutes nos dispositions naturelles, et qui conduise ainsi toute l'espèce humaine à sa destination. — La Providence a voulu que l'homme fût obligé de tirer le bien de lui-même, et elle lui dit en quelque sorte : « Entre dans le monde. J'ai mis en toi toutes sortes de dispositions pour le bien. C'est à toi qu'il appartient de les développer, et ainsi ton bonheur ou ton malheur dépend de toi. » C'est ainsi que le Créateur pourrait parler aux hommes ! —

L'homme doit d'abord développer ses dispositions pour le bien; la Providence ne les a pas mises en lui toutes formées; ce sont de simples dispositions, et il n'y a pas encore là de distinction de moralité. Se rendre soi-même meilleur, se cultiver soi-même, et, si l'on est mauvais, développer en soi la moralité, voilà le devoir de l'homme. Quand on y réfléchit mûrement, on voit combien cela est difficile. L'éducation est donc le problème le plus grand et le plus ardu qui nous puisse être proposé. Les lumières [1] en effet dépendent de l'éducation, et à son tour l'éducation dépend des lumières. Aussi ne saurait-elle marcher en avant que pas à pas, et ne peut-on arriver à s'en faire une idée exacte que parce que chaque génération transmet ses expériences et ses connaissances à la suivante, qui y ajoute à son tour et les lègue ainsi augmentées à celle qui lui succède. Quelle culture et quelle expé-

---

[1] *Einsicht.*

rience ne suppose donc pas cette idée? C'est pourquoi elle ne pouvait paraître que fort tard, et nous-mêmes ne l'avons pas encore élevée à son plus haut degré de pureté. La question est de savoir si l'éducation dans l'individu doit imiter la culture que l'humanité en général reçoit de ses diverses générations.

Il y a deux choses dont on peut regarder la découverte comme la plus difficile pour l'humanité : l'art de gouverner les hommes et celui de les élever, et pourtant on dispute encore sur ces idées.

Or par où commencerons-nous à développer les dispositions de l'homme? Faut-il partir de l'état barbare ou d'un état déjà cultivé? Il est difficile de concevoir un développement prenant son point de départ dans la barbarie (aussi l'est-il tant de se faire une idée du premier homme), et nous voyons que, toutes les fois que l'on est parti de cet état, on n'a jamais manqué d'y retomber, et qu'il a toujours fallu faire de nouveaux efforts pour en sortir. Aussi chez des peuples très-civilisés retrouvons-nous le voisinage de la barbarie, attesté par les plus anciens monuments écrits qu'ils nous aient laissés; — et quel degré de culture l'écriture ne suppose-t-elle pas déjà? C'est à ce point que l'on pourrait, au point de vue de la civilisation, faire dater de l'art d'écrire le commencement du monde.

Comme nos dispositions naturelles ne se développent pas d'elles-mêmes, toute éducation est — un art. — La nature ne nous a donné pour cela aucun instinct. — L'origine, ainsi que la marche de cet art, est ou *mécanique*, sans plan, soumise aux circonstances données, ou *raisonnée* [1]. L'art de l'éducation ne résulte pas mécaniquement des circonstances où nous apprenons par expérience si une certaine chose nous est nuisible ou utile. Tout art de ce genre, qui serait purement mécanique, contiendrait beaucoup d'erreurs et de lacunes, parce qu'il ne suivrait aucun plan. Il faut donc que l'art de l'éducation, que la pédagogie soit raisonnée, pour que la nature humaine puisse se développer de manière à remplir sa destination. Les parents qui ont eux-mêmes reçu une certaine éducation sont déjà des modèles sur lesquels se règlent les

---

[1] *Judiciös.*

enfants. Mais pour rendre ceux-ci meilleurs, il est nécessaire de faire de la pédagogie une étude; autrement il n'y a rien à en espérer, et l'éducation est confiée à des hommes d'une mauvaise éducation. Il faut dans l'art de l'éducation substituer la science au mécanisme; sans quoi elle ne sera jamais un effort continu, et une génération pourrait bien renverser ce qu'une autre aurait bâti.

Un principe de pédagogie que devraient surtout avoir devant les yeux les hommes qui font des plans d'éducation, c'est qu'on ne doit pas élever les enfants d'après l'état présent de l'espèce humaine, mais d'après un état meilleur, possible dans l'avenir, c'est-à-dire d'après l'idée de l'humanité et de son entière destination. Ce principe est d'une grande importance. Les parents n'élèvent ordinairement leurs enfants qu'en vue du monde actuel, si corrompu qu'il soit. Ils devraient au contraire leur donner une éducation meilleure, afin qu'un meilleur état en pût sortir dans l'avenir. Mais deux obstacles se rencontrent ici : 1° les parents n'ont ordinairement souci que d'une chose, c'est que leurs enfants fassent bien leur chemin dans le monde, et 2° les princes ne considèrent leurs sujets que comme des instruments pour leurs desseins.

Les parents songent à la maison et les princes à l'État. Les uns et les autres ne se proposent pas pour but dernier le bien général[1] et la perfection à laquelle l'humanité est destinée. Les bases d'un plan d'éducation doivent avoir un caractère cosmopolitique. Mais le bien général est-il une idée qui puisse être nuisible à notre bien particulier? Nullement! Car, quoiqu'il semble qu'il lui faille faire des sacrifices, on n'en travaille que mieux au bien de son état présent. Et alors que de nobles conséquences ne s'ensuivent pas! Une bonne éducation est précisément la source de tout bien dans le monde. Les germes qui sont dans l'homme doivent toujours se développer davantage; car il n'y a pas dans les dispositions naturelles de l'homme de principe du mal. La seule cause du mal, c'est qu'on ne ramène pas la nature à des règles. Il n'y a dans l'homme de germe que pour le bien.

De qui doit-on attendre l'amélioration de l'état du monde?

---

[1] *Weltbeste.*

Des princes ou des sujets? Faut-il que ceux-ci s'améliorent d'abord eux-mêmes et fassent la moitié du chemin au-devant des bons gouvernements? Que si cette amélioration doit venir des princes, que l'on commence donc par rendre leur éducation meilleure ; car on a trop longtemps commis cette faute grave de ne jamais leur résister pendant leur jeunesse. Un arbre qui pousse isolé au milieu d'un champ perd sa rectitude en croissant et étend ses branches au loin; au contraire celui qui croît au milieu d'une forêt se conserve droit, à cause de la résistance que lui opposent les arbres voisins, et il cherche au-dessus de lui l'air et le soleil. Il en est de même des princes. Mais il vaut encore mieux qu'ils soient élevés par quelqu'un de leurs sujets que par leurs égaux. — On ne peut attendre le bien d'en haut qu'autant que l'éducation y sera la meilleure! Il faut donc compter ici plutôt sur les efforts des particuliers que sur le concours des princes, comme l'ont pensé *Basedow* et d'autres ; car l'expérience nous enseigne que ces derniers ont moins en vue dans l'éducation le bien du monde que celui de leur État, et n'y voient qu'un moyen d'arriver à leurs fins. S'ils donnent de l'argent pour cet objet, ils se réservent le droit de tracer le plan qui leur convient. Il en est de même pour tout ce qui concerne la culture de l'esprit humain et le développement des connaissances humaines. Le pouvoir et l'argent ne les procurent pas, ils les facilitent tout au plus ; mais ils pourraient les procurer, si l'État ne prélevait les impôts uniquement dans l'intérêt de sa caisse. Aussi les Académies ne l'ont-elles pas fait jusqu'ici, et il y a aujourd'hui moins d'apparence que jamais qu'elles commencent à le faire.

C'est pourquoi la direction des écoles ne devrait dépendre que du jugement des connaisseurs les plus éclairés. Toute culture commence par les particuliers, et part de là pour s'étendre. La nature humaine ne peut se rapprocher peu à peu de sa fin que grâce aux efforts des personnes qui sont douées de sentiments assez étendus pour prendre intérêt au bien du monde et qui sont capables de concevoir un état meilleur comme possible dans l'avenir. Cependant plus d'un grand ne considère son peuple en quelque sorte que comme une partie du règne animal et n'a autre chose en vue que sa propagation. Tout au plus lui désire-t-il une certaine habileté, mais uniquement pour pouvoir faire de ses sujets des instruments mieux appropriés à ses desseins. Les particuliers doivent aussi sans doute avoir d'abord devant les yeux le but de la nature physique, mais ils doivent songer surtout au développement de l'humanité et veiller à ce qu'elle ne devienne pas seulement plus habile, mais aussi plus morale, et, ce qui est le plus difficile, à ce que la postérité puisse aller plus loin qu'ils ne sont allés eux-mêmes.

L'éducation doit donc, 1° *discipliner* les hommes. Les discipliner, c'est chercher à empêcher que ce qu'il y a d'animal en eux n'étouffe ce qu'il y a d'humain, aussi bien dans l'homme individuel que dans l'homme social. La discipline consiste donc simplement à les dépouiller de leur sauvagerie.

2° Elle doit les *cultiver*. La culture comprend l'instruction et les divers enseignements [1]. C'est elle qui donne l'habileté. Celle-ci est la possession d'une aptitude suffisante pour toutes les fins qu'on peut avoir à se proposer. Elle ne détermine donc elle-même aucune fin, mais elle laisse ce soin aux circonstances.

Certains arts sont bons dans tous les cas, par exemple ceux de lire et d'écrire; d'autres ne le sont que relativement à quelques fins, comme celui de la musique, qui fait aimer celui qui le possède. L'habileté est en quelque sorte infinie à cause de la multitude des fins qu'on peut se proposer.

3° Il faut aussi veiller à ce que l'homme acquière de la *prudence* [2], à ce qu'il sache vivre dans la société de ses semblables de manière à se faire aimer et à avoir de l'influence. C'est ici que se place cette espèce de culture qu'on appelle la *civilisation*. Elle exige certaines manières, de la politesse et cette prudence qui fait qu'on peut se servir de tous les hommes pour ses propres fins. Elle se règle sur le goût changeant de chaque siècle. Ainsi l'on aimait encore il y a quelques années les cérémonies en société.

4° On doit enfin veiller à la moralisation. Il ne suffit pas en effet que l'homme soit propre à toutes sortes de fins; il faut encore qu'il sache se faire une maxime de n'en choisir que de bonnes. Les bonnes fins sont celles qui sont nécessai-

---

[1] *Die Belehrung und die Unterweisung.* — [2] *Klug werde.*

rement approuvées par chacun, et qui peuvent être en même temps des fins pour chacun.

On peut ou bien dresser, façonner, instruire l'homme d'une manière toute mécanique, ou bien l'éclairer véritablement. On dresse des chevaux, des chiens, et l'on peut aussi dresser [1] des hommes.

Il ne suffit pas de dresser les enfants; il importe surtout qu'ils apprennent à *penser*. Il faut avoir en vue les principes d'où dérivent toutes les actions. On voit donc combien de choses exige une véritable éducation. Mais dans l'éducation privée la quatrième condition, qui est la plus importante, est ordinairement assez négligée; car on enseigne aux enfants ce que l'on regarde comme essentiel, et l'on abandonne au prédicateur la moralisation. Cependant combien n'est-il pas important d'apprendre aux enfants à haïr le vice, non pas pour cette seule raison que Dieu l'a défendu, mais parce qu'il est méprisable par lui-même! Autrement ils s'y laissent aisément entraîner en pensant que cela pourrait bien être permis si Dieu ne l'avait pas défendu, et qu'il peut bien faire une exception en leur faveur. Dieu, qui est l'être saint par excellence, ne veut que ce qui est bon : il veut que nous pratiquions la vertu à cause d'elle-même et non parce qu'il l'exige.

Nous vivons dans une époque de discipline, de culture et de civilisation, mais qui n'est pas encore celle de la moralisation. Dans l'état actuel des choses on peut dire que le bonheur des États croît en même temps que le malheur des hommes. Et c'est encore une question de savoir si nous ne serions pas plus heureux dans l'état barbare, où toute la culture qui est chez nous n'existe pas, que dans notre état actuel. Car comment peut-on rendre les hommes heureux, si on ne les rend moraux et sages? La quantité du mal n'en sera pas diminuée.

---

[1] *Dressiren.* — « Ce mot, — ajoute Kant, dans une parenthèse qui figurera mieux ici que dans le texte, — vient de l'anglais, de *to dress*, kleiden (habiller). Aussi appelle-t-on *Dresskammer* et non *Trostkammer* le lieu où les prédicateurs changent d'habits. »

Il faut d'abord instituer des écoles expérimentales avant de pouvoir en fonder de normales. L'éducation et l'instruction ne doivent pas être purement mécaniques, mais reposer sur des principes. Pourtant elles ne doivent pas être non plus une affaire de pur raisonnement [1], mais aussi, en un certain sens, un mécanisme. Il n'y a guère en Autriche que des écoles normales, établies sur un plan contre lequel on a élevé avec raison beaucoup d'objections et auquel on pouvait surtout reprocher de n'être qu'un mécanisme aveugle. Toutes les autres écoles devaient se régler sur celles-là, et l'on se refusait même à employer les gens qui n'avaient pas été dans ces écoles. De telles prescriptions montrent combien le gouvernement se mêle de ces choses, et il est impossible qu'avec une pareille contrainte on puisse arriver à quelque chose de bon.

On se figure ordinairement qu'il n'est pas nécessaire de faire des expériences en matière d'éducation, et que l'on peut juger par la raison seule si une chose sera bonne ou non. Mais on se trompe beaucoup en cela, et l'expérience enseigne que nos tentatives ont souvent amené des effets tout opposés à ceux que l'on attendait. On voit donc que, l'expérience étant ici nécessaire, nulle génération d'hommes ne peut tracer un plan d'éducation complet. La seule école expérimentale qui ait commencé ici en quelque sorte à frayer la route, a été l'*Institut de Dessau*. Malgré les nombreux défauts qu'on pourrait lui reprocher, mais qui se rencontrent dans tous les essais auxquels on se livre, il faut lui accorder cette gloire, qu'il n'a pas cessé de susciter de nouvelles tentatives. Il a été d'une certaine manière la seule école où les maîtres eussent la liberté de travailler d'après leurs propres méthodes et leurs propres plans, et où ils fussent unis entre eux, ainsi qu'avec tous les savants de l'Allemagne.

L'éducation comprend les *soins* qu'exige l'enfance [2] et la *culture*. Celle-ci est, 1° *négative :* c'est alors la discipline, laquelle se borne à empêcher les fautes ; 2° *positive :* c'est l'in-

---

[1] *Nicht blos raisonnirend.* — [2] *Versorgung.*

struction et la direction[1], et sous ce rapport elle mérite bien le nom de culture. La *direction* est ce qui sert de guide dans la pratique de ce que l'on veut apprendre. D'où la différence entre le précepteur [2], lequel est simplement un professeur [3], et le gouverneur [4], qui est un directeur [5]. Le premier donne uniquement l'éducation de l'école; le second, celle de la vie.

La première époque chez l'élève est celle où il doit montrer de la soumission et une obéissance passive; la seconde, celle où on lui laisse déjà faire usage de sa réflexion et de sa liberté, mais à la condition qu'il les soumette à des lois. Dans la première il y a contrainte mécanique; dans la seconde, contrainte morale.

L'éducation est ou *privée* ou *publique*. La dernière ne se rapporte qu'à l'enseignement [6], et celui-ci peut toujours rester public. La pratique des préceptes est laissée à la première. Une éducation publique complète est celle qui réunit les deux choses : l'instruction et la culture morale. Son but est de provoquer une bonne éducation privée. Une école où cela se pratique s'appelle un institut d'éducation [7]. Il ne peut y avoir beaucoup d'instituts de ce genre, et ils ne sauraient admettre un bien grand nombre d'élèves; car ils sont très-coûteux, et leur seul établissement demande déjà beaucoup d'argent. Il en est de ces instituts comme des arsenaux et des hôpitaux. Les édifices qu'ils exigent et le traitement des directeurs, des surveillants et des domestiques prennent déjà la moitié de l'argent destiné à cet usage, et il est prouvé que, si l'on remettait cet argent aux pauvres dans leurs maisons, ils seraient beaucoup mieux soignés. — Il est difficile aussi d'obtenir des riches qu'ils envoient leurs enfants dans ces instituts.

Le but de ces instituts publics est le perfectionnement de l'éducation domestique. Si les parents ou ceux qui leur viennent en aide dans l'éducation de leurs enfants avaient reçu eux-mêmes une bonne éducation, la dépense des instituts publics pourrait n'être plus nécessaire. C'est là qu'on doit faire des essais et former des sujets, et c'est de là que pourra sortir ensuite une bonne éducation domestique.

---

[1] *Anführung.* — [2] *Informator.* — [3] *Lehrer.* — [4] *Hofmeister.* — [5] *Führer* — [6] *Information.* — [7] *Erziehungsinstitut.*

L'éducation privée est donnée ou par les parents eux-mêmes, ou, quand par hasard ceux-ci n'en ont pas le temps, la capacité ou le goût, par d'autres personnes, qui leur servent d'auxiliaires moyennant une rétribution. Mais cette éducation donnée ainsi par des auxiliaires présente ce très-grave inconvénient que l'autorité s'y trouve partagée entre les parents et les maîtres. L'enfant doit se conduire d'après les préceptes de ses maîtres, et il faut aussi qu'il suive les caprices de ses parents. Dans une éducation de ce genre, il est nécessaire que les parents abandonnent toute leur autorité aux maîtres.

Mais jusqu'à quel point l'éducation privée est-elle préférable à l'éducation publique, ou la seconde à la première? En général l'éducation publique semble plus avantageuse que l'éducation domestique non-seulement sous le rapport de l'habileté, mais aussi sous celui du vrai caractère d'un citoyen. L'éducation domestique, loin de corriger les défauts de famille, les augmente.

Combien de temps doit durer l'éducation? Jusqu'à l'époque où la nature même a voulu que l'homme se conduisît lui-même, où se développe en lui l'instinct du sexe, où il peut lui-même devenir père et être chargé à son tour d'une éducation à faire, c'est-à-dire environ jusqu'à la seizième année. Après cette époque, on peut bien encore avoir recours à des maîtres qui continuent de le cultiver, et le soumettre à une discipline secrète, mais il n'y a plus d'éducation régulière à lui donner.

La soumission de l'élève est ou *positive*, — en ce sens qu'il doit faire ce qui lui est prescrit, puisqu'il ne peut juger par lui-même et que la faculté d'imitation existe encore en lui; — ou *négative*, en ce sens qu'il doit faire ce que désirent les autres, s'il veut qu'à leur tour ceux-ci fassent quelque chose pour lui plaire. Il est exposé, dans le premier cas, à être puni; dans le second, à ne pas obtenir ce qu'il désire; il est ici, bien qu'il puisse déjà penser, sous la dépendance de son plaisir.

Un des plus grands problèmes de l'éducation est de concilier sous une contrainte légitime la soumission avec la faculté de se servir de sa liberté. Car la contrainte est nécessaire ! Mais comment cultiver la liberté par la contrainte? Il faut que j'accoutume mon élève à souffrir que sa liberté soit soumise à une contrainte, et qu'en même temps je l'instruise à en faire lui-même un bon usage. Sans cela il n'y aurait en lui que pur mécanisme; l'homme privé d'éducation ne sait pas se servir de sa liberté. Il est nécessaire qu'il sente de bonne heure la résistance inévitable de la société, afin d'apprendre à connaître combien il est difficile de se suffire à soi-même, de supporter les privations et d'acquérir de quoi se rendre indépendant.

On doit observer ici les règles suivantes : 1° Il faut laisser l'enfant libre dès sa première enfance et dans tous les moments (excepté dans les circonstances où il peut se nuire à lui-même, comme par exemple s'il vient à saisir un instrument tranchant), mais à la condition qu'il ne fasse pas lui-même obstacle à la liberté d'autrui, comme par exemple quand il crie, ou que sa gaieté se manifeste d'une manière trop bruyante et qu'il incommode les autres. 2° On doit lui montrer qu'il ne peut arriver à ses fins qu'à la condition de laisser les autres arriver aussi aux leurs, par exemple qu'on ne fera rien d'agréable pour lui s'il ne fait pas lui-même ce que l'on désire, qu'il faut qu'il s'instruise, etc. 3° Il faut lui prouver que la contrainte qu'on lui impose a pour but de lui apprendre à faire usage de sa propre liberté, qu'on le cultive afin qu'il puisse un jour être libre, c'est-à-dire se passer du secours d'autrui. Ce dernier point est le plus tardif à frapper l'esprit des enfants : ils ne font que très-tard cette réflexion, qu'ils auront par exemple un jour à s'occuper eux-mêmes de leur entretien. Ils pensent qu'il en sera toujours comme dans la maison de leurs parents, où on leur donne à manger et à boire sans qu'ils aient à s'en occuper. Or, sans cette idée, les enfants, surtout ceux des riches et les fils des princes, restent toute leur vie des enfants, comme les habitants d'Otahiti. L'éducation publique a ici évidemment les plus grands avantages : on y apprend à connaître la mesure de ses forces et les limites que nous impose le droit d'autrui. On n'y jouit d'aucun privilége, car on y sent partout la résistance, et l'on ne s'y fait remarquer que par son mérite. Cette éducation est la meilleure image de la vie du citoyen.

Il y a encore une difficulté à laquelle il faut songer ici, c'est celle qui consiste à anticiper sur la connaissance du sexe pour préserver les enfants du vice avant l'âge de la virilité. Mais nous en reparlerons plus bas.

TRAITÉ.

La pédagogie ou la science de l'éducation est ou *physique* ou *pratique*. L'éducation *physique* est celle que l'homme partage avec les animaux, c'est-à-dire les soins qu'il exige. L'éducation *pratique* ou *morale* est celle dont l'homme a besoin de recevoir la culture pour pouvoir vivre ou être libre. (On nomme *pratique* tout ce qui a rapport à la liberté.) C'est l'éducation de la personnalité, l'éducation d'un être libre, qui peut se suffire à lui-même et tenir sa place dans la société, mais qui est capable aussi d'avoir par lui-même une valeur intérieure.

D'après cela l'éducation se compose : 1° de la culture *scolastique* et *mécanique* [1], qui se rapporte à l'habileté : elle est alors *didactique* (c'est l'œuvre du professeur [2]) ; 2° de la culture *pragmatique*, qui se rapporte à la prudence (c'est la tâche du gouverneur [3]) ; 3° de la culture *morale*, qui se rapporte à la moralité.

L'homme a besoin de la culture *scolastique* ou de l'instruction pour être capable d'atteindre toutes ses fins. Elle lui donne une valeur comme individu. La culture de la *prudence* le prépare à l'état de citoyen, car elle lui donne une valeur publique. Il apprend par là aussi bien à amener à ses fins la société civile qu'à s'y conformer lui-même. La culture *morale* enfin lui donne une valeur qui regarde l'espèce humaine tout entière.

La culture scolastique est la première en date. En effet, la prudence présuppose toujours l'habileté. La prudence est le talent de bien employer son habileté. La culture morale, en tant qu'elle repose sur des principes, que l'homme lui-même doit apercevoir, est la dernière ; mais en tant qu'elle repose

---

[1] *Scholastisch-mechanische Bildung.* — [2] *Informator.* — [3] *Hofmeister.*

uniquement sur le sens commun, elle doit être pratiquée dès le début, même dans l'éducation physique, sans quoi plus d'un défaut s'enracinerait si bien qu'il rendrait ensuite inutiles tous les efforts et tout l'art de l'éducation. Quant à l'habileté et à la prudence, il faut suivre en tout les années. Se montrer dans l'enfance habile, prudent, patient, sans malice, comme un homme, cela ne vaut guère mieux que de conserver dans l'âge mûr la sensibilité d'un enfant.

A.

DE L'ÉDUCATION PHYSIQUE.

Quoique celui qui entreprend une éducation à titre de gouverneur[1] ne prenne pas assez tôt la direction des enfants pour pouvoir donner aussi ses soins à leur éducation physique, il lui est cependant utile de savoir tout ce qu'il est nécessaire de faire en matière d'éducation depuis le commencement jusqu'à la fin. Lors même qu'un gouverneur n'a affaire qu'à de grands enfants, il peut arriver qu'il voie naître de nouveaux enfants dans la famille, et, s'il a mérité par sa bonne conduite d'être le confident des parents, ils ne manquent pas de le consulter sur l'éducation physique de leurs enfants; il est souvent d'ailleurs le seul savant de la maison. Le gouverneur a donc besoin aussi de connaissances sur ce sujet.

L'éducation physique ne consiste proprement que dans les soins donnés soit par les parents, soit par les nourrices, soit par les gardiennes. La nourriture que la nature a destinée à l'enfant est le lait de sa mère. C'est un préjugé de croire que l'enfant suce en quelque sorte ses sentiments avec le lait maternel, quoiqu'on entende souvent dire : Tu as sucé cela avec le lait de ta mère. Mais il est très-important pour la mère et pour l'enfant qu'elle nourrisse elle-même. Toutefois il faut admettre ici des exceptions, dans certains cas extrêmes,

---

[1] *Hofmeister.*

causés par un état de maladie. On croyait autrefois que le premier lait que donne la mère après l'enfantement et qui ressemble à du petit-lait est nuisible à l'enfant, et que la mère doit d'abord s'en débarrasser avant de songer à nourrir son enfant. Mais *Rousseau* appela le premier l'attention de la médecine sur la question de savoir si ce premier lait ne serait pas bon aussi pour l'enfant, puisque la nature n'a rien fait en vain. Et l'on a réellement trouvé que ce lait chasse on ne saurait mieux les ordures que contient le corps du nouveau-né, ou ce que les médecins appelent le méconium, et qu'il est ainsi très-bon pour les enfants.

On a élevé la question de savoir si l'on peut nourrir également les enfants avec du lait d'animal. Le lait de tous les animaux herbivores ou vivant de végétaux se caille très-vite quand on y ajoute quelque acide, par exemple de l'acide tartrique ou de l'acide citrique, ou particulièrement la présure de la caillette de veau [1]. Or, lorsque la mère ou la nourrice s'est nourrie pendant plusieurs jours de végétaux exclusivement, son lait se caille aussi bien que le lait de vache, etc.; mais, si elle se remet à manger de la viande pendant quelque temps, il redevient aussi bon qu'auparavant. On en a conclu que ce qui convenait le mieux à l'enfant, c'était que la mère ou la nourrice mangeassent de la viande pendant le temps qu'elles nourrissent. Quand les enfants rendent le lait qu'ils ont sucé, on voit qu'il est caillé. L'acide contenu dans leur estomac doit donc faire cailler le lait plus encore que tous les autres, puisque autrement le lait de la femme n'aurait nullement la propriété de se cailler. Combien donc ne serait-il pas plus contraire à leur santé de leur donner du lait qui se caillât déjà par lui-même! Mais on voit par les autres nations que tout ne dépend pas de là. Les Tongouses, par exemple, ne mangent guère que de la viande, et ce sont des gens forts et sains. Mais aussi tous les peuples de ce genre ne vivent pas longtemps, et l'on peut soulever sans beaucoup de peine un grand jeune homme qu'on ne croirait pas léger à le voir. Les Suédois, au contraire, mais particulièrement les nations des Indes ne mangent presque pas de viande, et

---

[1] En allemand *Lab* ou *Laff*.

cependant les hommes s'y élèvent très-bien. Il semble donc que tout dépende de la santé de la nourrice, et que la meilleure nourriture soit celle avec laquelle elle se porte le mieux.

Ici se place la question de savoir ce que l'on choisira pour nourrir l'enfant lorsque le lait maternel aura cessé. On a essayé depuis quelque temps de toutes sortes de bouillies; mais il n'est pas bon de donner à l'enfant des aliments de ce genre dès le début. Il faut surtout éviter de lui donner rien de piquant, comme du vin, des épices, du sel, etc. Il n'est pas d'ailleurs étonnant que les enfants montrent tant de goût pour ces sortes de choses. La raison en est qu'elles donnent à leurs sensations encore obtuses une excitation et une animation qui leur est agréable. Les enfants en Russie tiennent sans doute de leurs mères, qui aiment à boire de l'eau-de-vie, le même genre de goût, et l'on remarque que les Russes sont sains et forts. Certes ceux qui supportent ce régime doivent être d'une bonne constitution, mais aussi il en meurt beaucoup qui auraient pu vivre sans cela. En effet une excitation prématurée des nerfs entraîne beaucoup de désordres. Il faut même avoir bien soin de ne pas donner aux enfants des boissons ou des aliments trop chauds, car cela les affaiblit.

Il est à remarquer en outre qu'on ne doit pas tenir les enfants très-chaudement, car leur sang est déjà par lui-même beaucoup plus chaud que celui des adultes. La chaleur du sang chez les enfants est de 110° Farenheit, et le sang des adultes n'a que 90°. L'enfant étouffe dans une atmosphère où de plus âgés se trouvent très-bien. Les habitations fraîches rendent en général les hommes forts. Il n'est même pas bon pour les adultes de s'habiller trop chaudement, de se couvrir, de s'habituer à des boissons trop chaudes. Aussi faut-il donner aux enfants une couche fraîche et dure. Les bains froids aussi sont bons. On ne doit employer aucun excitant pour faire naître l'appétit chez l'enfant; il faut au contraire que l'appétit soit toujours l'effet de l'activité et de l'occupation. Il ne faut pas laisser prendre aux enfants des habitudes qui deviennent ensuite des besoins. Même dans ce qui est bien, n'employez pas votre art à leur faire de tout une habitude.

Les peuples barbares ne connaissent pas l'usage des *maillots*. Les sauvages de l'Amérique, par exemple, creusent pour leurs jeunes enfants des trous dans la terre; ils en garnissent le fond avec de la poussière de vieux arbres, afin que l'urine et les immondices s'y absorbent, et que les enfants puissent ainsi rester secs, et ils les couvrent de feuilles; mais, du reste, ils laissent à leurs enfants le libre usage de leurs membres. Si nous enveloppons les enfants comme des momies, c'est simplement pour notre propre commodité, afin de nous dispenser de veiller à ce qu'ils ne s'estropient pas, et c'est pourtant ce qui arrive souvent par l'effet des maillots. Ils sont d'ailleurs très-douloureux pour les enfants eux-mêmes, et ils les jettent dans une sorte de désespoir en les empêchant de se servir de leurs membres. On croit alors pouvoir apaiser leurs cris en leur adressant certaines paroles. Mais que l'on enveloppe ainsi un homme fait, et l'on verra s'il ne crie pas aussi et s'il ne tombe pas aussi dans le chagrin et le désespoir.

En général il faut remarquer que la première éducation doit être purement négative, c'est-à-dire qu'on ne doit rien ajouter aux précautions qu'a prises la nature, mais se borner à ne pas détruire son œuvre. S'il y a un art permis dans l'éducation, c'est celui qui a pour but d'endurcir les enfants. — Il faut donc rejeter les maillots. Si cependant on veut prendre quelque précaution, ce qu'il y a de plus convenable est une espèce de boîte garnie de lanières par en haut. Les Italiens s'en servent et la nomment *arcuccio*. L'enfant reste toujours dans cette boîte et on l'y laisse même pour l'allaiter. On empêche même par là que la mère, en s'endormant la nuit pendant l'allaitement, n'étouffe son enfant. Chez nous beaucoup d'enfants périssent de cette façon. Cette précaution est donc préférable au maillot, car les enfants ont par là une plus grande liberté, et elle les empêche de se déformer comme il arrive souvent par l'effet même du maillot.

Une autre habitude dans la première éducation, c'est de *bercer* les enfants. Le moyen le plus simple est celui qu'emploient quelques paysans. Ils suspendent le berceau à des poutres au moyen d'une corde, et ils n'ont alors qu'à le pousser : le berceau se balance de lui-même. Mais en général le bercement ne vaut rien. On voit même chez de grandes personnes que le balancement produit l'étourdissement et une disposition à vomir. On veut étourdir ainsi les enfants afin de les empêcher de crier. Mais les cris leur sont salutaires. En sortant du sein maternel, où ils n'ont joui d'aucun air, ils respirent leur premier air. Or le cours du sang modifié par là produit en eux une sensation douloureuse. Mais par leurs cris ils facilitent le déploiement des parties intérieures et des canaux de leurs corps. On rend un très-mauvais service aux enfants en cherchant à les apaiser aussitôt qu'ils crient, par exemple en leur chantant quelque chose, comme les nourrices ont l'habitude de le faire, etc. C'est là ordinairement la première dépravation de l'enfant; car, quand il voit que tout cède à ses cris, il les répète plus souvent.

On peut dire avec vérité que les enfants des gens ordinaires sont beaucoup plus mal élevés que ceux des grands; car les gens ordinaires jouent avec leurs enfants comme les singes. Ils chantent devant eux, ils les embrassent, ils les baisent, ils dansent avec eux. Ils pensent donc agir dans leur intérêt en courant à eux aussitôt qu'ils crient, en les faisant jouer, etc.; mais les enfants n'en crient que plus souvent. Quand au contraire on ne s'occupe pas de leurs cris, ils finissent par ne plus crier. Il n'y a personne en effet qui se donne volontiers une peine inutile. Si on les accoutume à voir tous leurs caprices satisfaits, il sera ensuite trop tard pour tenter de briser leur volonté. Qu'on les laisse crier, ils en seront bientôt fatigués eux-mêmes. Mais si l'on cède à tous leurs caprices dans la première jeunesse, on perd par là leur cœur et leurs mœurs.

L'enfant n'a sans doute encore aucune idée des mœurs; mais on gâte ses dispositions naturelles en ce sens qu'il faut ensuite lui appliquer de très-dures punitions afin de réparer le mal. Lorsque l'on veut plus tard déshabituer les enfants de voir tous leurs caprices aussitôt satisfaits, ils montrent dans leurs cris une rage dont on ne croirait capables que de grandes personnes, et qui ne reste sans effet que parce que les forces leur manquent. Tant qu'ils n'ont qu'à crier pour obtenir tout ce qu'ils veulent, ils dominent en vrais despotes. Quand cesse cette domination, ils en sont tout naturellement contrariés. Et lorsque même de grandes personnes ont été longtemps en possession d'une certaine puissance, n'est-ce pas pour elles une chose pénible que de se voir tout à coup forcées de s'en déshabituer?

Pendant les trois premiers mois environ de leur première année, les enfants n'ont pas la vue formée. Ils ont bien la sensation de la lumière, mais ils ne peuvent pas distinguer les objets les uns des autres. Il est facile de s'en convaincre en leur montrant quelque chose de brillant : ils ne le suivent pas des yeux. Avec la vue se développe aussi la faculté de rire et de pleurer. Or, lorsque l'enfant est parvenu à cet état, il crie avec réflexion, si obscure que soit encore cette réflexion. Il pense toujours qu'on veut lui faire du mal. *Rousseau* remarque que, quand on frappe dans la main d'un enfant qui n'est âgé que d'environ six mois, il crie comme si un tison ardent lui était tombé sur la main. Il y joint déjà réellement une idée d'offense. Les parents parlent ordinairement beaucoup de briser la volonté de leurs enfants. Mais on n'a pas besoin de briser leur volonté quand on ne les a pas gâtés d'abord. Or la première origine du mal, c'est de se faire l'esclave de leur volonté et de leur laisser croire qu'ils peuvent tout obtenir par leurs cris. Il est plus tard extrêmement difficile de réparer ce mal, et à peine y parvient-on. On peut bien faire que l'enfant se tienne tranquille, mais il dévore sa douleur et n'en nourrit que mieux intérieurement sa colère. On l'habitue par là à la dissimulation et aux émotions intérieures. Il est par exemple très-étrange que des parents, après avoir battu de verges leurs enfants, exigent que ceux-ci leur baisent les mains. On leur fait ainsi une habitude de la dissimulation et de la fausseté. Les verges ne sont pas un si beau cadeau, pour que l'enfant en témoigne beaucoup de reconnaissance, et il est aisé de penser de quel cœur il baise alors la main qu'on lui présente.

On se sert ordinairement de *lisières* et de *roulettes* pour apprendre aux enfants à marcher. Mais n'est-il pas singulier de vouloir apprendre à marcher à un enfant! Comme si un homme ne pouvait marcher sans instruction. Les lisières sont surtout très-dangereuses. Un écrivain s'est plaint autrefois de l'étroitesse de sa poitrine, qu'il attribuait uniquement aux lisières ; car, comme un enfant saisit tout et ramasse tout, il s'appuie de la poitrine sur ses lisières. Mais, comme elle n'est pas encore large, elle s'aplatit et conserve ensuite cette forme. Avec tous ces moyens les enfants n'apprennent pas à marcher aussi sûrement que s'ils l'apprenaient d'eux-mêmes. Le mieux est de les laisser se traîner par terre jusqu'à ce que peu à peu ils commencent à marcher par eux-mêmes. On peut prendre la précaution de garnir la chambre de couvertures de laine, afin qu'ils ne se déchirent pas ou ne tombent pas si durement.

On dit ordinairement que les enfants tombent très-lourdement. Mais, outre qu'ils peuvent bien parfois ne pas tomber lourdement, il n'est pas mal qu'ils tombent quelquefois. Ils n'en apprennent que mieux à garder l'équilibre et à s'appliquer à rendre leur chute moins dangereuse. On leur met ordinairement ce que l'on appelle des bourrelets, qui sont assez proéminents pour que l'enfant ne puisse jamais tomber sur son visage. Mais c'est une éducation négative que celle qui consiste à employer des instruments artificiels, là où l'enfant en a de naturels. Ici les instruments naturels sont les mains, que l'enfant place devant lui en tombant. Plus on emploie d'instruments artificiels, moins l'homme peut ensuite se passer d'instruments.

En général il serait mieux d'employer d'abord peu d'instruments, et de laisser davantage les enfants apprendre par eux-mêmes; ils apprendraient alors beaucoup de choses plus solidement. Il serait possible, par exemple, que l'enfant apprît par lui-même à écrire. Car quelqu'un l'a bien trouvé une fois, et cette découverte n'est pas en effet si difficile. Il suffirait par exemple de dire à l'enfant qui veut du pain : Pourrais-tu bien le figurer ? Il dessinerait une figure ovale. On lui dirait alors qu'on ne sait pas s'il a voulu représenter du pain ou une pierre; il essayerait ainsi de tracer le B, et de cette manière il se ferait à lui-même son propre A B C, qu'il pourrait ensuite échanger contre d'autres signes.

Il y a des enfants qui viennent au monde avec certaines imperfections. On n'a pas alors les moyens de corriger ces formes vicieuses. Il est prouvé par les recherches d'un grand nombre de savants écrivains que les corsets ne peuvent être ici d'aucun secours, mais qu'ils ne servent qu'à aggraver le mal, en empêchant la circulation du sang et des humeurs, ainsi que le développement si nécessaire des parties extérieures et intérieures du corps. Lorsque l'enfant reste libre, il exerce encore son corps, mais un individu qui porte un corset est, lorsqu'il le dépose, beaucoup plus faible que celui qui n'en a jamais porté. On ferait peut-être une chose utile à ceux qui ne sont pas nés droits, en plaçant un plus grand poids du côté où leurs muscles sont plus forts. Mais cela aussi est très-dangereux : car quel homme peut se flatter de rétablir l'équilibre? Le mieux est que l'enfant s'exerce lui-même et prenne une position, quand même elle serait pénible, car toutes les machines ne font rien ici.

Tous ces appareils artificiels sont d'autant plus funestes qu'ils vont directement contre le but que se propose la nature dans les êtres organisés et raisonnables : elle demande qu'on leur laisse la liberté d'apprendre à se servir de leurs forces. Tout ce que doit faire l'éducation, c'est d'empêcher les enfants de devenir trop mous. La dureté est le contraire de la mollesse. C'est beaucoup trop risquer que de vouloir accoutumer les enfants à tout. L'éducation des Russes va très-loin en ce sens. Aussi meurt-il chez eux un nombre incroyable d'enfants. L'habitude est une jouissance ou une action qui est devenue une nécessité par la répétition fréquente de cette jouissance ou de cette action. Il n'y a rien à quoi les enfants s'habituent plus aisément et il n'y a rien qu'on doive moins leur donner que des choses piquantes, par exemple du tabac, de l'eau-de-vie et des boissons chaudes. Il est ensuite très-difficile de s'en déshabituer, et cela occasionne d'abord quelque incommodité, parce que la jouissance répétée introduit un changement dans les fonctions de notre corps.

Plus un homme a d'habitudes, moins il est libre et indépendant. Il en est des hommes comme des autres animaux : ils conservent plus tard un certain penchant pour ce à quoi on les a de bonne heure accoutumés. Il faut donc empêcher les enfants de s'accoutumer à quelque chose, et ne laisser naître en eux aucune habitude.

Beaucoup de parents veulent accoutumer leurs enfants à tout. Cela ne vaut rien. Car la nature humaine en général et en particulier celle des divers individus ne se prêtent pas à tout, et beaucoup d'enfants en restent à l'apprentissage. On veut, par exemple, que les enfants puissent dormir et se lever à toute heure, ou qu'ils mangent à volonté. Mais il faut, pour pouvoir supporter cela, un régime particulier, un régime qui fortifie le corps et répare le mal que fait ce système. Nous trouvons d'ailleurs dans la nature bien des exemples de périodicité. Les animaux ont aussi leur temps déterminé pour le sommeil. L'homme devrait également s'accoutumer à dormir à de certaines heures, afin de ne pas déranger son corps dans ses fonctions. Quant à l'autre chose, qui est que les enfants puissent manger en tout temps, on ne peut pas citer ici l'exemple des animaux. Car, comme la nourriture que prennent les animaux herbivores, par exemple, est peu nutritive, manger est chez eux une occupation ordinaire. Mais il est très-avantageux pour l'homme de manger toujours à des moments déterminés. De même certains parents veulent que leurs enfants puissent supporter de grandes chaleurs, les mauvaises odeurs, tous les bruits, etc. Mais cela n'est pas le moins du monde nécessaire; le tout est qu'ils ne prennent aucune habitude. Et pour cela il est bon de placer les enfants en différents états.

Un lit dur est beaucoup plus sain qu'un lit mou. En général une éducation dure sert beaucoup à fortifier le corps. Par éducation dure j'entends simplement celle qui fait qu'on ne s'habitue point à avoir toutes ses aises. Il ne manque pas d'exemples remarquables pour confirmer cette assertion; mais malheureusement on ne les voit pas, ou, pour parler plus exactement, on ne veut pas les voir.

Pour ce qui est de la culture de l'esprit, que l'on peut bien aussi d'une certaine manière appeler physique, il faut surtout prendre garde que la discipline ne traite les enfants en esclaves, et faire en sorte qu'ils sentent toujours leur liberté, mais de manière à ne pas nuire à celle d'autrui; d'où il suit qu'on doit aussi les accoutumer à rencontrer de la résistance. Bien des parents refusent tout à leurs enfants, afin d'exercer ainsi leur patience, et ils en exigent plus d'eux qu'ils n'en ont eux-mêmes. Cela est cruel. Donnez à l'enfant ce dont il a besoin, et dites-lui ensuite : Tu en as assez. Mais il est absolument nécessaire que cela soit irrévocable. Ne faites aucune attention aux cris des enfants, et ne leur cédez pas, lorsqu'ils croient pouvoir vous arracher quelque chose par ce moyen; mais ce qu'ils vous demandent amicalement, donnez-le leur, si cela leur est bon. Ils s'habitueront ainsi à être francs; et, comme ils n'importuneront personne par leurs cris, chacun en revanche sera bien disposé pour eux. La Providence semble vraiment avoir donné aux enfants une mine riante, afin qu'ils puissent séduire les gens. Rien ne leur est plus funeste qu'une discipline qui les taquine et les avilit [1] pour briser leur volonté.

On leur crie ordinairement : Fi, n'as-tu pas honte, cela est indécent! etc. Mais de telles expressions ne devraient pas se rencontrer dans la première éducation. L'enfant n'a encore aucune idée de la honte et de la décence; il n'a pas à rougir, il ne doit pas rougir, et il n'en deviendra que plus timide. Il sera embarrassé devant les autres et se cachera volontiers à leur aspect. De là naît en lui une réserve mal entendue et une fâcheuse dissimulation. Il n'ose plus rien demander, et pourtant il devrait pouvoir tout demander; il cache ses sentiments, et il se montre toujours autrement qu'il n'est, tandis qu'il devrait pouvoir tout dire franchement. Au lieu d'être toujours auprès de ses parents, il les évite et se jette dans les bras des domestiques plus complaisants.

Le badinage et de continuelles caresses ne valent guère mieux que cette éducation taquine. Cela fortifie l'enfant dans sa volonté, le rend faux, et, en lui révélant une faiblesse dans ses parents, lui enlève le respect qu'il leur doit. Mais, si on l'élève de telle sorte qu'il ne puisse rien obtenir par des cris, il sera libre sans être effronté [2] et modeste sans être timide. On ne peut souffrir un insolent. Certains hommes ont une figure si insolente que l'on en craint toujours quelque grossièreté; en revanche il y en a d'autres qu'on juge incapables, en voyant leur visage, de dire une grossièreté à quelqu'un. On peut toujours se montrer franc, pourvu qu'on y joigne une certaine bonté. On dit souvent des grands qu'ils ont un air tout à fait royal. Mais cela n'est pas autre chose qu'un certain regard insolent, dont ils ont pris l'habitude dès leur jeunesse, parce qu'on ne leur a jamais résisté.

Tout cela n'appartient encore qu'à la culture négative. En effet, beaucoup de faiblesses de l'homme ne viennent pas de ce qu'on ne lui apprend rien, mais de ce qu'on lui commu-

---

[1] *Eine neckende, sklavische Disciplin.*

[2] *Dummdreist.* Sur ce mot *Dreist*, Kant fait cette remarque, que je ne pouvais laisser dans le texte, et que je reproduis ici : *Dreist* devrait proprement s'écrire *Dräust*, car cela vient de *dräuen, drohen* (menacer).

nique des impressions fausses. Ainsi, par exemple, les nourrices donnent aux enfants la crainte des araignées, des crapauds, etc. Les enfants pourraient certainement chercher à prendre les araignées, comme ils font pour les autres choses. Mais, comme les nourrices, dès qu'elles aperçoivent une araignée, montrent leur frayeur par leur mine, cette frayeur se communique à l'enfant par une certaine sympathie. Beaucoup la gardent toute leur vie et se montrent en cela toujours enfants. Car les araignées sont sans doute dangereuses pour les mouches, et leur morsure est venimeuse pour elles, mais l'homme n'a rien à en craindre. Quant au crapaud, c'est un animal aussi inoffensif qu'une belle grenouille verte ou tout autre animal.

La partie positive de l'éducation physique est la *culture*. C'est par là que l'homme se distingue de l'animal. Elle consiste surtout dans l'exercice des facultés de son esprit. C'est pourquoi les parents doivent fournir à leurs enfants les occasions favorables. La première et la principale règle ici est de se passer, autant que possible, de tout instrument. C'est ainsi que l'on se passe d'abord de lisières et de roulettes, et qu'on laisse l'enfant se traîner par terre, jusqu'à ce qu'il apprenne à marcher par lui-même, car il n'en marchera que plus sûrement. Les instruments en effet ruinent l'habileté naturelle. Ainsi l'on se sert d'un cordeau pour mesurer une certaine étendue, mais on peut tout aussi bien en venir à bout avec la seule vue ; on se sert d'une montre pour déterminer le temps, mais il suffirait de consulter la position du soleil ; on se sert d'un compas pour connaître dans quelle région une forêt est placée, mais on peut le savoir par la position du soleil pendant le jour et par celle des étoiles pendant la nuit. Ajoutons même qu'au lieu de se servir d'une barque pour aller sur l'eau, on peut nager. L'illustre Franklin s'étonnait que chacun n'apprît pas une chose si agréable et si utile. Il indique aussi une manière facile d'apprendre par soi-même à nager. Laissez tomber un œuf dans une rivière où, en vous tenant debout sur le fond, vous ayez au moins la tête hors de l'eau. Cherchez alors à le saisir. En vous baissant, vous faites remonter vos pieds en haut, et, afin que l'eau ne vous entre point dans la bouche, vous relevez la tête sur la nuque, et vous avez justement la position qui est nécessaire pour nager. Vous n'avez plus besoin alors que de faire agir les mains, et vous nagez.—L'essentiel est de cultiver l'habileté naturelle. Souvent une simple indication suffit; souvent l'enfant lui-même est assez inventif, et il se forge lui-même des instruments.

Ce qu'il faut observer dans l'éducation physique, par conséquent dans celle qui concerne le corps, se rapporte soit à l'usage du mouvement volontaire, soit à celui des organes des sens. Ce qui importe dans le premier cas, c'est que l'enfant s'aide toujours lui-même. Pour cela il a besoin de force, d'habileté, de vitesse, de sûreté. Par exemple on doit pouvoir traverser des passages étroits, gravir des hauteurs escarpées, d'où l'on aperçoit l'abîme devant soi, marcher sur un plancher vacillant. Quand un homme ne peut faire cela, il n'est pas complétement ce qu'il pourrait être. Depuis que le *Philanthropinon* de Dessau a donné l'exemple, beaucoup d'essais de ce genre ont été faits sur les enfants dans les autres instituts. On est très-étonné quand on lit comment les Suisses s'accoutument dès leur enfance à aller sur les montagnes et jusqu'où ils poussent l'agilité, avec quelle sûreté ils traversent les passages les plus étroits et sautent par-dessus les abîmes, après avoir jugé d'un coup d'œil qu'ils ne manqueront pas de s'en bien tirer. Mais la plupart des hommes craignent une chute que leur représente leur imagination; et cette crainte leur paralyse en quelque sorte les membres, de telle sorte qu'il y aurait en effet pour eux du danger à passer outre. Cette crainte croît ordinairement avec l'âge, et on la rencontre surtout chez les hommes qui travaillent beaucoup de la tête.

De tels essais sur des enfants ne sont réellement pas très-dangereux. Car ils ont, relativement à leurs forces, un poids beaucoup moindre, et ils ne tombent pas aussi lourdement. En outre les os ne sont pas chez eux aussi roides ni aussi fragiles qu'ils le deviennent avec l'âge. Les enfants essayent eux-mêmes leurs forces. On les voit souvent, par exemple, grimper, sans même avoir de but déterminé. La course est un mouvement salutaire et qui fortifie le corps. Sauter, lever, tirer, lancer, jeter vers un but, lutter, courir, et tous les exercices de ce genre sont excellents. La danse régulière semble moins convenir aux enfants proprement dits.

L'exercice qui consiste à jeter loin et à toucher un but a aussi pour effet d'exercer les sens, particulièrement la vue. Le jeu de balle est un des meilleurs jeux pour les enfants, parce qu'il s'y joint une course salutaire. En général les meilleurs jeux sont ceux qui, outre l'habileté qu'ils développent, sont encore des exercices pour les sens, par exemple ceux qui exercent la vue à juger exactement de la distance, de la grandeur et de la proportion, à trouver la position des lieux d'après les contrées, en quoi le soleil doit nous aider, etc. Ce sont là de bons exercices. De même l'imagination locale, je veux dire l'habileté à tout se représenter dans les lieux que l'on a réellement vus, est quelque chose de très-avantageux ; elle donne par exemple la satisfaction de se retrouver dans une forêt, par l'observation des arbres auprès desquels on a précédemment passé. Il en est de même de la mémoire locale (*memoria localis*), à l'aide de laquelle on ne sait pas seulement dans quel livre on a lu quelque chose, mais dans quel endroit de ce livre. Ainsi le musicien a le toucher dans la tête, afin de n'avoir plus besoin de le chercher. Il est aussi très-utile de cultiver l'oreille des enfants, et de leur apprendre ainsi à discerner si une chose est proche ou éloignée et de quel côté elle est.

Le jeu de colin-maillard des enfants était déjà connu chez les Grecs ; c'est ce qu'ils appelaient μυῖνδα παίσειν. En général les jeux d'enfants sont très-universels. Ceux qui sont usités en Allemagne le sont aussi en Angleterre, en France, etc. Ils ont leur principe dans un certain penchant naturel des enfants, celui de colin-maillard, par exemple, dans le désir de savoir comment ils pourraient s'aider, s'ils étaient privés d'un de leurs sens. La toupie est un jeu particulier ; cependant ces sortes de jeux enfantins fournissent aux hommes la matière de réflexions ultérieures et sont quelquefois l'occasion de découvertes importantes. Ainsi *Segner* a écrit une dissertation sur la toupie, et la toupie a fourni à un capitaine de vaisseau anglais l'occasion d'inventer un miroir au moyen duquel on peut mesurer sur un vaisseau la hauteur des étoiles.

Les enfants aiment les instruments bruyants, par exemple les petites trompettes, les petits tambours, etc. Mais ces instruments ne valent rien, car ils les rendent importuns. Cela vaudrait mieux cependant, s'ils s'apprenaient eux-mêmes à tailler un roseau, où ils pussent souffler. —

La balançoire est encore un bon mouvement; les adultes mêmes peuvent s'en servir pour leur santé; seulement les enfants ont besoin ici d'être surveillés, parce que le mouvement peut être très-rapide. Le cerf-volant est également un jeu inoffensif. Il cultive l'habileté, car l'élévation du cerf-volant dépend d'une certaine position relativement au vent.

Dans l'intérêt de ces jeux l'enfant se refuse d'autres besoins, et il apprend ainsi insensiblement à s'imposer d'autres privations et de plus graves. De plus il s'accoutume par là à une continuelle occupation, mais ses jeux ne doivent pas non plus être de purs jeux : il faut qu'ils aient un but. En effet, plus son corps se fortifie et s'endurcit de cette manière, plus il s'assure contre les conséquences désastreuses de la mollesse. Aussi la gymnastique doit-elle se borner à guider la nature; elle ne doit pas rechercher des grâces forcées. C'est la discipline qui doit avoir le premier pas, et non pas l'instruction[1]. Il ne faut pas oublier non plus, en cultivant le corps des enfants, qu'on les forme pour la société. *Rousseau* dit : « Vous ne parviendrez jamais à faire des sages, si vous ne faites d'abord des polissons[2]. » Mais on fera plutôt d'un enfant éveillé un homme de bien que d'un impertinent un garçon discret. L'enfant ne doit pas être importun en société, mais il ne doit pas non plus s'y montrer insinuant. Il doit, avec ceux qui l'attirent à eux, se montrer familier, sans importunité; franc, sans impertinence. Le moyen de le conduire à ce but, c'est de ne rien gâter, de ne pas lui donner des idées de bienséance, qui ne feraient que le rendre timide et sauvage, ou qui, d'un autre côté, lui suggéreraient l'envie de se faire valoir. Rien n'est plus ridicule chez un enfant qu'une prudence de vieillard, ou qu'une sotte présomption. Dans ce dernier cas c'est notre devoir de faire d'autant plus sentir à l'enfant ses défauts, mais en ayant soin aussi de ne pas trop lui faire

---

[1] *Information.*

[2] C'est dans le livre II de *l'Émile* que se trouvent ces paroles, traduites ici par Kant et citées sans doute de mémoire.   J. B.

sentir notre supériorité et notre domination, afin qu'il se forme par lui-même, comme un homme qui doit vivre en société; car, si le monde est assez grand pour lui, il doit l'être aussi pour les autres.

Toby, dans *Tristram Shandy*, dit à une mouche qui l'avait longtemps importuné et qu'il laisse échapper par la fenêtre : « Va, méchant animal, le monde est assez grand pour moi et pour toi! » Chacun pourrait prendre ces paroles pour devise. Nous ne devons pas nous être à charge les uns aux autres; le monde est assez grand pour nous tous.

Nous arrivons maintenant à la culture de l'âme, que d'une certaine manière on peut aussi appeler physique. Il faut bien distinguer la nature et la liberté. Donner des lois à la liberté est tout autre chose que de cultiver la nature. La nature du corps et celle de l'âme s'accordent en cela qu'en les cultivant on doit chercher à les empêcher de se gâter, et que l'art ajoute quelque chose encore à l'une comme à l'autre. On peut donc dans un certain sens appeler physique la culture de l'âme, tout aussi bien que celle du corps.

Cette culture physique de l'âme se distingue de la culture morale, en ce qu'elle se rapporte à la nature, tandis que l'autre se rapporte à la liberté. Un homme peut être physiquement très-cultivé; il peut avoir l'esprit très-orné, mais manquer de culture morale, et être un méchant homme.

Il faut distinguer la culture *physique* de la culture *pratique*, qui est *pragmatique* ou *morale*. Cette dernière a plutôt pour but de *moraliser*[1] l'homme que de le *cultiver*[2].

Nous diviserons la culture *physique* de l'esprit en *libre* et en *scolaire*. La culture *libre* n'est en quelque sorte qu'un jeu, tandis que la culture *scolaire* est une affaire sérieuse. La première est celle qui a lieu naturellement chez l'élève; dans la seconde, il peut être considéré comme soumis à une contrainte. On peut s'occuper en jouant, cela s'appelle occuper ses loisirs; mais on peut aussi s'occuper par force, et cela

---

[1] *Moralisirung*. — [2] *Cultivirung*.

s'appelle travailler. La culture scolaire sera donc un travail pour l'enfant, et la culture libre, un jeu.

On a esquissé divers plans d'éducation pour chercher, ce qui est en effet très-louable, quelle est la meilleure méthode d'éducation. On a imaginé, entre autres, de laisser les enfants tout apprendre, comme dans un jeu. *Lichtenberg*, dans un numéro du *Magasin de Gœttingue*, se moque de l'opinion de ceux qui veulent qu'on cherche à tout faire faire aux enfants sous forme de jeux, tandis qu'on devrait les accoutumer de très-bonne heure à des occupations sérieuses, puisqu'ils doivent entrer un jour dans la vie sérieuse. Cela produit un effet détestable. L'enfant doit jouer, il doit avoir ses heures de récréation, mais il doit aussi apprendre à travailler. Il est bon sans doute d'exercer son habileté, comme de cultiver son esprit, mais ces deux espèces de culture doivent avoir leurs heures différentes. C'est déjà d'ailleurs un assez grand malheur pour l'homme que d'être si enclin à la paresse. Plus il s'est livré à ce penchant, plus il lui est ensuite difficile de se décider à travailler.

Dans le travail l'occupation n'est pas agréable par elle-même, mais on l'entreprend en vue d'autre chose. L'occupation du jeu est agréable en soi, sans qu'on ait besoin de s'y proposer aucun but. Veut-on se promener, la promenade même est le but, et c'est pourquoi plus la course est longue, plus elle nous est agréable. Mais veut-on aller quelque part, c'est que la société qui se trouve en ce lieu, ou quelque autre chose est le but de notre course, et alors nous choisissons volontiers le chemin le plus court. Ce qui précède s'applique au jeu de cartes. Il est vraiment singulier de voir comment des hommes raisonnables sont capables de rester assis et de mêler des cartes pendant des heures entières. Cela montre bien que les hommes ne cessent pas si aisément d'être enfants. Car en quoi ce jeu est-il supérieur au jeu de balle des enfants? Il est vrai que les grandes personnes ne vont pas à cheval sur des bâtons, mais elles n'en ont pas moins d'autres dadas.

Il est de la plus grande importance d'apprendre les enfants à travailler. L'homme est le seul animal qui soit voué au travail. Il lui faut d'abord beaucoup de préparations pour en venir à jouir de ce qui est nécessaire à sa conservation. La question de savoir si le ciel ne se serait pas montré beaucoup plus bienveillant à notre égard, en nous offrant toutes choses déjà préparées, de telle sorte que nous n'aurions plus besoin de travailler ; cette question doit certainement être résolue négativement, car il faut à l'homme des occupations, même de celles qui supposent une certaine contrainte. Il est tout aussi faux de s'imaginer que, si Adam et Ève étaient restés dans le paradis, ils n'eussent fait autre chose que demeurer assis ensemble, chanter des chants pastoraux et contempler la beauté de la nature. L'oisiveté eût fait leur tourment tout aussi bien que celui des autres hommes.

Il faut que l'homme soit occupé de telle sorte que, tout rempli du but qu'il a devant les yeux, il ne se sente pas lui-même, et le meilleur repos pour lui est celui qui suit le travail. On doit donc accoutumer l'enfant à travailler. Et où le penchant au travail peut-il être mieux cultivé que dans l'école? L'école est une culture forcée [1]. C'est rendre à l'enfant un très-mauvais service que de l'accoutumer à tout regarder comme un jeu. Il faut sans doute qu'il ait ses moments de récréation, mais il faut aussi qu'il ait ses moments de travail. S'il n'aperçoit pas d'abord l'utilité de cette contrainte, il la reconnaîtra plus tard. Ce serait en général donner aux enfants des habitudes de curiosité indiscrète, que de vouloir toujours répondre à leurs questions : Pourquoi cela? A quoi bon? L'éducation doit être forcée, mais cela ne veut pas dire qu'elle doive traiter les enfants comme des esclaves.

Pour ce qui est de la libre culture des facultés de l'esprit, il faut remarquer qu'elle continue toujours. Elle doit avoir particulièrement en vue les facultés supérieures. On cultivera en même temps les inférieures, mais seulement en vue des supérieures, l'esprit [2], par exemple, en vue de l'intelligence. La règle principale à suivre ici, c'est de ne cultiver isolément aucune faculté pour elle-même, mais de cultiver chacune en vue des autres, par exemple l'imagination au profit de l'intelligence.

Les facultés inférieures n'ont par elles seules aucune valeur. Qu'est-ce, par exemple, qu'un homme qui a beaucoup de

---

[1] *Zwangmässige Cultur.* — [2] *Witz.*

mémoire, mais peu de jugement? Ce n'est qu'un lexique vivant. Ces sortes de bêtes de somme du Parnasse sont d'ailleurs fort utiles ; car, si elles ne peuvent elles-mêmes rien produire de raisonnable, elles apportent des matériaux avec lesquels d'autres peuvent faire quelque chose de bon. — L'esprit ne fait que des sottises, quand il n'est pas accompagné de jugement. L'entendement est la connaissance du général. L'imagination est l'application du général au particulier. La raison est la faculté d'apercevoir la liaison du général avec le particulier. Cette libre culture continue son cours à partir de l'enfance jusqu'au moment où cesse pour le jeune homme toute éducation. Quand, par exemple, un jeune homme parle d'une règle générale, on peut lui faire citer des cas tirés de l'histoire ou de la fable, où elle est déguisée, des passages de poëtes où elle est exprimée, et lui donner ainsi l'occasion d'exercer son esprit, sa mémoire, etc.

La maxime *tantum scimus quantum memoria tenemus* a sans doute sa vérité, et c'est pourquoi la culture de la mémoire est très-nécessaire. Les choses sont ainsi faites que l'entendement suit d'abord les impressions sensibles et que la mémoire doit les conserver. C'est ce qui arrive, par exemple, pour les langues. On peut les apprendre en suivant une méthode formelle[1], ou bien par la conversation, et cette dernière méthode est la meilleure en fait de langues vivantes. L'étude des vocables est certainement nécessaire, mais les enfants les apprennent bien mieux quand ils les rencontrent dans un auteur qu'on leur fait lire. Il faut que la jeunesse ait sa tâche fixe et déterminée. De même on apprend surtout la géographie au moyen d'un certain mécanisme. La mémoire aime particulièrement ce mécanisme, et dans une foule de cas il est aussi très-utile. On n'a encore trouvé jusqu'ici aucun mécanisme propre à faciliter l'étude de l'histoire ; on a bien essayé de certains tableaux, mais cela ne paraît pas avoir de très-bons effets. L'histoire est un moyen excellent d'exercer l'entendement à bien juger. La mémoire est très-nécessaire, mais il n'est pas bon d'en faire un simple exercice pour les enfants, par exemple de leur faire apprendre des discours

---

[1] *Durch förmliches Memoriren.*

par cœur. Dans tous les cas cela ne sert qu'à leur donner plus de hardiesse, et la déclamation d'ailleurs est une chose qui ne convient qu'à des hommes. Ici se placent toutes les choses que l'on n'apprend qu'en vue d'un futur examen ou pour les oublier ensuite, *in futuram oblivionem*. On ne doit occuper la mémoire que de choses que l'on est intéressé à conserver et qui ont du rapport à la vie réelle. La lecture des romans est une très-mauvaise chose pour les enfants, car ils ne servent qu'à les amuser dans le moment où ils les lisent. Elle affaiblit la mémoire. Il serait en effet ridicule de vouloir les retenir et les raconter aux autres. Il faut donc retirer tous les romans des mains des enfants. En les lisant, ils se font à eux-mêmes dans le roman un roman nouveau, car ils en arrangent autrement les circonstances, et, laissant ainsi errer leur esprit, se repaissent de chimères.

Les distractions ne doivent jamais être tolérées, au moins dans l'école, car elles finissent par dégénérer en un certain penchant, en une certaine habitude. Aussi les plus beaux talents se perdent-ils chez un homme qui est sujet à la distraction. Quoique les enfants se distraient dans leurs récréations, ils se recueillent bientôt de nouveau; mais on les voit surtout distraits, lorsqu'ils méditent quelque mauvais coup, car ils songent comment ils pourront le cacher ou le réparer. Ils n'entendent alors qu'à moitié, ils répondent tout de travers, ils ne savent pas ce qu'ils lisent, etc.

Il faut cultiver la mémoire de bonne heure, mais en ayant soin de cultiver en même temps l'intelligence.

On cultivera la mémoire : 1° En lui donnant à retenir les noms qui entrent dans les récits; 2° par la lecture et l'écriture; il faut exercer les enfants à lire de tête et sans avoir recours à l'épellation; 3° par les langues, que les enfants doivent apprendre en les entendant, avant d'en venir à en lire quelque chose. Ce que l'on appelle un *orbis pictus*, quand il est convenablement fait, rend alors les plus grands services, et l'on peut commencer par la botanique, par la minéralogie et par la physique générale. Pour en retracer les objets, il faut apprendre à dessiner et à modeler, et pour cela on a besoin des mathématiques. Les premières connaissances scientifiques doivent avoir surtout pour objet la géographie, aussi bien mathématique que physique. Les récits de voyages, expliqués par des planches et des cartes, conduiront ensuite à la géographie politique. De l'état actuel de la surface de la terre on remontera à son état primitif, et l'on arrivera à la géographie et à l'histoire anciennes, etc.

Mais il faut chercher à unir insensiblement dans l'instruction de l'enfant le savoir et le pouvoir. Entre toutes les sciences les mathématiques paraissent être le seul moyen d'atteindre parfaitement ce but. En outre il faut unir la science et la parole (la facilité d'élocution, l'art de bien dire, l'éloquence[1]). Mais il faut aussi que l'enfant apprenne à distinguer parfaitement la science de la simple opinion et de la croyance. On formera ainsi un esprit juste, et un goût *juste* aussi, sinon *fin* ou *délicat*. Le goût que l'on cultivera sera d'abord celui des sens, surtout des yeux, et enfin celui des idées. —

Il doit y avoir des règles pour tout ce qui peut cultiver l'entendement. Il est même très-utile de les abstraire, afin que l'entendement ne procède pas d'une manière seulement mécanique, mais qu'il ait conscience de la règle qu'il suit.

Il est aussi très-bon de déposer les règles dans de certaines formules et de les confier ainsi à la mémoire. Avons-nous la règle dans la mémoire, et oublions-nous de l'appliquer, nous ne tardons pas du moins à la retrouver. La question est ici de savoir s'il faut commencer par étudier les règles *in abstracto*, ou si on ne doit les apprendre qu'après qu'on en possède bien l'usage; ou bien faut-il faire marcher ensemble les règles et l'usage? Ce dernier parti est le seul sage. Dans l'autre cas l'usage demeure très-incertain, tant que l'on n'est pas arrivé aux règles. Il faut aussi à l'occasion ranger les règles par classes, car on ne les retient pas, lorsqu'elles ne sont pas liées entre elles. La grammaire prendra donc nécessairement les devants à quelques égards dans l'étude des langues.

Nous devons donner aussi une idée systématique de tout le but de l'éducation et de la manière de l'atteindre.

1° *Culture générale des facultés de l'esprit*, qu'il faut bien

---

[1] *Beredtheit, Wohlredenheit und Beredsamkeit.*

distinguer de la culture particulière. Elle a pour but l'habileté et le perfectionnement ; ce n'est pas qu'elle apprenne quelque chose de particulier à l'élève, mais elle fortifie les facultés de son esprit. Elle est :

a. ou *physique*. Ici tout dépend de la pratique et de la discipline, sans que l'enfant ait besoin de connaître aucune maxime. Elle est *passive* pour le disciple, qui doit suivre la direction d'autrui. D'autres pensent pour lui.

b. ou *morale*. Elle ne repose pas alors sur la discipline, mais sur des maximes. Tout est perdu, si l'on veut la fonder sur l'exemple, les menaces, les punitions, etc. Elle ne serait alors que pure discipline. Il faut faire en sorte que l'élève agisse bien d'après ses propres maximes et non par habitude, et qu'il ne fasse pas seulement le bien, mais qu'il le fasse parce que c'est le bien. Car toute la valeur morale des actions réside dans les maximes du bien. L'éducation physique et l'éducation morale se distinguent en ce que la première est passive pour l'élève, tandis que la seconde est active. Il faut qu'il aperçoive toujours le principe de l'action et le lien qui la rattache à l'idée du devoir.

2° *Culture particulière des facultés de l'esprit.* Ici se présente la culture des facultés de connaître, des sens, de l'imagination, de la mémoire, de l'attention et de ce qu'on nomme l'esprit [1]. Nous avons déjà parlé de la culture des sens, par exemple de la vue. Pour ce qui est de celle de l'imagination, il faut remarquer une chose, c'est que les enfants ont une imagination extrêmement puissante, et qu'elle n'a pas besoin d'être davantage tendue et étendue par des contes. Elle a bien plutôt besoin d'être gouvernée et soumise à des règles, mais il ne faut pas pour cela la laisser entièrement inoccupée.

Les cartes géographiques ont quelque chose qui séduit tous les enfants, même les plus petits. Lorsqu'ils sont fatigués de toute autre étude, ils apprennent encore quelque chose au moyen des cartes. Et cela est pour les enfants une excellente distraction, où leur imagination, sans s'égarer, trouve à s'arrêter sur certaines figures. On pourrait réellement les faire commencer par la géographie. On y joindrait en même temps

---

[1] *Witz.*

des figures d'animaux, de plantes, etc., destinées à vivifier la géographie. L'histoire ne viendrait que plus tard.

Pour ce qui concerne l'attention, il faut remarquer qu'elle a besoin d'être fortifiée en général. Attacher fortement nos pensées à un objet est moins un talent qu'une faiblesse de notre sens intérieur, qui se montre dans ce cas inflexible et ne se laisse pas appliquer où l'on veut. La distraction est l'ennemie de toute éducation. La mémoire suppose l'attention.

Pour ce qui est des *facultés supérieures de l'esprit*, nous rencontrons ici la culture de l'entendement, du jugement et de la raison. On peut commencer par former en quelque sorte passivement l'entendement, en lui demandant des exemples qui s'appliquent à la règle, ou au contraire la règle qui s'applique aux exemples particuliers. Le jugement indique l'usage que l'on doit faire de l'entendement. Il est nécessaire de comprendre ce que l'on apprend ou ce que l'on dit, et de ne rien répéter sans le comprendre. Combien lisent et écoutent certaines choses qu'ils admettent sans les comprendre ! C'est ici qu'il faut se rappeler la différence des images et des choses mêmes.

La raison nous fait apercevoir les principes. Mais il faut songer qu'il s'agit ici d'une raison qui n'a pas encore été dirigée. Elle ne doit donc pas toujours vouloir raisonner, mais elle doit prendre garde de trop raisonner sur ce qui dépasse nos idées. Il ne s'agit pas encore ici de la raison spéculative, mais de la réflexion sur ce qui arrive suivant la loi des effets et des causes. Il y a une raison pratique soumise à son empire et à sa direction.

La meilleure manière de cultiver les facultés de l'esprit, c'est de faire soi-même tout ce que l'on veut faire, par exemple de mettre en pratique la règle grammaticale que l'on a apprise. On comprend surtout une carte géographique, quand on peut l'exécuter soi-même. Le meilleur moyen de comprendre, c'est de faire. Ce que l'on apprend le plus solidement et ce que l'on retient le mieux, c'est ce que l'on apprend en quelque sorte par soi-même. Il n'y a pourtant qu'un petit nombre d'hommes qui soient en état de le faire. On les appelle en grec αὐτοδίδακτοι.

Dans la culture de la raison il faut procéder à la manière de Socrate. Celui-ci en effet, qui se nommait l'accoucheur des esprits de ses auditeurs, nous donne dans ses dialogues, que Platon nous a en quelque sorte conservés, des exemples de la manière d'amener même des personnes d'un âge mûr à tirer certaines idées de leur propre raison. Il y a beaucoup de points sur lesquels il n'est pas nécessaire que les enfants exercent leur esprit. Ils ne doivent pas raisonner sur tout. Ils n'ont pas besoin de connaître les raisons de tout ce qui peut concourir à leur éducation ; mais, dès qu'il s'agit du devoir, il faut leur en faire connaître les principes. Toutefois on doit en général faire en sorte de tirer d'eux-mêmes les connaissances rationnelles, plutôt que de les y introduire. La méthode socratique devrait servir de règle à la méthode catéchétique. Elle est, il est vrai, quelque chose de long ; et il est difficile de la diriger de telle sorte que, en tirant de l'esprit de l'un des connaissances, on fasse apprendre quelque chose aux autres. La méthode mécaniquement catéchétique est bonne aussi dans beaucoup de sciences, par exemple dans l'enseignement de la religion révélée. Dans la religion universelle au contraire il faut employer la méthode socratique. Mais pour ce qui doit être historiquement enseigné, la méthode mécaniquement catéchétique se trouve être préférable.

Il faut aussi placer ici la culture du sentiment du plaisir ou de la peine. Elle doit être négative ; il ne faut pas amollir le sentiment. Le penchant à la mollesse[1] est plus fâcheux pour les hommes que tous les maux de la vie. Il est donc extrêmement important d'apprendre de bonne heure les enfants à travailler. Quand ils ne sont pas déjà efféminés, ils aiment réellement les divertissements mêlés de fatigues et les occupations qui exigent un certain déploiement de forces. On ne doit pas les rendre difficiles sur leurs jouissances et leur en laisser le choix. Les mères gâtent ordinairement en cela leurs enfants et les amollissent en général. Et pourtant on observe que les enfants, surtout les fils, aiment mieux leurs pères que leurs mères. Cela peut bien venir de ce que les mères ne les laissent pas sauter, courir de côté et d'autre, etc., et cela par crainte qu'il ne leur arrive quelque accident. Le père, au contraire, qui les gronde, qui les bat même quand ils n'ont

---

[1] *Hang zur Gemächlichkeit.*

pas été sages, les conduit parfois dans les champs, et là les laisse courir, jouer et prendre tous leurs ébats, comme il convient à leur âge.

On croit exercer la patience des enfants en leur faisant longtemps attendre quelque chose. Cela ne devrait pourtant pas être nécessaire. Mais ils ont besoin de patience dans les maladies, etc. La patience est double. Elle consiste, ou bien à renoncer à toute espérance, ou bien à prendre un nouveau courage. La première espèce de patience n'est pas nécessaire, quand on ne désire jamais que le possible; et l'on peut toujours avoir la seconde, quand on ne désire que ce qui est juste. Mais dans les maladies la perte de l'espérance est aussi funeste que le courage est favorable au rétablissement de la santé. Celui qui est capable d'en montrer encore au sujet de son état physique ou moral, ne renonce pas à l'espérance.

Il ne faut pas non plus rendre les enfants timides. Cela arrive principalement lorsqu'on leur adresse des paroles injurieuses et qu'on les humilie souvent. C'est ici surtout qu'il faut blâmer ces paroles que beaucoup de parents adressent à leurs enfants : Fi, n'as-tu pas de honte! On ne voit pas de quoi les enfants pourraient avoir honte, quand, par exemple, ils mettent leur doigt dans leur bouche, etc. On peut leur dire que ce n'est pas l'usage, mais on ne doit jamais leur faire honte que dans le cas où ils mentent. La nature a donné à l'homme la rougeur de la honte[1], afin qu'il se trahît lorsqu'il ment. Si donc les parents ne parlaient jamais de honte à leurs enfants que lorsqu'ils mentent, ils conserveraient tout le temps de leur vie cette rougeur à l'endroit du mensonge. Mais si on les fait rougir sans cesse, on leur donnera ainsi une timidité qui ne les quittera plus.

Il ne faut pas, comme on l'a déjà dit plus haut, briser la volonté des enfants, mais seulement la diriger de telle sorte qu'elle sache céder aux obstacles naturels. L'enfant doit d'abord obéir aveuglément. Il n'est pas naturel qu'il commande par ses cris, et que le fort obéisse au faible. On ne doit donc jamais céder aux cris des enfants, même dans leur première jeunesse, et leur laisser ce moyen d'obtenir ce qu'ils veulent.

---

[1] *Schamhaftigkeit.*

Les parents se trompent ordinairement ici, et croient pouvoir plus tard réparer le mal, en refusant à leurs enfants tout ce qu'ils demandent. Mais il est très-absurde de leur refuser sans raison ce qu'ils attendent de la bonté de leurs parents, uniquement pour leur faire éprouver une résistance et leur faire sentir qu'ils sont les plus faibles.

On gâte les enfants en faisant tout ce qu'ils veulent, et on les élève très-mal en allant toujours au-devant de leurs volontés et de leurs désirs. C'est ce qui arrive ordinairement, tant que les enfants sont un jouet pour leurs parents, surtout dans le temps où ils commencent à parler. Mais cette indulgence leur cause un grand dommage pour toute leur vie. En allant au-devant de leurs volontés, on les empêche sans doute de témoigner leur mauvaise humeur, mais ils n'en deviennent que plus emportés. Ils n'ont pas encore appris à connaître comment ils doivent se conduire. — La règle qu'il faut observer à l'égard des enfants dès leur première jeunesse, c'est donc d'aller à leur secours, lorsqu'ils crient et que l'on croit qu'il leur arrive quelque mal, mais de les laisser crier, quand ils ne le font que par mauvaise humeur. Et c'est une conduite du même genre qu'il faut constamment tenir plus tard. La résistance que l'enfant rencontre dans ce cas est toute naturelle, et elle est proprement négative, puisqu'on ne fait que refuser de lui céder. Bien des enfants, au contraire, obtiennent de leurs parents tout ce qu'ils désirent, en ayant recours aux prières. Si on leur laisse tout obtenir par des cris, ils deviennent méchants ; mais, s'ils l'obtiennent par des prières, ils deviennent doux. A moins donc qu'on n'ait quelque puissant motif pour agir autrement il faut céder à la prière de l'enfant. Mais, si l'on a ses raisons pour n'y pas céder, on ne doit plus se laisser toucher par beaucoup de prières. Tout refus doit être irrévocable. C'est un moyen infaillible de n'avoir pas besoin de refuser souvent.

Supposez qu'il y ait dans l'enfant, ce que l'on ne peut toutefois admettre que très-rarement, un penchant naturel à l'indocilité, le mieux est, quand il ne fait rien pour nous être agréable, de ne rien faire non plus pour lui. — En brisant sa volonté, on lui inspire des sentiments serviles ; la résistance naturelle, au contraire, produit la docilité.

La culture morale doit se fonder sur des maximes, non sur

une discipline. Celle-ci empêche les défauts, celle-là forme la façon de penser. On doit faire en sorte que l'enfant s'accoutume à agir d'après des maximes et non d'après certains mobiles. La discipline ne laisse que des habitudes qui s'éteignent avec les années. L'enfant doit apprendre à agir d'après des maximes dont il aperçoive lui-même la justice. On voit aisément qu'il est difficile de produire cet effet chez les jeunes enfants, et que la culture morale exige beaucoup de lumières de la part des parents et des maîtres.

Lorsqu'un enfant ment, par exemple, on ne doit pas le punir, mais le traiter avec mépris, lui dire qu'on ne le croira plus à l'avenir, etc. Mais si on le punit, quand il fait mal, et qu'on le récompense, quand il fait bien, il fait alors le bien pour être bien traité; et, lorsque plus tard il entrera dans le monde où les choses ne se passent point ainsi, mais où il peut faire le bien ou le mal sans recevoir de récompense ou de châtiment, il ne songera qu'aux moyens de faire son chemin et sera bon ou mauvais, suivant qu'il trouvera l'un ou l'autre plus avantageux. —

Les maximes doivent sortir de l'homme même. On doit chercher de bonne heure à introduire dans les enfants par la culture morale l'idée de ce qui est bien ou mal. Si l'on veut fonder la moralité, il ne faut pas punir. La moralité est quelque chose de si sacré et de si sublime qu'on ne doit pas la rabaisser à ce point et la mettre sur le même rang que la discipline. Les premiers efforts de la culture morale doivent tendre à former le caractère. Le caractère consiste dans l'habitude d'agir d'après des maximes. Ce sont d'abord les maximes de l'école et plus tard celles de l'humanité. Au commencement l'enfant obéit à des lois. Les maximes sont aussi des lois, mais subjectives; elles dérivent de l'entendement même de l'homme. Aucune transgression de la loi de l'école ne doit passer impunie, mais la punition doit toujours être appropriée à la faute.

Quand on veut former le caractère des enfants, il importe beaucoup qu'on leur montre en toutes choses un certain plan, de certaines lois, qu'ils puissent suivre exactement. C'est ainsi que, par exemple, on leur fixe un temps pour le sommeil, un pour le travail, un pour la récréation; ce temps une fois fixé, on ne doit plus l'allonger ou l'abréger. Dans les choses indifférentes on peut laisser le choix aux enfants, pourvu qu'ils continuent toujours d'observer ce dont ils se sont une fois fait une loi. — Il ne faut pas essayer de donner à un enfant le caractère d'un citoyen, mais celui d'un enfant.

Les hommes qui ne se sont pas proposé certaines règles ne sauraient inspirer beaucoup de confiance [1]; il arrive fréquemment qu'on ne peut se les expliquer, et l'on ne sait jamais au juste à quoi s'en tenir sur leur compte. On blâme souvent, il est vrai, les gens qui agissent toujours d'après des règles, par exemple l'homme qui a toujours une heure et un temps fixé pour chaque action; mais souvent aussi ce blâme est injuste, et cette régularité est une disposition favorable au caractère, quoiqu'elle semble une gêne.

L'obéissance est avant toutes choses un trait essentiel du caractère d'un enfant, particulièrement d'un écolier. Elle est double : c'est d'abord une obéissance à la volonté *absolue* de celui qui dirige; mais c'est aussi une obéissance à une *volonté regardée comme raisonnable et bonne*. L'obéissance peut venir de la contrainte, et elle est alors *absolue*, ou bien de la confiance, et elle est alors *volontaire*. Cette dernière est très-importante, mais la première aussi est extrêmement nécessaire; car elle prépare l'enfant à l'accomplissement des lois qu'il devra exécuter plus tard comme citoyen, alors même qu'elles ne lui plairaient pas.

Les enfants doivent donc être soumis à une certaine loi de nécessité. Mais cette loi doit être une loi universelle, et il faut l'avoir toujours en vue dans les écoles. Le maître ne doit montrer aucune prédilection, aucune préférence pour un enfant entre plusieurs. Car autrement la loi cesserait d'être universelle. Dès que l'enfant voit que tous les autres ne sont pas soumis à la même règle que lui, il devient mutin.

On dit toujours qu'il faut tout présenter aux enfants de telle sorte qu'ils le fassent par inclination. Dans beaucoup de cas sans doute cela est bon, mais il y a beaucoup de choses qu'il faut leur prescrire comme des devoirs. Cela leur sera plus tard de la plus grande utilité pendant toute leur vie. Car dans les charges publiques, dans les travaux qu'exigent les fonc-

---

[1] *Sind unzuverlässig.*

tions que nous avons à remplir, et dans beaucoup d'autres cas le devoir seul peut nous conduire et non l'inclination. Quand on supposerait que l'enfant n'aperçoit pas le devoir, toujours vaudrait-il mieux qu'on lui en donnât l'idée, et il voit bien d'ailleurs qu'il a des devoirs comme enfant, quoiqu'il voie plus difficilement qu'il en a comme homme. S'il pouvait aussi voir cela, ce qui n'est possible qu'avec les années, l'obéissance serait encore plus parfaite.

Toute transgression d'un ordre chez un enfant est un manque d'obéissance, qui entraîne une punition. Même lorsque la transgression d'un ordre n'est qu'une simple négligence, la punition n'est pas inutile. Cette punition est ou *physique* ou *morale*.

La punition est *morale* lorsque l'on froisse notre penchant à être honorés et aimés, cet auxiliaire de la moralité, par exemple lorsqu'on humilie l'enfant, qu'on l'accueille avec une froideur glaciale. Il faut autant que possible entretenir ce penchant. Aussi cette espèce de punition est-elle la meilleure, car elle vient en aide à la moralité; par exemple si un enfant ment, un regard de mépris est une punition suffisante, et c'est la meilleure punition.

La punition *physique* consiste ou bien dans le refus de ce que l'enfant désire, ou bien dans l'application d'une certaine peine. La première espèce de punition est voisine de la punition morale, et elle est négative. Les autres punitions doivent être appliquées avec précaution, afin qu'il n'en résulte pas des dispositions serviles (*indoles servilis*). Il n'est pas bon de distribuer aux enfants des récompenses, cela les rend intéressés, et produit en eux des dispositions mercenaires (*indoles mercenaria*).

L'obéissance est en outre ou bien celle de *l'enfant*, ou bien celle de *l'adolescent*. Le défaut d'obéissance est toujours suivi de punition. Ou bien cette punition est une punition toute *naturelle*, que l'homme s'attire par sa conduite, comme par exemple la maladie que se donne l'enfant quand il mange trop; et cette espèce de punition est la meilleure, car l'homme la subit toute sa vie, et non pas seulement pendant son enfance. Ou bien la punition est *artificielle*. Le besoin d'être estimé et aimé est un sûr moyen de rendre les châtiments durables. Les punitions physiques ne doivent servir qu'à remédier à l'insuffisance des punitions morales. Lorsque les punitions morales n'ont plus d'effet et que l'on a recours aux punitions physiques, il faut renoncer à former jamais par ce moyen un bon caractère. Mais au commencement la contrainte physique sert à réparer dans l'enfant le défaut de réflexion.

Les punitions que l'on inflige avec des signes de colère portent à faux. Les enfants n'y voient alors que des effets de la passion d'un autre, et ne se considèrent eux-mêmes que comme les victimes de cette passion. En général il faut faire en sorte qu'ils puissent voir que les punitions qu'on leur inflige ont pour but final leur amélioration. Il est absurde d'exiger des enfants que l'on punit qu'ils vous remercient, qu'ils vous baisent les mains, etc.; c'est vouloir en faire des êtres serviles. Lorsque les punitions physiques sont souvent répétées, elles font des caractères intraitables; et, lorsque les parents punissent leurs enfants pour leur égoïsme, ils ne font que les rendre plus égoïstes encore. — Ce ne sont pas toujours non plus les plus mauvais hommes qui sont intraitables, mais souvent ils se rendent aisément aux bonnes représentations.

L'obéissance de l'adolescent est distincte de celle de l'enfant. Elle consiste dans la soumission aux règles du devoir. Faire quelque chose par devoir, c'est obéir à la raison. C'est peine perdue que de parler de devoir aux enfants. Ils ne le voient en définitive que comme une chose dont la transgression est suivie de la férule. L'enfant pourrait être guidé par ses seuls instincts; mais, lorsqu'il grandit, il a besoin de l'idée du devoir. Aussi ne doit-on pas chercher à mettre en jeu chez les enfants le sentiment de la honte, mais attendre pour cela le temps de la jeunesse. Il ne peut en effet trouver place en eux que quand l'idée de l'honneur a déjà pris racine.

Un second trait auquel il faut surtout s'attacher dans la formation du caractère de l'enfant, c'est la véracité. C'est en effet le trait principal et l'attribut essentiel du caractère. Un homme qui ment est sans caractère, et s'il y a en lui quelque chose de bon, c'est qu'il le tient de son tempérament. Bien des enfants ont un penchant pour le mensonge, qui n'a souvent d'autre cause qu'une certaine vivacité d'imagination. C'est aux pères à prendre garde qu'ils ne s'en fassent une habitude, car les mères regardent ordinairement cela comme une chose de nulle ou de médiocre importance; elles y trouvent même une preuve flatteuse pour elles des dispositions et des capacités supérieures de leurs enfants. C'est ici le lieu de faire usage du sentiment de la honte, car l'enfant le comprend très-bien dans ce cas. La rougeur de la honte nous trahit quand nous mentons, mais elle n'est pas toujours une preuve de mensonge. On rougit souvent de l'effronterie avec laquelle un autre nous accuse d'une faute. On ne doit à aucun prix chercher à arracher la vérité aux enfants par des punitions, dût leur mensonge entraîner après soi quelque dommage : ils seront punis alors pour ce dommage. La perte de l'estime est la seule punition qui convienne au mensonge.

Les punitions peuvent aussi se diviser en *négatives* et *positives*. Les premières s'appliqueraient à la paresse ou au manque de moralité ou au moins de politesse, comme le mensonge, le défaut de complaisance, l'insociabilité. Les punitions positives sont pour la méchanceté. Avant toutes choses il faut éviter de garder rancune aux enfants.

Un troisième trait du caractère de l'enfant, c'est la *sociabilité*[1]. Il doit même entretenir avec les autres des relations d'amitié et ne pas toujours vivre pour lui seul. Bien des maîtres sont, il est vrai, contraires à cette idée; mais cela est très-injuste. Les enfants doivent se préparer ainsi à la plus douce de toutes les jouissances de la vie. De leur côté, les maîtres ne doivent préférer aucun d'entre eux pour ses talents, mais seulement pour son caractère; autrement il en résulterait une jalousie qui serait contraire à l'amitié.

Les enfants doivent aussi être candides[2], et leurs regards doivent être aussi sereins que le soleil. Un cœur content est seul capable de trouver du plaisir dans le bien. Toute religion qui assombrit l'homme est fausse, car il doit servir Dieu avec plaisir et non par contrainte. Il ne faut pas toujours retenir la gaieté sous la dure contrainte de l'école, car dans ce cas elle serait bientôt anéantie. La liberté l'entretient. C'est à cela que servent certains jeux où le cœur s'épanouit et où l'enfant s'efforce toujours de devancer ou de surpasser ses camarades. L'âme redevient alors sereine. Beaucoup de gens regardent

---

[1] *Geselligkeit.* — [2] *Offenherzig.*

le temps de leur jeunesse comme le plus heureux et le plus agréable de leur vie. Mais il n'en est pas ainsi. Ce sont les années les plus pénibles, parce qu'on est alors sous le joug, qu'on peut rarement avoir un ami véritable et plus rarement encore jouir de la liberté. Horace avait déjà dit : *Multa tulit fecitque puer, sudavit et alsit.*

Les enfants ne doivent être instruits que des choses qui conviennent à leur âge. Bien des parents se réjouissent de voir leurs enfants parler avec la sagesse des vieillards. Mais on ne fait ordinairement rien d'enfants de cette espèce. Un enfant ne doit avoir que la prudence d'un enfant. Il ne doit pas être un aveugle imitateur. Or un enfant qui met en avant les maximes de la sagesse des hommes est tout à fait en dehors de la destination de son âge, et c'est chez lui pure singerie. Il ne doit avoir que l'intelligence d'un enfant, et ne doit pas se montrer trop tôt. Un pareil enfant ne sera jamais un homme éclairé et d'une intelligence sereine. Il est tout aussi intolérable de voir un enfant vouloir suivre déjà toutes les modes, par exemple se faise friser, porter des bagues et même une tabatière. Il devient ainsi un être affecté qui ne ressemble guère à un enfant. Une société polie lui est un fardeau, et le courage de l'homme finit par lui manquer tout à fait. C'est pourquoi aussi il faut lutter de bonne heure chez lui contre la vanité, ou plutôt ne pas lui donner l'occasion de devenir vain. C'est ce qui arrive, lorsque l'on n'a rien de plus pressé que de répéter aux enfants qu'ils sont beaux, que telle ou telle parure leur sied à merveille, ou qu'on leur promet et leur donne cette parure comme une récompense. La parure ne convient pas à des enfants. Ils ne doivent regarder leurs habillements bons ou mauvais que comme des besoins indispensables. Mais aussi les parents ne doivent y attacher pour eux-mêmes aucun prix, et éviter de se mirer devant eux ; car ici, comme partout, l'exemple est tout-puissant, et fortifie ou détruit les bonnes doctrines.

B.

DE L'ÉDUCATION PRATIQUE.

L'éducation pratique comprend : 1° l'habileté [1]; 2° la prudence [2]; 3° la moralité. Pour ce qui est de l'*habileté*, il faut veiller à ce qu'elle soit solide et non pas fugitive. On ne doit pas avoir l'air de posséder la connaissance de choses, que l'on ne peut pas ensuite réaliser. La solidité doit être la qualité de l'habileté et tourner insensiblement en habitude dans l'esprit [3]. C'est le point essentiel du caractère d'un homme. L'habileté est nécessaire au talent.

Pour ce qui est de la *prudence*, elle consiste dans l'art d'appliquer notre habileté à l'homme, c'est-à-dire de nous servir des hommes pour nos propres fins. Pour l'acquérir, bien des conditions sont nécessaires. C'est proprement la dernière chose dans l'homme, mais par son prix elle occupe le second rang.

Pour qu'un enfant puisse se livrer à la prudence, il faut qu'il se rende caché et impénétrable, tout en sachant pénétrer les autres. C'est surtout sous le rapport du caractère qu'il doit être caché. L'art de l'apparence extérieure est la convenance [4]. Et c'est un art qu'il faut posséder. Il est difficile de pénétrer les autres, mais on doit nécessairement comprendre l'art de se rendre soi-même impénétrable. Il faut pour cela dissimuler, c'est-à-dire cacher ses fautes. Dissimuler [5] n'est pas toujours feindre [6] et peut être parfois permis, mais cela touche de près à l'immoralité [7]. La dissimulation est un moyen désespéré. La prudence exige que l'on ne montre pas trop de fougue, mais il ne faut pas non plus être trop indolent. On ne doit donc pas être emporté [8], mais vif [9], ce qui n'est pas la même chose. Un homme *vif* (*strenuus*) est celui qui a du plaisir à vouloir. Il s'agit ici de la modération de l'affection. La prudence concerne le tempérament.

---

[1] *Geschicklichkeit.* — [2] *Weltklugheit.* — [3] *In der Denkungsart.*
[4] *Der Anstand.* — [5] *Das Dissimuliren.* — [6] *Verstellung.* — [7] *Unlauterkeit.* — [8] *Heftig.* — [9] *Wacker.*

La *moralité* concerne le caractère. *Sustine et abstine*, tel est le moyen de se préparer à une sage modération. Si l'on veut former un bon caractère, il faut commencer par écarter les passions. L'homme doit à l'endroit de ses penchants prendre l'habitude de ne pas les laisser dégénérer en passions, et apprendre à se passer de ce qui lui est refusé. *Sustine* signifie supporte et accoutume-toi à supporter.

Il faut du courage et une certaine disposition d'esprit [1], pour apprendre à se passer de quelque chose. On doit s'accoutumer aux refus, à la résistance, etc.

Au tempérament appartient la sympathie. Il faut préserver les enfants contre une sympathie trop vive ou trop langoureuse. La sympathie est réellement de la sensibilité [2]; elle ne convient qu'à un caractère sensible. Elle est distincte aussi de la pitié [3]; c'est un mal qui consiste à se lamenter simplement sur une chose. On devrait donner aux enfants de l'argent dans leur poche, pour qu'ils pussent soulager les malheureux: on verrait par là s'ils sont ou non compatissants; quand ils ne sont jamais généreux qu'avec l'argent de leurs parents, ils perdent cette qualité.

La maxime: *festina lente* désigne une activité soutenue: on doit se hâter d'apprendre beaucoup, *festina;* mais il faut aussi apprendre solidement, et par conséquent mettre du temps en toute chose, *lente*. La question est de savoir ce qui est préférable, ou d'une grande somme de connaissances, ou d'une somme moindre, mais plus solide. Il vaut mieux savoir peu, mais bien savoir ce peu, que de savoir beaucoup et superficiellement; car dans ce cas on finira toujours par s'apercevoir de l'insuffisance de ses connaissances. Mais l'enfant ne sait pas même dans quelles circonstances il pourra avoir besoin de telles ou telles connaissances, et c'est pourquoi le mieux est qu'il sache de tout quelque chose solidement: autrement il tromperait et éblouirait les autres avec des connaissances superficielles.

La chose la plus importante est de fonder le caractère [4]. Le caractère consiste dans la fermeté de résolution avec laquelle

---

[1] *Neigung*. — [2] *Empfindsamkeit*. — [3] *Mitleiden*. — [4] *Die Gründung des Charakters*.

on veut faire quelque chose et on le met réellement à exécution. *Vir propositi tenax*, dit Horace, et c'est là le bon caractère. Ai-je, par exemple, promis quelque chose, je dois tenir ma promesse, quelque inconvénient qui en puisse résulter pour moi. En effet un homme qui prend une certaine résolution et qui ne l'exécute pas, ne peut plus se fier à lui-même. Si, par exemple, ayant pris la résolution de me lever tous les jours de bonne heure pour étudier, ou pour faire ceci ou cela, ou pour me promener, je m'excuse ensuite, au printemps, sur ce qu'il fait encore trop froid le matin et que cela pourrait m'être contraire; en été, sur ce qu'il est bon de dormir et que le sommeil m'est alors particulièrement agréable; et si je remets ainsi de jour en jour l'exécution de ma résolution, je finis pas perdre toute confiance en moi-même.

Ce qui est contraire à la morale doit être exclu des résolutions de ce genre. Dans un homme méchant le caractère est très-mauvais, mais on l'appelle déjà de l'opiniâtreté, et même alors on aime à voir quelqu'un exécuter ses résolutions et s'y montrer constant, quoique l'on préférât le voir tel dans le bien.

Il n'y a pas beaucoup à compter sur quelqu'un qui ajourne toujours l'exécution de ses desseins, comme sa future conversion. En effet, un homme qui a toujours vécu dans le vice et qui veut être converti en un instant, ne peut y parvenir; il faudrait un miracle pour qu'il devînt tout d'un coup ce qu'est celui qui toute sa vie s'est bien conduit et n'a jamais eu que de bonnes pensées. Il n'y a non plus rien à attendre des pèlerinages, des mortifications et des jeûnes, car on ne voit pas en quoi ces pèlerinages et d'autres usages de ce genre peuvent contribuer à faire d'un homme vicieux un homme vertueux.

Quel profit pour l'honnêteté et pour l'amélioration des mœurs, de jeûner pendant le jour sauf à manger davantage pendant la nuit, ou d'infliger à son corps une expiation qui ne saurait contribuer en rien à la conversion de l'âme?

Si l'on veut fonder dans les enfants un caractère moral, il importe de ne pas perdre de vue les observations suivantes :

Il faut leur indiquer, autant que possible, par des exemples et des règlements les devoirs qu'ils ont à remplir. Les devoirs que les enfants ont à remplir ne sont autres que les devoirs ordinaires envers soi-même et envers les autres. Ces devoirs doivent donc être tirés de la nature des choses. Nous devons donc considérer ici de plus près :

a. Les devoirs envers soi-même. Ils ne consistent pas à se procurer un habillement magnifique, à donner de splendides repas, etc., quoique dans l'habillement et dans les repas il faille rechercher la propreté. Ils ne consistent pas non plus à chercher à satisfaire ses désirs et ses penchants, car on doit au contraire se montrer très-mesuré et très-réservé, mais à conserver dans son intérieur une certaine dignité, celle qui fait de l'homme une créature plus noble que toutes les autres. C'est en effet le devoir de l'homme de ne pas méconnaître dans sa propre personne cette dignité de l'humanité.

Or nous oublions cette dignité quand, par exemple, nous nous adonnons à la boisson, quand nous nous livrons à des vices contre nature, quand nous nous jetons dans toutes sortes de déréglements, etc., toutes choses qui ravalent l'homme bien au-dessous de l'animal. Il n'est pas moins contraire à la dignité de l'humanité de ramper devant les autres, ou de les accabler de compliments, dans l'espoir de capter leurs bonnes grâces par une si indigne conduite.

On devrait rendre la dignité humaine sensible à l'enfant dans sa propre personne, par exemple dans le cas de malpropreté, qui à tout le moins messied à l'humanité. Mais c'est par le mensonge que l'enfant se rabaisse réellement au-dessous de la dignité humaine, car il suppose déjà développée en lui la faculté de penser et celle de communiquer aux autres ses pensées. Le mensonge fait de l'homme un objet de mépris général, et il lui enlève à ses propres yeux l'estime et la confiance que chacun devrait avoir à l'égard de soi-même.

b. Les devoirs envers autrui. On doit inculquer de très-bonne heure à l'enfant le respect des droits de l'homme, et veiller à ce qu'il le mette en pratique. Si, par exemple, un enfant rencontre un autre enfant pauvre et qu'il le repousse fièrement de son chemin, ou qu'il lui donne un coup, on ne doit pas lui dire : « Ne fais pas cela, cela fait mal à cet enfant ; sois donc compatissant, c'est un pauvre enfant, etc. ; » mais il faut le traiter à son tour avec la même fierté et lui faire vivement sentir combien sa conduite est contraire au droit de l'humanité. Pour ce qui est de la générosité, les enfants n'en ont pas du tout. C'est ce dont on peut se convaincre, par exemple, lorsque des parents commandent à leur enfant de donner à un autre la moitié de sa tartine, sans lui en promettre une autre : ou il n'obéit pas, ou, s'il le fait par hasard, ce n'est qu'à contre-cœur. On ne saurait guère d'ailleurs parler aux enfants de générosité, puisqu'ils n'ont encore rien à eux.

Beaucoup d'auteurs ont tout à fait omis ou ont mal compris, comme Crugott, la section de la morale qui contient la doctrine des devoirs envers soi-même. Le devoir envers soi-même consiste, comme il a été dit, à conserver la dignité de l'humanité dans sa propre personne. L'homme se censure, en fixant ses regards sur l'idée de l'humanité. Il trouve dans cette idée un original auquel il se compare. Lorsque le nombre des années augmente et que le goût du sexe commence à se développer, c'est alors le moment critique, et l'idée de la dignité humaine est seule capable de retenir le jeune homme dans les bornes. Il faut l'avertir de bonne heure de se méfier de ceci ou de cela.

Nos écoles manquent presque entièrement d'une chose qui serait cependant fort utile pour former les enfants à la loyauté, je veux dire un catéchisme du droit. Il devrait contenir, sous une forme populaire, des cas concernant la conduite à tenir dans la vie ordinaire, et qui amèneraient toujours naturellement cette question : cela est-il juste ou non? Si, par exemple, quelqu'un, qui doit payer aujourd'hui son créancier, se laisse toucher par la vue d'un malheureux et lui donne la somme dont il est redevable et qu'il devrait payer, cela est-il juste ou non? Non, cela est injuste, car il faut être libre de toute dette pour pouvoir pratiquer la bienfaisance. En donnant de l'argent à un pauvre, je fais une chose méritoire; mais en payant ma dette je ne fais que ce que je dois[1]. On demanderait en outre si la nécessité peut justifier le mensonge. Non! on ne saurait concevoir un seul cas où il peut être excusé, du moins devant les enfants, qui autrement prendraient la plus petite chose pour une nécessité et se permettraient souvent de mentir. S'il y avait un livre de ce genre, on pourrait y consacrer fort utilement une heure chaque jour,

---

[1] *Ein schuldiges Werk.*

afin d'apprendre aux enfants à connaître et à prendre à cœur le droit des hommes, cette prunelle de Dieu sur la terre. —

Quant à l'obligation d'être bienfaisant, ce n'est qu'une obligation imparfaite. Il faut moins amollir qu'éveiller le cœur des enfants pour le rendre sensible au sort d'autrui. Qu'il soit plein, non de sentiment, mais de l'idée du devoir. Beaucoup de personnes sont devenues réellement impitoyables parce que, s'étant montrées autrefois compatissantes, elles s'étaient souvent vues tromper. Il est inutile de vouloir faire sentir à un enfant le côté méritoire[1] des actions. Les prêtres commettent très-souvent la faute de présenter les actes de bienfaisance comme quelque chose de méritoire. Sans représenter que nous ne pouvons jamais faire à l'égard de Dieu que ce que nous devons[2], on peut dire que nous ne faisons aussi que notre devoir en faisant du bien aux pauvres. En effet, l'inégalité du bien-être des hommes ne vient que de circonstances accidentelles. Si donc je possède de la fortune, je ne la dois qu'au hasard des circonstances qui m'a été favorable à moi-même ou à celui qui m'a précédé, et je n'en dois pas moins tenir compte du tout dont je fais partie.

On excite l'envie dans un enfant, en l'accoutumant à s'estimer d'après la valeur des autres. Il doit s'estimer au contraire d'après les idées de sa raison. Aussi l'humilité n'est-elle proprement autre chose qu'une comparaison de sa valeur avec la perfection morale. Ainsi, par exemple, la religion chrétienne, en ordonnant aux hommes de se comparer au souverain modèle de la perfection, les rend plutôt humbles qu'elle ne leur enseigne l'humilité. Il est très-absurde de faire consister l'humilité à s'estimer moins que d'autres.—Vois comme tel ou tel enfant se conduit! etc. Parler ainsi aux enfants n'est pas le moyen de leur inspirer de nobles sentiments. Quand l'homme estime sa valeur d'après les autres, il cherche, ou bien à s'élever au-dessus d'eux, ou bien à les rabaisser. Ce dernier cas est l'envie. On ne songe alors qu'à mettre sur le compte des autres toutes sortes de défauts; car, s'ils n'étaient pas là, on n'aurait point de comparaison à craindre entre eux et soi, et l'on serait le meilleur. L'esprit d'émulation mal appli-

---

[1] *Das Verdienstliche.* — [2] *Unsere Schuldigkeit.*

qué ne produit que l'envie. Le cas où l'émulation pourrait servir à quelque chose serait celui où l'on voudrait persuader à quelqu'un qu'une chose est praticable, comme, par exemple, quand j'exige d'un enfant une certaine tâche et que je lui montre que les autres ont pu la remplir.

On ne doit en aucune manière permettre à un enfant d'humilier les autres. Il faut chercher à écarter toute fierté qui n'aurait d'autre motif que les avantages de la fortune. Mais il faut chercher en même temps à fonder la franchise[1]. C'est une confiance modeste en soi-même. Elle met l'homme en état de montrer tous ses talents d'une manière convenable. Il faut bien la distinguer de l'insolence[2], qui consiste dans l'indifférence à l'égard du jugement d'autrui.

Tous les désirs de l'homme sont ou formels (liberté et pouvoir), ou matériels (relatifs à un objet) : ce sont des désirs d'opinion ou de jouissance; ou bien enfin ils se rapportent à la seule durée de ces deux choses, comme éléments du bonheur.

Les désirs de la première espèce sont le désir des honneurs[3], celui du pouvoir[4] et celui des richesses[5]. Les désirs de la seconde sont ceux de la jouissance du sexe (ou de la volupté), de celle des choses (ou du bien-être) et de celle de la société (ou de la conversation). Les désirs de la troisième espèce enfin sont l'amour de la vie, de la santé, de l'aisance (le désir d'être exempt de soucis dans l'avenir).

Les vices sont ou de méchanceté, ou de bassesse, ou d'étroitesse d'esprit[6]. A ceux de la première espèce appartiennent l'envie, l'ingratitude et la joie causée par le malheur d'autrui; à ceux de la seconde, l'injustice, l'infidélité (la fausseté), le dérèglement, soit dans la dissipation de ses biens, soit dans celle de la santé (intempérance) et de l'honneur. Les vices de la troisième espèce sont la dureté du cœur, l'avarice, la paresse (la mollesse).

Les vertus sont de pur *mérite*[7], ou d'*obligation stricte*[8], ou d'*innocence*[9]. Aux premières appartiennent la grandeur d'âme

---

[1] *Freimüthigkeit.* — [2] *Dummdreistigkeit.* — [3] *Ehrsucht.* — [4] *Herrschsucht.* — [5] *Habsucht.* — [6] *Eingeschränktheit.* — [7] *Des Verdienstes.* — [8] *Der Schuldigkeit.* — [9] *Der Unschuld.*

(qui consiste à se vaincre soi-même, soit dans la colère, soit dans l'amour du bien-être, soit dans celui des richesses), la bienfaisance, la domination de soi-même; aux secondes, la loyauté, la bienséance et la douceur; aux troisièmes enfin, la bonne foi, la modestie et la tempérance.

C'est une question si l'homme est par sa nature moralement bon ou mauvais. Je réponds qu'il n'est ni l'un ni l'autre, car il n'est pas naturellement un être moral; il ne le devient que quand il élève sa raison jusqu'aux idées du devoir et de la loi. On peut dire cependant qu'il a en lui originairement des penchants pour tous les vices, car il a des inclinations et des instincts qui le poussent d'un côté, tandis que sa raison le pousse d'un autre. Il ne saurait donc devenir moralement bon qu'au moyen de la vertu, c'est-à-dire d'une contrainte exercée sur lui-même, quoiqu'il puisse être innocent tant que ses passions sommeillent.

Les vices résultent pour la plupart de ce que l'état de civilisation fait violence à la nature, et pourtant notre destination comme hommes est de sortir du pur état de nature où nous ne sommes que comme des animaux. L'art parfait retourne à la nature.

Tout dans l'éducation dépend d'une chose : c'est que l'on établisse partout les bons principes, et qu'on sache les faire comprendre et admettre par les enfants. Ils doivent apprendre à substituer l'horreur de ce qui est révoltant ou absurde à celle de la haine, la crainte de leur propre conscience à celle des hommes et des châtiments divins, l'estime d'eux-mêmes et la dignité intérieure à l'opinion d'autrui, — la valeur intérieure des actions à celle des mots et la conduite aux mouvements du cœur, — l'intelligence au sentiment, — enfin une piété sereine et de bonne humeur à une dévotion chagrine, sombre et sauvage.

Mais il faut avant tout préserver les enfants contre le danger d'estimer beaucoup trop haut les mérites de la fortune (*merita fortunæ*).

Si l'on examine l'éducation des enfants dans son rapport avec la religion, la première question est de savoir s'il est possible d'inculquer de bonne heure aux enfants des idées religieuses. C'est un point de pédagogie sur lequel on a beaucoup disputé. Les idées religieuses supposent toujours quelque théologie. Or comment enseigner une théologie à la jeunesse, qui, loin de connaître le monde, ne se connaît pas encore elle-même? Comment la jeunesse, qui ne sait encore ce que c'est que le devoir, serait-elle en état de comprendre un devoir immédiat envers Dieu? Ce qu'il y a de certain, c'est que, s'il pouvait arriver que les enfants ne fussent jamais témoins d'aucun acte de vénération envers l'Être suprême, et même qu'ils n'entendissent jamais prononcer le nom de Dieu, il serait alors conforme à l'ordre des choses d'attirer d'abord leur attention sur les causes finales et sur ce qui convient à l'homme, d'exercer par là leur jugement, de les instruire de l'ordre et de la beauté des fins de la nature, d'y joindre ensuite une connaissance plus étendue encore du système du monde, et de leur ouvrir d'abord par ce moyen l'idée d'un Être suprême, d'un législateur. Mais, comme cela n'est pas possible dans l'état actuel de la société, comme on ne peut faire qu'ils n'entendent pas prononcer le nom de Dieu et qu'ils ne soient pas témoins des démonstrations de la dévotion à son égard, si l'on voulait attendre pour leur apprendre quelque chose de Dieu, il en résulterait pour eux ou une grande indifférence, ou des idées fausses, comme par exemple la crainte de la puissance divine. Or, comme il faut éviter que cette idée ne se glisse dans l'imagination des enfants, on doit, pour les en préserver, chercher de bonne heure à leur inculquer des idées religieuses. Cependant cela ne doit pas être une affaire de mémoire et d'imitation, une pure singerie, mais le chemin choisi doit toujours être approprié à la nature. Les enfants comprendront, même sans avoir d'idée abstraite du devoir, de l'obligation, de la bonne ou mauvaise conduite, qu'il y a une loi du devoir, que ce n'est pas la commodité, l'utilité ou d'autres considérations de ce genre qui la déterminent, mais quelque chose de général qui ne se règle pas sur les caprices des hommes. Mais le maître même doit se faire cette idée.

On doit d'abord tout attribuer à Dieu dans la nature et ensuite la lui attribuer elle-même. On montrera, par exemple, en premier lieu, comment tout est disposé pour la conservation des espèces et leur équilibre, mais de loin aussi pour l'homme, de telle sorte qu'il puisse travailler lui-même à son bonheur.

Le meilleur moyen de rendre d'abord claire l'idée de Dieu, ce serait d'y chercher une analogie dans celle d'un père de famille sous la surveillance duquel nous serions placés; on arrive ainsi très-heureusement à concevoir l'unité des hommes qu'on se représente comme formant une seule famille.

Qu'est-ce donc que la religion? La religion est la loi qui réside en nous, en tant qu'elle reçoit son influence sur nous d'un législateur et d'un juge; c'est la morale appliquée à la connaissance de Dieu. Quand on n'unit pas la religion à la moralité, elle n'est plus qu'une manière de solliciter la faveur céleste [1]. Les cantiques, les prières, la fréquentation des églises, toutes ces choses ne doivent servir qu'à donner à l'homme de nouvelles forces et un nouveau courage pour travailler à son amélioration; elles ne doivent être que l'expression d'un cœur animé par l'idée du devoir. Ce ne sont que des préparations aux bonnes œuvres, mais non de bonnes œuvres, et l'on ne peut plaire à l'Être suprême qu'en devenant meilleur.

Il faut avec les enfants commencer par la loi qu'ils portent en eux. L'homme est méprisable à ses propres yeux quand il tombe dans le vice. Ce mépris a son principe en lui-même, et non dans cette considération que Dieu a défendu le mal; car il n'est pas nécessaire que le législateur soit en même temps l'auteur de la loi. C'est ainsi qu'un prince peut défendre le vol dans ses États, sans qu'on puisse le considérer pour cela comme l'auteur de la défense du vol. L'homme apprend par là à reconnaître que sa bonne conduite seule peut le rendre digne du bonheur. La loi divine doit paraître en même temps comme une loi naturelle, car elle n'est pas volontaire. La religion rentre donc dans la moralité.

Mais il ne faut pas commencer par la théologie. La religion, qui est fondée simplement sur la théologie, ne saurait contenir quelque chose de moral. On n'y aura d'autres sentiments que celui de la crainte, d'une part, et l'espoir de la récompense de l'autre, ce qui ne produira qu'un culte superstitieux. Il faut donc que la moralité précède et que la théologie la suive, et c'est là ce qui s'appelle la religion.

---

[1] *Gunstbewerbung.*

La loi considérée en nous s'appelle la conscience. La conscience est proprement l'application de nos actions à cette loi. Les reproches de la conscience resteront sans effet, si on ne les considère pas comme les représentants de Dieu, dont le siége sublime est bien élevé au-dessus de nous, mais qui a aussi établi en nous un tribunal. Mais d'un autre côté, quand la religion ne se joint pas à la conscience morale, elle est aussi sans effet. Comme on l'a déjà dit, la religion, sans la conscience morale, est un culte superstitieux. On pense servir Dieu en le louant, par exemple, en célébrant sa puissance, sa sagesse, sans songer à remplir les lois divines, sans même connaître cette sagesse et cette puissance et sans les étudier. On cherche dans ces louanges comme un narcotique pour sa conscience, ou comme un oreiller sur lequel on espère reposer tranquillement.

Les enfants ne sauraient comprendre toutes les idées religieuses, mais on peut cependant leur en inculquer quelques-unes ; seulement elles doivent être plutôt négatives que positives.—Il est inutile de leur faire réciter des formules, et même cela ne peut que leur donner une fausse idée de la piété. La vraie manière d'honorer Dieu, c'est d'agir suivant la volonté de Dieu, et c'est là ce qu'il faut enseigner aux enfants. On doit veiller, dans l'intérêt des enfants comme aussi pour soi-même, à ce que le nom de Dieu ne soit pas si souvent profané. L'invoquer dans les souhaits que l'on forme, fût-ce même dans une intention pieuse, est une véritable profanation. Toutes les fois que les hommes prononcent le nom de Dieu, ils devraient être pénétrés de respect ; et c'est pourquoi ils devraient rarement en faire usage, et jamais légèrement. L'enfant doit apprendre à sentir du respect pour Dieu, d'abord comme maître de sa vie et du monde entier, ensuite comme protecteur des hommes, et enfin comme leur juge. On dit que *Newton* se recueillait toujours un moment quand il prononçait le nom de Dieu.

En éclaircissant à la fois dans l'esprit de l'enfant l'idée de Dieu et celle du devoir, on lui apprend à mieux respecter les soins que Dieu a pris à l'égard de ses créatures, et on le préserve contre ce penchant à la destruction et à la cruauté, qui se plaît de tant de façons à tourmenter les petits animaux. On devrait en même temps instruire la jeunesse à découvrir le bien dans le mal, en lui montrant, par exemple, dans les animaux de proie et dans les insectes des modèles de propreté et d'activité. Ils rappellent aux hommes méchants le respect de la loi. Les oiseaux qui poursuivent les vers sont les défenseurs des jardins, etc.

Il faut donc inculquer aux enfants quelques idées de l'Être suprême, afin que, lorsqu'ils voient les autres prier, etc., ils puissent savoir pour qui et pour quoi on agit ainsi. Mais ces idées ne doivent être que très-peu nombreuses, et, comme on l'a dit, purement négatives. Il faut commencer dès la première jeunesse à les leur inculquer, mais en même temps il faut prendre garde qu'ils n'estiment les hommes d'après la pratique de leur religion ; car, malgré la diversité des religions, il y a partout unité de religion.

Nous ajouterons, pour conclure, quelques remarques, qui sont particulièrement à l'adresse des enfants entrant dans l'adolescence. Le jeune homme commence à cette époque à faire certaines distinctions qu'il n'avait pas faites auparavant. C'est *en premier lieu* la différence des sexes. La nature a jeté là-dessus en quelque sorte le voile du secret, comme s'il y avait là quelque chose qui ne fût pas décent pour l'homme et qui ne fût en lui qu'un besoin de l'animal. Elle a cherché à l'unir avec toute espèce de moralité possible. Les nations sauvages elles-mêmes se conduisent en cela avec une sorte de pudeur et de retenue. La curiosité des enfants adresse parfois aux grandes personnes des questions à ce sujet : ils demandent, par exemple, d'où viennent les enfants ; mais on les satisfait aisément, ou bien en leur faisant des réponses qui ne signifient rien, ou bien en leur répondant que c'est là une question d'enfant.

Le développement de ces penchants dans l'adolescent est mécanique ; et, comme dans tous les instincts qui se développent en lui, il n'a même besoin pour cela de la connaissance d'aucun objet. Il est donc impossible de maintenir ici l'adolescent dans l'ignorance et dans l'innocence qui y est liée. Par le silence on ne fait qu'empirer le mal. C'est ce que montre bien l'éducation de nos aïeux. Dans celle de notre temps, on admet avec raison qu'il faut parler à l'adolescent de ces sortes de choses sans détour et d'une manière claire et précise. C'est là sans doute un point délicat, puisque l'on n'en fait pas volontiers un objet d'entretien public. Mais tout sera bien fait si on lui en parle d'une manière sérieuse et digne, et si l'on entre dans ses penchants.

La treizième ou la quatorzième année est ordinairement l'époque où le penchant pour le sexe se développe dans l'adolescent (quand cela arrive plus tôt, c'est que les enfants ont été débauchés et perdus par de mauvais exemples). Alors aussi leur jugement est déjà formé, et la nature l'a tout juste préparé pour le temps où l'on peut parler de cela avec eux.

Rien n'affaiblit autant l'esprit et le corps de l'homme que ce genre de plaisir auquel on se livre sur soi-même ; il est tout à fait contraire à la nature humaine. Mais on ne doit pas non plus le cacher à l'adolescent. Il faut le lui montrer dans toute sa laideur, lui dire qu'il se rend par là impropre à la propagation de l'espèce, qu'il travaille à la ruine de ses forces physiques, qu'il se prépare une vieillesse précoce et qu'il mine aussi son esprit, etc.

Le moyen d'échapper aux tentations de ce genre, c'est de s'occuper constamment et de ne pas consacrer au lit et au sommeil plus de temps qu'il n'est nécessaire. Par ce moyen on chassera de son esprit les mauvaises pensées ; car, quoique l'objet n'existe que dans l'imagination, il n'en use pas moins la force vitale. Lorsque l'on porte son penchant sur l'autre sexe, au moins rencontre-t-on toujours quelque résistance ; mais lorsqu'on le porte sur soi-même, on peut le satisfaire à chaque instant. L'effet physique est désastreux ; mais les conséquences, relativement à la moralité, sont encore beaucoup plus fâcheuses. On transgresse ici les bornes de la nature, et le penchant n'est jamais assouvi, car il ne trouve jamais aucune satisfaction réelle. Des maîtres ont soulevé, au sujet des jeunes adultes, la question de savoir si l'on peut permettre à un adolescent de former une liaison avec une personne de l'autre sexe. S'il faut choisir l'un des deux partis, le dernier est assurément le meilleur. Dans l'autre cas le jeune homme agirait contre la nature, mais non pas ici. La nature l'a destiné à devenir un homme, et par conséquent aussi à propager son espèce, aussitôt qu'il est en état de se protéger lui-même; mais les besoins auxquels l'homme est nécessairement assujetti dans un état civilisé font qu'il ne peut pas encore élever ses enfants. Il pèche donc ici contre l'ordre civil. Le mieux que l'adolescent ait à faire, et cela même est un devoir pour lui, c'est d'attendre qu'il soit en état de se marier régulièrement. En agissant ainsi, il ne se montrera pas seulement homme de bien, mais encore bon citoyen.

Que l'adolescent apprenne de bonne heure à témoigner à l'autre sexe le respect qui lui est dû, à mériter de son côté l'estime de ce sexe par une louable activité, et à aspirer ainsi à l'honneur d'une heureuse union.

Une *seconde* différence que l'adolescent commence à faire vers le temps où il entre dans le monde, c'est celle qui résulte de la distinction des rangs et de l'inégalité des hommes. Tant qu'il reste enfant, il ne faut pas la lui faire remarquer. On ne doit pas même lui permettre de donner des ordres aux domestiques. S'il remarque que ses parents commandent aux domestiques, on peut toujours lui dire : Nous leur donnons du pain, et c'est pour cela qu'ils nous obéissent; tu ne veux pas faire cela, eh bien! nous n'avons pas besoin de t'obéir. Les enfants ne savent rien de cette différence, si les parents ne leur en donnent pas eux-mêmes l'idée. Il faut montrer à l'adolescent que l'inégalité des hommes est une disposition qui vient de ce que certains hommes ont cherché à se distinguer des autres par certains avantages. La conscience de l'égalité des hommes dans l'inégalité civile peut lui être peu à peu inculquée.

Il faut accoutumer le jeune homme à s'estimer absolument et non d'après les autres. L'estime d'autrui, dans tout ce qui ne constitue nullement la valeur de l'homme, est affaire de vanité. Il faut en outre lui enseigner à avoir de la conscience en toute chose, et à s'efforcer non-seulement de paraître, mais d'être. Habituez-le à veiller à ce que, dans aucune circonstance où il a une fois pris sa résolution, elle ne devienne une vaine résolution; il vaudrait mieux n'en prendre aucune, et laisser la chose en suspens; — enseignez-lui la modération à l'endroit des circonstances extérieures et la patience dans les travaux : *sustine et abstine;* — enseignez-lui aussi la modération dans les plaisirs. Quand on ne désire pas seulement des plaisirs, mais qu'on sait aussi être patient dans le travail, on devient un membre utile de la communauté et on se préserve de l'ennui.

Il faut de plus instruire le jeune homme à se montrer enjoué et de bonne humeur. La sérénité du cœur résulte naturellement d'une conscience sans reproche. — Recommandez-lui l'égalité d'humeur. On peut arriver par l'usage à se montrer toujours de bonne humeur en société.

On doit s'accoutumer à considérer beaucoup de choses comme des devoirs. Une action doit m'être précieuse, non parce qu'elle s'accorde avec mon penchant, mais parce que je remplis mon devoir en la faisant. —

Il faut développer l'amour d'autrui et ensuite tous les sentiments cosmopolites. Il y a dans notre âme quelque chose qui fait que nous nous intéressons : 1° à notre moi; 2° à ceux avec lesquels nous avons été élevés, et 3° même au bien du monde. Il faut rendre cet intérêt familier aux enfants, et faire qu'il échauffe leurs âmes. Ils doivent se réjouir du bien du monde, encore que ce ne soit pas l'avantage de leur patrie ou leur propre avantage.

Il faut les exercer à n'attacher qu'une médiocre valeur à la jouissance des plaisirs de la vie. On écartera ainsi la crainte puérile de la mort. Il faut montrer aux jeunes gens que la jouissance ne tient pas ce qu'elle promet. —

Il faut enfin appeler leur attention sur la nécessité de régler chaque jour leur propre compte, afin de pouvoir faire à la fin de leur vie une estimation de la valeur acquise.

D'UN

PRÉTENDU DROIT DE MENTIR

PAR HUMANITÉ.

—

1797.

D'UN PRÉTENDU DROIT DE MENTIR PAR HUMANITÉ.

Dans le recueil *la France*, année 1797, sixième partie n° 1 : *des réactions politiques*, par *Benjamin Constant* [1], on lit ce qui suit, p. 123 [2] :

« Le principe moral que dire la vérité est un devoir, s'il était pris d'une manière absolue et isolée, rendrait toute société impossible. Nous en avons la preuve dans les conséquences directes qu'a tirées de ce premier principe un philosophe allemand, qui va jusqu'à prétendre qu'envers des assassins qui vous demanderaient si votre ami qu'ils poursuivent n'est pas réfugié dans votre maison, le mensonge serait un crime (1).

» Le philosophe français réfute ce principe de la manière suivante, p. 124. Dire la vérité est un devoir. Qu'est-ce qu'un devoir ? L'idée de devoir est inséparable de celle de droits : un devoir est ce qui, dans un être, correspond aux droits d'un autre. Là où il n'y a pas de droits, il n'y a pas de devoirs. Dire la vérité n'est donc un devoir qu'envers ceux qui ont droit à la vérité. Or nul homme n'a droit à la vérité qui nuit à autrui. »

Le πρῶτον ψεῦδος gît ici dans cette proposition : *dire la vérité n'est un devoir qu'envers ceux qui ont droit à la vérité.*

---

[1] L'écrit cité ici par Kant a été réimprimé par Benjamin Constant dans la collection complète de ses œuvres politiques, troisième volume, sixième partie. J'ai dû naturellement rétablir le texte de l'auteur, partout où Kant le traduit. J. B.

[2] Dans la réimpression que je viens d'indiquer, p. 98.

(1) « J. D. *Michaelis* de Gœttingue a avancé cette opinion singulière avant *Kant*. Mais l'auteur de cet écrit m'a dit à moi-même que *Kant* était le philosophe dont il est question dans ce passage. »   K. Fr. Kramer [*].

[*] Je reconnais ici avoir réellement dit cela quelque part, mais je ne puis plus maintenant me rappeler où.   J. Kant [a].

[a] Consultez, sur ce point, mon introduction. J. B.

Remarquons d'abord que l'expression : avoir droit à la vérité, n'a pas de sens. Il faut dire plutôt que l'homme a droit à sa propre *véracité*[1] (*veracitas*), c'est-à-dire à la vérité subjective dans sa personne. Car avoir objectivement droit à une vérité, signifierait qu'il dépend de notre *volonté*, comme en général en matière de mien et de tien, de faire qu'une proposition donnée soit vraie ou fausse, ce qui produirait une singulière logique.

Or la *première question* est de savoir si l'homme, dans les cas où il ne peut éviter de répondre par un oui ou par un non, a le droit[2] de n'être pas véridique; la *seconde*, s'il n'est pas obligé de ne pas l'être dans une certaine déclaration que lui arrache une injuste contrainte, afin d'éviter un crime qui menace sa personne ou celle d'un autre.

La véracité dans les déclarations que l'on ne peut éviter est le devoir formel de l'homme envers chacun (1), quelque grave inconvénient qu'il en puisse résulter pour lui ou pour un autre; et quoique, en y en altérant la vérité, je ne commette pas d'injustice envers celui qui me force injustement à les faire, j'en commets cependant une *en général* dans la plus importante partie du devoir par une semblable altération, et dès lors celle-ci mérite bien le nom de mensonge (quoique les jurisconsultes l'entendent dans un autre sens). En effet, je fais en sorte, autant qu'il est en moi, que les déclarations ne trouvent en général aucune créance, et que par conséquent aussi tous les droits, qui sont fondés sur des contrats, s'évanouissent et perdent leur force, ce qui est une injustice faite à l'humanité en général.

Il suffit donc de définir le mensonge une déclaration volontairement fausse faite à un autre homme, et il n'y a pas besoin d'ajouter cette condition, exigée par la définition des jurisconsultes, que la déclaration soit nuisible à autrui (*mendacium*

---

[1] *Wahrhaftigkeit*. — [2] *Die Befugniss (das Recht)*.

(1) Je ne puis pousser ici le principe jusqu'à dire que « le manque de véracité est la transgression du devoir envers soi-même. » Car ce principe appartient à l'éthique, et il n'est ici question que d'un devoir de droit. — La doctrine de la vertu ne regarde, dans cette transgression, que l'*indignité*, dont le menteur s'attire à lui-même le reproche.

est falsiloquium in præjudicium alterius). Car, en rendant inutile la source du droit, elle est toujours nuisible à autrui, sinon à un autre homme, du moins à l'humanité en général.

Le mensonge généreux, dont il est ici question, *peut* d'ailleurs, par un effet du *hasard* (*casus*), devenir punissable aux yeux des lois civiles. Or ce qui n'échappe à la pénalité [1] que par l'effet du hasard peut aussi être jugé une injustice d'après des lois extérieures. Avez-vous arrêté *par un mensonge* quelqu'un qui méditait alors un meurtre, vous êtes juridiquement responsable de toutes les conséquences qui pourront en résulter; mais êtes-vous resté dans la stricte vérité, la justice publique ne saurait s'en prendre à vous, quelles que puissent être les conséquences imprévues qui en résultent. Il est possible qu'après que vous avez loyalement répondu oui au meurtrier qui vous demandait si son ennemi était dans la maison, celui-ci en sorte inaperçu et échappe ainsi aux mains de l'assassin, de telle sorte que le crime n'ait pas lieu; mais, si vous avez menti en disant qu'il n'était pas à la maison et qu'étant réellement sorti (à votre insu) il soit rencontré par le meurtrier, qui commette son crime sur lui, alors vous pouvez être justement accusé d'avoir causé sa mort. En effet, si vous aviez dit la vérité, comme vous la saviez, peut-être le meurtrier, en cherchant son ennemi dans la maison, eût-il été saisi par des voisins accourus à temps, et le crime n'aurait-il pas eu lieu. Celui donc qui *ment*, quelque généreuse que puisse être son intention, doit, même devant le tribunal civil, encourir la responsabilité de son mensonge et porter la peine des conséquences, si imprévues qu'elles puissent être. C'est que la véracité est un devoir qui doit être regardé comme la base de tous les devoirs fondés sur un contrat, et que, si l'on admet la moindre exception dans la loi de ces devoirs, on la rend chancelante et inutile.

C'est donc un ordre sacré de la raison, un ordre qui n'admet pas de condition, et qu'aucun inconvénient ne saurait restreindre, que celui qui nous prescrit d'être *véridiques* (loyaux) dans toutes nos déclarations.

Ce que dit d'ailleurs M. Constant du discrédit où tombent

---

[1] *Der Straffälligkeit.*

ces principes rigoureux qui vont se perdre inutilement dans des idées inexécutables et qui par là se rendent odieux, est aussi juste que sage. — « Toutes les fois (dit-il plus bas, p. 123 [1]) qu'un principe démontré vrai paraît inapplicable, c'est que nous ignorons le principe intermédiaire qui contient le moyen de l'application. » Il cite [2] comme le premier anneau formant la chaîne sociale ce principe d'*égalité*, savoir : « que nul homme ne peut être lié que par les lois auxquelles il a concouru. Dans une société très-resserrée ce principe peut être appliqué d'une manière immédiate, et n'a pas besoin, pour devenir usuel, de principe intermédiaire. Mais dans une combinaison différente, dans une société très-nombreuse, il faut ajouter un nouveau principe, un principe intermédiaire à celui que nous citons ici. Le principe intermédiaire, c'est que les individus peuvent concourir à la formation des lois, soit par eux-mêmes, soit par leurs *représentants*. Quiconque voudrait appliquer à une société nombreuse le premier principe, sans employer l'intermédiaire, la bouleverserait infailliblement. Mais ce bouleversement, qui attesterait l'ignorance ou l'ineptie du législateur, ne prouverait rien contre le principe. » — Il conclut, p. 125 [3], de cette façon : « Un principe reconnu vrai ne doit donc jamais être abandonné, quels que soient ses dangers apparents. » [Et cependant l'excellent homme avait lui-même abandonné le principe absolu de la véracité, à cause du danger qu'il entraîne pour la société, parce qu'il ne pouvait découvrir de principe intermédiaire qui servît à éviter ce danger, et il n'y en a effectivement aucun à intercaler ici.]

M. Benjamin Constant, ou, pour parler comme lui, « le philosophe français, » a confondu l'acte par lequel quelqu'un nuit (*nocet*) à un autre, en disant la vérité dont il ne peut éviter l'aveu, avec celui par lequel il commet une *injustice* à son égard (*lædit*). Ce n'est que par l'effet du *hasard* (*casus*) que la véracité de la déclaration a pu être nuisible à celui qui s'était réfugié dans la maison ; ce n'est pas l'effet d'un *acte volontaire* (dans le sens juridique). En effet, nous attribuer le droit d'exiger d'un autre qu'il mente à notre profit, ce serait

---

[1] *Réimpression*, p. 98. — [2] *Ibidem.*, p. 96. — [3] *Ibidem.*, p. 100.

une prétention contraire à toute légalité. Ce n'est pas seulement le droit de tout homme, c'est aussi son devoir le plus strict de dire la vérité dans les déclarations qu'il ne peut éviter, quand même elles devraient nuire à lui ou à d'autres. A proprement parler, il n'est donc pas lui-même l'*auteur* du dommage éprouvé par celui qui souffre par suite de sa conduite, mais c'est le hasard qui en est la *cause*. Il n'est pas du tout libre en cela de choisir, puisque la véracité (lorsqu'il est une fois forcé de parler) est un devoir absolu. — Le « philosophe allemand » ne prendra donc pas pour principe cette proposition (p. 124) : « Dire la vérité n'est un devoir qu'envers ceux qui ont *droit à la vérité*, » d'abord parce que c'est là une mauvaise formule, la vérité n'étant pas une propriété sur laquelle on puisse accorder des droits à l'un et en refuser à l'autre, et ensuite surtout parce que le devoir de la véracité (le seul dont il soit ici question) n'admet pas cette distinction entre certaines personnes envers qui l'on aurait à le remplir, et d'autres à l'égard desquelles on pourrait s'en affranchir, mais que c'est un *devoir absolu* qui s'applique dans tous les cas.

Pour aller d'une *métaphysique* du droit (qui fait abstraction de toute condition expérimentale) à un principe de la *politique*, qui en applique les idées aux cas de l'expérience, et pour résoudre, au moyen de ce principe, un problème politique, tout en restant fidèle au principe général du droit, il faut que le philosophe offre ces trois choses : 1° un *axiome*, c'est-à-dire une proposition apodictiquement certaine, qui résulte immédiatement de la définition du droit extérieur (l'accord de la *liberté* de chacun avec celle de tous suivant une loi générale); 2° un *postulat* de la *loi* publique extérieure, comme volonté collective de tous suivant le principe de l'égalité, sans laquelle il n'y aurait aucune liberté pour chacun; 3° un *problème* consistant à déterminer le moyen de conserver l'harmonie dans une société assez grande, en restant fidèle aux principes de la liberté et de l'égalité (c'est-à-dire le moyen d'un système représentatif). Ce moyen est un principe de la *politique*, dont le dispositif et le règlement supposent des décrets, qui, tirés de la connaissance expérimentale des hommes, n'ont pour but que le mécanisme de l'administration du droit et les moyens de l'organiser convenablement. — — Il ne faut pas que le droit se règle sur la politique, mais bien la politique sur le droit.

Un principe reconnu vrai, dit l'auteur (j'ajoute : connu *à priori*, par conséquent apodictique), ne doit jamais être abandonné, quels que soient ses dangers apparents. » Or il faut entendre ici, non pas le danger de *nuire* (accidentellement), mais en général celui de *commettre une injustice*, ce qui arriverait si je faisais du devoir de la véracité, qui est tout à fait absolu et constitue la suprême condition juridique de toute déclaration, un principe subordonné à telle ou telle considération particulière; et, quoique par un certain mensonge je ne fasse dans le fait d'injustice à personne, je viole *en général* le principe du droit relativement à toute déclaration inévitable (je commets formellement, sinon matériellement, une injustice), ce qui est bien pis que de commettre une injustice à l'égard de quelqu'un, car ce dernier acte ne suppose pas toujours dans le sujet un principe à cet égard.

Celui qui accepte la demande qu'un autre lui adresse, de répondre si, dans la déclaration qu'il va avoir à faire, il a ou non l'intention d'être véridique, celui, dis-je, qui accepte cette demande sans se montrer offensé du soupçon qu'on exprime devant lui sur sa véracité, mais qui réclame la permission de réfléchir d'abord sur la possibilité d'une exception, celui-là est déjà un menteur (*in potentia*); car il montre par là qu'il ne regarde pas la véracité comme un devoir en soi, mais qu'il se réserve de faire des exceptions à une règle qui par son essence même n'est susceptible d'aucune exception, puisque autrement elle se contredirait elle-même.

Tous les principes juridiquement pratiques doivent renfermer des vérités rigoureuses, et ceux qu'on appelle ici des principes intermédiaires ne peuvent que déterminer d'une manière plus précise leur application aux cas qui se présentent (suivant les règles de la politique), mais ils ne peuvent jamais y apporter d'exceptions, car elles détruiraient l'universalité à laquelle seule ils doivent leur nom de principes.

DE L'ESSAI

D'UN ENSEIGNEMENT MORAL

APPLICABLE

A TOUS LES HOMMES SANS DISTINCTION DE RELIGION,

PAR SCHULZ

(PRÉDICATEUR A GIELSDORF).

Berlin, 1783.

Première partie.

—

1783.

DE LA MORALE FATALISTE DE SCHULZ.

Cette première partie, devant servir d'introduction à un nouveau système moral, n'a pour but que de mettre sous les yeux les principes psychologiques sur lesquels ce système sera plus tard établi, et qui concernent la position que l'homme occupe dans l'échelle des êtres, sa nature sensible, intelligente et volontaire, la liberté et la nécessité, la vie, la mort et la vie future. C'est là une œuvre qui, par sa franchise et plus encore par la bonne intention que le penseur original laisse éclater dans ses idées, lesquelles pourtant paraîtront à beaucoup d'étonnants paradoxes, excitera nécessairement chez tous les lecteurs l'impatiente curiosité de savoir ce que deviendra une doctrine morale fondée sur de *telles* prémisses.
—Le critique suivra d'abord rapidement la marche des pensées de l'auteur, et il ajoutera comme conclusion son jugement sur le tout.

Vers le commencement l'idée de la force vitale est tellement généralisée qu'elle s'étend à toutes les créatures sans distinction, car elle est considérée simplement comme exprimant *l'ensemble de toutes les forces existant dans une créature et appartenant à sa nature*. De là découle une loi de *continuité* [1] chez tous les êtres, d'après laquelle chacun a, dans l'échelle générale, son voisin au-dessus et au-dessous, mais de telle sorte que chaque espèce de créatures est renfermée entre des bornes qu'elles ne peuvent dépasser, tant qu'elles restent membres de cette espèce. Ainsi il n'y a proprement rien qui soit privé de vie [2], mais la vie est plus ou moins élevée, et les espèces ne se distinguent que par le degré de la force vitale. L'âme, en tant qu'être distinct du corps, est une pure création de l'imagination. Le séraphin le plus élevé et l'arbre sont deux machines artistement construites. Il en est de même de

---

[1] *Stätigkeit.* — [2] *Nichts Lebloses.*

la nature de l'âme. — Cet enchaînement gradué se reproduit dans toute connaissance. Entre l'erreur et la vérité il n'y a pas de différence spécifique, mais celle seulement du plus petit au plus grand; il n'y a pas d'erreur absolue, mais toute connaissance est vraie *pour l'homme,* dans le temps où elle s'éveille en lui. Corriger une erreur n'est autre chose qu'ajouter les idées qui manquaient encore; la vérité d'aujourd'hui deviendra elle-même plus tard une erreur par le seul progrès de la connaissance. Notre connaissance n'est qu'erreur, en comparaison de celle d'un ange. La raison ne peut se tromper; toute force a sa route tracée. Aussi la condamnation de la raison n'a-t-elle pas lieu de soi-même, au moment où l'on juge, mais plus tard, quand on est déjà placé à un autre point de vue et que l'on a acquis plus de connaissances. Il ne faut pas dire qu'un enfant se trompe, mais qu'il ne comprend pas encore aussi bien qu'il comprendra plus tard, quand il sera devenu raisonnable; son erreur n'est qu'un moindre jugement. La sagesse et la folie, la science et l'ignorance ne méritent donc ni louange ni blâme; on doit les considérer simplement comme les progrès successifs de la nature, en face de laquelle je ne suis pas libre. — Pour ce qui est de la volonté, toutes les inclinations et tous les penchants sont renfermés dans un seul, qui est *l'amour de soi;* mais chaque homme à cet égard a sa *disposition* particulière, quoique cette disposition ne puisse jamais s'écarter de la destination générale. L'amour de soi est toujours déterminé par toutes les sensations ensemble, mais de telle sorte que ce sont ou les plus obscures ou les plus claires qui y ont la plus grande part. *Il n'y a donc pas de volonté libre,* mais la volonté est soumise à la loi rigoureuse de la nécessité; seulement, lorsque l'amour de soi, au lieu d'être déterminé par des représentations claires, l'est simplement par la sensation, on dit alors que l'action *n'est pas libre.* Tout *remords* est chimérique et absurde, car le criminel ne juge pas son action d'après sa disposition précédente, mais d'après sa disposition actuelle. Si cette disposition s'était alors manifestée, elle aurait sans doute empêché l'action; mais il suppose faussement qu'elle aurait dû l'empêcher, puisqu'elle n'existait réellement pas antérieurement. Le remords n'est qu'une fausse manière de concevoir comment on peut *mieux agir à l'avenir,* et dans le fait la nature n'a par là d'autre but que l'amélioration de l'homme. — Ici se place la solution de la difficulté de savoir comment Dieu peut être l'auteur du péché. — *La vertu et le vice ne sont pas essentiellement distincts.* (Sur ce point encore la différence *spécifique* admise généralement est convertie en une simple différence de *degré.*) La vertu ne peut exister sans le vice, et les vices ne sont que des occasions de devenir meilleur (de s'élever ainsi un degré plus haut). Les hommes ne peuvent pas s'accorder sur ce qu'ils nomment vertu, excepté sur celle sans laquelle il n'y a pas de bien possible pour l'homme, c'est-à-dire la *vertu universelle;* mais de s'écarter de cette vertu, c'est ce qui est absolument impossible à l'homme, et celui qui s'en écarte n'est pas vicieux, mais fou. L'homme qui se rendrait coupable d'un vice universel agirait contre l'amour de soi, ce qui est impossible. Par conséquent le chemin de la vertu universelle est si exactement fermé des deux côtés que tous les hommes y doivent nécessairement rester. Il n'y a que la disposition particulière de chacun qui constitue ici une différence entre eux ; s'ils échangeaient leurs positions, celui-ci agirait comme fait celui-là. La bonté ou la méchanceté morale ne signifient rien de plus qu'un degré supérieur ou inférieur de perfection. Les hommes sont vicieux en comparaison des anges, et ceux-ci en comparaison de Dieu. — C'est pourquoi, puisqu'il n'y a aucune liberté, toutes les punitions vengeresses sont injustes, particulièrement la peine de mort; pour atteindre le but des lois pénales, il suffirait de mettre à la place, non pas le moins du monde un simple avertissement, mais uniquement la réparation et l'amélioration. Décerner des *éloges* pour un acte utile, c'est faire preuve de peu de connaissance des hommes ; l'homme y était tout aussi bien prédéterminé et entraîné que l'incendiaire à brûler une maison. La louange n'a d'autre but que d'encourager l'auteur de l'action et ses semblables à faire d'autres bonnes actions du même genre.

L'auteur appelle cette doctrine de la nécessité une *salutaire doctrine*[1]; il soutient que la morale conserve excellemment par là sa valeur propre, et il remarque à ce propos qu'il faudrait faire main basse sur ces docteurs qui nous peignent

---

[1] *Eine selige Lehre.*

comme une chose si facile *notre réconciliation avec Dieu* après la chute.—On ne peut méconnaître ici la bonne intention de l'auteur. Il veut éliminer le remords purement expiatoire et par conséquent stérile, que l'on recommande pourtant si souvent comme étant par lui-même un moyen de réconciliation, et mettre à la place la ferme résolution de mener une meilleure vie. Il cherche à défendre la sagesse et la bonté de Dieu par le progrès de ses créatures vers la perfection et le bonheur éternel, quoiqu'il n'y suive pas la voie ordinaire ;—à ramener la religion de la foi oisive à l'action, et enfin à rendre les peines civiles plus humaines et plus utiles pour le bien particulier comme pour le bien général.—D'ailleurs la hardiesse de ses assertions spéculatives ne paraîtra pas quelque chose de si effrayant à quiconque sait ce que *Priestley*, ce théologien anglais si estimé autant pour sa piété que pour ses lumières, a soutenu dans le même sens que notre auteur et même a exprimé avec plus de hardiesse, et ce que maintenant encore beaucoup d'ecclésiastiques en Angleterre répètent après lui sans difficulté, quoique avec moins de talent, comment enfin tout récemment M. le professeur *Ehlers* a défini la liberté de la volonté, la faculté qu'a l'être pensant d'agir toujours conformément *à sa disposition actuelle d'esprit* [1].

Cependant tout lecteur impartial et surtout suffisamment exercé dans ce genre de spéculation ne manquera pas de remarquer que le fatalisme *universel*, qui dans cet ouvrage est le principe le plus important et affecte violemment toute la morale (puisqu'il convertit toute action humaine en un pur jeu de marionnettes) détruit entièrement l'idée de *l'obligation*. Le devoir au contraire ou l'impératif, qui distingue la loi pratique de la loi naturelle, nous transporte en idée tout à fait en dehors de la chaîne de la nature ; car, si nous ne concevions notre volonté comme libre, il serait impossible et absurde, et nous n'aurions plus alors qu'à attendre et à observer les résolutions que Dieu effectuerait en nous par le moyen des causes naturelles, sans que de nous-mêmes nous en pussions ou devions prendre aucune. Une telle doctrine produit natu-

---

[1] *Vermögen des denkenden Wesens, seiner jedesmaligen Ideenlage gemäss zu handeln.*

rellement le plus grossier fanatisme et enlève ainsi toute influence à la saine raison, dont cependant l'auteur s'est efforcé de maintenir les droits.— Le concept pratique de la liberté n'a dans le fait rien du tout à voir avec le concept spéculatif, qui reste entièrement livré aux métaphysiciens. En effet il peut m'être tout à fait indifférent de savoir d'où provient originairement l'état où je me trouve au moment d'agir; il me suffit de connaître ce que j'ai maintenant à faire. La liberté n'est ainsi qu'une supposition pratique nécessaire, ou une idée sans laquelle je ne pourrais accorder aucune valeur aux ordres de la raison. Le sceptique même le plus opiniâtre avoue que, quand il s'agit de l'action, toutes les difficultés sophistiques touchant une apparence universellement trompeuse doivent s'évanouir. De même le fataliste le plus résolu, qui reste fataliste tant qu'il se livre à la pure spéculation, doit, dès qu'il s'agit pour lui de sagesse et de devoir, agir toujours *comme s'il était libre.*—Aussi bien cette idée produit-elle réellement le fait qui y correspond, et elle seule d'ailleurs est capable de le produire. — Il est difficile de dépouiller entièrement l'homme. L'auteur, après avoir justifié la conduite de chaque homme, si absurde qu'elle puisse paraître aux autres, par le principe de sa disposition particulière, dit p. 437 : « Je consens à perdre (expression téméraire) tout ce qui peut me rendre heureux dans ce monde et dans l'autre, s'il n'est pas vrai que tu eusses agi d'une manière tout aussi absurde que tel autre, si tu avais été à sa place. » Mais, comme, d'après ses propres assertions, la plus entière conviction dans *un* moment donné ne peut nous assurer que, dans un *autre* moment, quand la connaissance aura été poussée plus loin, la vérité d'aujourd'hui ne deviendra pas l'erreur d'alors, comment peut-il aller jusqu'à prendre un engagement aussi hasardé ? — C'est que, sans vouloir se l'avouer à lui-même, il suppose dans le fond de son âme que l'entendement a la faculté de déterminer son jugement d'après des principes objectifs qui aient une valeur constante, et qu'il n'est pas soumis au mécanisme de causes déterminantes purement subjectives ; par conséquent il admet toujours la liberté de la pensée, sans laquelle il n'y a pas de raison. De même, lorsque, dans la conduite de sa vie, de l'honnêteté de laquelle je ne doute pas, il veut agir conformément aux lois éternelles du devoir et s'élever au-dessus du jeu de ses instincts et de ses penchants, il admet nécessairement la liberté de la volonté, sans laquelle il n'y a pas de morale, quoiqu'il se soit déjà refusé à lui-même cette faculté, faute de pouvoir mettre d'accord ses principes pratiques avec ses principes spéculatifs. Il faut d'ailleurs convenir que sur ce point il ne perdrait pas beaucoup, puisque cela ne réussit à personne.

CONSOLATION
ADRESSÉE A UNE MÈRE
AU SUJET DE LA MORT DE SON FILS.

PENSÉES

SUR LA MORT PRÉMATURÉE

DE M. JEAN FRÉDÉRIC DE FUNK,

adressées dans une lettre

A MADAME AGNÈS ÉLISABETH,

Veuve du capitaine de cavalerie *De Funk*, née *De Dorthösen*, héritière des biens de Kaywen et de Kahren en Courlande,

MÈRE AFFLIGÉE DU DÉFUNT,

PAR M. EMMANUEL KANT,

Professeur de philosophie à l'Académie de Kœnigsberg.

1760.

CONSOLATION ADRESSÉE A UNE MÈRE.

Si les hommes s'accoutumaient à mêler parfois au tumulte de leurs affaires et de leurs distractions de sérieux instants de réflexions instructives, comme les y invite le spectacle que le sort de leurs concitoyens leur donne chaque jour de la vanité de nos projets, leurs joies seraient peut-être alors moins bruyantes, et elles feraient place à ce calme serein d'une âme pour qui il n'y a plus d'accidents inattendus. Alors une douce mélancolie, ce tendre sentiment dont se nourrissent les nobles cœurs, lorsque, dans le silence de la solitude, ils pèsent le néant de ce que nous tenons d'ordinaire pour grand et important, leur apporterait plus de véritable bonheur que les transports de gaîté des esprits légers et le rire éclatant des fous.

Mais le plus grand nombre des hommes se mêle avec la plus vive ardeur à la foule de ceux qui, sur le pont jeté par la Providence sur une partie de l'abîme de l'éternité et que nous appelons la *vie*, courent après quelques bulles d'eau, sans se donner la peine de prendre garde aux bascules qui font tomber l'un après l'autre, à côté d'eux, leurs compagnons dans l'abîme, dont l'infini est la mesure, et qui finira par les engloutir eux-mêmes au milieu de leur course impétueuse. Un poëte ancien (1) retrace un trait touchant du tableau de la vie humaine, en représentant l'homme qui vient de naître. L'enfant, dit-il, remplit aussitôt l'air de ses cris plaintifs, comme il convient à une personne entrant dans un monde où l'attendent tant de maux. Dans la suite des années cet homme joint à l'art de se rendre malheureux celui de se le cacher à lui-même, en jetant un voile sur les objets tristes de la vie, et il s'applique à se montrer léger et insouciant à l'endroit de la foule des maux qui l'entourent et qui ne manquent pourtant pas de produire en lui à la fin un sentiment beaucoup plus

---

(1) Lucrèce.

douloureux. Quoique de tous les maux la mort soit celui qui l'effraye le plus, il semble pourtant ne pas prendre garde aux exemples que lui en offrent ses concitoyens, à moins que des relations plus étroites n'éveillent particulièrement son attention. Dans les temps où une guerre furieuse ouvre les portes du noir abîme, d'où s'échappent toutes les calamités pour fondre sur l'espèce humaine, on voit quelle froide indifférence inspire à ceux mêmes qui en sont menacés l'aspect habituel de la misère et de la mort; c'est à ce point qu'il font peu attention au malheur de leurs frères. Mais, quand, dans le calme et la paix de la vie civile, ceux qui nous touchent de près ou que nous aimons, et qui, ayant devant eux autant ou plus d'espérances que nous-mêmes, poursuivaient leur desseins et leurs plans avec une égale ardeur, quand, dis-je, ces personnes, frappées par le décret de celui qui est le maître tout-puissant de toutes choses, sont emportées au milieu du cours de leurs efforts, quand la mort s'approche, dans un solennel silence, du lit de souffrance du malade, quand ce géant, devant qui tremble la nature, s'avance d'un pas lent pour l'envelopper dans ses bras de fer, alors il faut bien que la sensibilité se réveille chez ceux qui cherchent à l'endormir au sein des distractions. Une émotion douloureuse fait sortir du fond de notre cœur ce que la foule des Romains accueillit autrefois avec tant d'applaudissements, parce que cela répond à un sentiment universel : *Je suis homme, et rien de ce qui est humain ne m'est étranger.* Un ami ou un parent se dit à lui-même : je me vois engagé dans le tumulte des affaires et dans l'embarras des devoirs de la vie, et mon ami se trouvait aussi il y a peu de temps dans le même cas; je jouis de la vie tranquillement et sans souci, mais qui sait combien cela durera? Je me divertis avec mes amis et je cherche parmi eux celui que j'avais l'habitude d'y voir,

> Mais l'éternité, d'un bras vigoureux,
> Le retient dans le lieu sombre,
> Qui ne laisse rien échapper.
>
> HALLER.

Telles sont les graves pensées qu'éveille en moi, madame, la mort prématurée de *monsieur votre digne fils,* que vous pleurez si justement. Je sens cette perte, comme un de ses anciens maîtres, avec une profonde douleur, quoique je puisse sans doute difficilement exprimer la grandeur de l'affliction de ceux qui étaient unis par des liens plus étroits avec ce *jeune homme plein d'espérances*. Vous me permettrez, madame, d'ajouter à ces quelques lignes, par lesquelles je voudrais pouvoir exprimer l'estime que j'avais pour ce jeune homme, mon ancien élève, quelques pensées qui se présentent à moi dans l'état actuel de mon esprit.

Tout homme se fait à lui-même le plan de sa destinée dans ce monde. Les talents qu'il veut acquérir, l'honneur et l'aisance qu'il se promet pour l'avenir, le bonheur durable qu'il espère trouver dans la vie conjugale, et une longue suite de plaisirs et d'entreprises, voilà les images de la lanterne magique que sa riche et vive imagination fait passer devant lui; la mort, qui termine ce jeu d'ombres, ne se montre à lui que dans un obscur éloignement, et elle est éclipsée et rendue méconnaissable par la lumière qui se répand sur les endroits plus agréables. Pendant ce rêve, notre véritable destin nous conduit par un tout autre chemin. Le sort qui nous tombe réellement en partage ressemble rarement à celui que nous nous promettions; à chaque pas que nous faisons, nous nous trouvons déçus dans notre attente. Cependant notre imagination n'en poursuit pas moins son œuvre, et ne se lasse pas de former de nouveaux projets, jusqu'à ce que la mort, qui semble toujours être éloignée, mette tout à coup fin à tout le jeu. Lorsque, de ce monde fantastique qu'il se crée à lui-même par son imagination et où il habite si volontiers, l'homme est ramené par son intelligence dans celui où la Providence l'a réellement placé, il est déconcerté par l'étonnante contradiction qu'il y rencontre et qui renverse complètement ses plans, en lui proposant une énigme indéchiffrable. Les mérites naissants d'une jeunesse pleine d'espérances se flétrissent souvent prématurément sous le poids de dures maladies, et une mort inopportune renverse tous les projets et toutes les espérances qu'on y avait fondés. L'homme qui a reçu en partage de l'habileté, du mérite, de la richesse n'est pas toujours celui auquel la Providence a accordé la plus large part des biens de la vie, et elle ne lui permet pas toujours de jouir du fruit de tous ces avantages. Les amitiés les plus tendres, les unions qui promettent le plus de bonheur, sont souvent brisées impitoyablement par une mort prématurée, tandis que la pauvreté et la misère déroulent ordinairement un long fil sur le fuseau des parques, et que beaucoup semblent ne vivre si longtemps que pour leur propre tourment ou pour celui des autres. Dans cette contradiction apparente le souverain maître dispense pourtant à chacun son lot d'une main sage. Il enveloppe d'une impénétrable obscurité la fin de notre destination dans ce monde ; il met notre activité en jeu au moyen de nos penchants ; il nous console par l'espérance ; et, par l'heureuse ignorance où il nous laisse sur l'avenir, il nous rend tout aussi empressés à méditer des desseins et des projets, quand ils doivent avoir bientôt un terme, que quand nous sommes encore au début ;

> Que chacun parcoure le cercle que le ciel lui a destiné.
> POPE.

Entre toutes ces réflexions, le sage (mais combien y a-t-il d'hommes qui méritent ce nom?) dirige surtout son attention sur la grande destinée qui l'attend au delà de la tombe. Il ne perd pas de vue l'obligation que lui impose le poste où la Providence l'a placé ici-bas. Raisonnable dans ses projets, mais sans entêtement, comptant sur l'accomplissement de ses espérances, mais sans impatience, modeste dans ses vœux, mais ne commandant pas, confiant, mais sans outrecuidance, il se montre zélé à remplir ses devoirs, mais prêt à se soumettre avec une résignation chrétienne à la volonté du souverain maître, s'il lui plaît de le rappeler, au milieu de tous ses efforts, du théâtre où il l'avait placé. Nous trouvons toujours les voies de la Providence sages et adorables dans toutes les choses où nous pouvons en quelque sorte les pénétrer ; ne doivent-elles pas l'être beaucoup plus encore, là où nous ne pouvons pas les découvrir? La mort prématurée de ceux sur lesquels nous fondions les plus flatteuses espérances nous jette dans une sorte d'effroi ; mais combien de fois peut-être cela n'est-il pas la plus grande faveur du ciel ! Le malheur de bien des gens n'est-il pas surtout de n'avoir pas trouvé une mort opportune après leurs brillants débuts dans la vie?

Un *jeune homme plein d'espérances* est mort, et combien de bonheur brisé ne croyons-nous pas avoir à regretter dans une perte si prématurée? Mais dans le livre du destin peut-être en est-il tout autrement. Les séductions qui déjà de loin se préparaient à entraîner une jeunesse encore mal défendue, les calamités et les disgrâces dont le menaçait l'avenir, autant de maux auxquels échappe heureusement celui qu'une mort prématurée emporte dans une heure bénie, tandis que les amis et les parents, ignorant l'avenir, pleurent la perte de ces années, qui, à ce qu'ils se figurent, eussent glorieusement couronné la vie de celui qu'ils regrettent. Je veux, avant de terminer ces quelques lignes, tracer une courte esquisse de la vie et du caractère du défunt. Je tire ce que je vais rapporter des renseignements que m'a fourni son ami M. Hofmeister, qui le pleure tendrement, ou de ce que j'ai pu connaître par moi-même. Mais combien n'y a-t-il pas de bonnes qualités qui ne sont connues que de celui qui voit dans le plus profond des cœurs, et qui s'efforcent d'autant moins de paraître au grand jour qu'elles sont plus nobles !

M. *Jean Frédéric de Funk* était né en Courlande le 4 octobre 1738 d'une très-noble famille. Dès son enfance, il n'avait jamais joui d'une parfaite santé. Il fut élevé avec un grand soin et montra beaucoup d'ardeur pour l'étude; la nature avait déposé dans son cœur le germe des plus nobles qualités. Il vint le 15 juin 1759, avec monsieur son jeune frère, sous la conduite de leur maître M. Hofmeister, dans notre académie. Il se soumit avec tout l'empressement possible à l'examen de M. le doyen d'alors, et cet examen fit honneur à son travail et à l'enseignement de son maître M. Hofmeister. Il suivit avec une assiduité exemplaire les leçons de M. le conseiller du consistoire et professeur Teske, aujourd'hui grand recteur de l'Université [1], ainsi que celles de M. le docteur en droit Funk et les miennes. Il vécut isolé et paisible, ce qui lui permit de conserver encore le peu de forces de son corps, porté à la consomption, jusqu'à ce que, vers la fin de février de cette année, il en fut peu à peu si attaqué que ni les soins qui lui furent donnés, ni le zèle d'un habile médecin ne purent le conserver plus longtemps. Le 4 mai de cette année, après s'être préparé à une fin édifiante avec la fermeté et la piété ardente d'un chrétien, il mourut doucement et saintement, avec l'assistance de son fidèle pasteur, et il fut en-

---

[1] *Rectoris magnifici der Universität.*

terré, conformément à son rang, dans notre église cathédrale.

Il était d'un caractère doux et tranquille, affable et modeste vis-à-vis de chacun, bon et porté à une bienveillance universelle, jaloux de se cultiver pour l'ornement de sa maison et le bien de sa patrie. Il n'a jamais affligé personne autrement que par sa mort. Il se livra à une piété sincère. Il serait devenu un excellent citoyen pour le monde ; mais la volonté du Très-Haut était d'en faire un habitant du ciel. Sa vie est un fragment qui nous a fait regretter le reste, dont nous a privés une mort prématurée.

Il devrait être proposé comme un modèle à ceux qui veulent parcourir honorablement les années de leur éducation et de leur jeunesse, si un mérite paisible produisait sur des esprits légers la même impression d'émulation que les qualités faussement brillantes de ceux dont la vanité se contente de l'apparence de la vertu, sans se soucier de la vertu même. Il est très-regretté par ceux auxquels il était lié, par ses amis et par tous ceux qui l'ont connu.

Tels sont, madame, les traits du caractère de monsieur votre fils, *si justement aimé* de vous pendant sa vie ; quelque faiblement tracés qu'ils soient, ils renouvelleront beaucoup trop la douleur que vous ressentez de sa perte. Mais ces qualités regrettées sont justement dans une telle perte de graves motifs de consolation ; car ceux-là seulement qui mettent légèrement en oubli les plus importantes de toutes les occupations, peuvent rester tout à fait indifférents à l'état où ils seront en entrant dans l'éternité. Je me dispenserai, madame, de vous exposer longuement les motifs de consolation qui peuvent vous soutenir dans cette affliction. Renoncer humblement à nos propres vœux, quand il plaît à la très-sage Providence d'en décider autrement, et aspirer chrétiennement à cette sainte fin, où d'autres sont arrivés avant nous, ce sont là des moyens qui peuvent plus pour la tranquillité du cœur que toutes les raisons d'une éloquence aride et sans force. J'ai l'honneur, etc.

Kœnigsberg, le 6 juin 1760.

E. KANT.

FIN.

TABLE GÉNÉRALE.

Pages

AVANT-PROPOS.................................. I*

INTRODUCTION DU TRADUCTEUR.

Analyse critique de la doctrine de la vertu............. 1

ÉLÉMENTS MÉTAPHYSIQUES DE LA DOCTRINE DE LA VERTU.

PRÉFACE.. 3

INTRODUCTION A LA DOCTRINE DE LA VERTU.

I. Explication du concept d'une doctrine de la vertu....... 11
II. Explication du concept d'une fin, qui est aussi un devoir.. 16
    Remarque............................... 19
III. Du principe de la conception d'une fin qui est aussi un devoir. 20
IV. Quelles sont les fins qui sont aussi des devoirs......... 21
V. Explication de ces deux concepts : A. Perfection de soi-même. 22
                                       B. Bonheur d'autrui.... 24
VI. L'éthique ne donne pas de lois pour les actions (comme le fait la doctrine du droit), mais seulement pour les maximes des actions...................... 26
VII. Les devoirs d'éthique sont d'obligation *large*, tandis que les devoirs de droit sont d'obligation *stricte*.......... 28
VIII. Exposition des devoirs de vertu comme devoirs larges... 31
    Perfection de soi-même, considérée comme une fin qui est aussi un devoir................... 31
        a. Perfection physique............. 31
        b. Perfection morale.............. 32
    Bonheur d'autrui, considéré comme une fin qui est aussi un devoir..................... 34
        a. Bien-être physique............ 34
        b. Bien-être moral............... 35
IX. Ce que c'est qu'un devoir de vertu............... 36
X. Le principe suprême de la doctrine du droit était analytique ; celui de la doctrine de la vertu est synthétique...... 39

	Pages
XI. Schème des devoirs de vertu.	42
XII. Prédispositions esthétiques de l'âme relativement aux idées de devoir en général.	43
a. Du sentiment moral.	43
b. De la conscience.	45
c. De l'amour des hommes.	47
d. Du respect.	49
XIII. Principes généraux de la métaphysique des mœurs qui doivent être suivis dans l'étude d'une doctrine *pure* de la vertu.	49
XIV. De la vertu en général.	53
XV. Du principe de la distinction de la doctrine de la vertu et de la doctrine du droit.	55
Remarque : De la doctrine de la vertu, considérée d'après le principe de la *liberté* intérieure.	56
XVI. La vertu exige d'abord l'empire de soi-même.	57
XVII. La vertu présuppose nécessairement l'*apathie* (considérée comme une force).	58
Remarque.	59
XVIII. Notions préliminaires concernant la division de la doctrine de la vertu.	60
Remarque.	62
XIX. Divisions de l'éthique.	65

PREMIÈRE PARTIE.—DOCTRINE ÉLÉMENTAIRE.

LIVRE PREMIER.

Des devoirs envers soi-même en général.	69

INTRODUCTION.

§ 1. Le concept d'un devoir envers soi-même renferme (au premier aspect) une contradiction.	69
§ 2. Il y a pourtant des devoirs de l'homme envers lui-même.	70
§ 3. Solution de cette apparente antinomie.	70
§ 4. Du principe de la division des devoirs envers soi-même.	71

PREMIÈRE DIVISION.

DES DEVOIRS PARFAITS ENVERS SOI-MÊME.

CHAPITRE PREMIER.

DES DEVOIRS DE L'HOMME ENVERS LUI-MÊME EN TANT QU'ÊTRE ANIMAL.

	Pages
§ 5.	75
ARTICLE I. Du suicide (§ 6).	76
Questions casuistiques.	78
ARTICLE II. De la souillure de soi-même par la volupté (§ 7).	79
Questions casuistiques.	82
ARTICLE III. De l'abrutissement de soi-même par l'usage immodéré des aliments (§ 8).	84
Questions casuistiques.	85

CHAPITRE SECOND.

DES DEVOIRS DE L'HOMME ENVERS LUI-MÊME EN TANT QU'ÊTRE MORAL.

ARTICLE I. Du mensonge (§ 9).	87
Remarque.	91
Questions casuistiques.	91
ARTICLE II. De l'avarice (§ 10).	92
Questions casuistiques.	95
ARTICLE III. De la fausse humilité (§§ 11 et 12).	96
Questions casuistiques.	100

CHAPITRE TROISIÈME.

PREMIÈRE SECTION.

Du devoir de l'homme envers lui-même, considéré comme juge naturel de lui-même (§ 13). 10

DEUXIÈME SECTION.

Du premier de tous les devoirs envers soi-même (§§ 14 et 15). . . 106

SECTION ÉPISODIQUE.

De l'*amphibolie* des *concepts* moraux de *réflexion*, qui consiste à prendre nos devoirs envers nous-mêmes ou envers les autres hommes pour des devoirs envers d'autres êtres (§ 16). 108

DEUXIÈME DIVISION.

DES DEVOIRS ENVERS SOI-MÊME. — DES DEVOIRS IMPARFAITS DE L'HOMME ENVERS LUI-MÊME (RELATIVEMENT A SA FIN).

PREMIÈRE SECTION.

Du devoir envers soi-même, qui consiste dans le développement et dans l'accroissement de sa *perfection naturelle*, c'est-à-dire sous le rapport pragmatique (§§ 19 et 20). 112

DEUXIÈME SECTION.

Du devoir envers soi-même relativement à l'accroissement de sa *perfection morale*, c'est-à-dire sous le rapport purement moral (§§ 21 et 22). 115

LIVRE SECOND.

DES DEVOIRS DE VERTU ENVERS LES AUTRES HOMMES.

CHAPITRE PREMIER.

DES DEVOIRS ENVERS LES AUTRES HOMMES, CONSIDÉRÉS SIMPLEMENT COMME HOMMES.

PREMIÈRE SECTION.

Des devoirs d'amour envers les autres hommes.

Division (§§ 23, 24 et 25). 119
Du devoir d'amour en particulier (§§ 26, 27 et 28). 122

DIVISION DES DEVOIRS D'AMOUR.

A. Du devoir de bienfaisance (§§ 29, 30 et 31). 126
    Questions casuistiques. 129
B. Du devoir de reconnaissance (§§ 32 et 33). 130
C. Du devoir de sympathie (§§ 34 et 35). 133
    Questions casuistiques. 135

Des vices de la misanthropie contraires aux vertus de la philanthropie (§ 36). 136
       a. L'envie. 136
       b. L'ingratitude. 137
       c. La joie du malheur d'autrui. . . . 138
  Remarque. 140

DEUXIÈME SECTION.

Des devoirs de vertu envers les autres hommes, concernant le respect qui leur est dû.

§ 37. 141
§ 38. 142
§ 39. 143
  Remarque. 144
§ 40. 144
§ 41. 145

DES VICES QUI PORTENT ATTEINTE AU DEVOIR DU RESPECT A L'ÉGARD DES AUTRES HOMMES.

      A. L'orgueil (§ 42). 146
      B. La médisance (§ 43). 147
      C. La raillerie (§ 44). 149
  Remarque. 150

CHAPITRE SECOND.

DES DEVOIRS DE VERTU DES HOMMES ENTRE EUX, AU POINT DE VUE DE LEUR *état*.

§ 45. 151

CONCLUSION DE LA DOCTRINE ÉLÉMENTAIRE.

De l'union intime de l'amour et du respect dans l'*amitié* (§§ 46 et 47). 153
APPENDICE. Des vertus de société (§ 48). 160

DEUXIÈME PARTIE.—MÉTHODOLOGIE.

PREMIÈRE SECTION.

Didactique (§§ 49, 50, 51, 52). 165
  Remarque. Fragment d'un catéchisme moral. 170

DEUXIÈME SECTION.

Ascétique (§ 53). 175

CONCLUSION.

La religion, comme science des devoirs envers Dieu, est placée au delà des limites de la pure philosophie morale. 178

Remarque finale. 181

PÉDAGOGIE.

Introduction. 187
Traité. 202
A. De l'éducation physique. 203
B. De l'éducation pratique. 234

OPUSCULES RELATIFS A LA MORALE.

D'un prétendu droit de mentir par humanité. 249
De la morale fataliste de Schulz. 257
Consolation adressée à une mère au sujet de la mort de son fils. . 260

FIN DE LA TABLE.

www.ingramcontent.com/pod-product-compliance
Lightning Source LLC
Chambersburg PA
CBHW052041230426
43671CB00011B/1741